금관총의 주인공
이사지왕은 누구인가

금관총의 주인공
이사지왕은
누구인가 尒斯智王

문성재 지음

우리역사연구재단

금관총의 주인공
이사지왕은 누구인가

2025년 6월 20일 1쇄 발행

지은이 | 문성재
펴낸이 | 이세용
펴낸곳 | 우리역사연구재단
주　간 | 정재승
교　정 | 배규호
디자인·편집 | 배경태
출판등록 | 2008년 11월 19일 제321-2008-00141호

주　소 | 서울시 서초구 서초동 1689-2번지 서흥빌딩 401호
전　화 | 02-523-2363
팩　스 | 02-523-2338
이메일 | admin@koreahistoryfoundation.org

ISBN | 979-11-85614-11-3　93910

잘못된 책은 구입하신 서점에서 바꾸어 드립니다.
이 책의 저작권은 우리역사연구재단에게 있습니다.
우리역사연구재단의 허락 없이 내용을 인용하거나 발췌하는 것을 금합니다.

정　가 | 30,000원

발간사(發刊辭)

　우리역사연구재단에서는 한민족의 유구한 역사문화를 널리 알리고 점차 잊혀 가는 우리 국학을 진작시켜야 한다는 사명감에서 2008년부터 '역사문화총서'를 해마다 1~2종씩 발간해 왔습니다. 그때마다 국내 최고의 저자, 최고의 내용, 최고의 장정으로 만들어진 책을 독자들에게 선보이고자 노력했습니다. 최남선·정인보·안재홍·안확·정윤·권덕규 등 근대 석학들의 저술들을 차례로 선보이는 한편, 이홍규·리처드 부시·조지 캐넌·부사년·주학연 등 그 명성이 잘 알려지지 않은 국내외 학자들의 야심작을 소개하는 데에도 적극적으로 임했습니다.

　그렇게 재단의 여러분들이 한마음으로 노력한 끝에 지난 16여 년 동안 우리 재단에서 펴낸 책은 총 20종으로 늘어났습니다. 이 책들은 국내에서 화제를 모으는 것은 물론이고 외국에서도 좋은 평가를 받고 있습니다.

　현재까지 미국의 의회도서관과 하버드·예일·버클리·스탠퍼드·코넬·컬럼비아·남가주·듀크·워싱턴·인디애나·토론토·하와이 대학 등의 명문대들을 위시하여 일본·영국·독일·호주·캐나다·네덜란드 등 세계적으로 40개소가 넘는 도서관에 우리 책이 소장된 것이 그 증거일 것입니다. 문성재 박사가 출범 초기부터 재단에서 낸 8종의 책도 모두 미국 의회도서관과 하버드·예일·버클리·스탠퍼드·컬럼비아·남가주 대학 등의 명문대 도서관에 소장되었습니다.

　이번에 펴내는 신간은 신라 금관총의 주인공을 밝히는 문성재 박사의 연구서입니다. 우리나라에서 5,000년의 유구한 역사를 보여 주는 문화재는 이루 셀 수 없을 정도로 많습니다. 그러나 그중에서도 신라 금관은 사람들의 뇌리에 가장 강렬한 인상을 심어 주는 문화재일 것입니다. 그런 신라 금관들 중 가장 먼저 발굴된 것이 5~6세기에 축조된 경주 금관총의 금관이라고 합니다. 그러나 정작 이 금관이 나온 금관총은 지금까지 그 주인이 알려진 바가 없습니다.

　그로부터 1,500여 년의 세월이 흘렀지만 이 금관총 주인의 실체는 여전히 베일 뒤에 가려져 있습니다. 그 점에서는 묘실에서 묘지석이 발견되어 그 주인공이 밝혀진 백제 무녕왕릉과는 대조를 보입니다. 묘지석은커녕 이름 석 자조차 나오지 않았으니까요.

　그러다가 2013년에 그 부장품들 중 하나인 환두대도에서 '이사지왕(尒斯智王)'이라는 글자가 새로 발견됨으로써 다시 한번 세인들의 주목을 받게 되었습니다.

　문성재 박사의 이번 노작(勞作)은 몇 년 전에 재단에 출판을 건의하면서 작업이 이루어졌습니다. 문 박사는 그동안의 학계 경력을 무기로 역사언어학적 접근을 시도한 끝에 '이사지왕'이 눌지왕이라는 결론을 내렸습니다. 그리고 금관총의 대표 유물인 금관을 위시한 금제 유물과 주변 고분군의 내력에 대해서도 나름대로 흥미로운 분석을 시도했습니다.

모쪼록 독자 여러분들께서 저희 재단에서 이번에 펴내는 《금관총의 주인공 이사지왕은 누구인가》를 일독하시고 우리 역사의 재해석을 통하여 제법 그럴듯한 읽을거리를 선보이고자 애쓴 문 박사의 노력을 치하해 주시면 감사하겠습니다. 겸하여 기회가 된다면 독자 여러분들도 이번 가을에 APEC이 열리는 천년 고도 경주에 들러 신라의 황금예술이 얼마나 찬란한 것이었으며, 우리 조상들의 역사와 전통이 얼마나 유구한 것이었는지 다시 한번 되돌아보는 소중한 시간을 가지시는 것도 좋을 것 같습니다.

2025. 6.
우리역사연구재단 이사장 이세용(李世鏞)

서문

　금관총은 경상북도 경주시 노서동(옛 노서리)에 자리잡고 있었던 신라시대의 고분이다. 1921년 이 고분이 처음 발견되었을 때에는 그 주인공이 누구인지 알 수가 없었다. 주인공이 누구인지 알 수 있는 단서가 무덤에서 하나도 발견되지 않았기 때문이다. 애초에 일본인들이 이 고분에 붙인 '금관총'이라는 이름도 최초로 신라 금관이 출토되었다고 해서 붙인 것이었을 뿐이다. 만약 주위의 다른 고분부터 발굴되었다면 이 고분은 어쩌면 지금과는 다른 이름으로 알려졌을지도 모른다는 뜻이다. 이름은 이름이었지만 제대로 된 이름이 아니었던 것이다. 물론, 학계에서도 그런 고민이 전혀 없었던 것은 아니었다. 그래서 '금관총'은 발견된 이래 '그 주인공이 누구인가'를 놓고 100여 년 동안 국내외에서 연구가 이어져 왔다.

　금관총의 주인공을 밝혀내는 작업의 의의는 단순히 이 고분의 역사적 정체성을 찾아 주는 데에서 그치지 않는다. 그보다 더 큰 의미는 그 과정에서 1,000년 신라사를 관통하는 4~6세기 마립간 시기 김씨 왕가의 역사적·문화적 내력을 규명하는 데에 중요한 단서를 찾아낼 수도 있다는 데에 있다. 이제는 봉분도 자취도 찾을 수 없게 되어 버렸지만 국내·외 학자들의 이목이 여전히 이 고분에 집중되고 있는 것도 바로 그 같은 이유 때문이 아닐까 싶다.

1924년과 1932년에 잇따라 금관총 연구 보고서를 발표한 일본인 학자 하마다 고사쿠(濱田耕作)는 그 주인공으로 6세기에 재위한 소지 마립간과 지증왕·법흥왕 중 한 사람으로 보는 것이 가장 안전하다고 주장하였다. 그는 유물 연구로부터 보고서 작성에 이르기까지 10년이 넘는 동안 '금관총'과 그 유물들을 직접 접하고 분석하고 연구한 인물이었다. 고분의 양식이나 개념은 물론이고 환두대도·허리띠·금동 신발 등, 신라 황금 문화를 대표하는 유물들의 연대와 명칭들도 거의 모두 그가 첫 단추를 끼웠다고 해도 과언이 아니다. 그로부터 100년이 넘는 긴 세월이 흘렀지만 그가 설정한 가이드라인(6세기 소지·지증·법흥설)이 금관총을 포함한 신라 고분 및 유물에 대한 연구에서 여전히 절대적인 권위로 간주되고 있는 것도 그 같은 이유 때문이다. 그렇다 보니 그런 그가 내린 결론은 그 뒤의 학자들에게도 결정적인 영향을 줄 수밖에 없었다.

　신라 고분이나 유물들에 대한 연대 추정[編年] 쪽도 사정은 마찬가지이다. 하마다의 '금관총=소지·지증·법흥 시기(6세기)'라는 가설이 중요한 근거로 간주되는 경향이 두드러지기 때문이다. 그럼에도 불구하고 그가 제안한 주인공이나 연대가 정답이라는 증거는 존재하지 않는다. 결정적인 단서가 확보되지 않는 이상 아무리 대단한 석학(碩學)이라도 '코끼리 다리를 더듬는 장님'이기는 마찬가지라는 뜻이다. 그동안 국·내외의 수많은 학자가 금관총의 주인공을 밝히려고 시도해 왔지만 그 진실은 여전히 오리무중(五里霧中)에 가려져 있는 것이다.

　그런데 2013년 7월 3일 그야말로 '경천동지(驚天動地)'할 대사건이 발생하였다. 국립중앙박물관과 국립경주박물관에서 금관총 환두대도를 복원하는 과정에서 '이사지왕(尒斯智王)'과 '이사지왕도(尒斯智王刀)' 두 명문이 잇따라 발견된 것이다! 이 글자들의 발견은 그야말로 고대 이집트 문자를 해독하느라 고심하던 샹뽈리옹(J. F. Champollion)이 로제타 석을 발견한 것과 맞먹는 역사적인 대사건이라고 해도 과언이 아니다. 이 발견을 계기로 그 주인공 '이사지왕'의 비밀을 풀 수 있는 결정적인 단서가 확보되었기 때문이다. 그뿐만이 아니다. 발견된 명문은 몇 글자에 불과하지만 이로써 4~6세기에 조성된 것으로 추정되는 경주지역 신라 고분들의 계보도 어느 정도 가닥을 잡을 수 있게 되었다.

저자는 그 소식을 접하는 순간 '이사지왕'이 누구인지 직감하였다. 바로 신라 제19대 국왕인 눌지(訥祗) 마립간이다. 고고학자나 역사학자들은 이해하기 어렵겠지만, 수십 년 동안 중국의 문자·언어·음운을 전문적으로 연구해 온 저자에게는 너무도 당연한 답안이었다. 물론, "구슬이 서 말이라도 꿰어야 보배"가 되는 법이다. 사실 언어학·문자학·음운학·금석학은 인문학 영역에서도 그 개념이나 용어부터가 상당히 난해하고 까탈스러운 분야에 속한다. 저자는 해당 분야의 연구에 수십년 동안 종사해 왔지만 지금도 그 분야의 책을 펴면 머리가 다 지끈거릴 지경이다. 1,000여 년 전의 원문보다 학자들의 해석을 이해하는 일이 훨씬 어렵다는 말이다. 그러니 더 이상 무슨 말이 필요하겠는가?

명문의 발견으로 문자학·언어학·음운학이 '이사지왕'의 실체를 밝힐 수 있는 단서를 찾아내는 데에 결정적인 역할을 하는 것은 분명하다. 그러나 그 분야의 이야기로만 수백 쪽이나 되는 분량을 다 채울 수는 없다.

'이사지왕'이 누구인지 알더라도 그 사실을 누구나 이해하고 공감할 수 있도록 제대로 전달하지 못한다면 그 노력들이 허사가 될 수밖에 없다는 뜻이다. 요즘처럼 시각적인 매체들이 넘쳐 나는 시대에 어려운 전문용어나 무미건조한 논증들만 가득한 책을 누가 읽으려 하겠는가?

이번 책에서는 그 눈높이를 전문 학자들보다는 일반 독자들에게 맞추었다. 그 내용이나 문체에 누구나 쉽게 접근할 수 있고, 누구나 쉽게 이해할 수 있는 일반 교양서에 가깝게 말이다. 말투는 최대한 부드럽게, 표현은 최대한 쉽게, 각주는 최대한 짧고 간단하게 줄이면서 이야기를 풀어 나갔다. 그리고 대목에 따라서는 독자들이 책을 읽고 보는 재미를 배가(倍加)시키고 고대사에 대한 호기심을 자극하기 위하여 고고학·역사학·풍속학·미술사학 등, 다양한 분야의 정보와 자투리 지식들을 추가하였다. 그렇게 여러 분야의 논문과 저서들을 추가로 공부하고 스토리텔링에 변화를 주면서 작업을 진행한 끝에 마침내 이번 여정(旅程)을 마무리할 수 있었다.

이번 책은 '금관총의 주인공이 누구인가'에 대한 답안을 찾기 위하여 기획되었다. 그래서 각 대목을 다양한 접근을 통하여 그동안 논란이 되었던 신라사 속의 의문이나 오해들을 하나씩 해결해 나가면서 역사적 진실을 향해 다가가는 방식으로 각 대목을 구성하였다.

첫 번째·두 번째 장에서 고고학적 접근에 초점을 맞춘 것도 그 같은 시도의 하나라고 할 수 있다. 우선, 첫 번째 장에서는 하마다 등 일본인들이 1924년과 1932년에 발표한 발굴 보고서를 토대로 1921년 당시에 금관총이 어떻게 발견되었으며, 그 유물들은 어떻게 수습되었는지를 살펴보았다. 두 번째 장에서는 100여 년 전으로부터 최근까지 이루어진 신라 고분 관련 고고 연구들을 참고하면서 봉분이 훼손되기 전, 즉 신라시대에 왕릉으로 조성될 당시의 금관총의 실제 모습이나 규모는 어떠했을지 추정해 보았다.

세 번째 장에서는 역사언어학적 접근에 집중하였다. 이 장은 '이사지왕'의 진면목을 확인할 수 있는 대목으로, 그야말로 이번 책의 하이라이트라고 해도 과언이 아니다. 그래서 문자학·음운학·금석학·어원학 등 다양한 역사언어학적 접근을 통하여 '금관총의 주인공인 이사지왕이 과연 신라의 어느 왕인가'에 대한 합리적인 답안을 찾는 데에 역점을 두었다. 그 결과 저자는 명문에 등장하는 '이사지왕'이 바로 '눌지왕'이라는 결론에 도달하였다. 저자는 독자들이 '이사지왕=눌지왕'의 검증과정을 이해하는 것을 돕기 위하여 용어·표현들을 최대한 부드럽고 쉽게 바꾸었다. 전문 용어나 한자어를 가급적 피하고 우리말로 쉽게 풀어 쓴다거나 어떤 언어 현상을 설명할 때 우리에게도 익숙한 예시들을 활용하면서 자세하게 설명하였다. 분구(墳丘)를 '봉분', 유구(遺構)를 '구덩이', 대륜(帶輪)을 '관 띠', 입식(立飾)을 '세움 장식', 경식(頸飾)을 '가슴걸이[瓔珞]', 삭평(削平)을 '깎아 편평하게 만들다' 하는 식으로 말이다. 아울러 다른 학자들이 '이사지'에 대하여 그동안 시도한 연구들에서도 그 주장의 취지가 무엇인지, 어떤 문제점들이 있는지, 그러면 어떻게 접근하는 것이 합리적인지에 관해서도 충분한 지면을 할애하면서 독자들에게 설명하고자 노력하였다.

네 번째 장에서는 역사책들에 소개된 눌지 마립간 관련 기록들을 토대로 그의 생애와 업적들을 재구성하는 데에 집중하였다. 현존하는 역사

기록들은 눌지 마립간에 관한 내용이 상당히 적은 반면에 그의 두 동생을 구출하는 박제상의 일화가 상대적으로 더 부각되고 강조되어 있다. 그래서 이 장에서는 기존 기록의 틀 안에서 역사·고고적 사실에 입각하여 이번 책의 주인공인 눌지 마립간의 생애와 업적들을 되돌아보고 재구성하고자 노력하였다. 또, 단편적이기는 하지만 칠지도·임나일본부·연대착란 등 《일본서기》의 쟁점들에 대해서도 각주 등의 형식을 빌려 개인적인 견해를 피력하였다.

다섯 번째 장에서는 고고미술사적 측면에서 금관총 유물들을 살펴보고 그 답안을 모색하는 데에 주안점을 두었다. 물론, 금관총 유물들은 그 종류나 수량이 워낙 방대하여 그것들을 일일이 다루기에는 지면이 턱없이 부족하다. 그래서 그중에서도 금관·관모·환두대도·허리띠·금동 신발 등, 마립간 시기의 절대 군주 '이사지왕'의 권력을 한눈에 시각적으로 체감할 수 있는 대표적인 황금 위세품들을 중심으로 구성하였다. 또, 유물의 양식이나 기원에 관해서도 하마다 등의 기존 통설에서 머물지 않고 다양한 견해와 가능성들도 가급적 반영하고자 노력하였다.

끝으로 여섯 번째 장에서는 다시 고고적 접근으로 돌아가서, 지금까지 진행한 논의들과 기존의 고고적 발견들을 분석하고 금령총·식리총·서봉총 등 금관총 주위에 있는 노서동·노동동 신라 고분들에 대해서도 그 연대와 주인공을 하나씩 짚어 보는 시간을 가졌다. 물론, 이 과정에서 기존의 국내외 학계 통설에만 머물지 않고, 저자의 해석이나 다른 주장들도 소개함으로써 또 다른 해석의 여지를 열어 놓았다. 어쩌면 이런 장치들이 보다 합리적인 답안을 얻고자 하는 독자들에게 조금이라도 도움이 되지 않을까 생각한다.

이상과 같이 고고학·역사학·언어학 등 다양한 학문적 접근을 통하여 저자는 금관총의 주인공 '이사지왕'으로는 눌지 마립간이야말로 유일무이(唯一無二)의 정답이라는 결론을 내렸다. 물론, 고고학·역사학적으로는 이의(異議)나 의심의 여지가 있을지도 모른다. 명문이 발견되기 전에도 발견된 뒤에도 눌지 마립간은 '이사지왕'의 후보자에서 배제되는 경우가 많았기 때문이다. 하마다 이래로 국내·외 학자들이 제안해 왔던 답안과는 상당한 편차가 있는 것이다. 그러나 적어도 문자학·음운학·금석학·어원학 등 언어학적 견지에서 본다면 '이사지=눌지'라는 데에는 의심의 여지가 있을 수가 없다. 그 답안이 너무도 확연(確然, '확실히 그렇다!')하기 때문이다. 만약 우리가 발상만 바꾼다면 고고학·역사학적으로도 비슷한 답안을 얻을지도 모른다. 하마다가 끼워 놓은 단추를 풀고 100년 전에 만들어진 숲을 나와서 역사적 진실을 마주할 각오가 되어 있다면 말이다. 눌지 마립간이야말로 금관총의 주인공 '이사지왕'이라는 뜻이다!

일본인들은 1921년의 금관총 발견을 '대일본제국 고고학'의 위상과 성과들을 전 세계에 선전하는 데에 이용하였다. 그 과정에서 그들은 그 이듬해에 영국의 고고학자 하워드 카터의 투탄카멘 무덤 발견에서 자극을 받았을지도 모른다. 카터는 그 '세기적인 대발견'으로 세계인들로부터 고고학계의 기린아(麒麟兒)로 주목 받으면서 큰 명성을 얻었기 때문이다. 하마다 등이 1924년에 조선총독부의 전폭적인 지원을 받아 호화판 조사보고서를 제작해 서둘러 배포한 일이나, 당시 유럽 상류사회의 VVIP로 마침 일본을 방문한 구스타프 스웨덴 왕세자를 발굴 현장까지 끌어들였던 일은 그들의 저의(底意)가 어디에 있었는지 충분히 짐작할 수 있게 해 준다. '대일본제국 고고학'의 위상과 발굴 성과를 세계에 알리는 데에 금관총과 구스타프를 전략적으로 이용하려 했던 것이다. 그러나 전 세계인의 이목을 끌려던 그들의 계획은 결국 실패로 돌아갔다. 물론, 거기에는 일본의 졸속적인 준비나 낮은 인지도도 작용했을 것이다. 어쩌면 그 주인공이 누구인지 알 수 없다는 사실 역시 세계인들의 이목을 사로잡지 못한 결정적인 요인으로 작용했을지도 모르겠다.

그러나 그로부터 100여 년이 지난 지금은 상황이 크게 바뀌었다. 2025년 현재 우리나라는 지구촌 200여 개국 중에서 국가 경쟁력이 10위권에 꼽힐 정도로 그 위상이 달라졌다. 그 덕분에 BTS의 노래와 〈오징어 게임〉 같은 드라마들이 주도하는 이른바 '한류' 문화 역시 세계 주류 문화의 반열(班列)로 올라섰다. 이제는 어느 나라를 가도 '코리아'라고 하면 모르는 사람이 없을 정도로 우리나라의 인지도가 높아졌다. 게다가 금년에는 세계인들의 큰 잔치인 APEC 대회가 신라의 옛 도읍이었던 경주에서 성대하게 거행된다. 금관총, 나아가 신라의 찬란한 황금문화와 고분문화를 전 세계에 널리 알릴 수 있는 더 없이 좋은 기회가 온 셈이다. 더욱이 '이사지왕' 명문의 발견과 이번 책의 출판으로 금관총의 주인공이 눌지 마립간이라는 사실까지 확인되었다. 그야말로 '고급스러운 비단에 화려한 꽃무늬까지 더해진[錦上添花]' 셈이라고 할까? 그런 의미에서 1,000년 역사의 신라가 이미 4세기 무렵부터 북방사, 나아가 세계사와도 긴밀하게 연결되어 있는 나라였으며, 그 신라를 품은 한국이 경제뿐만 아니라 역사적으로도 얼마나 유구한 전통을 가진 였는가를 세계인들에게 널리 알리고 그들과 소통하는 계기가 마련된다면 이번 책을 선보이는 저자로서도 더 이상 바랄 것이 없을 것이다.

저자는 2007년에 비교역사언어학을 표방한 《진시황은 몽골어를 하는 여진족이었다》의 번역을 계기로 우리역사연구재단과 인연을 맺었다. 그 오랜 기간 동안 저자는 우리역사연구재단과 함께 학문적으로 성장해 왔다고 해도 과언이 아니다. 그런 점에서 부족한 저자에게 이번에도 소중한 기회를 주신 우리역사연구재단의 이세용 이사장님께 깊은 존경과 감사의 말씀을 올린다. 이사장님의 전폭적인 지원과 관심이 없었다면 이번 책은 시작도 하지 못했을 것이다. 아울러 책을 집필하는 과정에서 크고 작은 지적과 자문을 아끼지 않으신 재단의 정재승 편집이사님, 한국서예금석문화연구소 한상봉 소장님, 동서문명교류연구소의 송강호 선생께도 감사의 마음을 전한다. 항상 좋은 책으로 승부를 보겠다는 장인정신으로 자잘한 부분까지 심혈을 기울여 주신 오랜 '동지(同志)' 배규호 부장님, 배경태 실장님, 임혜경 선생님께도 고맙다는 인사를 드려야 함은 물론이다.

끝으로 이번 책의 취지에 공감하며 신라의 고분·유물들과 관련된 소중한 도판·사진들을 사용할 수 있도록 흔쾌히 허락해 주신 국립경주문화유산연구소·국립경주박물관·국립중앙박물관·국립고궁박물관 등 여러 기관의 관계자 여러분들께도 정중하게 감사의 말씀을 드린다. 존경과 응원의 말씀을 드리고 싶은 분들은 또 있다. 2013년에 환두대도에서 '이사지왕[도]' 명문을 발견하신 두 박물관 보존과학실의 연구원들이 그 분들이다. 그 분들이 남다른 혜안과 열정으로 1,500여 년 동안 묻혀 있던 '이사지왕'의 비밀을 풀 유일무이의 단서를 찾아내 주었기 때문이다. 그

분들의 발견이 없었다면 금관총은 영원히 제 주인을 찾지 못했을 것이다. 저자 역시 그 분들 덕택으로 이번 책을 선보이면서 이처럼 성대하고 역사적인 작업에 동참할 수 있게 되었다. 그 분들의 혜안이 없었더라면 '이사지왕=눌지 마립간'이라는 답안을 찾아내는 일은 원천적으로 불가능했으리라. 그런 뜻에서 이번 책을 빛 내 주신 여러분들께 다시 한번 진심으로 감사의 말씀을 드리는 바이다.

다시 을사년 생명의 움이 트는 4월 어느 봄날
서교동 조허헌에서
문성재

차 례

발간사   5
서문   8

제1장 금관총은 어떻게 발굴되었나

제1절   최초로 신라 왕릉의 존재를 인식한 김정희   26
제2절   금관총 유물은 어떻게 수습되었나   34
제3절   금관총 유물에 열광하는 일본인 학자들   38
제4절   '경주왕'으로 불린 골동품 브로커   50

제2장 금관총의 원형은 어떤 모습이었을까

제1절   금관총의 봉분   62
제2절   금관총 등 신라 고분에서 점토의 용도   65
제3절   새로 확인된 목조 가설물의 존재   73
제4절   금관총은 정말 중형 고분이었을까   81

| 제5절 | '1관 1곽'의 묘장 배치 | 93 |
| 제6절 | 제사 의식의 흔적들 | 102 |

제3장 금관총의 주인공 '이사지왕'은 누구인가

제1절	'이사지'에 대한 학자들의 언어적 접근들	114
제2절	'이(尒)'는 신라시대에 어떻게 발음되었나	128
제3절	'이사지'의 '사'는 어떻게 사용되었나	141
제4절	신라어에서 '지'는 어떤 성분인가	159
제5절	'차칠왕등'과 이사부의 문제	179
제6절	'이사지'의 종합적인 음운 분석	189

제4장 눌지 마립간은 어떤 인물이었나

| 제1절 | 눌지의 내력 | 210 |
| 제2절 | 석씨 집단의 사람 실성 | 221 |

차 례

제3절	동생들을 구해 올 인물을 물색하다	240
제4절	박제상의 순국	258
제5절	눌지 마립간의 업적들	268
제6절	눌지 마립간의 대외관계	282
제7절	《일본서기》 기사는 어디까지가 진실인가	293

제5장 금관총 위세품은 어떤 것들이 있을까

제1절	금관	315
제2절	관모	338
제3절	환두대도	354
제4절	귀걸이	379
제5절	반지	396
제6절	팔찌	412

| 제7절 | 허리띠 | 428 |
| 제8절 | 금동 신발 | 454 |

제6장 그러면 금관총 주변 고분들은 누구의 무덤인가

제1절	봉황대 - 봉황이 깃든 왕릉	481
제2절	금령총 - 요절한 신라 왕자의 무덤	495
제3절	식리총 - 실성의 무덤인가	502
제4절	서봉총 - 봉황 장식 금관이 나온 무덤	511
제5절	에필로그 - 노동·노서동 고분군은 나물계 마립간의 가족묘지일까	538

| 참고 문헌 | 545 |
| 찾아보기 | 551 |

제1장
금관총은 어떻게 발굴되었나

신라 고분 봉황대의 모습. 경주 시내의 고분들 중 규모가 가장 크다.

 경주시내에서 노서동(路西洞)으로부터 황남동(皇南洞)까지는 크고 작은 신라시대 고분들이 올망졸망 늘어서 있습니다. 그중에서도 가장 먼저 눈에 들어오는 것은 노동동(路東洞)의 봉황대(鳳凰臺)지요. 봉황대는 봉분(封墳)의 지름이 82m로 경주에서는 가장 크고 가장 높은 고분입니다.
 그 봉황대에서 도로 하나를 건너면 기념관이 하나 지어져 있는데요. 그 기념관 자리에는 원래 신라시대의 고분이 자리잡고 있었습니다. 화려한 금관이 출토된 무덤이라고 해서 '금관총(金冠塚)'이라는 이름이 붙여진 바로 그 고분이지요. 그러나 100여 년 전인 1920년대만 해도 그 고분은 이름도 없는 작은 동산일 뿐이었습니다. 그러면 그 동산이 오래된 무덤이라는 사실은 어떻게 밝혀졌을까요?

제1절
최초로 신라 왕릉의 존재를 인식한 김정희

1921년 초반만 해도 그 작은 동산이 1,500년이 넘는 역사를 가진 신라시대의 고분이라는 사실을 눈치챈 사람은 아무도 없었습니다.

"나이가 많은 노인들 말에 따르면, 이 고분(금관총)이 원래는 봉황대 아랫자락과 맞닿아 있었는데 읍내(북쪽)로부터 남쪽으로는 [가려면] 그 [사잇길] 위로 좀 올라간 다음 반대쪽(남쪽)으로 내려가지 않으면 안되었다고 한다. 즉, 도로 확장과 그것을 평탄하게 만드는 공사는 한편으로는 봉황대 윗자락을 잘라내는 동시에 건너편 금관총의 봉토도 조금씩 깎아 편평하게 만들면서 결국 앞서 언급한 것과 같은 상태가 되었던 것이다."[1]

어쩌면 건너편에 있는 봉황대의 위용이 압도적인 데다가 고분을 덮고 있는 봉토가 1,500년이라는 기나긴 세월을 지나는 동안 한 겹 한 겹 깎이

---

1) 하마다·우메하라, 《경주 금관총과 그 남겨진 보물들》, 제5쪽(국역판 제70쪽), 조선총독부, 1932. 제1장과 제2장의 내용은 하마다가 조수 우메하라와 함께 작성한 1924년(다이쇼 12)의 조선총독부 고적조사 보고서(제3책)《경주 금관총과 그 남겨진 보물들(慶州金冠塚と其遺寶)》과 이를 요약-보완해서 하마다가 1932년(쇼와 7)에 새로 펴낸 《경주의 금관총(慶州の金冠塚)》을 주로 참고하였다. 비교 분석을 위하여 간혹 국립경주문화유산연구소에서 펴낸 국역판도 참조하였다.

구글어스로 내려다본 봉황대(우)와 길(봉황로)을 건너 마주보이는 금관총기념관(좌). 이 길을 축으로 왼쪽이 노서동, 오른쪽이 노동동이다.

고 깎여 편평해진[削平] 탓에 거기에 또 하나의 고분이 자리잡고 있을 거라고는 아무도 상상조차 하지 못했을 테지요. 산지가 많은 경상도에서 흔히 볼 수 있는 울퉁불퉁한 언덕길 정도로 치부되었을 겁니다. 이 사실은 경북 지사가 조선총독에게 보낸 전보에서 한 말에서도 확인할 수 있지요.

"과거에는 작은 언덕 같은 상태였기 때문에 고분이 아니라는 감정 결과에 따라 읍내 주민들이 흙을 채취하는 장소가 되어 있었습니다. 자유롭게 흙을 채취하는 장소인 것입니다."[2]

---

[2] 〈고분 발굴에 관한 건〉(1921.10.19), 일제강점기 자료조사 보고 23집《경주 금관총》(유물편), 제184쪽, 경주국립박물관, 2016.

그 위치가 당시 경주읍내로 들어가는 길목에 자리잡고 있다 보니 그저 평범한 언덕 정도로 치부되었던 걸까요? 그렇다 보니 현지 주민들은 말할 것도 없고 경주지역에서 고적조사를 벌이던 조선총독부의 쟁쟁한 일본인 학자들조차 그 존재를 눈치채지 못했지요. 그런데 놀랍게도 그보다 110년 전에 이미 그 동산이 신라시대의 왕릉임을 간파(看破)한 선각자가 있었습니다.

그 사람은 바로 추사(秋史) 김정희(金正喜, 1786~1856)입니다. 예, '추사체'라는 독특한 서체로 유명한 조선 후기 최고의 서예가이자 금석학자 맞습니다. 경주부(慶州府)를 방문한 김정희는 당시 봉황대 주변을 둘러보고 이런 소감을 남겼지요.

"… 봉황대 동-서 양쪽으로는 인공으로 만든 산이 가장 많다. 몇 해 전에 한 산이 무너졌는데 그 속은 빈 채로 컴컴했으며 깊이가 한 길이 넘는데 온통 돌로 쌓은 상태였다. 옛날의 왕릉으로, 인공으로 만들어진 산은 아닐 것이다. 이는 인공 산이 왕릉이라는 첫 번째 증거이다. …"[3]

鳳凰臺東西造山最多. 年前, 一山頹圮, 其中空洞黝黑, 深可丈餘, 皆以石築之. 盖舊時王陵, 非造山也. 此造山之爲陵一證也.

김정희가 신라 고분을 답사하기 위하여 경주부를 방문한 것은 순조(純祖) 17년이었습니다. 서기로는 1817년에 해당하지요. 1817년이라면 금관총의 존재가 알려진 1921년으로부터 100여 년 전이로군요.

---

3) 김정희 저, 〈신라진흥왕릉고(新羅眞興王陵考)〉,《완당선생전집(阮堂先生全集)》, 김익환(金翊煥) 편, 홍명희(洪明熹) 교정, 영생당(永生堂), 1934.

금관총의 존재를 최초로 확인한 김정희의 초상

봉황대 주변에는 봉분이 없는 신라 고분이 몇 개 있습니다. 금관총과 서봉총, 금령총과 식리총, 호우총과 은령총이 그것들이지요. 그런데 이 모두가 봉황대를 축으로 좌우로 분포하고 있습니다. 이 중에서 금령총과 식리총은 1924년에 우메하라가, 금관총 서쪽의 서봉총은 1926년에, 그리고 그 남쪽의 호우총과 은령총은 광복 직후인 1946년에 각각 봉분이 해체되고 발굴 조사가 이루어졌지요. 그런데 금령총은 지름이 4.5m 정도의 작은 고분입니다. 김정희가 글에서 "깊이가 한 길이 넘는다"고 한 것을 보면 금령총은 아닌 셈이지요. '1길[一丈]'은 3.33m 정도입니다. 그런데 한 길이 넘는다고 했으니 봉분 속 깊이만 해도 3.5~4m 정도는 되었던 거지요. 상당히 큰 고분이었다는 뜻입니다. 그렇다면 위의 글에 언급된 무너진 산이란 금관총 정도밖에 없을 것 같군요? 김정희가 그 산이 무너진 시점을 "연전(年前)", 즉 몇 해 전이라고 한 것을 보면 금관총의 봉분이 처음으로 무너진 것은 순조 17년 전후, 즉 1810년대였다는 이야기가 됩니다. 그 이전까지는 봉분이 멀쩡했다는 뜻이지요.

　봉황대 일대를 직접 둘러 본 김정희는 그 무너진 산이 단순히 조경을 위하여 만든 산이 아니라 신라시대에 조성된 왕릉들이라는 결론을 내렸는데요. 김정희 본인이 밝히지 않아 그 이유를 알 수는 없습니다. 그러나 그의 표현을 자세히 따져 보면 아마도 금관총의 무너진 봉분 내부 아랫부분에 큰 돌(강돌)을 겹겹이 쌓아 놓은 적석층을 보고 그 같은 결론을 내렸을 가능성이 높습니다. 단순히 조경을 목적으로 산을 만들었다면 굳이 내부에 겹겹이 돌을 쌓을 필요가 없으니까요. 말하자면 김정희는 봉분 한쪽이 무너져 내린 금관총의 내부 구조를 확인하고 주변의 동산들도 모두 신라 왕릉이라는 결론을 내린 셈입니다. 그의 눈썰미와 통찰력이

정조(正祖) 22년(1798)에 제작된 《경주읍내전도(慶州邑內全圖)》. 노서·노동동에 고분들이 옹기종기 모여 있고 위쪽(북)에 경주 읍성의 남문이 보인다. 그림에는 봉분들이 그런대로 온전하게 그려져 있다. 추사 김정희가 경주에 들른 것은 이로부터 19년 뒤였다(국립고궁박물관 소장).

정말 대단하지 않습니까? 그는 근대적인 고고학 교육을 체계적으로 받은 적이 없었습니다. 그럼에도 불구하고 그 동산들이 왕릉임을 확신했으니 말입니다.

당시는 고분을 해체하고 그 내부를 조사할 수 있는 근대적인 고고학이 존재하지 않는 시절이었습니다. 게다가 조선에서는 남의 무덤을 파헤치면 천벌을 받는다는 미신이 지배하고 있었지요. 그렇다 보니 김정희가 봉황대 옆의 동산이 바로 신라시대의 왕릉(금관총)이라는 결론을 내렸음에도 불구하고 더 이상의 진전은 이루어지지 않았습니다. 결국 금관총의 존재는 다시 사람들의 뇌리에서 그렇게 허무하게 잊혀 버리고 말았습니다.

김정희가 내린 결론이 허튼 소리가 아니라는 사실은 그로부터 다시 100여 년의 세월이 흐르고 난 뒤였습니다. 까맣게 잊혀졌던 금관총은 1920년대에 이르러 다시 그 존재를 드러내게 되지요. 아주 우연한 기회에 말입니다.

> "그것은 지금부터 이미 10여 년 전의 일이다. 다이쇼 10년(1921) 가을 9월, 이 부근은 이미 경주읍의 발전과 함께 거의 평탄하게 되어 버려서 겨우 시천당의 동쪽에 반쯤 파괴된 고분이 두셋 남아 있는 것에 불과했는데 도로에 면한 박 아무개라고 하는 음식점 뒷마당이 마침 이곳에 접해 있었다. 그런데 가옥의 건축을 위해서 토사를 파내면서 우연히 금동제 유물과 유리구슬이 발견된 것이었다. 9월 24일에 서너 명의 아이들이 이곳에서 가지고 온 토사 안에서 유리구슬을 찾고 있는 것을 발견한 미야케 순사는 재빨리 그 출처를 밝혀내고 발굴의 중지를 명했으며 경찰에 보고를 한 것이 시초이며 이것이 경천동지할 대발견의 발단이었다."[4]

서북방에서 찍은 노서·노동리 및 황남리. 대형 고분인 봉황대(A)와 서봉황대(B), 그리고 그 남쪽의 황남대총(C)이 보인다. 화살표는 경주읍내(구 경주역) 방향

    1924년에 보고서를 작성한 하마다는 생각도 하지 못했던 금관총의 발견을 "경천동지할 대발견"이라고 표현했습니다. '경천동지(驚天動地)'란 하늘이 놀라고 땅이 흔들린다는 뜻인데요. 요즘 표현으로는 '센세이셔널' 정도에 해당합니다. 하마다가 이 발견에 얼마나 흥분해 있었는지 눈에 선하지요? 이 보고 내용을 자세히 살펴보면 금관총의 상태는 김정희가 현장을 둘러본 1817년 당시보다 악화되어 있었던가 봅니다. 김정희 당시에는 봉분의 일부가 무너져 그 내부의 토사층과 적석층이 드러날 정도였지요. 그런데 그로부터 100여 년이라는 세월이 흐르면서 그 토사층과 적석층조차 거의 해체되어 없어져 버린 상태였던 겁니다.

    물론, 금관총 봉분의 훼손을 더욱 가속화시킨 원인은 따로 있었습니

---

4) 하마다·우메하라, 같은 책, 제2쪽.

1921년 당시에 서봉총(서쪽) 방향에서 바라본 금관총의 모습. 봉분이 절반 이상 깎여 사라진 상태이다(《경주 금관총과 그 남겨진 보물들》 사진).

다. 바로 인위적인 훼손이지요. 현지 주민들은 집을 짓기 위해서 오랜 기간 봉분의 흙과 돌을 반출했을 테지요. 그러나 무엇보다도 치명적인 훼손은 일제의 손에 의해 이루어졌습니다. 1920년대에 일제는 경주읍을 정비한다는 명목으로 신작로 공사를 진행합니다. 도로를 닦는 과정에서 울퉁불퉁한 주변의 동산들이 정비되고 길을 넓히는 과정에서 봉분이 해체되면서 금관총은 봉토가 완전히 깎여 나가다시피 한 거지요.[5] 그 뒤를 이어 그 길가에 음식점을 차린 박문환이 건물을 지으려고 흙을 파내고 있었습니다.

---

5) 일제의 신작로 공사가 금관총은 물론 봉황대의 봉분을 인위적으로 손상시킨 점에 대해서는 하마다도 《경주의 금관총》(제5쪽)에서 인정하고 있다.

제2절
금관총 유물은 어떻게 수습되었나

때는 바로 1921년의 9월 27일이었습니다. 평소처럼 박문환의 집 앞을 지나던 일제 순사 미야케는 동네 아이들 서넛이 그 현장에서 땅속을 뒤지고 있는 모습을 발견했습니다. 호기심이 생겨 그 곁으로 다가가 보니 땅바닥에 웬 유리구슬이 여기저기에 흩어져 있지 뭡니까! 그것도 인공적으로 정교하게 가공된 것들이 말입니다. 미야케는 박문환에게 공사를 중단하도록 이르고 그 길로 경찰서장 이와미에게 달려가 보고합니다.

"오전 아홉시 무렵에 조선인 아이 서너 명이 모여 열심히 어떤 물건을 찾고 있었다. 그 모습을 이상히 여겨 조사를 했더니 조선인 아이들이 모두 파란색 유리옥 구슬 서너 개씩을 손에 들고 있었다. '이게 고분에서 나온 옥이 아닐까' 짐작하고 매립된 흙이 나온 곳을 심문하니 봉황대 아래에 있는 박문환 씨의 택지 안에서 운반되었다고 진술했다. 그래서 곧바로 현장에 도착해서 보니 조선인 인부 몇 사람이 토사를 채취하기 위해 고분 같아 보이는 장소를 계속해서 파는 것을 보고 당장 중지시켰다."[6]

미야케가 보고한 대로라면 공사장에서 푸른 구옥(勾玉, 곡옥)을 처음

---
6) 하마다·우메하라, 제26쪽.

유물 발견 당시의 금관총 현장. 아이들이 옥구슬을 가지고 놀던 최초 발견 지점에 줄을 쳐서 외부인이 접근하지 못하게 막아 놓았다(《경주의 금관총》 사진).

발견한 것은 동네 아이들이었던 셈입니다.

 미야케의 보고를 받은 경찰서장 이와미는 모로가에게 그 사실을 알렸지요. 모로가는 당시 경주에 거주하고 있던 일본인들을 대표하는 인물로, 조선총독부의 고적조사부 촉탁(嘱託)이라는 직함을 달고 있었습니다. '촉탁'이란 특정한 업무를 원활하게 진행하기 위하여 임시로 고용한 해당 분야 종사자를 말하지요.[7] 모로가가 골동품 전문가로 자처하던 참인 데다가 경주지역의 유지 행세를 하고 있었으니 도움이 필요했던 거겠지요.

 이와미는 '땅속에서 이미 모습을 드러내려 하는' 유물이 대단히 많은

---

7) 촉탁【嘱託/属託, しょくたく】,《디지털 대사천(デジタル大辞泉)》

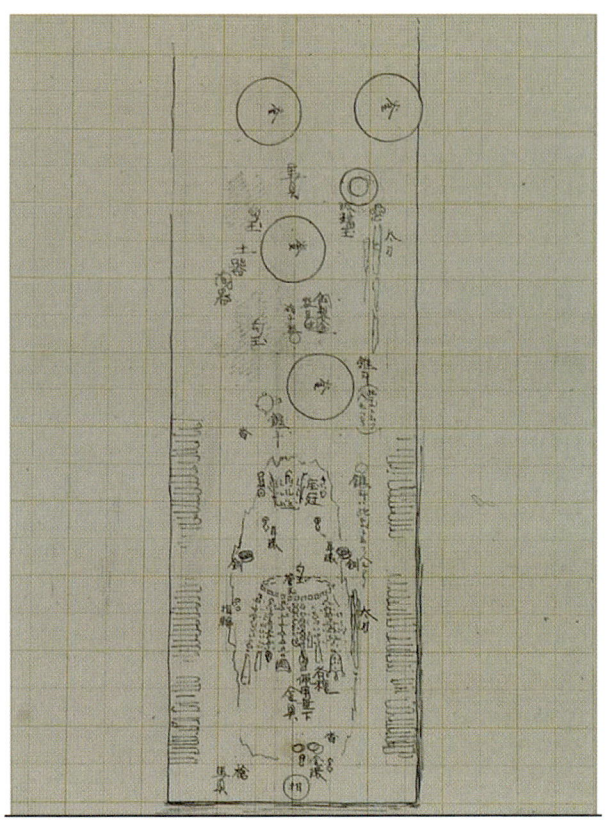

오가와 게이키치가 그린 금관총 관곽부 부장품 배치도

것을 확인하고 협의 끝에 모로가에게 주임을 맡기고 자신이 입회한 상태에서 유물을 수습하기 시작합니다. 이렇게 해서 시작된 일본인들의 발굴조사 과정을 간단히 날짜별로 정리해 보면 다음과 같습니다.

1) 27일

오전 9시. 조선인이 흙을 채취하는 과정에서 곡옥을 처음 발견.
경주 경찰서장 입회하에 경주 보통학교 교장 오사카 긴타로와 고적보

혼회 촉탁 와타리 후미야 등과 함께 현장 유물을 수습

2) 28일

지상에 드러나 있던 봉토를 깎으면서 발굴을 계속. 목관 동반부의 부장품을 수습. 순금 보관을 발견.

3) 29일

발굴을 계속함. 목관 내부 주요 부위의 유물들을 발굴. 순금 허리띠·드리개 등을 발견. 발굴 조사를 종료함

4) 30일

현장을 최종적으로 수습하고 작업을 마무리

경북도 지사로부터 전보로 현장 상황을 전해 들은 총독부에서는 박물관 촉탁 오가와를 발굴과 유물 조사를 감독한다는 명목으로 서둘러 파견합니다. 10월 2일 오가와가 경주에 도착했을 때 발굴된 유물의 일부는 창고에, 대부분은 경찰서 응접실에, 나머지는 처마 밑에 놓여 있었지요.[8] 유물들을 확인하고 사진을 찍은 다음, 10월 7일에 경성으로 복귀한 오가와는 유물 조사를 단기에서 장기로 전환시킬 것을 건의합니다.

---

8) 오가와 게이키치, 〈대정 10년(1921) 추기 경주여행 일지〉, 《경주 금관총》(유구편), 제231쪽.

제3절
금관총 유물에 열광하는 일본인 학자들

　일본인들이 조선에서 고고조사라는 명목으로 고분을 파헤치기 시작한 것은 일제가 조선을 병합하기도 전인 1906년부터였습니다. 이마니시 류(今西龍, 1875~1932)가 경주에서 황남동 고분을, 1909년에는 세키노 타다시(關野貞, 1868~1935)와 야스이 세이치(谷井濟一)가 황남동 고분과 서악동 고분을 차례로 파헤쳤고, 그 뒤에는 검총(劍塚) 조사로까지 이어졌지요. 그러나 신라 고분들은 '적석목곽분'이었습니다.
　'적석목곽분(積石木槨墳)'이란 글자 그대로 풀면 '돌을 쌓아 올리고 나무 널을 덮은 무덤'인데요. 도굴꾼이나 고고학자들의 입장에서 이런 무덤은 그다지 반갑지 않았을 겁니다. 구조적으로 한번 봉분이 무너지면 그 엄청난 양의 흙과 돌들이 시신과 유물이 집중되어 있는 관곽부(棺槨部)를 덮쳐 버리거든요. 아무리 솜씨가 좋은 사람이라도 아예 유물에 손을 댈 엄두를 내지 못하게 된다는 뜻입니다. 그런 점에서는 100여 년 전의 일본인들 입장도 마찬가지였을 겁니다. 그들에게는 그 이전만 해도 발굴 경험이 거의 없었습니다. 게다가 '적석목곽분'이라는 고분 양식은 당시까지만 해도 상당히 생소했지요. 그렇다 보니 제대로 된 유물 하나 건지지 못하고 그저 '수박 겉핥기' 수준의 시굴(試掘)만 되풀이할 뿐이었습니다. 결국 그들은 파던 땅을 덮고 눈길을 경주시 동쪽 명활산(明活山) 쪽으로 돌릴 수밖에 없었지요. 그 뒤로 그들은 1912년에 보문동 부부총,

고고학계에서 '신의 손'으로 숭배된 일본인 건축학자 세키노

1917~1918년에 보문동 적석묘 등 능선에 자리잡은 고분들을 뒤지기 시작했는데요. 그 결과 땅속에서 5~7세기 신라시대 금동관·금제 귀걸이·은제 팔찌·유리구슬 가슴걸이[瓔珞, necklaces]·토기 등이 출토되기 시작했답니다.9) 그러나 그 정도로는 성에 찰 리가 없지요.

그런 상황에서 기대조차 하지 않았던 국보급 유물들이 쏟아져 나왔지 뭡니까! '신의 손'을 자처하던 자신들조차 스쳐 지나갔던 이름 없이 버려져 있던 바로 그 고분에서 말이지요. 지금까지 본 적조차 없었던 화려하고 값진 유물들이었습니다. 그들로서는 학자로서의 명성을 세계적으로 떨칠 수 있는 절호의 기회였지요. 아무도 기대하지 않았던 경주의 한 길바닥에서 1,500여 년 전 신라시대의 국보급 유물들이 줄줄이 쏟아져 나왔으니 일본인들 입장에서는 환호(歡呼)와 박수(拍手)가 절로 나왔을 겁니다.

---

9) 〈보문동 고분군(차순철)〉,《한국고고학용어대사전》(고분편), 제498쪽, 한국문화재연구소, 2009.

오가와에 의해 경주 현장의 소식이 전해지자 일본인 학자들은 하나둘씩 금관총 유물에 관심을 가지기 시작합니다. 평안도에서 땅만 파면 중요한 고분을 발견했다고 해서 '신의 손'으로 일컬어지던 세키노 타다시를 위시하여, 교토대 재직 중에 경성에 머물고 있던 하마다 고사쿠(濱田耕作, 1881~1938), 그리고 그의 추천으로 총독부 촉탁으로 재직 중이던 우메하라 스에지(梅原末治, 1893~1983)가 그들이었지요.

이들은 얼핏 보기에는 쟁쟁한 학자들 같아 보입니다. 그러나 현실은 그렇지 못했지요. 가장 관록이 있다는 세키노는 도쿄대에서 건축학을 전공한 건축학과 교수였습니다. 고대 건축물과 건축학사에 관심이 많았으나 엄밀하게 말하면 역사학이나 고고학과는 동떨어진 분야의 전문가였지요. 도쿄대 사학과를 졸업해서 그나마 사학자 소리를 들을 만한 하마다 역시 마찬가지였습니다. 사학과에서 미술사를 전공한 그는 교토대에서 강의를 하면서 유럽에 유학해 근대 고고학을 배우고 돌아온 인물이었는데요. 1917년부터 교토대 고고학연구실의 초대 교수로 재임하고 있었지만 고고학적으로는 이렇다 할 만한 발견이나 업적을 이룬 것이 없었습니다. 우메하라도 마찬가지였지요. 1913년에 도시샤[同志社] 보통학교(지금의 고등학교)를 졸업하고 교토대 문과대학 진열관(전시관)의 조수로 근무한 것이 경력의 전부인 문외한(門外漢)이었습니다. 그러다가 같은 학교의 상사이던 하마다의 눈에 띄어 그의 주선으로 조선으로 건너왔지만 조선총독부의 고적조사위원이라는 직함을 단 지가 1년 정도밖에 되지 않은 상태였지요. 조선에서의 고고 조사 현장에서 다른 일본인 학자들의 조수 역할을 하면서 어깨너머로 고고학을 배우는 신출내기였다는 뜻입니다. 그런 자들이 제대로 된 준비나 연구도 없이 조선의 유적들을 마구 헤집고 다니고 있는 것이 1920년대 조선의 현실이었던 거지요.

금관총·금령총 등의 신라 고분 발굴에 참여한 우메하라 스에지. 고등학교를 졸업하고 교토대 전시실에 조수로 근무하던 중 하마다의 추천으로 조선으로 건너온 말단 공무원으로 제대로 된 고고학 공부조차 한 적이 없는 인물이었다.

    이들은 학력은 물론이고 전공 분야도 서로 달랐지만 그래도 한 가지 공통점을 가지고 있었습니다. 세 사람 모두 무엇인가 실적(實績)이 필요한 상황이었지요. 학자로서 명성을 쌓거나 좀 더 높은 봉급을 받기 위해서 말이지요. 그런 의미에서 황금제 사치품과 각종 위세품(威勢品)들이 무수하게 쏟아져 나온 금관총은 그들의 소원을 이루기에 딱 좋은 절호의 기회였습니다. 심지어 당시 조선에서는 모든 학술 권력이 일본인들에게 독점되어 있었지요. 유물을 수습하고 분석하고 연구하는 모든 과정에서 조선의 발굴 현장은 그야말로 자신들의 독무대와 다를 바가 없었습니다.
    세키노와 하마다는 10월 7일 8시가 넘은 밤중에 경성(京城, 서울)에서 오가다를 만납니다. 그리고 다음날 고적조사과장과의 의논을 거쳐 10월 11일 밤중에 경주에 도착한 세키노는 다음날부터 금관총 부근의 봉황대

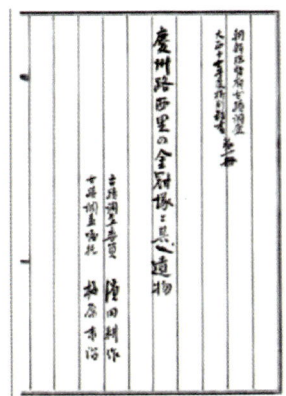
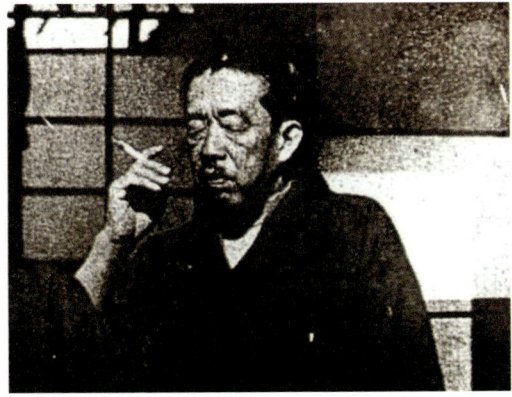

금관총 유물 조사를 마친 하마다가 1924년에 조선총독부에 제출한 보고서 초고(좌)와 나중에 '세이료(靑陵)'로 이름을 바꾼 그의 모습(중국 수호(搜狐) 사이트)

·석굴암 등의 유적지를 둘러보지요. 하마다는 하마다대로 1909년에는 조사를 포기했던 황남리 고분들에 대한 재발굴에 나섰지요.

일본인들은 현장에서 최초로 신라의 금관이 발견된 점에 착안하여 일단 그 고분에 '금관총'이라는 이름을 붙였습니다. 실제로 금관총에서 출토된 유물들은 지금까지도 "신라 적석목곽분들 가운데 최고 수준"[10]이라는 평가를 받고 있지요. 물론, 거기에 그 고분의 주인공이나 연대에 대한 진지한 연구는 기대할 수 없었습니다. 일본인들은 애초부터 고분과 유물들을 진지하게 체계적으로 연구하는 데에는 그다지 관심이 없었거든요. 그들은 오히려 그 발견에 숟가락을 얹고 서둘러 국제 학계에 알려서 자신들의 개인적인 명성을 얻는 데에 더 관심이 컸습니다. 일본인들에게 금관총 발견이 얼마나 반가운 소식이었는지는 보고서 속의 표현들만 보아도 알 수가 있지요.

---

10) 〈금관총(홍보식)〉, 《한국고고학전문사전》(고분편), 제141쪽.

"지금까지 남조선(한반도 남부)에서 발견된 고분 가운데 이 무덤에서 발견된 유물이 가장 많다. 그리고 이 고분처럼 귀중한 재질과 재료를 쓰고 종류가 다양한 예는 들어본 적이 없다. 뿐만 아니라 조선(한반도) 전역에서 이처럼 중대한 고고학적 발견에 비교할 수 있는 예는 겨우 세키노 박사·야쓰이 학사 등이 다이쇼 5년(1916) 가을에 발굴한 평안남도 대동강변의 한식(한대) 고분이 있을 뿐이라고 할 수 있다. 또 동아시아에서 지금까지 최대급 고고학적 발견 가운데 하나라고 해도 결코 지나친 말이 아닐 것이라 여겨진다."[11]

보고서의 표현들을 통해서 하마다와 그 조수 우메하라의 당시의 흥분과 찬탄을 느낄 수가 있습니다. "지금까지 한반도 남부에서 발견된 고분들 가운데 이 무덤에서 발견된 유물이 가장 많다"거나 "이 고분처럼 귀중한 재질과 재료를 쓰고 종류가 다양한 예는 들어 본 적이 없다"거나 "동아시아에서 지금까지 최대급 고고학적 발견 가운데 하나라고 해도 결코 지나친 말이 아닐 것" 등등, 그야말로 흥분과 극찬 일색(一色) 아닙니까? 일반적으로 일본인들은 감정 표현에 대단히 신중해서 여간해서는 남을 칭찬하는 일이 없습니다. 그런데도 이처럼 환호하면서 혀가 다 닳도록 극찬하는 것을 보면 금관총과 그 유물의 발견이 얼마나 센세이셔널한 대발견이었는지 충분히 짐작할 수 있지요. 이 표현들만으로도 금관총의 발견으로 흥분과 환호를 억누르지 못하는 당시 일본인 학자들의 모습이 눈앞에 선합니다.

그러나 그들에게 있어 금관총 유물의 발견은 한낱 개인적 명성을 쌓는

---

11) 하마다·우메하라, 제24쪽.

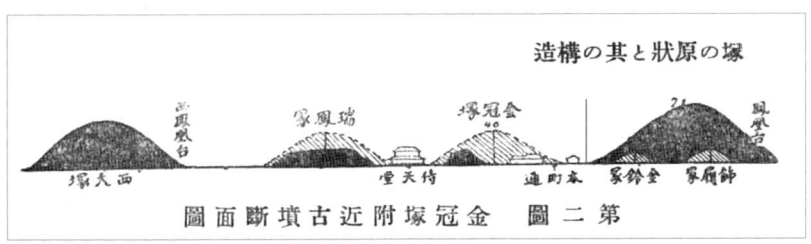

1921년 금관총 발굴 당시의 노서동-노동동 고분들 상태. 혼마치 도오리(봉황로)를 기준으로 금관총을 포함한 왼쪽 3기가 노서동 고분군, 오른쪽 3기가 노동동 고분군이다(《경주의 금관총》 도판).

데에 안성마춤인 도구일 뿐이었습니다. 상식적으로 역사상 최고의 고고학적 발견이라면 시간적으로 여유를 가지면서 고분의 구조나 유물의 성격 등에 주목하면서 치밀하고 완벽하게 연구를 진행해야 정상 아닙니까? 그 연구가 원만하게 마무리되면 그때 가서 조사 보고서를 작성해서 국제 학계에 알려도 늦지 않았을 겁니다. 그러나 그들에게 발굴 조사는 그저 남의 나라의 값진 유물들을 수집하기 위한 수단일 뿐이었습니다. 그리고 그 결과물들은 일제의 식민지로서의 조선이 역사적으로 일본에 종속되어 있었음을 뒷받침해 주는 증거들일 뿐이었지요. 말이 학술이고 조사이지 비윤리적, 비학문적인 약탈 행위와 다를 바가 없었다는 뜻입니다. 그렇다 보니 이때 일본인 학자들은 염불보다는 잿밥에 마음이 쏠려 있었습니다. 충실한 연구보다는 일단 대충이라도 보고서를 꾸려서 발표부터 해 놓고 보자는 식이지요.

물론, 아니 땐 굴뚝에 연기가 날 리는 없습니다. 일본인들이 이렇듯 금관총 발견 사실을 국제 사회에 서둘러 알리려 한 데에는 그럴 만한 이유가 있었습니다. 금관총 유물이 발견된 다음 해인 1922년에 이집트에서 투탕카멘(Tutankhamen, BC1341~BC1323) 왕의 무덤이 발견되었거든

영국 고고학자 하워드 카터(좌)와 투탄카멘의 황금 마스크(우) (위키백과 사진)

요. 다년간 이집트에서 고고조사를 벌였으나 번번이 도굴된 무덤만 만나 '재미'를 보지 못했던 영국의 고고학자 하워드 카터(Howard Carter, 1874~1939)는 1922년 11월 4일에 '왕가의 계곡'에서 어린 나이에 세상을 떠난 투탄카멘의 무덤을 발견합니다. 이 '세기적인 대발견' 소식은 전 세계로 전해졌으며 무덤에서 쏟아져 나온 엄청난 양의 황금 유물들은 세상 사람들의 이목을 사로잡기에 충분한 것이었지요.

'대영제국이 해냈는데 대일본제국이 여기에 질 수는 없지.'

어쩌면 카터의 세기적인 대발견은 일본인들의 이런 승부욕을 부추겼을지도 모릅니다. 게다가 금관총은 봉분이 해체된 상태였지요. 카터처럼 몇 년씩이나 공을 들일 필요가 없었습니다. 심지어 그 자리에서 양적으로나 질적으로 투탄카멘의 황금 유물에 필적(匹敵)하는 황금 유물들이 쏟아져 나온 상태였지요. 카터에 이어 다시 한번 세상 사람들의 이목을 사로잡을 수 있는 대발견이었던 겁니다. 자신들은 물론이고 '대일본제국' 고고학의 위상을 세계만방에 드날릴 수 있는 절호의 기회가 아니었겠습니까? 일본인들이 '금관총과 그 남겨진 보물들'을 발견한 사실을 국제 학계에 보고하는 일을 서두른 데에는 바로 이런 내막이 있었던 거지요.

"다이쇼 10년(1921) 9월 우리는 고적조사를 위촉받아 경성에 있었다. 경상남도 양산 소재 패총을 발굴하기 위해 출발하려고 했을 때, 경주 노서리의 한 고분에서 우연하게도 중대한 발견이 있었다. … 같은 해 10월 12일 경주에서 세키노 박사 일행과 만나 약 10여 일 동안 이 고분과 발견 유물의 조사에 종사했다. 우리는 당시 세키노 박사 등의 종용으로 끝까지 이 유물의 조사연구를 계속해 그 보고서를 작성하라는 명을 받았고 그로부터 2년 이상 부지런히 작업을 했다. 그동안 정리와 제도(도면 제작)에 관해 오가와 게이키치군의 열성적 도움을 받은 덕에 이제야 작업이 거의 대체로 완료되기에 이르렀다. 이에 먼저 조사 보고서 《경주 금관총과 그 유보》 상책(上冊)을 제출하는 바이며, 앞으로 하책(下冊) 또한 완성함으로써 주어진 책무를 거의 다 완수할 수 있을 것으로 생각된다. … "12)

이 서문을 보면 건축학과 출신의 세키노가 유물조사와 보고서 작성을 서둘러 줄 것을 종용한 일을 알 수 있습니다. 서문을 쓴 하마다의 어투를 보면 자신은 그 같은 날림식 연구에 동조하지 않은 것같이 보이는군요? 물론 하마다는 학자로서의 자부심이 강한 정통 고고학자였습니다. 아무

---

12) 하마다·우메하라, 〈서언〉, 《경주 금관총과 그 남겨진 보물들》, 제20쪽.

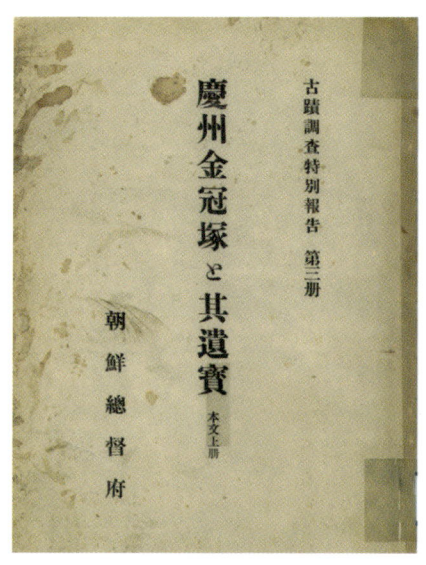

금관총 조사보고서를 토대로 조선총독부의 전폭적인 지원을 받아 단행본으로 펴낸 《경주 금관총과 그 남겨진 보물들》(좌)과 1932년에 단독으로 새로 펴낸 《경주의 금관총》(우). 독자들의 흥미를 자극하기 위하여 표지를 금관총 금관으로 장식해 놓았다.

리 그렇다고는 하지만 그라고 해서 학자로서의 공명심이 없었다고 할 수는 없지요. 그는 이보다 몇 년 전에 유럽에 유학해서 현지 학계의 사정을 잘 알고 있었습니다. 어떻게 보면 금관총의 발견 경위와 그 화려한 유물들을 세계 학계에 하루빨리 보고하고 전 세계인들로부터 각광(脚光)을 받고 싶은 욕망은 오히려 하마다 쪽이 훨씬 더 간절했을지도 모르지요. 어쩌면 그건 투탕카멘 무덤의 발견으로 큰 명성을 얻은 카터에 대한 선망(羨望)이자 경쟁심리였을 겁니다. 그래서 금관총을 발견한 지 단 3년 만에 서둘러 발굴조사 보고서가 나온 것이 아니겠습니까?

전 세계적으로 센세이션을 일으킨 카터의 '세기적인 대발견'에 편승(便乘)한 덕분에 세키노와 하마다는 조선총독부로부터 큰돈을 지원받아

서봉총 발굴 현장을 방문하여 엎드린 채 신라 유물들을 직접 수습하는 스웨덴 왕세자 구스타프(우). 왼쪽에서 그 모습을 지켜보고 있는 인물이 서봉총 발굴을 주도한 고이즈미이다(《경북매일신문》, 2025.4.10).

금관총 발굴 기념 보고서를 아주 근사하게 만듭니다. 어디 그뿐인가요? 조선총독부의 전폭적인 지원을 받아 그 내용을 영어로 번역해서 국제 학계에 배포하기까지 했지요. 몇 년 뒤인 1926년에 금관총 옆의 서봉총을 발굴할 때에는 마침 일본을 방문한 스웨덴 왕세자 구스타프 아돌프(Gustaf Adolf, 1882~1972)를 굳이 일본에서 발굴 현장까지 불러들입니다. '대일본제국' 고고학의 위상을 서구세계에 소개하는 데에 스웨덴 왕세자를 끼워 넣어 구색(具色)을 맞춘 거지요.[13] 그야말로 무대는 서봉총

---

13) 구스타프 아돌프(Gustaf Adolf, 1882~1972)는 당시의 스웨덴 국왕 구스타프 5세의 맏아들로 1950년에 부왕이 죽자 그 왕위를 이어 받아 구스타프 6세가 되었다. 1920년대에 그는 정치적으로는 스웨덴의 왕세자일 뿐이었다. 그러나 혈통상으로는 대영제국의 빅토리아 여왕을 공통 조상으로 하는 독일·영국·그리스·덴마크·러시아 왕실과도 서로 연결되는 VVIP이었다. 근친혼(近親婚)으로 긴밀하게 결속되어 한 다

과 구스타프가 만들어 주고 실속은 일본인들이 챙긴 꼴이었습니다.

　금관총 조사 보고서는 해외 학자들의 이목을 끌기에 충분했을 겁니다. 그 과정에서 하마다·세키노·우메하라 같은 일본의 신출내기 고고학자(?)들의 몸값이 올라간 것은 두말할 필요도 없었지요. 실제로 금관총 발굴 당시 하마다의 조수 역할을 한 우메하라는 그 뒤로 금령총 등의 신라 고분들에 대한 발굴 조사를 잇따라 주도합니다. 남의 나라 고분들을 자신의 '스펙 쌓기용' 발굴 실습장으로 활용하면서 그렇게 쌓아 올린 경력과 업적으로 그는 지금까지도 일본 고고학을 대표하는 위대한 고고학자로 떠받들리고 있지요.

리만 건너면 서로가 일가 친척이었던 당시의 유럽 상류층 사회에서 그의 일거수 일투족이 대단히 흥미로운 가십 거리로 사람들의 입에 오르내렸을 것임은 분명하다. 구스타프의 서봉총 발굴 현장 참관의 경우, 그동안은 당시 일본 정부에서 우연히 그가 고고학에 관심이 많다는 사실을 알고 현장 참관을 권하면서 성사된 것으로 알려져 왔다. 그러나 어쩌면 유럽 상류층을 관통하는 당시 스웨덴 왕실의 위상을 잘 알고 있던 일본의 정계와 고고학계에서 '대일본제국' 고고학의 위상과 실적들을 대외적으로 널리 선전할 목적으로 처음부터 의도적으로 그를 발굴 현장까지 끌어 들였을 가능성도 배제할 수는 없다.

제4절

'경주왕'으로 불린 골동품 브로커

학자들이 세속적인 명성을 얻는 데에 금관총 발굴 조사를 수단으로 이용했다면 금전적인 이익과 출세를 위해 유물들을 빼돌리는 경우도 적지 않았지요. 그 대표적인 인물이 바로 모로가라는 인물이었습니다.

당시 경주에 거주하고 있던 모로가 히데오(諸鹿央雄, ?~1954)는 골동품에 관심이 많아 일제의 관변 단체인 경주고적보존회의 촉탁을 맡고 있었는데요. 일본인들 사이에서는 '경주왕(慶州王)'으로 불릴 정도로 상당한 영향력을 행사하고 있었습니다. 금관총에서 처음으로 유물이 확인되

'경주왕' 모로가 (《매일신문》, 2022.10.4. 사진)

었을 때 그는 경찰서장에 의해 조사 주임으로 위임되고 당시 경주보통학교의 교장이던 오사카 긴타로(大坂金太郞)와 함께 유물 수습에 투입되었지요. 그런데 이 두 사람은 골동품에 관심이 많기는 했지만 고고학이나 역사학에는 완전히 문외한이었습니다. '선무당이 사람 잡는다'는 말이 있지 않습니까? 그렇다 보니 유물을 수습할 때 어떤 절차에 따라 작업을 진행해야 하는지, 어떤 점들에 주의해야 하는지 알 턱이 없었지요. 심지어 유물을 수습하는 과정이나 수습 위치에 대한 조사일지조차 남기지 않았습니다. 그래서 현장 여기저기에 온통 값진 금붙이나 은붙이들이 쏟아져 나오자 그것들에만 눈독을 들이면서 정신없이 유물들을 주워 담기에만 바빴지요.

어쩌면 유물을 수습하는 과정에서 사람들 눈을 피해 가면서 몇 점씩 빼돌렸을지도 모릅니다. 고분 하나에서 몇 만 점이나 되는 엄청난 유물이 쏟아져 나온 상황이었으니까요. 거기다가 현장에서는 조사일지조차 작성하지 않은 상황이었습니다. 몇 점 정도 유물을 빼돌린다 한들 누가 눈치챌 수 있겠습니까? 어쨌든 이 두 문외한이 발굴일지조차 작성하지 않은 채 번갯불에 콩 구워 먹듯이 사나흘 만에 발굴 조사를 날림으로 해치워 버립니다. 이들에게 금관총 유물은 조선의 역사와 문화를 대표하는 소중한 문화재가 아니라 그저 값나가는 보물일 뿐이었던 거지요.

금관총 유물에 대한 모로가의 탐욕은 그 뒤로도 멈추지 않았습니다. 그는 그 유물들을 독점하기 위해서 총독부에서 파견된 세키노·하마다 등의 학자들과 힘겨루기를 하는 것조차 마다하지 않았습니다. 당시 조선총독부는 세키노·하마다·우메하라 등의 건의에 따라 연구자료라는 명목으로 금관총 유물을 전부 경성으로 반출하려 했는데요. 모로가는 조선총독부가 유물을 경성으로 반출하려 하는 사실을 경주의 유지나 지사들

경주박물관 관장 모로가가 소장품을 보호하기는커녕 도굴과 밀거래에 몰두한 일을 폭로한 신문 기사들. 왼쪽이 《동아일보》(1933.5.3 기사), 오른쪽이 《부산일보》(1933.5.9 기사)

에게 슬쩍 흘립니다. 그의 꿍꿍이를 몰랐던 경주 주민들은 "경주의 유물은 경주에 있어야 한다"는 순수한 애향심에 따라 총독부의 결정에 격렬하게 반발하고 나섰지요. 공교롭게도 이때는 3.1 만세운동이 일어나고 3년도 지나지 않은 때였습니다. 조선총독부에 대한 주민들의 분노는 이만저만이 아니었지요. 그야말로 불난 집에 기름을 끼얹은 격이었다고 할까요? 그 결과 10월 11일에는 몇 년 전 경주에서 3.1 독립운동을 주도했던 박문홍(朴文泓) 등 30명의 주민이 시민대회를 엽니다. 이날 주민들은 조선인 일본인을 가릴 것 없이 연단에 올라가 총독부의 독단적인 결정을 격렬하게 성토하지요. 그날 주민들의 격렬한 저항운동을 뒤에서 지켜보던 하마다는 그 분위기에 압도되어 아연실색(啞然失色)했다고 합니다.[14]

물론, 이때 배후에서 경주 주민들의 분노에 부채질을 한 것은 모로가였 지요.

"… 서장 및 모로가 씨의 처치는 온당치 않다고 생각한다. 지난 12일에는 시민대회의 주창자가 되어 이 대회를 열더니, 모인 사람 20명을 400명이라고 떠들면서 도청에 보고하고 경성에 전보까지 보내 운동의 소재로 삼았다. 또, 14일, 15일은 유물을 관람시키고 시민대회를 연다고 하면서 인부를 보내 주위의 부락민들을 불러 모으더니 깃발을 세우고 읍내민들을 선동하고 조선인들을 사주해 온갖 운동을 시킨 것 등은 관리로서의 행위라고는 생각할 수 없는 처사이다!"[15]

모로가의 농간에 들러리를 선 경찰서장은 경찰서장대로 금관총 유물을 연구자료 명목으로 인계받기 위해 경성에서 내려 온 우메하라와 오가와 일행을 가로막기까지 합니다.

"10월 14일

… 유물을 경찰서 마당에 진열하여 일반인이 관람할 수 있도록 어제 서장의 요청이 있었다. 우메하라·야마우치 씨와 함께 경찰서 마당에서 그 준비를 하고 있는 사이에 서장은 '전부 내다 진열해야 한다'고 주장했

---

14) 〈[고도 경주의 근대산책] ⑤ 금관총 출토유물 유치운동〉, 최창희, 《매일신문》, 2022.11.7.
15) 오가와 게이키치, 〈경주여행 일지〉(1921년 가을), 제23집 《경주 금관총》(유구편), 제 233쪽. 오가와는 다른 데서는 이날 "모인 자가 약 27명, 그러나 경찰서에서는 도지사에게 500명으로 보고하고, 군수는 30명으로 보고했다"고 밝혀 집회 참석자 규모에 다소 편차를 보인다.

다. 우리는 주요한 것들은 진열하고 파손의 우려가 있는 것은 위험하니 보류할 것을 요망했다. 이에 대해 서장은 '[총독부에] 인계하지 않은 이상, 유물 전부의 취급은 제 뜻대로 따라야 한다. 또한 정리 같은 일을 의뢰한 바도 없다'고 말했다."[16]

   몇 년 전에 경주에서 3.1 만세 운동을 주도했던 박문홍 등은 하마다 등의 학자들이 금관총 유물들을 반출(搬出)하려 하자 그 같은 움직임에 반대하면서 경주의 문화재는 경주에서 관리해야 한다는 시민운동에 적극적으로 동참했습니다. 그러나 하마다와 모로가 같은 일본인들은 경주 주민들의 그런 순수한 애향심에는 아랑곳하지 않았지요. 그들은 그저 남의 나라 문화재들을 누가 차지할 것인가를 놓고 경성파와 경주파로 패를 갈라 치열한 쟁탈전을 벌였던 겁니다. 이렇게 경주 주민들의 거센 저항에 부딪치자 당황한 조선총독부는 결국 꼬리를 내리고 맙니다. 조선 민중들에게는 이미 몇 년 전에 3.1 만세운동으로 단단히 혼쭐이 난 터였으니까요. 허겁지겁 당초의 계획을 철회한 조선총독부는 경주 주민들의 성난 민심을 달랠 대책을 세우는 데에 고심합니다. 그 결과 최준(崔浚) 등, 유력한 경주지역 유지들의 기부를 받아 1923년에 경주고적보존회 진열관을 건립하고 그곳에 유물을 전시하는 조건으로 가까스로 상황을 수습하지요. 이런 우여곡절을 거쳐서 마침내 경주 박물관의 전신인 총독부 박물관 경주 분원(分院)이 건립되기에 이르렀던 겁니다.
   물론, 경주 주민과 조선총독부의 자존심을 건 싸움에서 어부지리(漁父之利)를 얻은 사람은 따로 있었습니다. 바로 '경주왕' 모로가였지요. 총독

---

16) 같은 책, 제235쪽.

총독부 박물관 경주 분원의 전경

부가 경주 주민들을 달랠 목적으로 제안한 경주 분원의 원장 자리를 차지했으니까요. 그러나 이것이 다가 아니었습니다. '제국주의 고고학'에서 단골 메뉴인 도굴과 밀반출이 빠지면 섭섭하지요. '나라'라는 보호막이 사라진 신라 유물들은 약탈자들 앞에 먹이처럼 무자비하게 내던져졌습니다. 모로가가 이런 좋은 장삿거리를 놓칠 리가 없었지요. 그는 자신의 직권을 이용하여 서봉총·금령총 등의 고분들을 조사하는 데에도 끼어들었습니다. 그 기회를 놓치지 않고 뒤로는 고분들을 도굴하거나 유물을 로비용 뇌물로 유력 인사들에게 빼돌리거나 팔아넘기는 만행들을 서슴지 않았지요. 당시 대구의 유명한 골동품 수집가이던 오구라 다케노스케(小倉武之助, 1870~1964)에게 금관총 유물을 팔아치운 것도 당시 분원 원장이라는 막중한 직함을 달고 있던 모로가였습니다. 그야말로 자신의 치부와 출세에 눈이 멀어 경주 주민들의 기대와 성원을 배신한 것 아니겠습니까?

당시 조선총독부에서는 원래 형식적일지언정 조선에서 출토된 유물

오구라 컬렉션의 하나인 금관총 출토 금제 유물. 지금은 일본의 도쿄박물관에 소장되어 있다(KBS 〈역사저널 그날〉, 2010.10.30.)

은 일본을 포함한 해외로의 반출을 금지하고 있었습니다. 그러나 해방 이후로 이른바 '오구라 컬렉션'으로 일컬어지는 우리나라 문화재가 수천 점이나 일본으로 밀반출된 사실이 드러났지요. 놀라운 점은 그중에는 금관총에서 수습된 유물도 8점이나 포함되어 있었다는 사실입니다! 일제 치하에서 조선의 고대 고분들에 대한 발굴 조사를 독점하다시피 한 세키노와 하마다의 모교에 삼국시대 유물들이 많이 소장되어 있다는 사실은 이미 공공연한 비밀로 알려져 있지요. 그것들 역시 연구자료라는 명목으로 일본으로 밀반출된 문화재들이 아니겠습니까?

일제 치하 우리 문화재의 밀거래와 밀반출 사실들은 조선총독부의 조선 문화재 반출 금지령이 유명무실했음을 잘 보여 줍니다. 금관총 옆의 서봉총(남분)만 해도 그렇지요. 1929년 발굴 조사 과정에서 많은 유물들이 수습되었는데요. 금제 귀걸이 1쌍을 제외한 나머지 유물들은 모두 그 행방이 묘연합니다. 수많은 우리 문화재들이 이런저런 경로를 통하여 공

하마다는 신라 위세품들을 꾸미는 떨개를 고급스럽게 '영락(瓔珞)'으로 표현하였다. 그러나 영락은 산스크리트어 케유라(keyūra)에서 유래한 말로, 금·은·옥·진주·보석 등으로 꾸민 가슴 장식을 가리킨다. 당대의 불경 해설서인 《일체경음의(一切經音義)》에도 "'영락'이란 경식(목 장식)이다(瓔珞者, 頸飾也)"라고 소개되어 있다. 양식이나 성격에서 떨개가 아니라 오히려 가슴 걸이에 더 가까운 것이다. 오른쪽은 발굴 당시의 천마총 가슴 걸이(상)와 복원된 금령총 가슴 걸이(하)

공연히 일본으로 해외로 빼돌려졌지요. 금관총 유물들도 마찬가지입니다.

우리가 분명히 알아야 할 것은 당초의 금관총 유물은 지금까지 알려진 것보다 더 많았을 거라는 사실입니다. 최초에 박문환의 공사 현장에서 봉토를 운반하는 과정에서 토사에 섞여 사라진 것들은 말할 것도 없고요. 유물을 처음 발견한 아이들부터 발굴 조사 과정에 간여한 모로가와 오사카 등에 이르기까지 여러 사람들의 손을 타는 과정에서 여기저기로 흩어진 것들도 한두 점이 아니었을 겁니다. 그런 것들까지 다 합친다면

1,500여 년 전 처음 왕릉이 조성될 때 부장되었던 유물의 총량은 더 많았다고 보아야 옳겠지요. 어쩌면 1921년 발굴 조사 당시부터 공사 현장 ⇒ 경찰서 ⇒ 보관소 ⇒ 경성 ⇒ 총독부로 유물들이 운반되고 부려지는 과정에서 연구자료 등 제법 그럴듯한 명목으로 일본으로 밀반출되거나 증발되는 사건들이 적지 않았을 테지요. 이것이 제국주의의 약탈 고고학자들 앞에 먹이처럼 내던져진 우리 문화재들의 슬픈 운명이었습니다.

제2장
금관총의 원형은 어떤 모습이었을까

1921년 유물이 최초로 수습될 당시 금관총은 이미 봉분이 대부분 해체된 상태였습니다. 유물 수습 당시부터 이미 그 원형이나 규모를 정확하게 파악할 수 없는 상황이었다는 뜻이지요. 물론, 그보다 110여 년 전에 김정희가 경주 봉황대 일대를 답사할 무렵 금관총은 그래도 봉분이 상당히 온전하게 남아 있었을 겁니다. 그러나 200여 년 전의 금관총의 모습을 재구성한다는 것은 사실상 불가능하지요. 우리가 타임머신을 타고 그 당시로 되돌아가지 않는 이상 말입니다. 현재로서는 금관총의 원형이나 규모를 추정할 수 있는 유일한 단서는 1924년에 하마다 고사쿠가 조선총독부의 전폭적인 지원을 받아 조수 우메하라와 함께 작성한 발굴 조사서인 《경주 금관총과 그 남겨진 보물들(慶州金冠塚と其遺寶)》과 그것이 절판되자 하마다가 '하마다 세이료(濱田靑陵)'라는 이름으로 1932년에 독자적으로 이를 요약·보완해서 펴낸 《경주의 금관총(慶州の金冠塚)》 정도가 고작입니다.

　그렇다면 흙이 깎여 평지로 변하기 전 봉분이 온전했을 때의 금관총은 어떤 모습이었을까요? 이제부터는 하마다가 작성한 발굴 조사서의 기술 내용을 토대로 금관총의 원형을 재구성해 보도록 하겠습니다.

제1절
금관총의 봉분

하마다는 보고서에서 1921년 처음 발견되었을 당시의 금관총 외관을 이렇게 소개했습니다.

"봉분 동편은 잘려진 절벽처럼 되어 있었는데, 그 외면에는 흙과 모래가 얇은 층으로 남아 있고 그 안쪽 가운데에는 1자 5치(45.5cm) 정도의 강돌들이 쌓여 있어서 이른바 적석총의 특징을 잘 나타내고 있었다. 그리고 그 남쪽은 민가가 잠식해 들어와 봉분 중심부에 작은 건물이 서 있었으며, 봉토의 정상에는 잡초가 자라고 있었지만 나무는 보이지 않았다. 남은 봉분의 크기는 남북 약 120자(36m 36cm), 동서 약 50자(15m 15cm), 높이 약 20자(6m 6cm) 정도로 추정된다."[17]

이때 하마다의 조수 우메하라가 그린 금관총 봉토 구조도를 한번 보도록 하지요. 이 그림을 통하여 우리는 1921년 조사 당시 지표면을 기준으로 금관총의 봉토가 적석층 ⇒ 점토층 ⇒ 사토층 식으로 차례로 올려졌을 것임을 짐작할 수 있습니다. 이 같은 구성 방식은 황남대총 등 해방 이후에 발굴 조사가 이루어진 신라 고분들에서도 확인되고 있는데요. 하

---

17) 하마다·우메하라, 제25쪽.

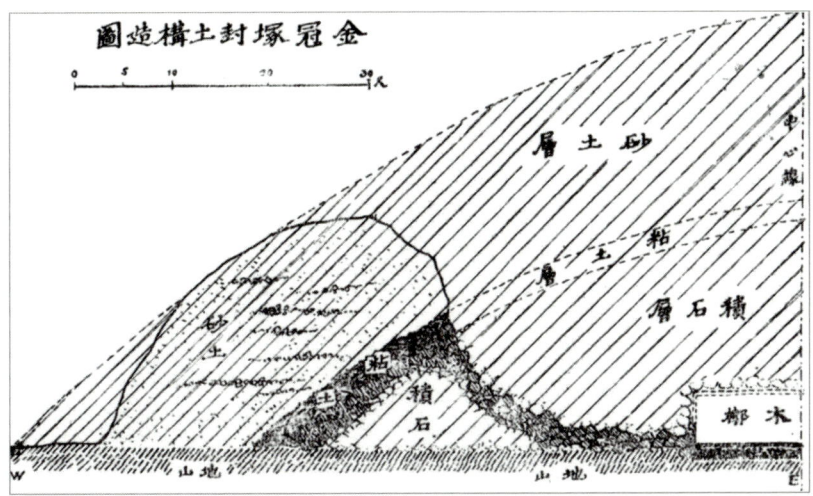

우메하라 제1도 금관총 봉토 구조도. 스케치를 통해 적석층과 사토층 사이의 점토층이 일종의 접착제 역할을 했을 것임을 짐작할 수 있다.

마다는 금관총의 이 같은 봉토 구성에 관하여 이렇게 추정했습니다.

"… 돌이 쌓인 부분의 둘레를 약 2자(60.6cm) 내지 2자 5치(75. 8cm) 두께의 점토로 감쌌고 그 바깥에 두께 약 10자(3m 3cm)의 토사가 덮여 있는 것을 알 수 있다. 더욱이 이 흙은 그저 위쪽에서 아무렇게나 쌓은 것이 아니라 대체로 자갈과 점토를 교대로 수평으로 쌓은 것임은 꽤 주의할 만하다. 이와 거의 유사한 구조는 이미 경주 황남리의 검총에서 확인된 바가 있다. … 이러한 구조가 물이 내부로 침투하는 것을 막고, 나아가 그 뒤 자연의 침식 또한 잘 견디어 낼 수 있도록 해주었던 것이 그 원인 가운데 하나라고 여겨진다.(제1도)"[18]

---

18) 하마다·우메하라, 제25쪽.

남쪽에서 바라본 경주 대릉원. 규모가 가장 크고 봉분이 가장 높은 호리병 모양의 황남대총이 가장 먼저 눈에 들어온다(국립경주문화유산연구소 사진).

금관총이나 검총처럼 봉분의 봉토가 적석층 ⇒ 점토층 ⇒ 토사층 식으로 순차적으로 구성되는 방식은 4~6세기 신라 고분들에서도 자주 볼 수 있는 특징입니다. 대표적인 사례가 1970년대에 정부가 주도해 발굴한 황남대총의 경우이지요. 이 고분의 경우 봉분의 가장 바깥쪽은 적갈색 흙과 잔자갈이 번갈아 깔려 있었습니다. 그 안쪽으로는 황갈색의 점토층이 20~30cm 두께로 바닥면 위를 덮고 있었으며, 맨 안쪽은 큰 강돌들을 쌓은 층이 있었다고 하지요. 금관총과 마찬가지로, 봉분이 적석층 ⇒ 점토층 ⇒ 토사층의 순서로 구성되어 있었던 셈입니다.

제2절
금관총 등 신라 고분에서 점토의 용도

　적석목곽분은 4~6세기 신라 고분을 대표하는 무덤 양식이었는데요. 이 독특한 양식의 고분들에서는 발굴 조사 때마다 점토층이 확인되고 있습니다. 그것도 아주 두껍게 말이지요. 돌을 쌓은 적석층(積石層)을 덮은 점토층(粘土層)의 두께는 대체로 2~2.5자, 즉 60.6~75.8cm 정도였다고 합니다.[19]

　신라인들은 봉분을 올릴 때 점토를 왜 이렇게 두껍게 덮었던 걸까요? 하마다는 그 목적이 "물이 내부로 침투하는 것을 막고, 나아가 그 뒤 자연의 침식 또한 잘 견뎌 낼 수 있도록" 하는 데에 있었다고 보았습니다. 물론, 그것도 틀린 말은 아닙니다. 그러나 정말 풍화나 침식을 최대한 막을 생각이었다면 강돌 등 다른 자재를 써서 봉분을 강화시킬 수도 있지 않았을까요? 신라인들이 점토를 사용한 이유는 다른 데에 있었다는 뜻입니다.

　신라 고분에서 점토층은 사실 일종의 접착제 역할을 했던 것으로 보입니다. 현대 건축학적으로 따진다면 철근이나 콘크리트 역할을 한 셈이지요. 직석층 위로 점토를 60~80cm나 덮었다는 것이 그 증거입니다. 점토를 그만큼 두껍게 덮은 것은 봉분이 외부의 충격이나 풍화·침식에도 쉽

---

19) 하마다·우메하라, 제25쪽.

신라 고분에서 점토는 일종의 접착제 역할을 했던 것으로 보인다. 사진은 황남대총 (북분)의 관곽주체부 위의 적석층 위를 덮은 점토층(국립경주문화유산연구소 사진)

게 무너지지 않도록 봉토를 잡아 주기 위해서였겠지요. 실제로 점토가 물기를 적당히 머금으면 그 점성(粘性)은 최대한 강화됩니다. 봉토 속의 흙이나 돌이 움직이거나 무너지는 것을 최대한 억제시켜 준다는 뜻이지요. 그리고 시간이 지나 점토가 마르면 그 상태 그대로 단단히 굳어져 봉분이 바람이나 비에 깎여 나가지 않도록 막아 줍니다.

남들보다 더 높고 더 화려한 건물을 짓고 싶은 옛날 사람들의 욕망은 지금과 별로 다를 바가 없었습니다. '어떻게 하면 상부 구조를 조금 더 높이 쌓아 올릴 수 있을까' 궁리했지요. 이 같은 인간의 욕망은 한 나라의 최고 통치자인 왕의 무덤에도 그대로 투영되었습니다. 그러나 유감스럽게도 1,500여 년 전 고대에는 콘크리트나 철근 같은 현대적인 접착제가 존재하지 않았지요. 따라서 중력을 거스르면서 남들보다 높은 봉분을

중국 남경시(南京市)의 명대 성벽. 남경·서안·산해관·만리장성 등 명대의 성벽에는 찹쌀 밥풀과 석회를 섞어 접착제(빨간 표시)로 사용했다고 한다.

올리고자 하는 인간들의 과시욕은 채워지기 어려웠습니다.

그렇다 보니 고대에는 흙이나 돌을 쌓아 봉분을 만드는 단순한 공법으로 무덤을 조성하는 것이 고작이었지요. 그러나 흙이나 돌만으로는 봉분을 높이 쌓아 올릴 방법이 없었습니다. 봉토를 아무리 높이 쌓아 올려도 중력의 작용으로 자꾸 아래로 흘러내리려 했으니까요. 게다가 흙이나 돌은 점성이 낮습니다. 봉분을 이루는 봉토를 한 데 뭉치거나 움직이지 않도록 잡아 주기가 어려운 거지요. 그렇다 보니 정 봉분을 높게 올리고 싶으면 석재를 차곡차곡 쌓아 올리는 것이 최선이었지요. 고대 이집트의 피라미드나 명대의 성벽들처럼 말입니다.

그렇다면 석재 대신 흙이나 돌을 사용할 경우에는 어떻게 해야 했겠습니까? 그런 경우에는 기저부(基底部, 하부 구조)를 둔각(鈍角) 삼각형으로 쌓아 올리는 방법밖에 없었습니다. 일반 흙은 점성이 없으니까요. 중력을 상쇄시키면서 봉분을 지켜 내려면 그 높이를 낮추는 대신 그것을 받치는 기저부를 최대한 넓게 만드는 수밖에 없습니다. 그렇게 기저부가 넓어지면 넓어질수록 봉분을 훨씬 안정적으로 쌓을 수 있게 되는 거지요. 문제는 이런 식으로 봉분을 올리면 높이가 높아질수록 기저부의 면

기자의 피라미드. 중력을 버티면서 봉분을 높이 올리는 데에는 석재만한 것이 없다. 오른쪽에 개미같이 보이는 것이 사람이다(리카르도 고메즈 앙헬 사진).

적도 그에 정비례해서 몇 배나 더 넓어진다는 데에 있습니다. 그런 양상은 이웃나라 일본의 나라 현(奈良縣)에 있는 후지노키(藤ノ木) 고분을 보아도 확인할 수가 있지요. 6세기에 조성된 것으로 추정되는 이 고분은 기저부의 너비가 48m 정도인데요. 높이는 8m 정도밖에 되지 않습니다. 봉분이 둔각을 이루면서 상당히 완만하게 올려져 있는 셈이지요. 비슷한 규모의 신라 고분들과 비교할 때 기저부의 면적에 비해서 높이가 상대적으로 매우 낮은 편입니다. 천마총의 경우는 기저부 너비는 47m밖에 되지 않지만 높이는 13m 수준으로 5m나 더 높거든요. 당시에는 콘크리트나 철골 같은 근대적인 건축 공법이 존재하지 않았습니다. 그러니 통상적인 공법으로는 무덤 기저부의 면적을 넓힌다고 해도 봉분을 높이는 것이 여간 어려운 작업이 아니었을 테지요.

4~6세기 신라인들은 이 봉분 축조 과정의 딜레마를 극복하는 해결책

나라 현의 후지노키 고분. 신라 고분들과는 달리 기저부의 면적에 비하여 높이가 상당히 낮은 편이다. 이 같은 경향은 중국 등 다른 나라의 고분들도 마찬가지이다.

으로 점토를 사용했던 것입니다. 사실 당시에는 건축 공법이나 과학 기술이 발전하기 전이었지요. 따라서 콘크리트나 철근 같은 근대적인 건축 공법은 현실적으로 기대할 수 없었습니다. 그런데 점토는 일반 흙이나 모래보다 입자가 훨씬 미세합니다. 그래서 접합력(接合力)이 훨씬 더 강하지요. 미세한 입자들이 상호 작용하면서 그 사이에 있는 다른 물질이 분리되거나 움직이는 것을 최대한 잡아 주니까요. 게다가 수분까지 머금으면 점토의 점성은 더욱 강해집니다. 그래서 점토를 중간중간 덮으면서 봉토를 쌓아 올린 겁니다. 그렇게 하면 굳이 기저부를 둔각으로 만들지 않더라도 일정한 높이까지는 얼마든지 봉분을 높고 크게 올릴 수 있는 거지요. 1,500여 년이나 거슬러 올라가는 아득한 옛날에 왕릉을 조성하는 데에 점토를 접착제로 사용했다는 사실은 당시 신라인들의 건축 기술이 얼마나 과학적이고 선진적이었는지 잘 보여 준다고 하겠습니다.

황남대총의 경우 최근 남분을 재발굴하는 과정에서 북분과 포개지는

켜켜이 층을 이룬 황남대총(북분)의 점토층(표시 부분). 관곽부를 시작으로 중부·상부 중간중간 점토를 쓰고 마지막으로 봉분 겉면인 표층을 전체적으로 점토로 마감하였다. 조성 초기의 금관총도 이와 비슷한 방식으로 봉분을 만들었을 것이다(경주문화재연구소 도판).

남분의 꼭대기 봉토에서 점토층이 확인되었습니다. 봉분 표면을 점토로 씌우는 공법이 사용되었음을 짐작할 수 있는 셈인데요.[20] 물론, 신라 고분에서 점토가 봉토 겉면에만 사용된 것은 아니었습니다. 점토층의 위치나 두께나 사용 부위는 고분마다 조금씩 편차를 보이니까요. 한 가지 분명한 것은 신라에서 왕릉을 조성할 때 점토를 접착제로 삼아 봉분을 높이 올리는 공법이 보편적으로 사용되었다는 사실입니다. 황남대총 남분 발굴보고서에 따르면, 황남대총 남분에서는 적석부를 덮고 있는 점토층의 두께가 1.4m나 되었다고 합니다. 물론, 그 점토층은 점토만으로 단일하게 구성된 것이 아니었지요. 내부가 10개 이상의 층으로 이루어져 있었으니까 말입니다. 점토를 한 번에 다 덮은 것이 아니라 10여 차례로 나누어 켜켜이 덮은 거지요. 물론, 그 이유는 두말할 것도 없이 접착 효과

---

20) 최병현, 〈Ⅳ. 고고학적 종합고찰〉, 《황남대총 남분 발굴 조사 보고서》, 문화재관리국, 제224쪽, 1994. 〈점토유구〉, 《천마총, 그날의 기록들》, 제49쪽.

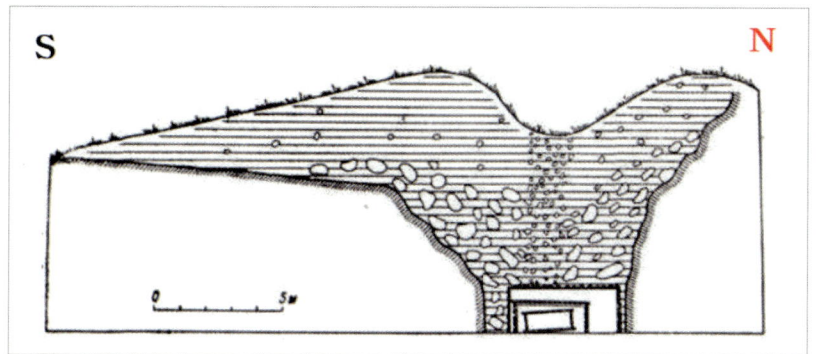

몽골 노용 올 M24 흉노 고분의 단면도. 외형에는 편차가 있지만 축조 방식은 관곽-적석층-토사층 식으로 신라고분과 동일하다(루덴코, 《흉노문화와 노용 올》 도판).

에 있었습니다.

 흥미로운 점은 역사적으로 [금관총 등] 신라 고분과 비슷한 방식으로 봉토를 구성한 사례가 있었다는 사실입니다. 그 사례는 바로 흉노지역의 고분들이지요. 그중에서 노용 올(Ноён уул) 고분군은 특히 사람들의 이목을 끕니다. 노용 올은 몽골-러시아 접경지역에서 발견된 대표적인 흉노 귀족 고분군인데요. 그중에서 M24 고분은 겉모습만 보면 통상적인 신라 고분들과는 다른 것처럼 느껴집니다. 봉분이 거의 존재하지 않거든요. 고분 위로 돌 더미를 고리처럼 빙 둘러쌓아 놓은 것도 신라 고분들과 많이 다른 모습입니다. 그러나 학자들은 원래는 낮게라도 봉분을 올렸다고 추정하고 있습니다.[21] 그러다가 세월이 흘러 관곽이 삭아 무너져 봉분이 아래로 꺼지면서 지표면과 구분이 안 될 정도로 편평해졌다는 거지요. 그런데 그 고분의 절개도(단면도)를 보면, 묘주를 안치한 관곽이 맨

---

21) 겔렉도르지 에렉젠/양시은, 《흉노-몽골의 첫번째 유목제국, 흉노의 문화유산》, 제38~40쪽, 진인진, 2017; 에렉젠, 〈흉노의 무덤〉, 《흉노고고학개론》, 제110쪽, 중앙문화재연구원 편, 진인진, 2018.

카작스탄-몽골 인근의 스키타이 쿠르간. 관이 썩어 봉토가 꺼지면서 생긴 함몰흔이 뚜렷하다(Historical Adventure 채널 사진).

밑에 자리잡고 있습니다. 그리고 그 위로 차례로 적석층 ⇒ 토사층의 순서로 봉토를 쌓아 무덤을 만들었지요.

흥미로운 점은 이 고분들에서는 점토층이 생략되어 있다는 사실입니다. 지하 깊숙한 곳에 관곽을 안치하는 흉노 고분들에서는 봉분을 높이 올릴 필요가 없었으니까요. 그러니 굳이 점토층을 추가할 이유가 없었을 겁니다. 점토층이 생략된 것을 제외하면 흉노지역 고분의 축조 방식은 신기하게도 신라 고분들과 아주 비슷합니다. 그래서 목곽 – 적석부 – 봉토 – 호석을 기본 요소로 하는 적석목곽분이 구조적으로 볼 때 스키타이의 쿠르간(kurgan) 묘장제도와 비슷하다고 보기도 하지요.[22] 신라 김씨와 흉노 사이에 문화적으로 친연성이라도 존재하고 있었던 걸까요?[23]

---

[22] 최병현,《신라고분연구》, 일지사, 제111쪽, 제397~412쪽, 1992. 이연재,〈식리총 출토 금동식리의 문양연구〉,《강좌미술사》27호, 제131쪽에서 재인용함.

[23] 세르게이 이바노비치 루덴코(Сергей Иванович Руденко) 저, 孫危 역,《흉노문화와 노인울라 대형 고분(匈奴文化與諾彦烏拉巨塚)》, 중화서국, 제23쪽, 2012. 원제는《고대 흉노의 무덤: 노인울라의 발견(Древние скифы: Открытия Нойон-Улы)》이다.

제3절
새로 확인된 목조 가설물의 존재

　물론, 점토가 아무리 접착력이 강하다고는 하지만 단순히 점토만으로는 그 효과가 불완전했을 겁니다. 그런 문제를 보완하기 위하여 신라인들은 여기에 또 다른 공법을 추가하지요. 바로 목조 가설물입니다. 목조 가설물의 존재는 황남대총처럼 봉분이 온전한 상태에서 발굴 조사가 이루어진 신라 고분들에서는 거의 대부분 확인되었습니다. 금관총은 발견 당시에 봉분이 이미 크게 훼손된 상태였고, 일본 학자들도 유물 수습에만 몰두했던 탓에 그 존재가 간과되었지요. 그러다가 2014년 우리 학자들 손으로 진행한 재발굴 조사에서 그 존재가 확인된 겁니다.

> "봉토를 제거하면서 적석부 가까이 내려가자 밀봉토(점토부)에서 일정한 간격으로 구멍이 나타났고, 그 아래 적석부에도 구멍이 그대로 이어졌다(도판47). 밀봉토의 적석에서 구멍이 확인되었기 때문에 적석부 안에 세로로 세운 나무 기둥이 존재했다는 것을 알 수 있었고 …"[24]

　금관총 재발굴 보고서에서는 적석층 위 점토층 20cm 위에서부터 구멍이 확인됩니다. 이때 사용된 나무 기둥이 적석층에서 점토층 방향으로

---

24) 제23집《경주 금관총》(유구편), 제73쪽.

황남대총(북분)의 점토층과 적석층의 단면. 동그라미 표시 부분이 점토가 덮인 점토층의 위치이다(경주문화재연구소 사진).

최소한 10~20cm 정도 더 길었다는 뜻이지요. 물론, 적석층을 넘는 길이의 나무를 기둥으로 사용한 데에는 그럴 만한 이유가 있었습니다. 밖으로 쏟아져 나오려고 하는 돌의 유효 응력(effective stress)을 버텨 내야 하거든요. 그래서 적석층의 돌보다 더 긴 나무를 썼던 거지요. 유효 응력은 흙에 물체의 하중이 작용할 때 서로 접하는 흙 입자 사이에 생기는 평균적인 저항력을 말합니다.

재발굴 과정에는 가로로 난 홈의 위쪽 토사층에서 가로 방향으로 목질의 흔적이 확인되었습니다(도판49). 돌을 쌓는 과정에서 부분적으로 가로대도 사용되었다는 뜻이겠지요. 조사단은 관곽이 안치된 자리 주변으로 빙 둘러 세운 기둥[內陣柱], 그 바깥에 다시 주변으로 둘러 세운 기둥

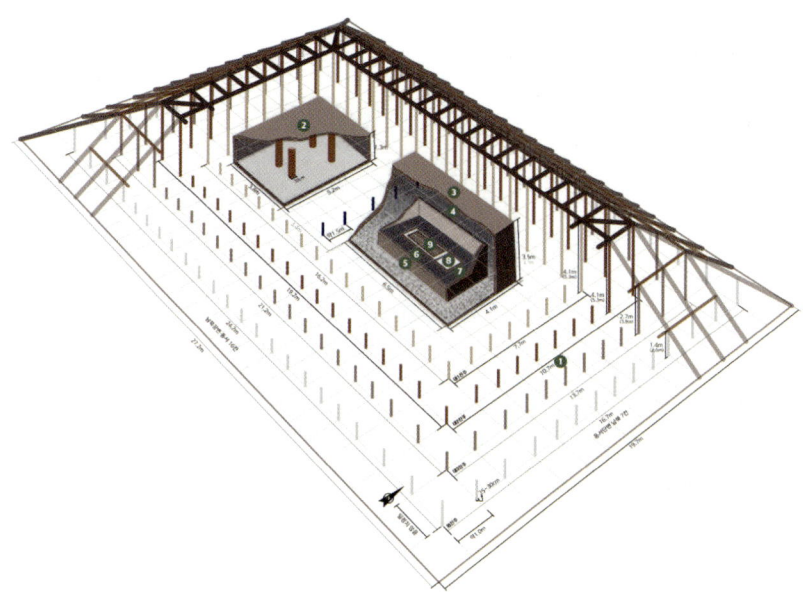

해체 직전의 금관총 모습(좌)과 금관총 재발굴 과정에서 발견된 목조 기둥의 흔적들(분홍 표시). 관곽부를 둘러싼 것들이 내진주, 그 바깥쪽에 있는 것들이 외진주이다(국립경주문화유산연구소 사진).

[外陣柱], 그 각각의 기둥들을 가로로 고정시킨 가로대[橫架木], 이들의 하중을 받아 주는 버팀목 등, 네 가지 가설물이 사용된 것으로 보았습니다[25]. 또, 관곽이 안치된 중심 축 부근의 돌을 쌓아 놓은 자리[積石部]에서는 동서 방향으로 돌을 늘어놓은 줄[石列]이 확인되었는데요. 그 줄 방향이 돌을 쌓은 곳 북쪽의 경계와 거의 평행선을 이루고 있었다고 합니다. 관곽부와 적석부를 구획하는 차단재 같은 것이 사용되었다는 뜻이지요. 그렇다면 관곽을 안치한 주위로 기둥들(내진주)을 세운 상태에서 돌이 그 안으로 쏟아져 들어오지 않도록 막아야 되겠지요. 그래서 기둥들 바깥으로 돌아가면서 널판을 덧댄 상태로 돌을 쌓았을 겁니다. 그렇게

---

25) 제22집《경주 금관총》(유구편), 제73~80쪽.

재발굴 과정에서 확인된 금관총 내진주의 흔적들. 기둥을 박은 구멍의 크기가 균일하지 않았음을 짐작할 수 있다(국립경주문화유산연구소 사진).

해야 적석부와 관곽부가 자로 잰 것처럼 반듯하게 구획될 수 있거든요.

금관총의 적석부 바닥에서는 기둥을 박았던 구멍들이 확인되었습니다. 그런데 그 깊이가 얕게는 34cm, 깊게는 82cm까지 들쑥날쑥이었다고 하는군요.[26] 깊이가 일정하지 않고 편차가 크다는 것은 무엇을 의미할까요? 관곽을 안치한 뒤에 기둥들을 한꺼번에 세우지 않았다는 뜻이겠지요. 흙과 돌을 조금씩 쌓으면서 기둥을 세우는 과정에서 시차가 생기다 보니 구멍의 크기나 깊이가 제각각으로 돼 버린 겁니다.

현재까지 목조 가설물의 존재가 확인된 고분은 금관총뿐만 아닙니다. 황남대총(남북분)·서봉총 등의 대형 고분은 물론이고, 황오동 44호분, 그리고 최근 조사를 마친 쪽샘 44호분 등의 중형 고분들에서도 확인되었

---

26) 제23집《경주 금관총》(유구편), 제85쪽.

지요.27) 황남대총·쪽샘 44호분 등에서는 돌을 쌓은 자리와 점토를 덮은 자리 사이에서 목질(타르) 성분이 규칙적으로 발견됐는데요. 학자들도 그래서 고분에 쌓아 올린 봉분을 잡아 줄 목적으로 기둥 같은 목조 가설물을 세운 것으로 최종적으로 결론을 내리고 있답니다.

　물론, 개인적으로는 쉽게 수긍되지 않는 점도 없지는 않습니다. 몇 년 전에 개관한 금관총 기념관의 목조 가설물을 본 적이 있는데요. 금관총 안에 마치 기와집 한 채가 들어가 있는 것 같은 착각이 다 들었습니다. "배보다 배꼽이 더 크다"고 할까요? 학자들이 신라 고분들에서의 목조 가설물의 비중을 너무 지나치게 강조하고 있다는 뜻입니다. 고분을 조성할 때 정말 나무 기둥들이 그 정도로 크고 길고 웅장하게 세웠을까요? 그것들이 토사와 점토와 적석으로 이루어진 고분 상부 구조의 하중을 견디기 위한 것이었을까요? 한 무덤에 정말 그 정도로 거대하고 많은 가설물이 들어갔다고 치자고요. 그렇다면 출토 현장에서는 목질(타르) 성분이 지금보다 훨씬 더 많이 발견되었어야 정상이 아닐까요? 그러나 기둥을 박았던 구멍들은 많이 남아 있는데 정작 그 기둥의 흔적이라고 할 목질 성분은 너무 적은 것 같습니다. 오죽하면 발굴 조사서를 작성한 하마다가 목질의 정체를 놓고 "목관과 목곽의 부재였음은 분명하다"28)는 결론을 내렸겠습니까? 그렇기 때문에 목조 가설물의 비중이 과장되고 있는 건 아닐까 하는 생각을 갖는 거지요.

　개인적인 생각입니다만, 그 기둥들은 관곽이 안치된 자리 위에 덮은 자갈들이 무너지지 않고 차곡차곡 쌓이도록 지탱해 주는 것이 주된 목적

---

27) 〈경주지역 적석목곽분 DB 분석〉,《경주지역 적석목곽분 DB 자료집》, 제345쪽.
28) 하마다·우메하라,《경주 금관총과 그 남겨진 보물》, 제29쪽

학자들이 재구성한 금관총 내부의 목조 가설물의 전체 구도. 가능성이 없지는 않지만 그 규모나 비중이 너무 과장된 것은 아닐까?

이었다고 봅니다. 기둥의 흔적들이 적석부와 점토층 사이에서 집중적으로 발견된 것이 그 증거가 아닐까요? 따라서 금관총, 나아가 신라 고분들에서 목조 가설물의 비중은 학자들이 추정하는 것만큼 크지는 않았다고 보는 쪽이 합리적일 듯싶습니다. 가설물에 사용된 기둥 수량이 많았던 것은 사실이지만, 그 높이는 쌓은 돌의 응력을 버텨 줄 수 있을 정도까지만 올렸을 테지요. 지금 학자들이 추정하는 것보다는 상대적으로 낮고 적게 세웠을 거라는 뜻입니다. 기둥이 너무 길면 안정성이 낮아져서 기둥이 자칫 흘러내리는 토사에 휩쓸려 가설물 전체가 한쪽으로 쏠릴 수도 있지요. 그렇게 되면 봉분을 버텨 주기는커녕 오히려 봉분이 허물어져 버릴 수도 있기 때문입니다. 이런 양상은 금관총은 물론이고 봉분이 완벽하게 남아 있었던 황남대총이나 쪽샘 44호 고분의 경우도 마찬가지였

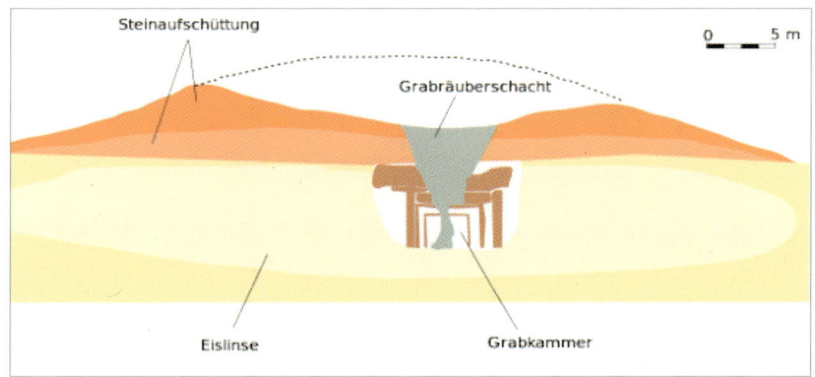

신라 고분과 비슷한 구조와 원리로 지어진 파지릭(Pazyryk) 쿠르간. 신라에서는 관곽 위에 강돌과 점토를 충분히 사용하는 선진적인 공법을 개발해 봉분을 강화시켰으나 그렇지 않은 초원지대의 쿠르간들에서는 봉분이 꺼지는 현상이 두드러지게 나타난다 (Facts and Details 사이트 도판).

다고 합니다. 목조 가설물의 기능은 봉분 기저부에서부터 차곡차곡 쌓아 올린 돌들이 무너지지 않도록 잡아 주는 것 이상도 이하도 아니었던 거지요.

  이와 관련하여 학계 일각에서는 단순히 기둥만 세워서는 높이 쌓여 가는 엄청난 무게의 적석층을 제어하기 어렵다고 문제를 제기하기도 합니다. 단순히 사방에 기둥을 세운 것만으로 봉분 만들기 공정이 끝나는 것은 아니라는 거지요. 즉, 세운 기둥을 뼈대 삼아 추가로 대나무 울[竹籠]을 씌우고 나서 그 안에 차곡차곡 돌을 담는 식으로 적석층을 구성했다는 겁니다.[29] 그러나 그 같은 발상은 사족(蛇足)이 아닌가 싶군요. 기둥을 빽빽하게 세우고 중간 중간 가로대를 얽어맨다면 그걸로도 충분하거든요. 빽빽한 기둥들 사이에 큰 돌을 쌓으면 서로간의 작용 때문에 유동성이 최대한 억제됩니다. 아마 이 상태에서 신라인들이 봉분의 안정성을

---

29) 제23집《경주 금관총》(유구편), 제81쪽.

우크라이나 중부의 고대 쿠르간. 봉분 높이는 상당히 낮지만 봉황대를 닮았다(Historical Adventure 사진).

더욱 강화하기 위해서 사용한 것이 점토였을 겁니다. 기둥을 세우고 점토를 두껍게 덮는 것만으로도 충분하다는 거지요. 굳이 대나무 울이라는 사족을 붙일 필요가 없다는 뜻입니다.

    4~6세기의 주변 국가들과 비교해 볼 때 이처럼 목조 가설물들을 세우고 돌을 쌓고 거기에 점토를 두껍게 덮어서 무덤을 만드는 것은 신라에서만 볼 수 있는 독특한 공법이었습니다. 중국에서는 주로 벽돌을 쌓아 석실을 만들고 관곽을 안치했습니다. 그러니 애초부터 봉분을 지탱해 줄 가설물이 필요하지 않았지요. 흉노의 경우도 마찬가지입니다. 지표면 밑으로 구덩이를 깊게 파서 관곽을 안치하고 그 위로 돌과 흙을 채웠습니다. 그런 다음 지표면에 봉분을 낮게 올리는 방식으로 무덤을 만들었지요. 봉분은 형식일 뿐이었다는 뜻입니다. 그러니 나무를 얽어 돌을 쌓고 다시 봉토를 덮는 복잡한 절차가 불필요했던 거지요. 그런 점에서 볼 때 관곽 주위로 가설물을 세우고 적석층 ⇒ 점토층 ⇒ 토사층 식으로 순차적으로 거대한 봉분을 올리는 신라의 건축 공법은 역사적으로 그 유례(類例)를 찾아보기 어렵다고 하겠습니다.

제4절

금관총은 정말 중형 고분이었을까

여기서 한 가지 의문이 생깁니다. 1,500여 년 전에 처음 지어질 당시의 금관총은 규모가 얼마나 컸을까요? 지금은 봉분이 완전히 해체되었기 때문에 당초의 규모를 추정하기 어렵습니다. 그저 학자들의 연구를 통해 그 규모를 가늠해 볼 수 있을 뿐이지요. 100년 전 하마다는 금관총의 규모를 추정할 때 봉황대를 그 근거로 삼았습니다.

"… 지금 남은 분구 서변에 있는 시천당 경내의 봉토가 잘려 나간 상황으로 보면 봉분의 끝자락은 본디 십수 자(3m) 이상 서쪽에 있었다고 생각된다. 또 봉황대 서변의 봉토가 잘려나간 부분을 복원해 원 금관총 끝자락과의 접촉점이 거의 큰 도로 중앙선상에 있었을 것이라고 생각할 때, 금관총 저부의 지름은 약 150자(45m 45cm)이라고 추산할 수 있다(제2도). 그리고 이번에 유물이 발견된 지점에서 시천당 경내에 있는 봉토 끝자락까지의 거리는 약 70자(21m 21cm)이다. 이 유물 매장 지점을 무덤의 중심으로 가정해서 동쪽으로 같은 거리의 지점을 구해도 역시 큰 도로의 거의 중앙부로 맞아 떨어지므로 이상의 추정은 대체로 오류가 없음을 알 수 있다.8) 이렇게 복원된 금관총의 저경 150자(45m 45cm)을 봉황대 고분의 저경 270자(81m 81cm)와 비교해 보면, 상당히 작다는 것을 알 수 있다."[30]

하마다는 금관총의 지름을 150자, 즉 45.45m 정도로 추정한 셈입니다. 하마다 이후로 다른 학자들도 금관총의 규모와 관련하여 다양한 의견을 개진했는데요. 간단히 표로 살펴보면 다음과 같습니다.

〈표 – 금관총 규모에 관한 학자들의 추정값〉[31]

조사연도	장축	단축	높이	연구 주체	추정 근거
1921	36.36	15.15	6.6	하마다	
1921	42.42	–	12.12	오가와	
1924	45.45	–	12.12	우메하라	
2007	44.20	48.20	13	국립경주문화유산연구소	
2015	44.40	40.80	?	국립중앙박물관	천마총
2017	45.00	–	12	홍보식	천마총
2020	48.50	43.7	12.1	심현철	천마총, 서봉총

위 표의 수치를 정리해 보면, 1921년에 42.42m로 추정한 이래로 최근까지 금관총의 봉분은 그 규모가 50m를 넘지 못합니다. 학자들은 대체로 금관총을 중형 고분으로 보고 있는 셈이지요. 물론, 학자들의 추정값은 주로 적석부에 대한 봉분의 비율을 근거로 한 것입니다. 적석부가 크면 봉분도 컸을 것이고, 적석부가 작으면 봉분도 작았을 것이라는 논리지요. 주로 고분의 내적 요소를 근거로 이 같은 결론을 내린 셈입니다. 물론, 적석부의 크기에 주목하는 이 같은 접근방식은 봉분이 해체된 상

---

30) 하마다,《경주의 금관총》, 제7~8쪽, 1932.
31) 심현철,〈금관총의 규모와 입지에 관한 고찰〉,《신라사 학보》49집, 제314쪽, 2020의 표를 수정·보완하였다.

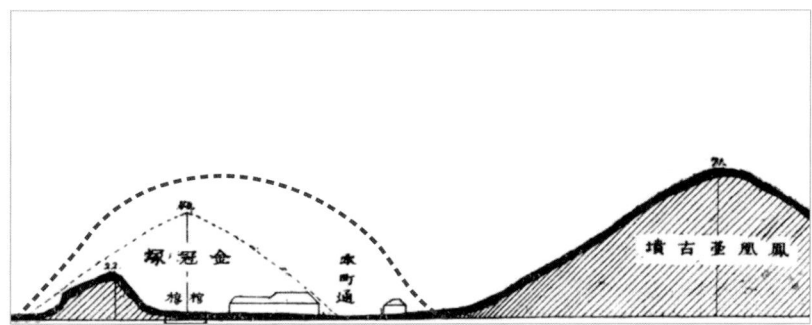

오가와와 하야시가 작성한 금관총 봉토 추정도(점선 표시 부분). 그러나 봉황대(우)와의 간격을 너무 넓게 잡아 금관총의 규모를 축소한 것 같은 느낌은 준다. 실제로는 높이나 둘레가 좀 더 컸을 것이다(갈색).

태였던 금관총의 경우에는 선택의 여지가 없었을 겁니다. 문제는 적석부의 규모가 봉분의 크기와 직결되어 있다는 전제가 항상 절대적인 것은 아니라는 거지요. 적석부가 작아도 봉분이 컸을 수가 있고 적석부가 커도 봉분이 작았을 수가 있으니까요.

다만, 학자들이 지금까지 제안한 위의 추산값들이 정확한 것인가에 대해서는 다소 회의적입니다. 금관총의 규모를 추정하는 과정에서 적석부 등 내적 요소를 중요한 단서로 본 것이야 충분히 그럴 수도 있지요. 문제는 정작 또 다른 중요한 단서인 외적 요소는 간과하고 있다는 데에 있습니다. 무슨 근거로 그런 소리를 하느냐고요? 일단 당시에 오가와와 하야시가 작성한 금관총 봉토 복원도부터 같이 보도록 하지요.

하마다가 금관총의 지름을 46.46m로 추정한 근거는 1921년 당시 금관총의 입지 환경이었습니다. 그 추정값은 서쪽 끝자락을 금관총 바로 옆의 시천당(矢川堂) 쪽으로 열몇 자(3m?) 이상, 반대로 그 동쪽 끝은 혼마치 도오리(本町通) 도로까지로 잡은 상태에서 나온 것이었지요. 이 같은 근거는 그 이후로도 그대로 받아들여지고 있는 것 같습니다. 그런데

구글어스로 내려다본 봉황로 일대의 고분군. 봉황로 길(노란색)을 사이에 두고 오른쪽(노동동)에 봉황대가, 왼쪽(노서동)에 금관총 등의 고분들이 보인다.

이 과정에서 학자들이 놓친 것이 몇 가지 있습니다.

우선, ① 금관총이 조성된 이후에 발생한 변수들의 존재를 간과한 것 같군요. 하마다 등 일본인 학자들이 금관총에 대한 발굴 조사를 진행한 1920년대, 즉 100여 년 전에는 금관총과 봉황대 사이에 길이 나 있었습니다. 사람이나 수레가 오고 가는 작은 길이었지요. 어쩌면 그 길은 200여 년 전인 김정희 당시부터 나 있었는지도 모르겠습니다. 그래서 이 길이 일제강점기에 이르러 도시계획에 따라 좀 더 크고 넓은 신작로(新作路)로 확장되는데요. 그것이 바로 금관총과 봉황대 사이, 즉 노서동과 노동동 사이에 난 혼마치 도오리 길입니다. 현재는 이 도로가 편도 3.25m, 양 차선 6.5~7m 정도의 큰 도로인 봉황로로 정비되어 있지요. 도로 옆으로 난 인도까지 포함시키면 너비가 얼추 10m까지 되겠군요.[32] 하마다 이래의 학자들은 대부분 금관총의 규모를 추산할 때 바로 이 봉황로 노변을 동쪽 끝점으로 잡습니다.

그런데 이쯤에서 한 가지 의문이 제기됩니다. 과연 금관총이 조성되던 4~6세기 마립간 시기에도 금관총과 봉황대 사이에 봉황로 같은 도로가 존재했을까요? 물론, 절대로 그럴 리가 없습니다. 그 일대에 왕릉들이 조성될 당시에는 지금과 같은 2차선의 근대적인 도로는 존재하지 않았다는 뜻이지요. 사람들이 사는 민가들은 두말할 것도 없습니다. 신라시대까지만 해도 그 구역은 미천한 백성들은 범접할 수 없는 곳이었을 겁니다. 김씨 왕가의 선조들이 잠들어 있는 거룩한 공간이니까요. 그 자리에는 도로나 민가 같은 것은 아예 상상조차 용납되지 않았다는 뜻입니다. 거룩한 왕릉 바로 옆에 어느 누가 불경스럽게 사람들이 들락거리는 길을 내고 집을 지을 수 있단 말입니까? 따라서 금관총의 규모를 정확하게 추정하려면 그 이후에 생긴 변수들, 즉 도로나 민가들의 존재나 면적은 무조건 뇌리에서 지워 버려야 옳습니다. 여기서 잠깐 오타 기지로(太田喜二郎, 1883~1951)가 그린 그림을 보도록 하지요.

이 그림은 봉황대에서 금관총 방향으로 그려진 건데요. 흡마치 도오리(봉황로)를 축으로 그 양쪽(노동리와 노서리)으로 늘어서 있는 민가들이 보이지요? 이 민가들은 아마 조선시대부터 이미 존재하고 있었을 겁니다. 금관총의 당초의 봉분이 크게 훼손되어 본래의 모습을 잃어버린 건 20세기가 아니라 그 이전인 조선시대, 어쩌면 그보다 훨씬 이전부터였을 가능성이 높다는 뜻이지요.

---

32) 2024년에 경주시 교통과 담당 직원의 답변에 근거한 계산이다.

오타 기지로의 그림에 묘사된 혼마치 도오리 모습. 가운데에 민가에 둘러싸인 채 봉분이 깎여 평지가 된 금관총과 시천당(검은 건물)이 보인다. 길 건너 왼쪽 아래로 보이는 푸른 동산이 봉황대이다. 도로와 민가 건설 때문에 봉토 자락이 많이 깎여 나갔을 것으로 추정된다. 실제의 간격은 지금보다 더 좁았을 것이다.

    신라시대의 왕릉들은 세월이 흘러 왕조가 바뀌면서 모두 능지기[陵直] 하나 없는 무덤으로 버려졌지요. 외부에서 흘러 들어온 이주민들이 그 '황성(荒城) 옛 터' 주위로 하나둘씩 몰려 들기 시작한 것은 그 뒤부터였을 겁니다. 그 과정에서 왕릉을 작은 동산으로 여긴 사람들은 봉분을 조금씩 헐고 고른 다음 집을 짓고 길을 냈을 테지요. 그 과정에서 바깥으로 드러난 봉토 속의 흙과 돌들이 수시로 반출되어 집을 짓는 자재로 사용되었을 것은 물론입니다. 그 과정에서 무덤을 둘러싸고 있던 호석(護石)도 하나씩 사라졌겠지요.[33] 그렇게 봉분이 헐리고 깎이면서 만들어

---

33) 제22집,《경주 금관총》(유구편), 제54쪽.

금관총(우) 동편에 조성된 혼마치 도오리(지금의 봉황로). 길 건너편 봉황대 쪽으로 봉덕사 종('에밀레 종') 종루(좌)가 보인다(《경주 금관총과 그 남겨진 보물들》 사진).

진 길과 민가들이 바로 오타 기지로의 그림에 반영된 혼마치 도오리, 즉 지금의 봉황로의 모습인 거지요.

  수백년 전의 조선시대, 거기서 더 나아가 1,500년 전 신라시대에는 금관총과 봉황대 사이의 간격이 지금만큼 넓지는 않았을 겁니다. 분명한 것은 그 과정에서 금관총 또는 봉황대의 봉분이 사람들 손을 타서 인위적으로 훼손되고 점유되었을 거라는 사실입니다. 1,500여 년이라는 오랜 세월을 거치는 동안 바람에 깎여 나가거나 빗물에 씻겨 나가는 등의 자연적인 풍화(風化)·침식(浸蝕)·유실(流失)도 적지 않았을 테지요. 물론, 결정적이고 광범한 훼손은 인간에 의한 개발이었을 테지만 말입니다.

  최근 학계에서는 신라 고분 봉분의 규모를 추산할 때 길이가 긴 쪽을 장축(長軸), 짧은 쪽을 단축(短軸)으로 구분하는 경향이 보입니다. 처음부터 원형이 아니라 타원형으로 만들어졌다고 보는 거지요.[34] 그러나 처

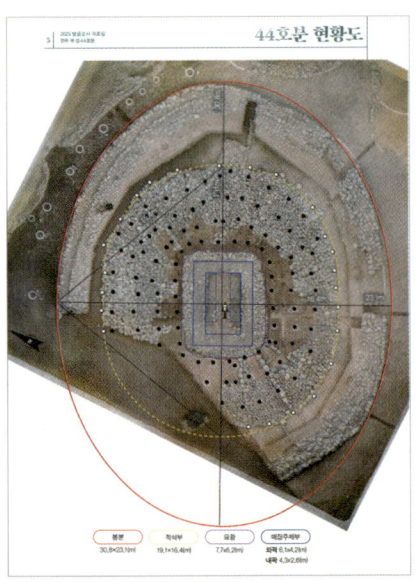

장축과 단축으로 타원형을 이룬 쪽샘 44호분. 정확한 규모를 알아 내려면 장축의 길이를 근거로 삼아야 옳다(경주문화재연구소 도판).

음에 원형으로 만들어졌던 봉분이 앞서의 여러 가지 변수들로 말미암아 형태가 변형되거나 봉토가 헐려 나간 점을 1,500여 년 뒤의 우리들이 간과하고 있는 건 아닐까요? 장축의 길이를 근거로 봉분 규모를 따져야 옳다는 뜻입니다.

  자, 이쯤 되면 금관총의 규모에 대한 그동안의 추정들이 정확한 것이었는가에 대한 의문은 어느 정도 해결된 것 같지 않습니까? 그렇습니다. 그동안 우리들은 금관총이 조성된 이래로 나타날 수 있는 변수들을 고려하지 않았던 겁니다. 1,500여 년 동안 비바람에 깎이고 여기저기 사람들의 손을 타서 봉분이 거의 해체돼 버린다든지 처음에는 존재하지 않았던 민가나 도로가 생겼는데 그런 변수들을 간과한 거지요. 그러니 그 상황

---

34) 심현철, 같은 논문, 제315쪽.

대릉원의 명소 포토존. 이웃한 능과 능 사이는 3~5m 정도밖에 떨어져 있지 않다. 아마 왕릉이 조성될 당시 금관총과 봉황대 사이의 간격도 마찬가지였을 것이다. 금관총의 봉분이 학자들의 추정보다 더 컸다는 뜻이다.

에서 정확한 측정값이 나올 리가 없는 겁니다. 적어도 우리의 뇌리에서 도로와 민가의 존재를 완전히 지워 버려야 금관총의 규모를 보다 정확하게 계산해 낼 수 있다는 뜻입니다.

현재 금관총(노서동)과 봉황대(노동동) 사이에 나 있는 봉황로는 편도 3.25m, 양 차선 6.5~7m 정도의 2차선 도로입니다. 그 도로 양 옆으로는 너비가 1m 이상의 인도도 만들어져 있지요. 만약 인도까지 합치면 봉황로의 도로 너비는 10m 정도인 셈입니다. 1,500여 년 전 마립간 시기에는 금관총과 봉황대 사이의 간격이 몇 m도 되지 않았을 겁니다. 따라서 도로로 변한 면적의 절반 이상이 금관총 봉분 길이에 합산되어야 한다고 봅니다. 고분과 고분 사이의 간격이 넓지 않다는 것은 대릉원(大陵苑)의 고분들만 보아도 대충 짐작할 수 있는 일이지요. 이 구역의 신라 고분들은 상당히 밀도가 높게 분포되어 있습니다. 이웃한 고분과의 간격은 대체로 5m를 넘지 않는 것이 보통이거든요.

⟨표 – 경주시 중심 신라 고분들의 봉분 규모⟩[35]

번호	고분 명칭	규모		장축/단축 비율	현재 규모	구분
		장축	단축			
1	봉황대	82.3	77.2	106.5	86.6 × 81.3	1그룹
2	황남대총(남분)	76	66.2	114.8	–	
3	서봉황대	74.6	68.9	108.3	78.5 × 72.5	
4	황남대총(북분)	68.5	64.5	106.2	–	
5	미추왕릉	56.1	51.9	108.2	54.6 × 59.1	2그룹
6	천마총	52.8	46	114.7	–	
7	90호분	54.3	?	?	57.2 × ?	
8	금관총	48.5	43.1	112.5	–	3그룹
9	서봉총	46.7	42.2	110.6	–	

 봉황대와 금관총의 간격 역시 마찬가지입니다. 봉황로 쪽의 일부 길이나 그 반대쪽인 시천당 쪽의 일부 길이는 금관총 봉분 크기에 합산해야 옳은 거지요. 금관총은 하마다 이래로 학계에서 지금까지 추정한 것보다 그 높이와 둘레가 훨씬 컸을 거라는 뜻입니다. 앞서 제1장에서도 소개한 대목입니다만, 이 점에 관해서는 하마다 역시 주민들의 증언을 빌어 인정한 바 있습니다.[36] 하마다가 주민들에게 들은 바에 따르면 금관총과 봉황대 두 고분은 원래 서로 바짝 붙어 있었고, 그 사이에 있는 길은 북⇔남 방향으로 언덕처럼 기복이 있는 길이었습니다. 그런데 일제 당국

---

[35] 심현철, 제322쪽에 인용된 윤상덕(2014)의 표를 보완해 반영하였다. 이 표에는 금관총의 규모가 3그룹으로 중소형 고분으로 분류되어 있다.
[36] 하마다, 같은 책, 제5쪽. 우리 책 제1장 제1절(제26쪽)의 인용문을 참조 바람.

에서 도시계획에 따라 경주 읍내(노서·노동동 정북 방향)에서 남쪽으로 신작로를 만드는 과정에서 주민·차량이 왕래하기 수월하게 하기 위하여 두 고분 사이의 봉분을 조금씩 헐어서 도로를 확장한 거지요. 언덕 길을 사이에 두고 이어지는 금관총의 동쪽 자락과 봉황대의 서쪽 자락을 쌍방향으로 조금씩 깎아내면서 지금의 봉황로와 비슷한 너비의 신작로 공간을 확보한 겁니다. 이를 그림으로 예시하면 다음과 같습니다.

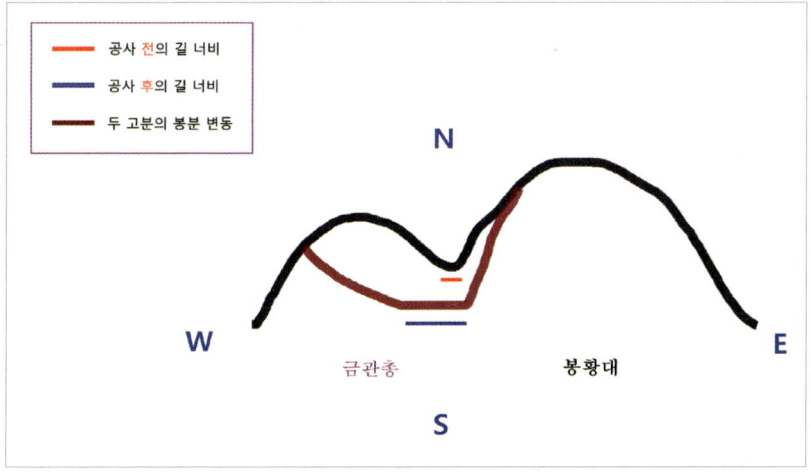

학계에서는 경주시 중심 구역에 자리잡고 있는 마립간 시기의 신라 고분(적석목곽분)들을 봉분의 크기에 따라 3개 그룹으로 분류하고 있습니다. 황남대총·봉황대·서봉황대처럼 지름이 70m급인 고분을 제1 그룹, 미추왕릉·천마총·90호분처럼 50m급인 고분은 제2 그룹, 그리고 40m급의 고분들은 제3 그룹 식으로 말이지요. 그런데 금관총은 하마다 이래의 학자들의 추정값이 40m급에 머물고 있습니다. 제3 그룹에 해당되는 중형 고분 취급을 받고 있는 셈이지요.[37]

---

37) 심현철, 제319쪽.

금관총보존전시관이 건설되기 직전의 금관총 자리(동그라미). 반달처럼 남은 봉토는 1980년대에 정비된 것이어서 당초의 봉분 크기와는 다소 거리가 있다. 그러나 그 윤곽을 따라 원형으로 시뮬레이션 해 보건대 금관총의 봉분은 아마 봉황로를 넘어 봉황대 언저리까지 닿아 있었을 것이다. 네모는 자동차(국립경주문화유산연구소 사진)

 자, 그럼 이런 변수들에 유념하면서 오가와의 그림을 다시 한번 보도록 하지요. 그림에서 보는 것처럼 금관총의 실제 너비(직경)는 관곽이 안치된 자리('관곽부')를 중심축으로 하여 동쪽 자락은 지금의 노동리와 노서리의 경계선에 있는 혼마치 도오리(봉황로)를 지나고, 서쪽 자락 역시 시천당 건물의 절반까지는 나가 있었을 겁니다. 금관총은 봉분 크기가 지금보다 10m 정도는 컸던 거지요. 54~55m 정도까지는 되었을 거라는 뜻입니다. 위의 표를 근거로 하면 적어도 제2 그룹의 미추왕릉이나 90호분 수준의 규모를 갖추고 있지 않았을까요? 봉분의 높이 역시 마찬가지입니다. 방금 전의 너비와 정비례해서 지금보다 더 높게 조정되어야 합리적이라고 봅니다. 이런 점들을 종합해 보면 금관총은 기존의 연구와는 달리 적어도 봉분 크기가 50m급이었을 수도 있는 거지요. 대형 고분이었을 가능성이 높다는 뜻입니다.

제5절
'1관 1곽'의 묘장 배치

지금까지 위에서 금관총 이야기를 하는 동안 '관곽'이라는 표현을 많이 볼 수 있었습니다. 그러면 '관곽'이란 무엇을 가리키는 걸까요? '관(棺)'이란 묘주(墓主) 즉 무덤 주인공의 시신을 불결한 흙이나 짐승으로부터 보호할 목적으로 사용하는 장례 도구를 가리킵니다. 그리고 그 관 주위로 따로 나무로 사각형 상자를 짜고 묘주가 생전에 아꼈던 물건이나 저승에서 사용할 물건들을 수납하는 공간으로 안배된 것이 '곽(槨)'입니다. 학계에서는 이 둘을 뭉뚱그려서 '관곽'으로 부르고 있지요.

시신을 외부의 흙이나 짐승으로부터 보호하는 데에는 사실 관 하나만으로도 충분합니다. 그러나 고대이든 지금이든 인간은 허세의 동물이지요. 사회적으로 신분이나 지위가 높은 사람들은 무덤이라는 매개체를 통하여 자신들의 부와 권세를 과시하는 경우가 많았습니다. 그래서 관으로는 성에 차지 않아서 추가로 곽을 사용하기도 했지요. 대표적인 경우가 신라의 고분들입니다. 대부분의 고분이 관 1개와 곽 1개로 구성되었기 때문이지요. 이 같은 '1관 1곽'의 묘장 방식은 시기적으로는 4세기부터 6세기 사이에, 지리적으로는 낙동강 동안(東岸) 지역에서 집중적으로 확인된다고 하는데요.[38] 국내 학계에서는 '1관 1곽'의 묘장 방식을 시신을

---

38) 〈부곽(홍보식)〉,《한국고고학전문사전》(고분편), 제541쪽.

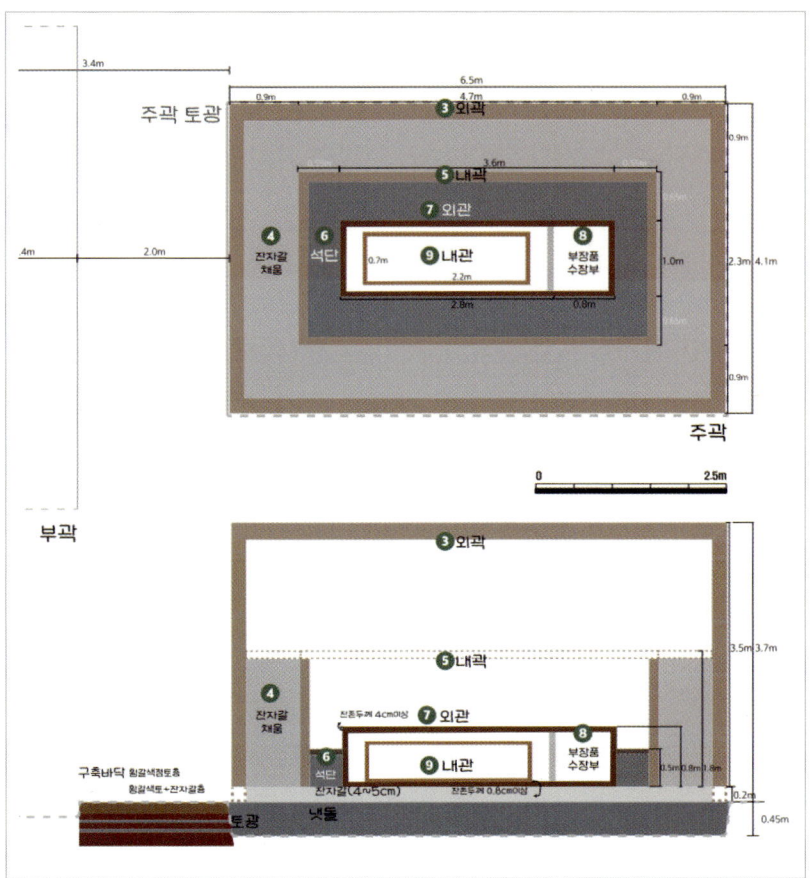

신라 고분 황남대총(남분)의 관곽 개념 평면도(상)와 측면도(하). 곽은 외곽(3)과 내곽(5)으로 구성되며 그 안에 안치하는 관 역시 외관(7)과 내관(9)으로 구성되어 있었다고 한다(경주문화재연구소 도판).

중심으로 이해하여 '주곽(主槨)'과 '부곽(副槨)'으로 부르기도 합니다. 관을 '주곽', 머리맡의 부장 공간을 '부곽' 식으로 말이지요. 주곽과 부곽이 어떤 방식, 어떤 소재로 구성되었는지는 당시의 상황에 따라 다르게 적용되었을 겁니다. 그러나 시신 안치 공간을 이원적으로 구분해 매장하는 장례 습속은 동일한 셈이지요.

발굴 조사 결과 금관총 역시 전형적인 '1관 1곽'형 고분인 것으로 확인되었습니다. 하마다의 보고서에 따르면, 묘주가 안치된 관과 그 관을 둘러싼 곽은 거의 적석층이 끝나는 지점과 위아래로 맞닿아 있었으며, 그 바닥은 황색 점토층을 1자 3치, 즉 39.40cm 정도 판 자리에 조성되어 있었다고 합니다. 관과 곽이 점토층과 적석층 사이에 끼어 있는 형국이지요. 신라인들은 관곽을 안치할 때 점토층을 판 다음 주위의 돌보다 작은 직경 5~6치(15~18cm) 정도의 돌을 깔았는데요. 그 이유는 관곽을 안정되게 거치하면서 그 위에서 내려 누르는 토사 – 점토 – 적석의 무게를 지탱 및 분산시키려고 한 데서 찾을 수 있을 것입니다.

또, 곽 둘레로는 크고 둥근 돌이 안쪽 면과 잘 맞게 일렬로 가지런하게 쌓여 있었는데요. 곽 바깥과 돌을 두른 줄 사이에 일종의 차단재로 나무 널을 길게 끼워 놓았었기 때문이라고 봅니다. 널판이 다 썩어 없어지고 그 자리가 빈 공간처럼 남은 거지요. 1921년에 금관총의 유물을 가장 먼저 수습했던 모로가가 돌을 두른 이 줄이 목곽과 붙은 상태가 아니라 약간 사이를 둔 채 배열되어 있었다고 증언한 것이 그 증거입니다.[39]

하마다는 금관총에 사용된 곽의 크기와 관련하여 이렇게 설명했습니다.

"… 길이는 서쪽 끝에서 10자(3m 3cm)까지는 그 흔적을 확실하게 확인했는데, 최초로 발굴된 부분, 즉 동반부(깎여 나가 버린 동쪽 절반 부분)에 대한 조사가 불충분했기 때문에 전체 길이를 밝혀내기 어려웠다. 그러나 이 동반부에 있었던 청동제 유개사이호(有蓋四耳壺, 뚜껑이 있고 손잡이

---

39) 하마다·우메하라, 제29쪽.

경주지역 적석목곽분 관곽부의 유형 비교도. 왼쪽처럼 곽 하나만 쓰기도 하지만 일반적으로 주곽과 부곽 식으로 2개의 공간으로 구성되는 것이 보통이다(경주문화재연구소 도판).

가 4개 달린 항아리)의 바닥에 두께 3치(9cm) 정도의 목재가 붙어 남아 있었던 점으로 추정해 보면 곽이 이 부분까지도 계속되었음은 틀림없는 것 같다. 그렇다고 하면 곽의 길이는 틀림없이 16~17자에 달할 것이다."40)

만약 하마다의 계산이 정확한 것이라면 금관총에 사용된 곽은 길이가 16~17자, 즉 4.85~5.15m 정도였던 셈입니다. 참고로, 1972년에 발굴 조사가 이루어진 황남대총 남분의 경우, 목질의 흔적을 근거로 추정해 볼 때 곽의 크기는 동서(세로)가 6.8m, 남북(가로)이 4.6m이며, 높이는 4m, 양쪽 벽면은 3.7m 정도였다고 합니다.

무덤 주인공의 시신이 안치되어 있었던 관은 곽의 서쪽 방향에서 발견되었는데요. 모로가가 직접 재어 본 바에 따르면, 관은 길이가 8자 3치(2.51cm)이고 너비는 3자 3치로 대체로 1m 정도였다고 합니다. 관의 바닥널과 덮개는 두꺼운 나무 널로 만들어진 것인데 안팎에 모두 옻이 칠해져 있었다고 하는군요.

---

40) 하마다, 제18쪽.

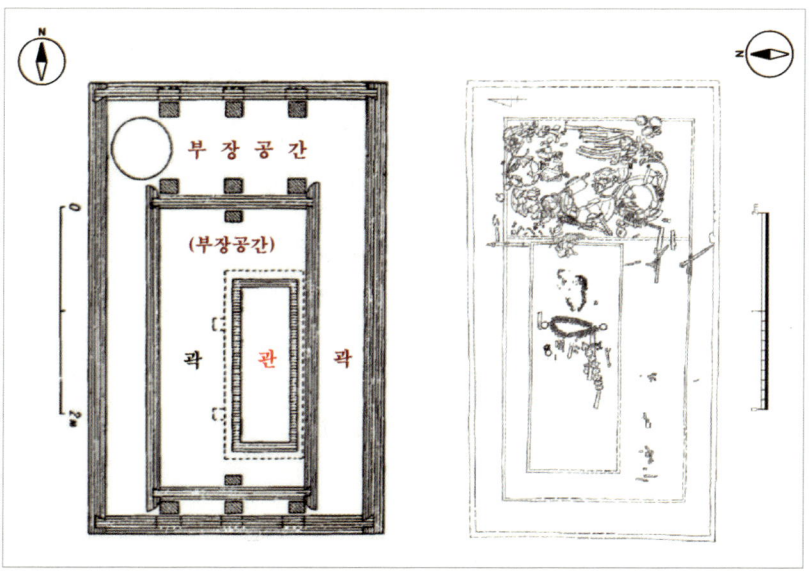

노용 올 흉노 고분(좌)의 관곽 배치 조감도. 관은 곽의 한쪽에 바짝 붙이고 머리맡에 부장 공간을 두는 것이 보편적이다. 그같은 경향은 신라 고분들(우, 옥포총)에서도 볼 수 있다.

여기서 사람들의 이목을 끄는 것은 곽 속에 안치된 관의 위치입니다. 일반적인 상식으로는 관이 곽에서 좌우 대칭을 이루는 정중앙에 안치되어 있었다고 생각하기 쉬운데요. 금관총에서는 관이 정중앙이 아니라 곽의 서쪽 벽 쪽에 바짝 붙여져 있었다고 합니다. 아마도 부장 공간을 충분히 확보하기 위해서 그렇게 비대칭적으로 안치했을 테지요. '부장 공간'이란 묘주가 내세에서 풍족하게 살도록 하기 위하여 넣어 준 부장품들을 수납할 목적으로 만든 공간을 가리킵니다. 이 같은 비대칭적인 안치는 신라 고분들에서 흔히 볼 수 있는 보편적인 특징인데요. 흥미로운 점은 이 같은 관의 비대칭 배치는 흉노계 고분들에서 자주 볼 수 있다는 사실입니다.

한 가지 특이한 것은 관의 바깥쪽 곽 벽을 따라 길이 9치(27.3cm), 너비 2치(6.1cm) 정도의 얇은 철판과 삼각형에 가까운 쐐기 모양의 철편 7~8개가 5치(15.3cm) 정도 두께로 포개진 상태로 관 양 옆으로 줄지어 놓여 있었다는 사실입니다. 정황을 따져 볼 때, 무덤의 주인공이 잠들어 있는 공간인 관을 안정적으로 고정시키는 한편, 관과 부장 공간(부곽)을 구획(區劃)하는 일종의 차단재로 철편을 사용했을 가능성도 있다고 봅니다.

부장 공간은 금관총에서도 확인되었습니다. 그 위치는 역시 관의 위쪽, 즉 묘주의 머리맡이었지요. 신라 고분에서 부장 공간은 4~6세기 신라 지배층의 정치적 권력과 경제적 부를 함축적으로 보여 주는데요. 금관총에서는 이 부장 공간에서 쇠 솥 3개와 각종 토기·사이호·초두(鐎斗, 자루가 달린 냄비)·고배(高杯) 등의 청동기·금·은으로 만든 용기들과 칠기·유리그릇들, 그리고 작은 옥·곡옥·금동 관모·귀금속제 허리띠[銙帶]·갑옷 등 각종 유물들이 서로 포개져 쌓인 채로 발견되었답니다. 이 밖에도 안교(鞍橋, 말 안장)·행엽(杏葉)·운주(雲珠) 등의 마구 장식들과 온전한 형태의 환두대도도 그 근처에서 수습되었지요.

신라 고분들에서는 부장품이 많을 때에는 부장 공간이 비교적 융통성 있게 운용되었습니다. 보통은 머리맡에 부장 공간을 두지만 그래도 부장품이 많이 남는 경우에는 발 아래쪽(발치)에 부장 공간을 새로 추가하기도 했거든요. 그래도 공간이 부족하면 주곽과 부곽을 상-하가 아닌 좌-우로 배치하기도 했답니다. 시신이 안치된 관 바로 옆에 비슷한 크기의 곽을 짜서 부장품들을 수납했던 거지요. 이 같은 관곽의 운용이나 부장 공간의 배치 방식은 경주 등 신라지역은 물론이고 가야지역에서도

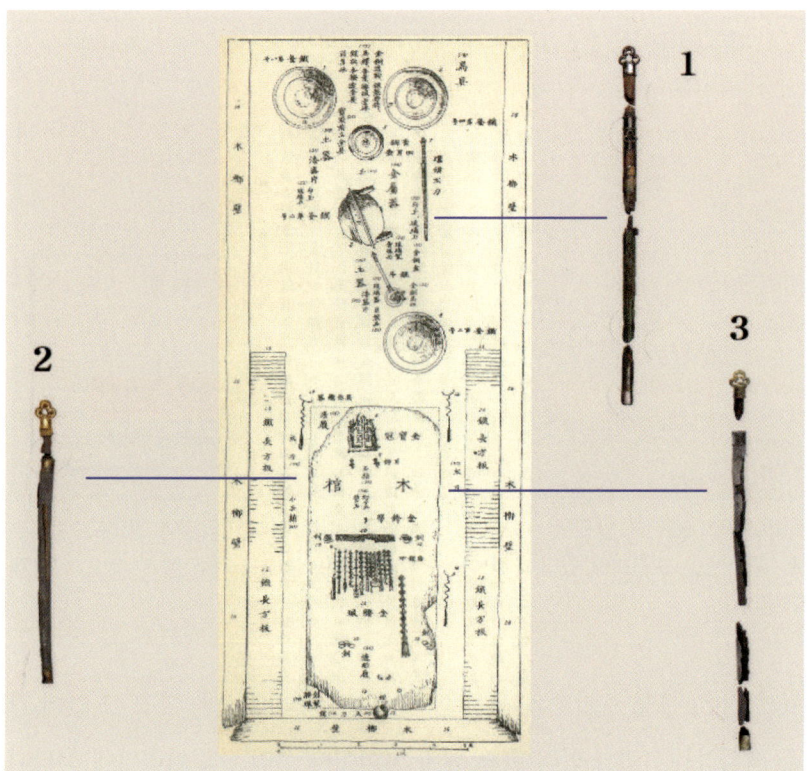

1924년 《경주 금관총과 그 남겨진 보물들》에 공개된 금관총 유물 최초 위치 추정도. 환두대도도 비교적 온전한 상태로 세 자루가 수습되었으며 나중에 손잡이 장식과 칼집 끝 씌우개에서 '이사지왕'(1), '이사지왕도'(3) 등의 명문이 발견되었다.

흔히 볼 수 있는 특징인데요. 경주 구정동 2·3곽이나 대가야에 속한 고령 지산동 고분(32·34·35호) 등이 그 대표적인 사례라고 할 수 있습니다.[41]

4~6세기 신라 고분에서의 관곽 및 부장 공간의 배치나 운영 방식과 관련하여 우리가 주목해야 할 것이 흉노의 묘장제도입니다. 흉노계 고분

---

41) 〈주부곽식(홍보식)〉,《한국고고학전문사전》(고분편), 제1196쪽.

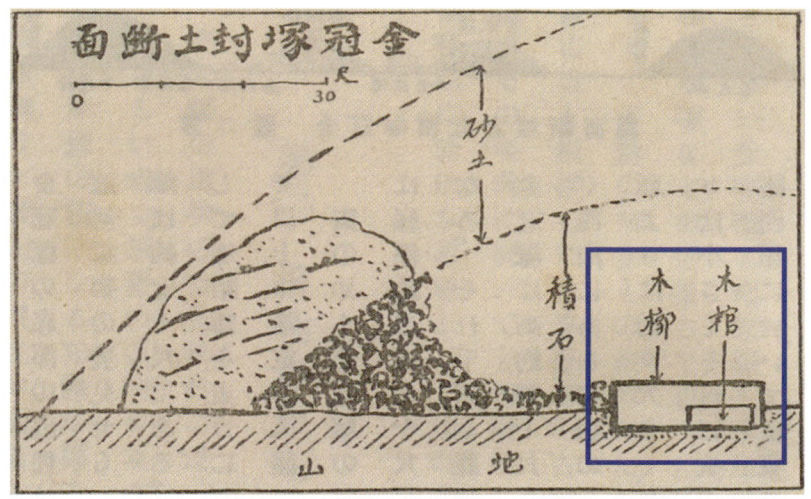

하마다가 1932년에 발표한 보고서 《경주의 금관총》에 소개된 금관총 단면도. 중심부에 1곽 1관이 표시되어 있다. 1관 1곽은 흉노계 고분들에서 자주 볼 수 있는 묘장제도이다.

들의 경우, 무덤 주인공의 시신을 안치하는 자리에 곽을 짜고 그 안에 관을 배치하는 '1관 1곽'의 관곽 배치 방식이나 주인공의 머리맡에 해당하는 관 위쪽(일반적으로 북쪽)을 부장 공간으로 삼은 경우가 많기 때문이지요. 실제로 한나라 정사 《사기(史記)》에서는 흉노의 장례 습속과 관련하여 "흉노인들이 장례를 치를 때에는 관과 곽을 만든다(其送死, 有棺椁)"[42]고 소개한 바 있습니다. 《사기》를 편찬한 전한대 역사가 사마천(司馬遷, BC145?~?)은 기원전 2세기 무렵에 생존했던 사람이지요. 그렇다면 《사기》의 이 기록은 사마천 당시에 흉노 사회에서 장례를 치를 때 묘주의 시신을 안치하는 공간과 부장품들을 수납하는 공간을 이원적으로 구획해서 운용하는 '1관 1곽'의 장례 습속이 존재하고 있었음을 문헌적

---

42) 사마천, 《사기》 〈흉노열전〉.

으로 뒷받침해 주는 셈입니다. 인류의 역사를 되돌아 볼 때 장례 습속은 한 집단의 문화·역사적 정체성을 보여 주는 정신문화의 결정체라고 할 수 있습니다. 가장 보수적인 문화 전통의 하나라는 뜻이지요. 물론, 앞으로 학자들의 보다 심층적인 연구가 이루어져야 되겠지만, 이처럼 '1관 1곽' 및 부장 공간의 배치 및 운용 방식 등에서 흉노와 4~6세기 신라의 장례 습속이 보여 주는 공통점, 아니 친연성은 우리에게 시사하는 바가 크다고 하겠습니다.

제6절
제사 의식의 흔적들

고대 사회에서는 무덤을 건설하고 시신을 안장하는 과정에서 제사를 지내는 경우가 많았습니다. 이 제사는 무덤을 만들 자리 고르기 ⇒ 구덩이[墓壙] 파기 ⇒ 시신 안치 ⇒ 봉토 쌓기 등의 과정에서 이루어지기도 했지요. 물론, 신라에서도 이 같은 제사가 치러졌을 것으로 보입니다. 다만, 무덤 같은 특수한 공간에서 이 같은 제사 행위가 고고학적 증거를 남기는 사례는 극히 드물기는 하지요. 특정한 기물이나 미니어처 모형을 부장한다거나 기물을 고의로 훼손시켜 부장하거나 봉토 또는 봉분의 특정 지점[墳丘]이나 봉분 주위의 고랑[周溝] 등에 짐승 제물을 묻는 식으로 가시적인 증거물들을 남기는 경우가 많았습니다.[43]

봉분이 온전하게 남아 있는 신라 고분들[의 봉토]에서도 제사에 사용된 제물로 보이는 흔적들이 더러 확인되었습니다. 금관총의 경우는 발견 당시 이미 봉분이 해체된 상태였기 때문에 확인할 길이 없습니다만, 황남대총의 경우에는 남분 꼭대기로부터 북북동쪽으로 19m 정도 떨어진 남분 봉토 중단 쯤, 즉 북분 봉토에 덮인 남분 봉토 겉면을 싸고 있는 점토층 속에서 토기 대호(大壺) 4점이 발견되었는데요. 그 속에는 소형 토기나 대형 토기의 파편과 함께 조개 껍데기와 동물 뼈가 들어 있었다고

---

43) 〈제사(권오영)〉, 《한국고고학전문사전》(고분편), 제1179쪽.

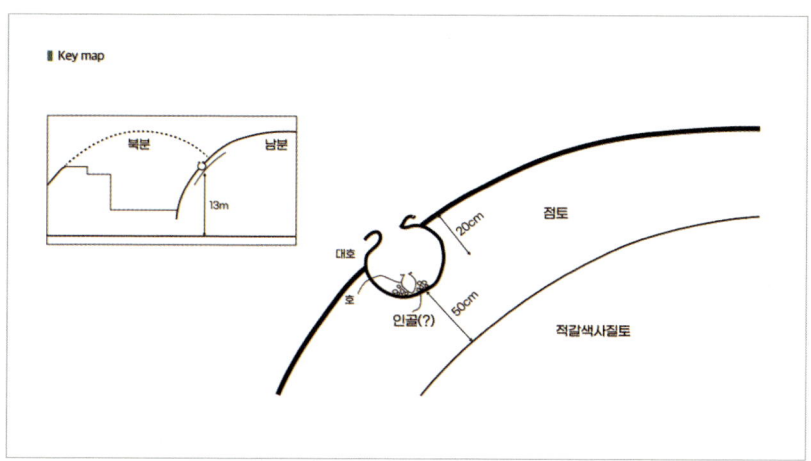

황남대총(남분) 대형 토기[대호]의 위치. 봉분 꼭대기의 겉면(표층) 점토층 속에 묻혀 있었으며 봉분이 완성된 뒤에 제사를 지내고 묻은 것으로 보인다(경주문화재연구소 도판).

합니다. 누가 보더라도 왕릉을 조성할 때 누군가가 의도적으로 점토층 속에 묻어 놓은 거지요.44) 발견 당시에는 남아 있는 것이 없었지만 아마 왕릉을 조성할 당시에는 대호 안에 든 작은 토기에 살이 통통한 조개와 기름진 고기, 그리고 각종 반찬들을 넣은 채로 점토층 속에 묻었을 테지요. 2023년에 발굴된 쪽샘 44호분에서도 봉분의 호석(護石) 부근에서 제사를 지낸 흔적이 확인되었습니다.45) 전후 맥락을 따져 볼 때 이 대호 속의 물건들은 당시의 장례 주체가 묘주를 저승으로 떠나보내면서 마지막으로 바치는 음식(제물)이었다고 보는 편이 합리적이겠지요? 그런 점에서는 금관총도 마찬가지였을 겁니다. 오랜 세월을 거치는 동안 해체되기는 했지만 비슷한 구덩이와 제물이 존재했을 거라는 뜻이지요.

---

44) 〈인접한 대호 4개〉, 《황남대총 남분 발굴 조사의 기록》, 제48쪽.
45) 《2023년 발굴 조사 자료집 경주 쪽샘 44호분》, 제9쪽. 국립경주문화유산연구소.

장소가 무덤은 아니지만 최근에는 3세기 사로(신라)시대에 제사를 지낸 구덩이[遺溝]가 경주 월성(月城) 인근의 동궁 터에서 발견되었는데요. 그 안에는 2~3점씩 짝을 이룬 토기 15점, 토기를 황색 안료를 바른 베로 감싼 흔적과 함께 온전한 형태의 개 뼈가 출토되었습니다. 아마 토기에 제물을 담고 제사를 지낸 다음 그 구역을 지키라는 뜻에서 개도 순장(殉葬)해서 함께 불태웠을 테지요.[46] 무덤이나 건물 주변에 이 같은 유물이 묻힌 채 발견되는 사례는 현재까지 고구려나 백제에서는 확인된 적이 없습니다. 그런 제사 의식이 신라에서만 유행한 장례 습속이었다는 뜻이겠지요?

　　흥미로운 사실은 이와 비슷한 장례 습속이 흉노 고분들에서도 확인되고 있다는 것입니다. 몽골 공화국에서 발견된 노용 올 흉노 고분군의 경우가 그 대표적인 사례이지요. 그중에서도 M1호분에서는 봉토 서남-동

---

[46] 〈"제물로 바친 개"…경주 월성서 신라 모체 사로국 흔적 첫 확인〉, 한영혜, 《중앙일보》, 2024.10.2. 인간의 무덤이 아닌 특정한 건물 주위에 개를 제물로 바치는 습속은 고대 로마의 유적에서도 확인되고 있다. 금년 4월 9일에 벨기에 고고학청(SOLVA Dienst Archeologie)에서 공개한 바에 따르면, "로마제국 시대 정착지 플랑드르에서 1,800년 전 건축물 시공식에 개를 제물로 바쳤던 흔적이 발견되었다." 이 발굴을 주도한 벨기에 고고학자 아르네 페르브뤼헤(Arne Verbrugge)에 따르면, "개는 로마 시대 다양한 의식에 사용되었으며 심지어 망자의 무덤을 수호하는 상징으로도 여겨졌다. 당시에는 개가 망자의 내세 여행에 길잡이가 될 수 있다고 믿고 희생 제물로 바치는 경우가 흔했다. 하지만 이번에 발견된 개 유해는 이 동물이 인간을 위해 희생된 것이 아니라 새로 지은 건물을 위해 바쳐진 것으로 보이는데, 벨기에서 이런 흔적이 발견되는 일은 흔하지 않다. … 로마 학자 바로(Varro)의 저서 《농업에 관하여(De Re Rustica)》에 따르면, 개는 때때로 땅과 집을 정화하는 의식에 사용되었던 것으로 보인다. 당시 사람들은 벨제케(Velzeke, 발굴된 지역)에서 건물을 새로 지을 때 먼저 주변을 '정화'하면서 안녕을 빌었을 것이다."(이상 최석진, 〈1800년 전 로마제국 정착지에서 발견된 개 유해에 전문가들이 놀란 사연〉, 《위키리크스한국》, 2025.4.9. 기사) 앞으로 관련 학자들의 심층적인 연구가 필요하겠지만 월성 터에서 출토된 개 역시 비슷한 이유, 즉 새로 지은 왕의 처소를 수호하거나 재앙들을 정화할 목적으로 제물로 바쳐졌을 것이다.

벨기에 플랑드르 지방의 로마시대 정착지 터에서 고고학자가 개의 유골을 수습하고 있다. 손 쪽에 개 주둥이가 보인다. 페르브뤼헤에 따르면 고대 로마인들은 땅과 건물을 정화하는 의식에 개를 제물로 사용하기도 했다고 한다(벨기에 고고학청 사진).

남쪽에 각각 2군데에서 재·숯과 함께 탄 짐승 뼈가 남아 있는 구덩이가 발견되었습니다. M6호분 역시 봉토 양쪽 5군데에서 말·양 등의 짐승 다리뼈가 도기 파편·칠기 등과 함께 들어 있는 구덩이들이 발견되었지요. 황남대총의 봉토 속에서 발견된 토기 대호 속에 들어 있던 제물들과 비슷한 내용물들이지요? 중국 쪽에서는 최근에 조사가 끝난 내몽고 소니특우기(蘇尼特右旗)의 길호랑도(吉呼郎圖) 흉노 고분군 등의 고분들에서도 속속 확인되고 있는데요. 흉노 고분들에서만 확인되는 전형적인 흉노 장례 습속의 흔적이라고 할 수 있습니다. 도르릭 나르스·보르항 톨고이·호드긴 톨고이 등 몽골지역에서도 이 같은 제사의 흔적은 보편적으로 확인되고 있다고 합니다.[47]

---

47) 에렉젠/양시은, 같은 책, 제163~165쪽. 중국 자료이기는 하지만 중국 중앙TV 채널의 《石圈下的匈奴墓葬(호석 아래의 흉노 고분)》영상도 참고할 만하다.

길호랑도 흉노 고분군의 제물 구덩이(오른쪽 위). 신라 고분들에서 제물 구덩이와 성격이 동일하다. 사진은 중국 중앙TV 유튜브 채널에서 방송한 다큐멘터리 《호석 아래의 흉노 고분》(하편)의 한 장면

제사를 지내고 제물을 불태우는 이 독특한 장례 습속은 아틸라(Attila) 당시 훈족의 풍물을 소개한 고대 로마의 기록에도 남아 전해집니다. 동로마제국의 외교관이자 역사가 프리스쿠스(Priscus, 420~472)는 《비잔티움의 역사》에서 당시 훈족 귀족의 장례 습속을 이렇게 소개했습니다.

"귀족이나 영주의 말은 그 주인이 죽고 사흘, 이레, 또는 49일째 되는 날 죽여서 친지나 지인들에게 제공한다. 사람들은 장례를 치른 뒤에 잔치 자리에서 남은 음식·고삐·안장·무기들을 모두 불태운다. 그리고 나서 제물 등의 부장품들을 무덤에서 멀지 않은 곳에 묻는다. … "[48]

---

48) 프리스쿠스(Priscus), 《비잔티움의 역사('Ιστορία Βυζαντιακή)》. 훈(흉노)족과 그 풍속들에 관한 프리스쿠스의 견문록은 현재 원작은 전해지지 않으며 다른 사람들의 인용을 통하여 단편적으로 전해지고 있을 뿐이다. 이 대목에 관한 소개는 프리스쿠스, 〈Negotiating and Dining with Attila(아틸라와의 협상과 식사)〉, 《Chronicles of the Barbarians(야만족 연대기)》, D.W.맥컬로프(McCullough), 제163~164쪽,

이 견문록을 통하여 고대 흉노(훈)족 사회에서도 죽은 사람에게 제사를 지내고 그 제물을 땅에 묻는 제사 의식이 보편적으로 이루어졌을 것임을 충분히 유추할 수 있겠지요. 신라의 장례 습속이 흉노의 것과 친연성을 보이고 있다는 뜻입니다.

참고로 중국의 역대 고분에서는 무덤 지표면에서 제사를 지내거나 제물을 땅에 묻은 흔적이 발견된 사례가 없습니다. 한대 이래로 중국인들은 살아 있는 사람이나 짐승이 아닌 나무나 흙으로 만든 사람이나 짐승 모양의 인형을 부장하는 정도가 고작이었지요.[49] 중원지역에서 무덤의 부장품으로 짐승 뼈나 그것으로 만든 도구가 나왔다면 일단 유목 전통을 가진 흉노 등 북방계 민족의 무덤일 가능성이 높다는 뜻입니다.[50]

Times books, 1998를 참조하기 바란다.
49) 《상손가채 한·진묘(上孫家寨漢晉墓)》, 청해성 문물고고연구소 편, 제216쪽, 문물출판사, 1993.
50) 간진유(干振瑜), 〈중국 경내 흉노 묘장 연구 초탐(中國境內匈奴墓葬研究初探)〉, 《적봉학원학보》, 제16쪽, 2015.2.

제3장

금관총의 주인공 '이사지왕'은 누구인가

인류의 역사가 시작된 이래로 언어는 언제나 인류와 함께 존재해 왔습니다. 유사 이래로 지금까지 문자가 없는 집단은 있었어도 언어가 없는 집단은 한 번도 존재한 적이 없으니까요. 언어는 한 집단의 문화와 정체성을 대표한다고 해도 과언이 아닙니다. 그렇기 때문에 언어는 특정한 집단의 역사와 문화 속을 들여다보는 과정에서 비밀의 문을 여는 결정적인 열쇠가 되어 주기도 하지요. 외국 학계에서 역사를 연구하고 해석하는 과정에서 어원학·역사비교언어학 등의 분과를 두고 언어적 접근에 공을 들이는 것도 바로 그런 이유 때문입니다. 고구려·백제·가야·신라 등, 우리 고대사를 연구하고 역사적 진실에 다가가는 과정에서도 언어적 접근은 대단히 중요한 역할을 합니다.

그런 점에서 2013년은 신라 역사를 연구하거나 관심을 가진 사람들에게는 대단히 의미가 심장(深長)한 해였습니다. 국립중앙박물관의 보존과학부에서 복원 작업을 진행하는 과정에서 드디어 금관총의 주인공이 누구인지 추정할 수 있는 단서들이 줄줄이 발견되었거든요. 일제 강점기에 금관총에서 출토되었던 환두대도에서 뒤늦게 확인된 명문(銘文)들이 그 것이지요. 그 글자들은 칼집에 부착된 부속구에 새겨져 있었습니다. 칼집 끝 금동제 씌우개의 앞뒷면에서 각 '이사지왕(尒斯智王)'과 '십(十)'이, 칼을 넣는 칼집 입 쪽 금동제 씌우개에서 '이(尒)'가 말이지요. 그 소식을 전해 들은 국립 경주박물관에서도 '혹시나' 하는 마음에 그동안 소장하고 있던 금관총 환두대도를 체크해 보았는데요. 놀랍게도 역시 '이사지왕도(尒斯智王刀)'와 함께 '이(尒)'·'팔(八)'·'십(十)' 등의 글자들이 발견되었습니다.

'이사지왕'이라는 글자가 확인되자 국내 학계에서는 학술대회를 성대하게 열고 금관총의 주인공이 누구인가를 놓고 다양한 주장들을 내놓았

프랑스의 문자학자 샹폴리옹(좌)과 그의 이집트 상형문자 해독의 단서를 제공해 준 로제타석(우). 언어 문자는 수천년 전 비밀의 문을 여는 열쇠이다(discoveringegypt.com 사이트 사진).

습니다.[51] 4~6세기 마립간 시기가 신라 역사에서 차지하는 비중, 그리고 그 시기의 신라 고분들 중에서 금관총이 차지하는 위상은 너무도 크고 중요하니까요.

그런 사안의 중대성에도 불구하고 현재까지 금관총 주인공의 역사적 궤적(軌跡)을 추적할 수 있는 유일한 단서는 '이사지왕' 네 글자뿐입니다. 단서가 적다 보니 언어적 접근을 통한 이사지왕 연구는 자연히 위험 부담이 클 수밖에 없었지요. 그렇다 보니 그로부터 10여 년이 지난 2025년 현재까지도 관련 연구는 대부분 환두대도 등 고고학 쪽에 편중되어 이루어지고 있다고 해도 과언이 아닐 정도입니다. 이를 뒤집어 말하자면 '이사지왕'에 대한 언어적 접근은 현재로서는 금관총 주인공의 진면목

---

51) 신성미·박춘상·우정렬, 〈경주 금관총 출토 환두대도에 새겨진 '이사지왕'〉, 《동아일보》, 2013.7.4.

(眞面目)을 밝힐 수 있는 유일무이(唯一無二)하면서도 마지막 남은 카드인 셈이지요.

이번 장에서는 '금관총의 주인공이 누구인가' 하는 문제를 언어적인 접근을 통하여 따져 보려 합니다. 그런 의미에서 이 장은 우리 책의 주인공 '이사지왕'을 둘러싼 역사적 미스터리에서 결정적인 단서를 다룬 가장 중요한 연결고리인 셈인데요. 그렇다 보니 '이사지왕' 네 글자와 현재 파편화되어 전해지는 신라어에 관한 분석과 설명이 주된 내용을 이루고 있습니다. 아마도 신라시대의 언어·문자·발음처럼 딱딱하고 어려운 내용이 많은 탓에 독자들을 납득시키기 위해서 저자가 생소한 표현과 설명을 늘어 놓는 일이 많을 겁니다. 독자들에게는 다소 지루하고 따분한 시간이 될 수도 있다는 뜻이지요. 그런 점을 유념(留念)하면서 모쪼록 은근과 끈기로 이 대목을 끝까지 참고 읽어 주시기 바랍니다.

제1절
'이사지'에 대한 학자들의 언어적 접근들

'이사지왕' 네 글자가 확인된 2013년 이래로 금관총에 관한 연구는 대부분 고고학 분야, 그것도 고분과 유물에 집중되어 있었습니다. 물론, 언어학적 견지에서 금관총의 주인공을 밝혀내려고 시도한 학자들도 없지는 않았지요. 어떤 학자는 기존의 고고 연구에 착안하여 그 답안을 구하기도 하고, 또 어떤 학자는 순수하게 언어적 접근을 통하여 그 주인공을 찾기도 했는데요. 이제부터 주장을 개진한 순서에 따라 관련 주장들을 하나씩 살피면서 그 이해(利害)와 득실(得失)들을 짚어 보도록 하겠습니다.

1) 이한상 "이사지는 '이 분은 사지왕'"

신라 유물 연구의 권위자인 이한상은 환두대도의 양식에 착안하여 '이사지왕'을 이렇게 해석했습니다.

"글자가 새겨진 칼은 전형적인 5세기 후반의 칼로, 동그란 고리가 3개 달려 있어 당시의 환두대도 중 최고급품이다. … 왕이나 왕족에 해당하는 최고위층이 쓴 칼일 것이다. … 이사지왕에서 '이'를 빼면 신라의 21대 왕 소지왕(재위 479~500년)과 발음이 비슷한 '사지왕'이 되는데, 소지왕 재위 기간이 금관총 및 환두대도의 제작 시기와 겹친다는 점에서 소지왕

경주 금관총(좌)과 공주 송산리 4호분(우)의 띠 장식판. 금관총의 것에 떨개가 달렸다는 것을 제외하면 문양·양식·크기가 완전히 일치한다. 비슷한 시기에 동일한 주체에 의 만들어졌다는 뜻이다.

으로 추정할 수도 있다."52)

이한상은 '이사지왕' 네 글자를 「이+사지왕」 구조로 이해한 셈입니다. 이 구조는 주어와 술어로 이루어진 주술문에 해당하는데요. 영어로 치면 제1형식이 해당하겠군요? 이 네 글자를 '이 분은 사지왕이시다' 식으로 해석한 겁니다. 그래서 그 뒤의 '사지왕'을 그대로 단일한 고유명사로 이해해서 그 주인공이 '소지왕'이라는 결론을 내린 셈이지요. 아닌 게 아니라 '이∨사지왕'으로 끊고 '사지왕'을 왕호(王號)로 볼 때 가장 먼저 떠오르는 인물이 '소지왕'임은 부인할 수 없는 사실입니다. 신라의 왕호들 중에서 '사지'와 가장 비슷해 보이는 것은 '소지'뿐이니까요.

물론, 이한상이 이런 결론을 내리게 된 결정적인 근거는 다른 데에 있었습니다. 신라 금관총과 백제 송산리 4호분에서 출토된 두 가지 유물이 그것인데요. 두 고분에서 허리띠 장식판과 환두대도 칼집 씌우개가 출토되었는데 놀랍게도 그 크기는 물론 양식까지 동일한 것이었습니다. 그런

---

52) 신성미·박훈상·우정렬, 같은 기사.

데 송산리 고분군은 백제가 웅진(熊津, 지금의 공주지역)으로 천도한 뒤에 조성된 것이었지요. 그래서 그 시기에 조성된 이 백제 고분의 장식판을 통하여 같은 양식의 장식판이 출토된 금관총이 조성된 연대를 유추(類推)하는 것이 가능하다는 겁니다. 그렇게 따져 볼 때 송산리 4호분의 연대에 대응되는 신라 금관총의 주인공은 소지 마립간 정도뿐이라는 거지요.[53]

고분과 유물의 연대나 양식에 착안(着眼)한 이한상의 해석은 제법 설득력이 있습니다. 그런데 여기서 의문이 하나 생깁니다. 고분의 연대, 유물의 양식 등 고고학적 견지에서는 금관총의 주인공이 소지 마립간이라는 결론이 나온다고 치더라도 과연 언어학적으로도 똑같은 결론이 나오느냐는 거지요. 언어학적으로도 '이사지왕=소지왕'이라는 결론이 나온다면 그 결론은 의심의 여지가 없는 정답으로 보아도 좋을 겁니다. 문제는 '이∨사지왕'으로 끊어진다는 설정 자체가 문법에 부합되지 않는다는 데에 있습니다. '소지왕'이라는 이미 정해진 답안에 끼워 맞추기 위한 다분히 자의적인 설정처럼 느껴진다는 거지요. 적어도 언어학적으로는 대단히 유감스럽게도 그런 답안이 나오지 않는다는 뜻입니다.

2) 최철형 '이사지왕은 이사부'

2013년 '이사지왕' 네 글자가 확인되자 학계 일각에서는 포항 냉수리(冷水里) 신라비 등에 등장하는 '차칠왕등(此七王等)' 등의 근거에 주목하면서 환두대도의 주인 이사지왕은 신라의 국왕이 아닐 것이라는 주장이 제기되었습니다. 국립중앙박물관의 송의정은 박혁거세로부터 경순왕

---

[53] 〈[이한상의 발굴 이야기] [26] '나제 동맹 물증' 송산리 허리띠 장식〉, 《조선일보》, 2018.3.7. 기사.

까지 신라의 역대 국왕 56명 중에는 '이사지'라는 이름을 가진 왕이 존재한 적이 없다는 점을 근거로 금관총의 주인공이 국왕이 아닌 고위 귀족이었을 가능성이 있다고 보았지요.[54] 신라 금석 연구의 권위자인 이용현은 '이사지왕'이 마립간일 가능성에 주목하면서도, 역시 같은 근거에 따라 "지도로 왕의 앞 세대로서 5세기 말이나 6세기 초에 죽은 고위 귀족", 즉 "매금왕과 갈문왕이 아닌 탁부나 사탁부의 고위자, 혹은 비주류 부(部)의 수장" 중 한 사람이었을 것으로 추정했습니다.[55] 한국전통문화대의 이도학도 마찬가지입니다. 진흥왕 순수비에서 진흥왕을 '태왕(太王)'으로 일컬은 점에 주목한 그는 역시 같은 이유로 신라에서는 태왕 밑에 소왕(小王)을 여러 명 둔 것으로 보아 이사지왕을 그 '소왕', 즉 고위 왕족의 한 사람으로 추정했지요.[56] 윤상덕 같은 학자가 주목한 것은 금관총의 규모였습니다. 그 규모가 통상적으로 왕릉급으로 비정되어 온 신라 고분들보다 작다는 점에 착안하여 '이사지왕'을 마립간이 아닌 6부의 최고위급 남성으로 추정한 거지요.

그리고 나중에 관련 논문들을 잇따라 발표한 최철형은 '이사지왕'이라는 왕호에 주목했는데요. 그 왕호를 따져 볼 때 그는 왕이 아닌 왕족, 그중에서도 명장(名將)으로 잘 알려진 이사부(異斯夫)가 분명하다고 보았습니다. 그 근거는 ① 그가 나물 이사금의 증손자이자 진골 왕족 출신의 신라 명장 이사부가 젊은 나이에 군주의 위치에 올라 말년까지 신라 권력 내부 구조에 큰 영향을 미쳤던 점, ②《일본서기》및 신라 중고기 금석

---

54) 신성미·박훈상·우정렬, 같은 기사.
55) 이용현, 〈'이사지왕'명 대도와 신라 문자자료〉,《2014년 국립중앙박물관 학술심포지엄 '금관총과 이사지왕'》, 제108쪽.
56) 신성미·박훈상·우정렬, 같은 기사.

포항 냉수리비(위키백과 사진)

문에 언급된 군주와 간지의 상관관계, ③ 냉수리비에 등장하는 '차칠왕 등'에서의 '왕'이 단순히 국왕(마립간)에만 한정되지 않고 갈문왕(葛文王) 나아가 군주(軍主)의 의미까지 포괄한다는 점이었습니다.[57]

사실 이 학자들의 주장은 고고학·금석학·문자학 등의 방법론에 입각해 제안된 것들로 저마다 나름대로의 논리와 설득력을 갖추고 있는 것이 사실입니다. 그러나 신라시대의 비석·목간 등의 금석 자료나 문헌 기록을 살펴볼 때 신라 역사에서 지배층에 '~왕'이라는 칭호를 붙인 경우는 '갈문왕(葛文王)·매금왕(寐錦王)·태왕(太王)·왕(王)'의 네 가지 유형이 고작이었습니다.[58] 신라 역사에서 '왕(王)'이라는 칭호를 기준으로 할 때, '위대한 왕'이라는 뜻의 '태왕'은 대왕(大王) 또는 상왕(上王)과 같은 경우라고 할 수 있습니다. 또, 문맥을 따져 볼 때 매금왕이 왕위를 지키

---

57) 최철형,《금관총 출토 명문 속의 '尒斯智王'에 대한 검토》, 제44쪽, 부경대학교 석사논문, 2017.
58) 이용현, 같은 논문, 제104쪽.

고 있는 금상(今上)과 같은 호칭이라면, '갈문왕'은 국왕의 부친이나 장인을 당시의 의전 예법에 맞추어 왕으로 격을 높여[格上] 일컬은 경우라고 할 수 있는데요. 사실상 최고 통치자였거나 그에 준하는 명예를 가진 인물이었던 겁니다. 일반 왕족이나 귀족들은 '~왕'이라고 불린 적이 없다는 뜻이지요. 실제로 신라시대의 비문들을 분석해 보면 이 네 유형의 왕들을 제외하면 일반적인 왕족이나 귀족은 '~왕'으로 일컬어진 적이 없습니다. 아무리 지체가 높고 영향력이 크더라도 군주와 신하의 신분을 명확하게 구분하여 '왕'과 '~간[지]' 식으로 다르게 일컬은 거지요. 이런 점들을 감안하면 '이사지왕'은 이 중 어느 쪽에 해당되든 간에 마립간 시기의 국왕들 중 한 사람일 수밖에 없는 겁니다.

신라 역사에서 '이사지왕'이라는 이름을 가진 국왕은 존재한 적이 없었다는 주장 역시 마찬가지지요. 우리에게 익숙하게 알려져 있는 신라, 나아가 삼국시대 각국 국왕들의 이름들은 그 당시에 신라·고구려·백제·가야의 사람들에 의하여 일컬어진 것이 아닙니다. 후세, 즉《삼국사기》·《삼국유사》가 편찬되던 고려 중기까지 민간에 전해지던 이름들을 기준으로 붙인 것들이거든요. 그 점은 4~6세기 마립간 시기의 왕호들만 찾아보아도 금방 눈치챌 수가 있습니다. 제19대 국왕의 경우,《삼국사기》에는 '눌지 마립간'으로 소개되어 있지요. 그런데 그 인물이 활동했던 5세기에 제작된 냉수리 신라비에는 '내지왕(乃智王)'으로 소개되어 있습니다. 우리가 역사책에서 배운 왕호가 아닌 거지요.

'소지왕'도 예외가 아닙니다. '조지왕'·'비처왕' 같은 왕호도 전해지고 있으니까요. 제22대 국왕은 이보다 더 합니다.《삼국사기》에는 지증왕으로 소개되어 있지만 지철로(智哲老)·지도로(智度路)·지도로(智度盧) 등으로도 불렸거든요. 심지어 냉수리 신라비에는 '지도로(至都盧) 갈문왕,

중성리(中城里) 신라비에는 '지절로(只折盧)' 갈문왕으로 새겨져 있습니다. 쉽게 말하면 《성경》의 '마르코 복음서'를 중국인들이 '마가 복음(馬可福音)'으로 옮기고, '스웨덴(Sweden)'이라는 나라 이름을 일본인들은 '서전(瑞典)'59)으로 적은 것과 비슷한 경우라고 할 수 있습니다. '마르코 ⇔ 마가'나 '스웨덴 ⇔ 서전'은 음절 수와 발음에서 편차가 있지만 사실은 같은 이름인 거지요. 그런데 이런 점들은 무시한 채 '지절로왕'이라는 이름이 문헌 기록에 등장하지 않는다고 해서 그를 지증왕과 무관한 인물이라고 단정할 수 있겠습니까? 그가 왕이 아닌 일반 왕족이나 6부의 말단 귀족이라고 치부할 수 있을까요? 금관총의 주인공 '이사지왕'의 경우도 이 같은 문제 제기를 통하여 역사적 진실에 다가가야 옳다고 봅니다.

3) 김창호 '이사지는 넛지'

신라 금석 연구의 전문가인 김창호는 중성리비·냉수리비 등 신라시대 비문들을 근거로 '이사지왕'이 누구인가에 대하여 이런 의견을 내놓았습니다.

"너사지왕은 금석문이나 문헌 자료에서 왕으로 끝난 왕족이나 고위 귀족의 인명의 예가 없어서 왕명이다. 곧 중성리비의 折盧(△智)王과 냉수리비의 사부지왕과 내지왕에 근거할 때, 너사지왕은 왕명이 분명하다. … 너사지왕의 이름의 가운데 글자인 사를 줄여서 ㅅ으로 보면 넛지왕이 되고, 넛지왕은 눌지왕이 된다. 이렇게 사를 ㅅ으로 줄인 다른 예가 있는지

---

59) '스웨덴'에 대한 표기의 경우 일본에서는 100여 년 사이에 표기 방식에 변화가 있었다. 100년 전만 해도 '스웨덴'을 'ずいてん(즈이뗀)'이라고 읽고 한자로는 그 발음과 소리값이 같은 '서전(瑞典)'으로 적었다. 그러나 현재는 한자를 쓰지 않고 가나만 써서 'スウェーデン(스웨-덴)'으로 표기하고 있다.

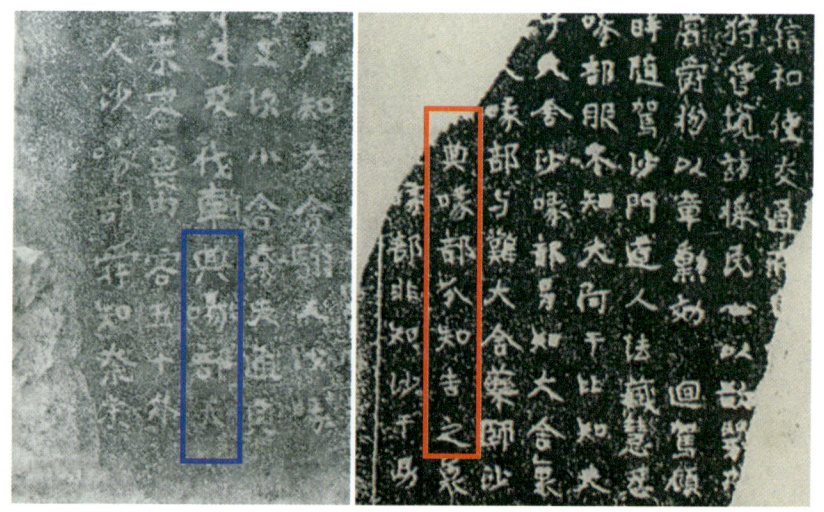

마운령비(좌)와 황초령비(우)의 해당 대목(표시)

궁금하다. 마운령비의 及伐斬典喙部夫法知吉之가 황초령비에 及伐斬典喙部分知吉之로 나오고 있다. 여기에서 부법지와 분지는 동일인이고, 부법지(붙지)와 분지는 같은 사람이 된다. 이렇게 되면 금관총은 눌지왕(넛지왕)의 무덤이 된다."[60]

말하자면 중성리비와 냉수리비에 등장하는 '절로(△지)왕·사부지왕·내지왕' 등의 이름들을 근거로 '이사지왕'이 귀족이 아니라 국왕이라고 판단한 셈입니다. 신라에서는 국왕에게만 '~왕'이라는 칭호를 붙였다는 취지인 거지요. 이 같은 그의 논리는 '신라에는 역사적으로 이사지왕이라는 국왕이 존재한 적이 없다'는 학계 일각의 문제 제기에 대한 반론으로 보입니다.[61] 그는 자신의 주장을 입증하기 위하여 이사지왕의 첫 글

---

60) 김창호, 〈신라 금관총의 尒斯智王과 적석목곽묘의 편년〉, 《신라사학보》 제32집, 제443쪽, 2014.

자 '尒'자를 훈독하여 '너사지왕'으로 읽었습니다.[62] '이사지'라는 이름을 해석하는 과정에서 우리나라에서 '이(爾)'에 흔히 적용하는 '너(you)'라는 의미를 그대로 대입한 거지요. '이사지'가 신라시대에는 '너사지'로 읽혀졌다고 본 겁니다. 그리고 이 '너사지'의 '사'는 사잇소리로 사용된 것으로 보고 그 이름이 '이사지 ⇒ 너사지 ⇒ 넛지 = 눌지' 식으로 변했다고 보았지요. 그러면서 자신의 추론을 뒷받침하기 위하여 마운령비의 '부법지(夫法知)'와 황초령비의 '분지(分知)'를 그 근거로 제시했습니다.

출처	마운령 순수비	황초령 순수비
연대	568	568
문구	及伐斬典礫部夫法知吉之 …	… 典礫部分知吉之 …
주장	부법지(夫法知)와 분지(分知)는 동일 인물	
근거	'부법지 ⇒ 부+ㅂ+지 ⇒ 붑지 ⇒ 분지' 식의 변화 과정을 거쳐서 3음절이 음절로 축약되었을 것	

위의 예시에서 '부법지 ⇒ 붑지' 식으로 3음절에서 2음절로 음운이 축약된 것처럼, 이사지 역시 '너사지 ⇒ 너+ㅅ+지 ⇒ 넛지 = 눌지' 식으로 똑같이 음운이 축약되었다는 거지요. 그의 이 같은 결론은 대단히 흥미롭고 고무적입니다. 아쉬운 점은 '이사지왕=눌지왕'을 증명하는 데에 사용한 논증에 몇 가지 허점이 있다는 사실입니다.

우선, '부법지'와 '분지'가 동일 인물이라는 주장을 뒷받침해 줄 만한 객관적인 증거가 없습니다. 두 비석을 직접 확인해 보면 그 허점을 확인할 수 있는데요. 마운령비에는 부법지의 관등과 소속이 '급벌참전(及伐斬

---

61) 《"금관총과 이사지왕" 논문집》, 2014년 국립중앙박물관 학술심포지엄.
62) 김창호, 같은 논문, 제435쪽 주3.

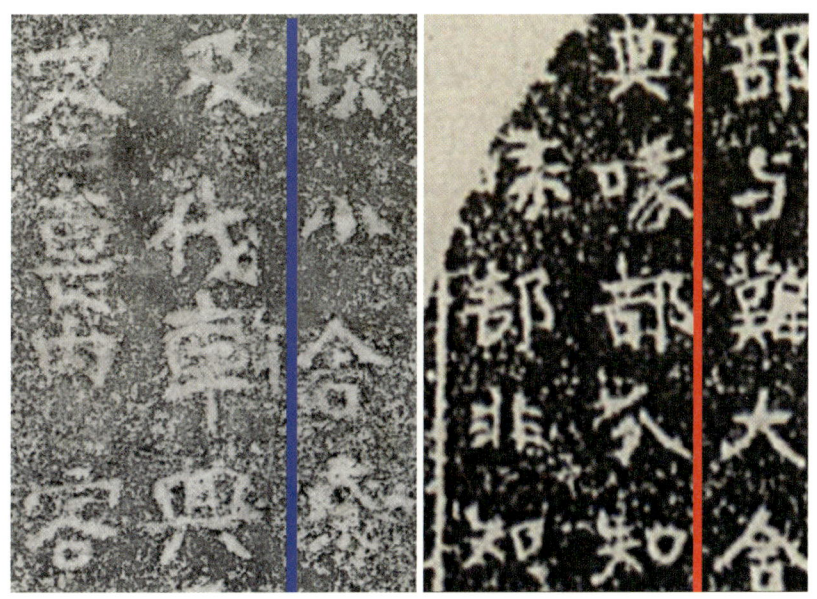

마운령비(좌)와 황초령비(우)에 새겨진 두 사람의 관등과 소속이 기록된 부분

典)'으로 새겨져 있습니다. 그 인물이 관등이 급벌간이며 참전에 소속해 있었다는 사실을 그런대로 분명하게 확인할 수 있지요. 그런데 다른 짝인 황초령비에는 단 한 글자 '전(典)'만 식별이 가능합니다. 비석이 토막나서 그 위에는 무슨 글자들이 새겨져 있었는지 알 길이 없거든요. 그 인물의 앞뒤로 이어지는 다른 사람들의 이름이나 직함, 소속들도 양쪽이 마찬가지입니다. 서로 하늘과 땅만큼 차이가 많다는 뜻입니다. 그의 해석처럼 '부법지 ⇒ 부+ㅂ+지 ⇒ 붑지' 식의 음운 축약이 이루어졌는지 확인하는 일은 둘째 치고 부법지와 분지가 동일 인물이라고 볼 수 있는 객관적인 증거조차 확보할 수 없는 거지요. 이사지왕이 '눌지왕'일 가능성은 높지만 그 전제를 객관적으로 뒷받침해 준다고 증거로 제시한 금석학적 단서들이 서로 아귀가 맞지 않는다는 뜻입니다.

마운령비의 '급벌참전'의 경우만 해도 그렇습니다. 학계에서는 '급벌참(찬)∨전' 식으로 끊어 해석하는데요. 전후 맥락을 따져 보면 이 부분은 '급벌∨참전'으로 끊어서 읽어야 맞거든요. 물론, 앞의 '급벌'이 신라 관등인 급벌간(級伐干)을 가리키는 것은 확실합니다. '-간'이 생략되었으니까요. '급벌' 뒤의 '참(차?)'은 그 뒤에 오는 '전(典)' 쪽으로 연결되는 글자라는 뜻입니다. '참(차?)'은 당사자의 공식 직함을 가리키는 글자인 거지요. 실제로 신라시대 비문들에서는 주요 인사들의 직함을 소개할 때 끝 글자인 '~간'을 생략한 사례가 많습니다. '~전' 역시 마찬가지입니다. 일반적으로 중앙 관청에 배속된 전리(典吏)를 가리키는 표현이거든요.

학계에서는 마운령비의 '급벌' 뒤에 나오는 글자를 '벨 참(斬)'으로 새기고 있는데요. 글자의 비율이나 전후 맥락을 따져 볼 때 '수레 거(車)'로 새기는 것이 합리적이라고 봅니다. '참전(斬典)'이 아니라 '거전(車典)'으로 이해해야 옳다는 뜻이지요. 모르긴 몰라도 그것은 궁중이나 관청에서 사용하는 수레나 마차를 관장하는 관원이나 부서를 가리키는 표현일 가능성이 있습니다. 물론, 황초령비의 '□전'은 어떤 관청이었는지 확인할 길이 없습니다. 비석이 토막 나서 앞글자를 확인할 수가 없거든요. 따라서 마운령비의 '부법지'와 황초령비의 '분지'를 동일 인물로 볼 근거는 부족하다는 뜻입니다.

4) 향문천 '이사지왕은 자비왕'

역사언어학을 표방한 유튜버인 향문천은 '이사지'를 「이사+지」 구조로 이해했습니다. '이사'를 고유명사, '-지'를 존칭 접미사로 본 거지요. 그러면서 '이사(爾斯)'의 신라시대 한자음을 '네세/nɛsɛ/'로 재구했습니다. 여기까지는 큰 문제가 없어 보이는데 '이사'의 의미를 추적하는 과정

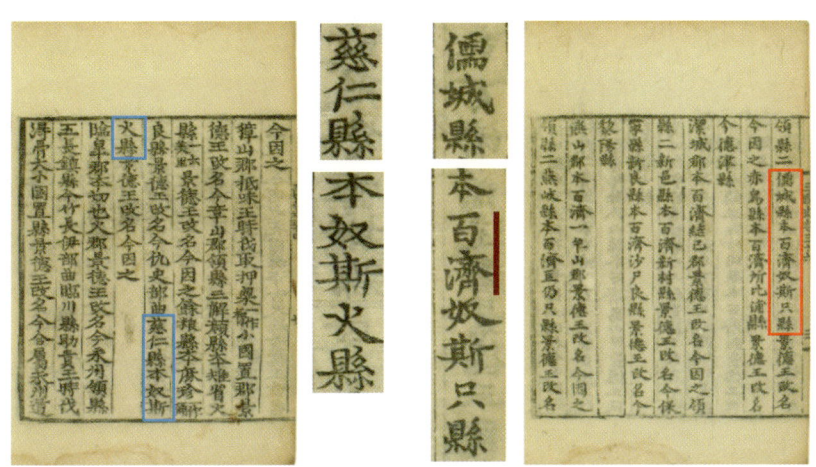

《삼국사기》〈지리지〉에 소개된 '노사화'(자인현)와 '노사지'(유성현). '노사화'가 의미나 발음에서 '자비'와 관련이 있다는 어원학적 증거는 없다. '노사지' 역시 원래는 백제어이므로 신라어의 '노사'와는 성격이 다르다. '이사지'왕과 '자비'왕은 아무 상관이 없다는 뜻이다.

이 좀 특이합니다. 신라시대의 지명인 노사화(奴斯火, 지금의 경산)와 그 한자식 이름인 자인(慈仁)·노사지(奴斯只, 지금의 유성)와 그 한자식 이름인 유성(儒城)을 각각 비교했는데요. 두 지명의 공통분모인 '노사(奴斯)-'가 의미상으로 '자(慈)-'나 '유(儒)-'와 같다고 해석했습니다. 신라어 '노사'를 '자비롭다·너그럽다'는 뜻을 가진 표현으로 본 거지요.63) 그 과정을 그림으로 나타내면 대충 이렇게 되겠군요.

      이사(명사)   -   네세/nɛsɛ/ = 노사

        +   [노사화 = 자인]   = 자비

                  [노사지 = 유성]

    지 (접미사)

---

63) 향문천,《향문천의 한국어 비사》, 제164쪽, 김영사, 2014.

향문천은 이를 근거로 '자비롭다·너그럽다'는 의미와 가장 가까운 왕호를 가진 '자비왕'이 이사지왕이라는 결론을 내렸습니다.[64] 그러면서 '네세'의 중성(모음)이 '노사'로 바뀐 데에 대해서는 '자비로움'을 뜻하는 신라어 '니사(이사)'가 오랜 기간을 거치면서 발음이 '노사'로 변형됐다고 보았지요. '이사지'가 '자비로운 사람'이라는 겁니다. 문제는 향문천이 '이사=자비'라는 전제하에서 결론을 끌어내기 위하여 무리수를 많이 두었다는 데에 있습니다.

일단 '이사=자비'를 증명하는 과정에서 가장 중요한 단서부터가 작위적입니다. 중요한 근거로 내세운 '이사=자비'라는 가정이 역사적 사실임을 객관적으로 뒷받침해 줄 만한 언어적 증거가 어디에도 없거든요. 그는 '자비왕'이라는 답안을 끌어내기 위하여 '자'의 언어적 층위(層位)가 '유'와 동일한 것으로 주장했습니다. 그러나 고대 한문에서 '자'는 의미상으로 '인'이나 '유'와 결이 다릅니다. 한대의 한자 참고서인 《설문(說文)》에 따르면, "'자'는 '사랑하다(care)(慈, 愛也)'"라는 뜻으로 사용되었는데요. 반면에 "'유'는 '부드럽다(gentle)'(儒, 柔也)", "'인'은 '친근하다(tender)'(仁, 親也)"라는 뜻을 나타내거든요. '유'와 '인'이야 의미가 서로 결이 비슷해 보인다고 해도 '자'는 좀 거리가 먼 것 같지 않습니까?

신라어 '노사'의 '사'가 제3의 의미나 용법으로 사용되었을 가능성을 간과한 것 역시 문제가 있습니다. '노질지'라는 지명의 존재가 그 증거입니다. 유성의 신라시대 이름인 노사지현은 '노질지현(奴叱只縣)'으로 불리기도 했는데요. '노사지'가 '노질지'로도 불렸다는 것은 무엇을 의미할까요? 그것은 다음의 세 가지 사실을 이야기해 줍니다. 향문천의 설명과

---

64) 향문천, 제166쪽.

는 달리, ① '노사'를 단일 명사로 보기 어렵다는 점('사'와 '질'이 문법적으로 수행하는 기능이 동일하다는 점), ② '노사지'가 문법적으로「노+사+지」구조여서「노사+지」라는 전제는 원천적으로 성립되지 않는다는 점, 따라서 ③ '노사'가 '자비롭다'라는 전제는 애초부터 성립되지 않는다는 점이 그것이지요.「노사+지」와「이+사+지」는 문법적으로 다른 형질로 이루어진 단어라는 뜻입니다. '이사지왕'의 비밀을 추적하는 과정에서 향문천이 역사언어학적 접근을 시도한 것은 고대사 연구에서 새로운 방법론을 제안한 것으로 매우 고무적인 일입니다. 그러나 '이사=자비'의 등식을 무조건 절대시하면서 엉뚱한 결론으로 빠진 것은 아쉬운 일이 아닐 수 없습니다.

 그러면 이사지왕에 대한 학자들의 주장은 역사적 사실에 부합하는 걸까요? 이제부터는 '이사지' 세 글자를 언어학적으로 한 글자 한 글자 따져 보면서 금관총의 주인공이 과연 누구인지 함께 짚어 보도록 하겠습니다.

제2절

'이(尒)'는 신라시대에 어떻게 발음되었나

1) '이'의 고전적인 의미와 용법들

앞서 김창호는 이사지왕의 '이(尒)'를 '너 이(爾)'로 새겨 '너(you)'로 해석된다고 보았습니다. 이사지를 '너사지'로 새긴 거지요. 그러나 문자학·음운학적 견지에서 본다면 그것이 그렇게 간단한 문제가 아닙니다.

《고훈회찬(故訓匯纂)》은 중국에서 수천 년 동안 사용된 한자들의 의미와 용례들을 소개해 놓은 고대 한문 지침서인데요. 이 책을 펴 보면, '이

《고훈회찬》의 '이' 용법 대목. 용법 유형만 해도 98가지나 될 정도로 많다. '이'가 이 중에서 '너'의 의미로 사용되었을 가능성은 낮다는 뜻이다.

(爾)' 항(제1392쪽)에는 무려 아홉 가지, '이(尒)' 항(제610쪽)에도 20가지나 되는 의미와 용례들이 빼곡하게 소개되어 있습니다. 이 두 글자는 발음이 같아서 고대에는 혼용되는 경우가 많았습니다. 그러나 원래는 모양처럼 의미나 어원 역시 다른 글자였지요. 금관총 환두대도에 새겨진 것은 '尒'입니다. 그래서 이 글자의 의미를 따져 보면 대표적인 것만 해도 5~6가지나 되지요.

① 조동사: ~함이 마땅하다(=須)
② 형용사: 이러하다(=如此)
③ 명사: 너(=爾)
④ 형용사: 가깝다(= 邇)
⑤ 어조사: ~이로다(= 耳)
⑥ 형용사: 다르다(= 別)

앞서 이한상은 이사지왕의 '이'를 '이것(this)'으로 해석했습니다. '이분(this man)' 또는 '이것(this one)'이라는 뜻을 나타내는 지시대명사(demonstrative pronoun)로 새긴 거지요. 그 해석을 근거로 네 글자의 문법 관계를 풀어 보면 다음과 같습니다.

이 ∨ 사지 왕

this (is) king Saji

이분은 사지왕이시다

(cf. 사지왕 = 소지왕?)

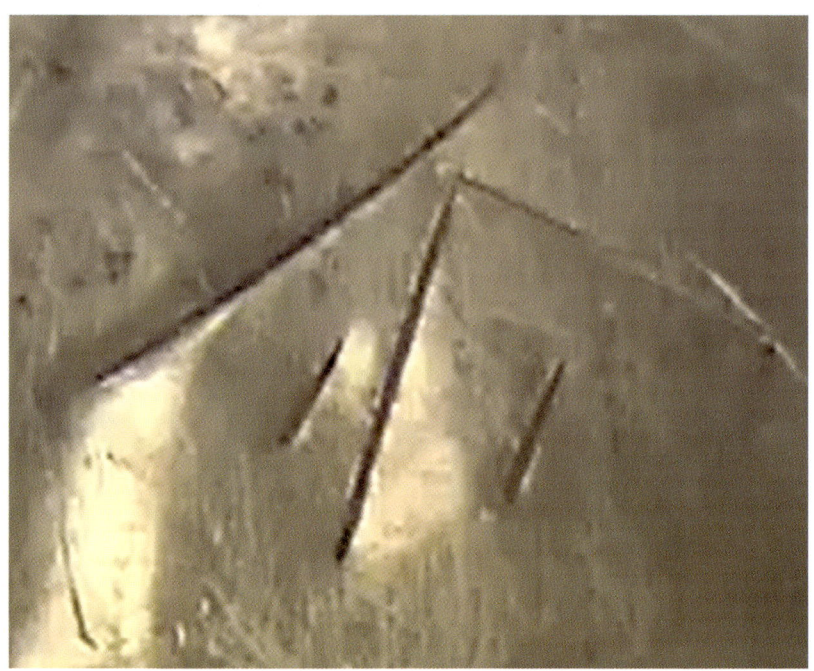

금관총 대도 '이사지왕' 명문의 첫 글자 '尒'. '尒'는 원래 '너 이(爾)'와는 다른 글자이지만 발음이 같은 데다가 획수가 간단하여 나중에는 혼용하는 경우가 많아졌다. 획수와 발음 등의 이유로 나중에 혼용하게 되었지만 어원이나 의미가 처음에는 서로 달랐다는 뜻이다.

환두대도에서 이 네 글자를 확인했을 때 그의 눈에는 '사지왕' 세 글자가 먼저 들어왔을 겁니다. 실제로 신라에 비슷한 왕호를 가진 국왕이 존재했으니까요. 제21대 국왕 '소지왕' 말입니다. 금관총 유물들과 그 연대를 대조해 보니 고고학적으로도 그의 재위 기간과도 대체로 일치했던가 봅니다. 그래서 네 글자를 위와 같이 끊고 '사지왕=소지왕'이라는 결론을 내린 거지요.

금관총 유물들의 제작 연대가 고고학적으로는 그 재위 기간과 일치하는지 모르겠습니다. 그러나 언어학적으로 접근할 때 도출되는 답안은 좀 다른데요. 위의 용법 ①~⑥에서 볼 수 있듯이, 역대 한문에서의 의미나 용법을 다 살펴보아도 '尒'가 '이것'이나 '이분'의 의미로 사용된 사례는 보이지 않습니다. 한·중·일 세 나라를 통틀어 정자('爾')와 약자('尒') 어느 쪽도 지시대명사로 사용된 사례는 없다는 뜻이지요. 신라시대의 비문·목간(木簡)·이두·향찰(鄕札) 등 각종 기록들에서 '이분'이나 '이것'의 의미로 사용된 한자는 '이 차(此)'가 아니면 '이 사(斯)' 정도뿐입니다. 그 점은 고구려·백제나 중국·일본으로 범위를 넓혀 보아도 마찬가지지요. '이사지왕'의 '이'를 지시대명사 '이(this)'의 의미로 해석하는 것은 당시의 한문 문법 관례로 볼 때 상당히 어색하다는 뜻입니다. 백번 양보해서 '이'가 지시대명사로 사용된다고 칩시다. 그렇게 해서 '차사지왕'이 된다고 해도 그 의미는 "이는 사지왕이다" 정도에서 그칠 뿐입니다. 아무리 곱게 갖다 붙이려 해도 역시 전후 맥락과는 동떨어진 의미가 되는 거지요. '大陵苑'을 「대릉+원」으로 읽어야지 「대+능원」으로 읽으면 안되는 것처럼 말입니다.

그렇다고 해서 '이'를 김창호처럼 2인칭 대명사 '너(you)'의 의미로 해석하는 것도 문제입니다. 물론, '이'가 '너'의 의미로 사용되는 용법이 일반적으로 널리 알려져 있는 것은 사실이지요. 그러나 세 나라의 역대 용례들을 살펴보면 사용 빈도가 상당히 낮습니다. 게다가 '너'는 그것이 가리키는 대상의 신분에게 어울리는 말투도 아닙니다. 중국의 역대 정사 '25사(二十五史)'를 살펴볼 때, 그 글자는 어김없이 지위가 높은 사람이 자신보다 신분이 낮거나 못한 상대를 일컫는 경우에만 사용되거든요. 상대를 비하하거나 질타하는 상황에서만 사용된다는 뜻입니다. 그런데도 '이'를 대명사로 해석하면 금관총 환두대도의 소유자가 자신을 '너'라고 비하한 격이 되지 않겠습니까?

사람들은 자신의 신분이나 호칭을 남들보다 높이려 하기 마련입니다.

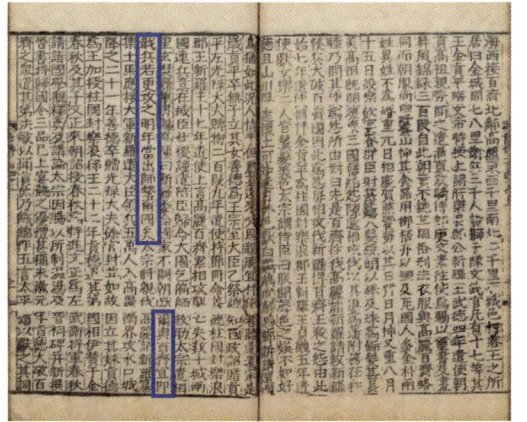
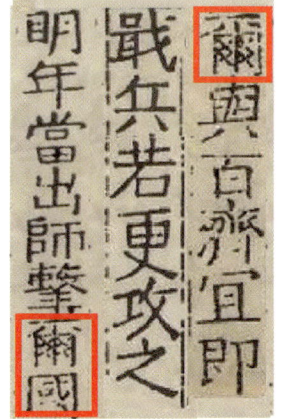

《구당서》〈신라전〉에 소개된 당 태종 이세민의 조서. 고구려와 백제가 신라 지경을 침탈하자 정관 17년(643)에 고구려의 보장왕을 존대하는 '경(卿)'이 아닌 '이'로 부르고 있다. '이(爾)'가 2인칭 대명사로 사용되면 상대를 낮추어 일컫는 표현('너')이 된다.

그런데 자신을 비하하는 표현을 쓴다? 그런 상황은 현실에서는 있을 수 없는 일이지요. '너'는 '이'가 나타내는 수십 가지 의미들 중의 하나일 뿐입니다. 물론, 기록이 부족하여 '너'의 의미로 사용될 가능성이 없다고 단정할 수는 없겠지요. 그러나 분명한 것은 1,500여 년 전 신라인들은 '너'가 아닌 다른 의미로 사용했을 가능성이 훨씬 높다는 사실입니다. 21세기 현재의 우리가 이 글자를 '너 이'로 새긴다고 해서 1,500년 전의 신라인들도 똑같은 의미로 그 글자를 사용했다는 증거는 어디에도 없으니까요.

2) 소리를 표시하는 '이'의 표음적 기능

한자는 특정한 사물의 의미나 개념을 나타내는 데에 특화되어 있는 표의 문자(表意文字)입니다. 반면에, 한글은 그 표현의 무게중심을 의미나 개념보다는 소리에 두고 있습니다. '표음문자(表音文字)'니까요. 특정한 소리를 정확하게 표현(기록)하는 데에 유리한 문자 체계인 거지요. 이 표음문자에 기반을 둔 언어에서는 하나의 글자(발음)가 각각의 소리를 표시하는 일종의 기호로 충당됩니다. 한 글자가 하나의 의미나 개념을 나타내는 표의문자와 근본적으로 다른 거지요. 이런 특징은 몽골어·튀르키예어·일본어·영어 등, 인류의 대부분의 문자 체계에서 확인할 수 있습니다.

우리 역사에서 고유의 문자를 가지게 된 것은 조선 왕조의 세종(世宗) 25년, 즉 서기 1443년부터입니다. 그 이전에는 문자가 존재하지 않았지요. 그래서 우리 선조들이 우리말을 표현하거나 기록할 때에는 이웃 나라의 문자를 빌려 쓰는 수밖에 없었습니다. 바로 중국의 한자 말이지요. 우리말의 소리를 표현하거나 기록할 때 한자를 일종의 기호로 활용한 겁니다. 물론, 이런 경우 한자는 특정한 의미나 개념을 나타내는 데에 사용된 것이 아니었습니다. 일종의 기호(발음기호)로 사용했거든요. 한자를 우리말의 소리를 표시하는 용도로 말입니다.

따라서 '이'가 신라어에서 어떻게 사용되었는지 알고 싶다면 그 의미보다는 발음에 주목할 필요가 있습니다. 실제로 우리나라나 일본에서는, 외국의 사람이나 도시의 이름을 소리 나는 대로 한자로 비슷하게 표기하는 표음의 기능이 추가되는 양상을 보이는데요. 이처럼 한자를 단순히 발음을 표시하는 용도로만 사용하는 경우를 언어학에서는 '소리를 빌린다'는 뜻에서 '음차(音借)', '소리만 새긴다'고 해서 '음독(音讀)', '소리대로 적는다'는 뜻에서 '음사(音寫)'라고 합니다.

《삼국사기》의 경우를 예로 들어 볼까요? 〈지리지〉에는 '이례성(尒禮城)·이동혜현(尒同兮縣)·신이현(辛尒縣)' 등의 지명들이 보이는데요. 여기서 '이'는 의미가 아니라 신라어의 소리를 비슷한 발음의 한자로 표기한 경우들입니다. 일종의 '음차(음독)'인 셈이지요. 또, 신라시대 비문들

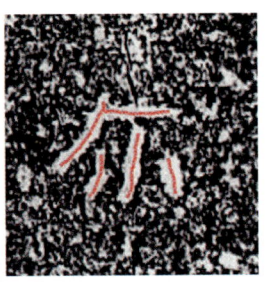

단양 적성 신라비에 등장하는 '이'(동그라미)

에서는 '이'가 인명에 사용된 사례들도 많이 확인되는데요. 이지(尒智)·이부지(尒夫智)·이리모리(尒利牟利)·이리부지(尒利夫智) 등이 그런 것들입니다. 이 밖에 신라시대의 비문이나 목간들에서도 '이'의 음차 사례는 자주 확인할 수 있지요.[65] 그러면 이 '이'는 고대에 어떻게 읽혀졌을까요?

3) 학설과 문헌으로 재구하는 '이'의 고대음

중국의 저명한 언어학자인 북경대 중문과 교수 곽석량(郭錫亮, 1918~1991)은 1980년대에 《한자고음수책(漢字古音手冊)》이라는 책을 선보였는데요. 이 책에서는 이사지의 '이(尒)'의 고대음을 이렇게 소개해 놓았습니다.

爾邇尔　　　　　　　　(古)日脂　n̯ǐei
　　　(廣)兒氏切　日紙開三上止　r̯ǐe

---

65) 이용현, 제108쪽.

'이'가 고대에는 '일과 지의 반절[日脂]', 즉 일(日)의 자음과 지(脂)의 모음이 합쳐진 발음이었다고 설명해 놓았습니다. 그 발음을 /ɲiei/ 정도로 추정한 걸 보면 대충 '녜ㅣ' 정도 되겠군요. '녜ㅣ'는 '녜이' 두 글자를 하나로 연결해 발음한 겁니다. 물론, 이 발음도 어디까지나 학자들이 자신들이 정한 공식에 맞추어 추정한 것일 뿐이지만 말이지요

그렇다면 실제의 발음은 어떠했는지 확인할 길은 정말 없는 걸까요? 관련 기록이나 자료가 턱없이 부족한 탓에 그 정확한 발음을 알기는 쉽지 않습니다. 표음문자인 한글은 소리를 가장 비슷하게 표기할 수 있는 최상의 문자 체계이지만 아쉽게도 15세기 조선시대에 이르러서야 만들어졌거든요. 반면에 한자는 수천 년의 역사를 가졌지만 의미를 나타내는 데에 무게중심이 놓여 있는 표의문자입니다. 소리를 표기하는 데에는 상당히 불리한 문자체계라는 뜻입니다. 게다가 그 역사가 길다 보니 왕조가 바뀌고 지배집단의 종족이 바뀔 때마다 한자 발음 역시 큰 진통(陣痛)을 겪어야 했지요 그 변화가 하도 크다 보니 그 발음을 시대별로 구분해도 최소한 고대음·중세음·현대음의 세 단계로 나누어야 할 정도입니다. 그러니 4~6세기에 사용된 한자를 21세기 현재의 발음으로 읽으면 제대로 읽었다고 보기 어렵겠지요? 학자마다 주장하는 발음이 제각각인 데에는 이런 내막이 있는 겁니다.

그나마 불행 중 다행인 것은 한자와 한글의 시간적 공백을 최소화할 수 있는 징검다리가 남아 있다는 겁니다. 그 징검다리는 한자를 본 따 만들어진 일본의 표음문자 가나[仮名]인데요. 이 문자 체계는 나타낼 수 있는 발음이 100개 정도밖에 되지 않지만 10세기 이전의 한자 고대음을 찾는 데에 상당히 유용한 단서들을 제공해 줍니다. 한글보다 수백 년 앞선 8세기에 지어진 일본의 정사《일본서기》에는 한자마다 가나 발음이 붙

글자	시대				한국 현대음	비고
	남북조	당	송	현재		
知	뎨	디	지	즤	지	
直	뎍	뎍	지	즤	직	
朝	됴ㅗ	댸ㅗ	쟤ㅗ	쟈ㅗ	조	'ㅗ'는 하나로 연결된 소리. '됴/오'가 아니라 '됴오'라는 뜻
著	뎌	듀	쥬	주	저	
徹	뎻	뎻	쳇	처	철	
女	녀	뉴	뉴	뉘	녀	
沈	뎜	뎜	짐	천	침	

중국 학자 왕력(王力)이 제안한 고대·중세·근세·현재의 한자 발음.[66)] 한자 발음은 시대마다 바뀌어 왔다. 지금의 발음으로 고대의 발음이나 어원을 탐구하려 하는 것은 무의미하다는 뜻이다.

어 있지요.

《일본서기》〈계체천황기(繼體天皇紀)〉를 펴 보면 와국에 파견된 신라의 사신 구례이사지(久禮尒師知)라는 인물이 등장하는데요. 그 이름 옆에 가나로 'クレニシチ(쿠레니시치)'라고 발음이 적혀 있습니다. '尒'의 고대음이 '니(二)'였다는 사실을 확인할 수가 있는 거지요. 어떤 의미에서는 곽석량 등 언어학자들이 재구한 기계적인 한자음보다 훨씬 쉽고 자연스럽지요?

'이'의 고대음이 '니'라는 사실은 다른 인명이나 지명들에서도 확인됩니다. 당대 초기(7세기)의 '삼장 법사' 현장(玄奘, 602~664)이 저술한《대

---

66) 왕력(王力),《한어어음사(漢語語音史)》, 제594~596쪽, 상무인서관(商務印書館): 북경, 1985.

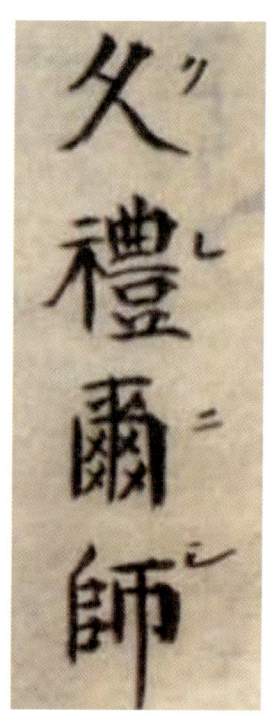

《일본서기》에 소개된 신라 사신 '구례이사지'의 이름 표기(네모). '尒'의 발음이 '니(二)'로 표기되어 있다. 당시 신라에서는 '이'의 발음이 '니'였음을 방증해 준다.

당서역기(大唐西域記)》〈북인도(北印度)〉 대목에 소개된 '파이니(波尒尼)'가 그 예입니다. 파이니는 '프니니(pnini)'를 그 발음에 맞추어 한자로 표기한 경우니까요. 이를 통하여 원어의 '니(ni)'가 '이'와 대응된다는 사실을 확인할 수가 있습니다. 학자들의 추정보다《일본서기》의 가나 표기가 고대 한자음에 보다 가깝다는 뜻이겠지요.

　기술적인 테크닉이 필요하기는 하지만, 이 사실은 우리 사서들을 통해서도 검증할 수 있습니다. 신라계 지명들에 사용된 한자들의 발음을 교차 비교해서 답안을 찾아내는 거지요. 지금의 경상도 의령군 신반리 일대는 신라시대에는 신이현(辛尒縣)으로 불렸는데요. 1145년에 편찬된

제2절 '이(尒)'는 신라시대에 어떻게 발음되었나　137

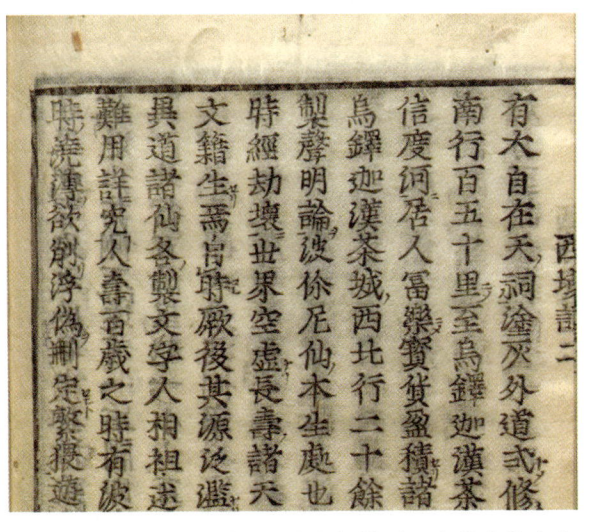 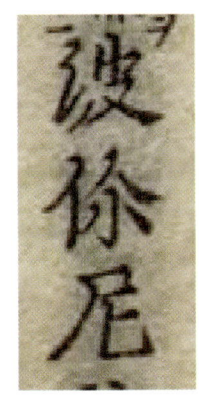

《대당서역기》의 '파이니' 대목. '파이니'는 '프니니'의 음차이므로 '이'의 발음이 '니(ni)' 임을 유추해낼 수 있다. '你'는 '尒'의 또 다른 글자[別字]이다.

《삼국사기》의 〈악지(樂志)〉에는 이 지명이 '신열(辛熱)'로 소개되어 있습니다. 신라시대에는 '신이'가 '신열'로 표기되기도 했다는 증거이지요. 뒤집어 말하자면 '尒'가 신라에서는 '열(熱)'과 발음이 같거나 비슷하게 사용되었다는 뜻입니다. 물론, 이 사실은 다른 지명들을 통해서도 확인할 수 있는데요. 《삼국사기》에서는 지금의 안동지역에 해당하는 일계현을 이렇게 소개해 놓았습니다.

【일계현】본래는 '열혜현'[어떤 이들은 '니혜'라고 부르기도 한다.]이다.
【日谿縣】本熱兮縣[或云泥兮].67)

이 기사를 통하여 일계(日谿)·열혜(熱兮)·니혜(泥兮)가 사실은 한 지

---

67) 김부식,《삼국사기》〈지리지〉. 인용문의 꺾쇠([ ]) 부분은 김부식이 붙인 주석이다.

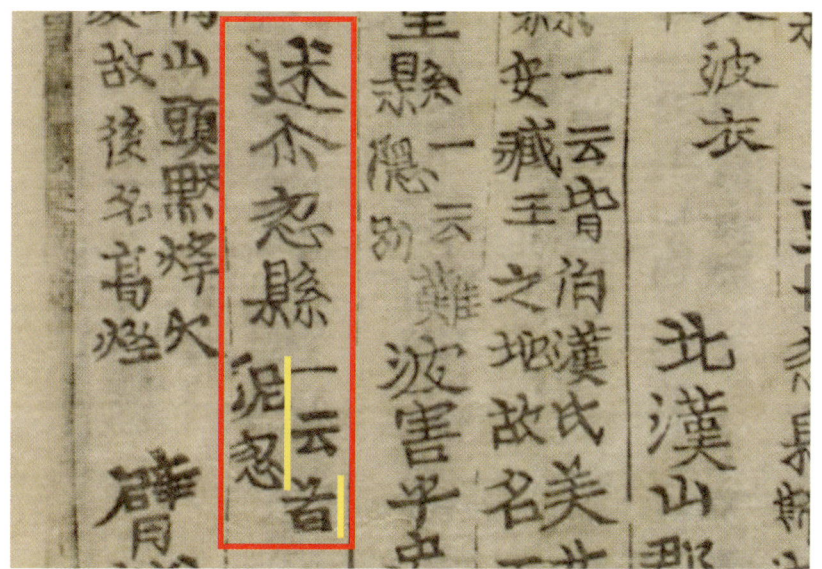

《삼국사기》〈지리지 4〉의 '술이홀'과 '수니홀' 대목. 두 지명의 대응관계를 통하여 '이'
의 고대음이 '니(ni)'였음을 알 수 있다.

역을 가리키는 이름들을 각자 다른 한자로 표기한 사례임을 눈치챌 수
있습니다. 동일한 지명을 서로 다른 한자로 소리 나는 대로 표기한 경우
인 셈이지요. 이 세 지명의 글자들은 서로가 음운상으로 정확하게 대응
된다는 뜻입니다. 뒷글자가 계(谿)와 혜(兮)로 발음이 대응되는 것처럼
앞글자 역시 '일(日)=열(熱)=니(泥)'로 발음이 서로 대응되는 거지요.
'열'이 신라시대에는 '니'와 같은 발음으로 받아들여졌다는 뜻입니다.
'니'는 지금도 그렇고 고대에도 그렇고 발음이 변함없이 '니(ni)'입니다.
이처럼 우리는 '열혜'와 '니혜', 그리고 '신열'과 '신이' 이 네 지명에 대한
교차 비교를 통하여 '이(尒)'와 '니(泥)'가 발음이 같았다는 결론을 도출
해 낼 수가 있는 거지요. 정말 그런지 아닌지는 지금의 파주지역에 해당

하는 지명을 통해서 다시 점검해 보도록 하겠습니다.

述尒忽縣['수니홀'이라고 부르기도 한다.]

述尒忽縣[一云首泥忽]68)

〈지리지 4〉 기사에 따르면 고구려지역의 신라 지명 '술이홀(述尒忽)'이 '수니홀(首泥忽)'로 불리기도 했다고 되어 있군요. 양쪽 모두 글자 수가 3음절인 것을 확인할 수 있지요? 첫 글자는 '술(述)' ⇔ 수(首)', 끝 글자는 '홀(忽)' ⇔ 홀(忽)'식으로 음운상으로 서로 대응된다는 뜻입니다. 그렇다면 같은 방식으로 중간 글자 '이(尒)'와 '니(泥)' 역시 음운상으로 서로 대응된다는 뜻으로 이해할 수 있겠지요? 이렇게 '술이홀'과 '수니홀' 두 지명을 교차 비교해 보면 '이'의 발음이 신라시대에는 '니(ni)'였다는 결론을 얻을 수 있는 겁니다. 지금까지 살펴본 '尒'의 고대음에 대한 세 나라의 표기 사례를 표로 정리하면 다음과 같습니다.

문헌	대당서역기	일본서기	삼국사기		한자고음수책
연대	7세기	8세기	12세기		20세기
사례	波尒尼	久禮尒師知	述尒忽=首泥忽	尒=泥	
판정근거	Pnini	クレニシチ	日谿=熱兮=泥兮	日=熱=泥	
비고			지명 교차 비교	대응 글자	
추정음	Ni	ニ	泥		nʲei
		니			녜ㅣ

---

68) 김부식,《삼국사기》〈지리지 4〉.

제3절
'이사지'의 '사'는 어떻게 사용되었나

곽석량의 《한자고음수책》에 따르면, '사'의 고대음은 심과 지의 반절[心脂]인 '셰/siei/'로 추정됩니다. 반면에 《일본서기》 쪽은 〈계체천황기〉에 '오례사벌(汚禮斯伐)'이라는 신라 사신의 이름이 소개되어 있는데요. 그 발음이 '우레시호추(ウレシホツ)'입니다. 신라 사신의 이름이니까 그 발음 역시 신라식 발음일 것이 분명합니다. '사(斯)'라는 글자가 당시 신라에서는 '시(シ, si)'로 읽혀졌다는 뜻이지요. 물론, '사'의 고대음이 '시'라는 사실은 다른 인명이나 지명에서도 확인할 수 있답니다.

그러면 고대 한문에서 '사'는 어떤 의미로 사용되었을까요?

1) '사'의 통상적인 의미와 용법들

고대 한문에서 '사'는 다양한 용도로 사용되었습니다. 《고훈회찬》에는 '사'의 용법이 108가지나 소개되어 있는데요. 대표적인 용법만 추리면 다음과 같습니다.[69]

① 동사: 쪼개다.
"도끼로 쳐 내네.(斧以斯之)"

---

69) 《고훈회찬》, 종복방(宗福邦) 등편, 상무인서관(商務印書館), 제983~984쪽, 2003.

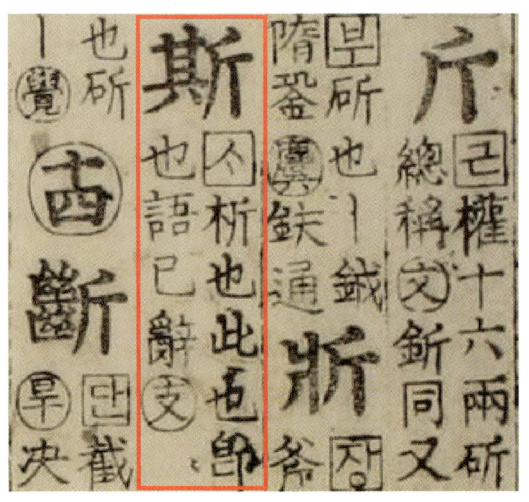 

조선 후기의 자전 《전운옥편(全韻玉篇)》에 소개된 '斯'. 발음이 'ㅅ'로 소개되어 있다. 'ㅅ'는 '사'와 다른 것으로 실제의 발음은 대체로 '시(si)' 또는 '스(s)'였을 것이다. '斯'를 '사'로 읽는 것은 사실은 틀린 표기 방식이라는 뜻이다.

② 동사: 떨어지다, 거리를 두다.

"제나라로부터 몇천 리나 떨어져 있는지 모르겠다.(不知斯齊國幾千里也)"

③ 형용사: 비천하다

"관직이 비천하고 녹봉은 하찮습니다.(職斯祿薄)"

④ 지시대명사: 이[것]

"애통하구나. 이 말이!(痛哉斯言)"

⑤ 부사: 이토록, 이렇게

"어찌 이토록 두려워한단 말인가!(胡斯畏忌)"

⑥ 접속사(조건형): ~한다면

"내가 어질고자 한다면 어짊을 이룰 것이다.(我欲仁斯仁至矣)"

⑦ 어조사: ~로구나, ~이여

"슬프다 우리 인간들이여!(哀我人斯)"

'신라'와 '사로'는 한자와 발음이 서로 다르지만 사실상 똑같은 이름이다. 사진은 포항 냉수리 신라비 첫머리에 등장하는 신라의 또 다른 이름 '사로'(동그라미). (《정역 중국 정사 조선·동이전 2》(남북조권) 사진)

위에서 보듯이, '사'는 역사적으로 동사·형용사·지시대명사·부사·접속사·어조사 등 다양한 품사로 사용되었습니다. 물론, 때로는 앞의 '이(尒)'와 마찬가지로 발음을 소리 나는 대로 표기하는 '음차'의 용도로 사용되기도 했지요. 대표적인 사례가 '사로'입니다.

2) 소리를 적는 데에 사용된 '사'

다들 아시다시피 '사로(斯盧)'는 신라의 또 다른 이름입니다. 중국의 초기 정사의 하나인 진수(陳壽, 233~297)의 《삼국지(三國志)》에 처음으로 소개되었는데요. 역사적으로는 그 이름이 사로·사라(斯羅)·설라(薛羅)·서나(徐那)·서라(徐羅)·서나벌(徐那伐)·서라벌(徐羅伐) 등 다양한 한자로 기록되었지요. 그래서 중국 역사가들은 "북위 때에는 '신로'라 했고 유송 때에는 '신라'라 했으며 어떨 때에는 '사라'로 부르기도 하였다

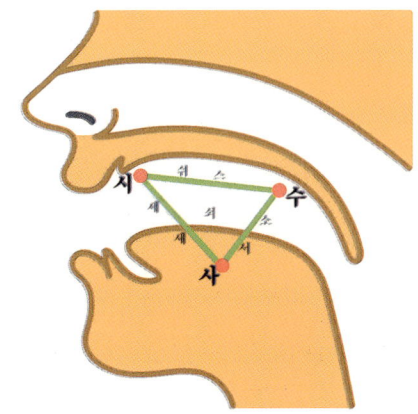

우리 말의 '아'와 '어'는 확연히 다른 발음이다. 마찬가지로 '사'와 '시' 역시 분명하게 구별되는 발음이다. 소리를 인식하는 과정에서 착오가 생길 수가 없다는 뜻이다. 사진은 '사'와 '시'의 발성 위치를 표시한 모음 사각도

(魏時曰新盧, 宋時曰新羅, 或曰斯羅)"[70]고 소개했습니다. 중국에서는 신라가 시대별로 나라 이름을 바꾼 것으로 이해한 거지요. 그러나 이 중에서 '땅'이라는 의미의 명사 '-벌(伐)'이 추가되어 합성명사를 이룬 '서라-벌'과 '서나-벌'을 제외한 모든 이름들은 그 발음과 의미가 모두 같습니다. 글자나 표기 방식에서 조금씩 편차를 보이지만 사실상 똑같은 이름이라는 뜻이지요.[71]

'사로'의 '사(斯)'와 신라의 '신(新)'은 얼핏 보기에 중성(모음)과 종성(받침)이 대응되지 않는 것 같은데요. 그러나 실제로는 그렇지 않습니다.

---

70) 문성재 역, 《정역 중국정사 조선동이전 2》(남북조권), 우리역사연구재단, 제502쪽, 2021.

71) 문성재 역, 《정역 중국정사 조선동이전 4》(구당서권), 우리역사연구재단, 제263쪽, 2023.

신라를 '사로'로 소개한 것은 진수입니다. 중국의 역사가가 소개한 내용이므로 당연히 중국식 한자음에 입각하여 그 이름을 표기했겠지요. 그런데 '사'의 고대음은 '시ㅔ/sie/'였습니다. 발음이 '사'가 아니라 '시'에 가까운 거지요. 그 사실을 뒷받침해 주는 것이 《일본서기》입니다.

1,200여 년 전에 편찬된 《일본서기》에는 '斯'의 발음을 '시(シ)'로 표기되어 있습니다. 그 고대음이 '시(si)'에 가까웠다는 뜻이겠지요. 이 사실은 일본에서 예로부터 신라를 '시라기(シラギ)'라고 부른 일을 통해서도 증명됩니다. '시라기'라는 이름은 당시의 일본인들이 멋대로 지어내서 갖다 붙인 것이 아닙니다. 당시에 일본과 교류하던 신라인들의 입을 통하여 직접 알려졌을 가능성이 높다는 말입니다. 만약 '斯'의 발음이 지금처럼 '사/sa/'라면 그 당시에도 당연히 '사라기'라고 일컬었겠지요. 시쳇말에 '아 다르고 어 다르다'라는 말이 있는 것처럼, '사'와 '시'는 확연히 구분되는 다른 발음이니까요. 둘 다 일본 가나 문자에도 있는 발음이어서 당시의 일본인들이 헷갈릴 가능성이 낮다는 뜻입니다. 말하자면 '斯盧'의 옛 발음은 '사라[기]'가 아니라 '시라[기]'였던 거지요. 이처럼 한·중·일 세 나라의 여러 문헌 자료들을 교차 비교해 볼 때 '斯'의 고대음은 '시/si/'임에 틀림이 없는 셈입니다.

두 번째 글자 '‑로(盧)'는 현대 한자음이 '로(lo)'입니다. 최초의 기록인 《삼국지》에서는 '‑로'로 소개했지만 그 뒤로 신라와 교류한 나라들이 정사에 남긴 소개를 보면 '사라·신라·설라'로 그 뒤로는 그 발음이 '‑라/la/'로 수렴되었음을 알 수 있지요. 실제의 발음은 '라/la 또는 ra/'였다는 뜻입니다.

그래서 '斯盧'의 발음이 사실은 '시로', 즉 '시라'이며, '시라기'는 '시라'의 일본식 발음이라는 결론을 얻을 수 있는 거지요. 참고로, 신라 국명의 시대별·문헌별 표기 양상을 소개하면 다음과 같습니다.

〈표 - 신라 국명의 음차 사례들〉

문헌	연대	신라 국명 표기의 음차 사례들						
		사로	신로	사라	신라	설라	서나[벌]	서라[벌]
삼국지	280	√						
양 서	636		√	√	√			
진 서	648				(√)	√		
수 서	656				√			
북 사	659	√			√			
통 전	801			√	√			
일본서기	720				√			
삼국사기	1145				√		√	
삼국유사	1281				√			√
비 고		'로'는 중국음?		'사'의 발음은 'si'		'설'은 'sĭɛt'	'서'의 발음은 'zĭɑ'	

3) 신라어에서 '사'의 음차 양상

소리를 표현하는 데에 한자 '사'를 빌어 쓰는 '음차'의 사례들은 지명이나 인명 등의 명사들에서 흔히 볼 수 있습니다.

① 인명

사유(斯由)·사마(斯摩)·사다함(斯多含)·사덕지(斯德智)·진사왕(辰斯王)·이사부(異斯夫)·미사흔(未斯欣)·모진사리공(牟珍斯利公) …

② 지명

사라(斯羅)·노사지성(奴斯只城)·비사벌(比斯伐)·개사수(蓋斯水)·구사파의(仇斯波衣)·오사함달현(烏斯含達縣)·아나사(阿那斯) …

위의 사례들은 '사'가 특정한 의미가 아닌 특정한 발음('si')을 표기하는 데에 사용된 것을 보여 주는 증거들입니다. 한자를 의미로 새기는 것이 아니라 발음으로만 새긴 거지요. 이처럼 우리 고대사에서 '사'가 음차 글자로 충당되는 현상은 신라·고구려·백제·가야를 막론하고 보편적으로 확인됩니다. 물론, 이 네 나라 중에서도 그 경향이 가장 두드러지게 나타나는 것은 신라였지요.

신라에서 '사(斯)'가 음차에 사용될 때에는 크게 '斯□·斯□□'처럼 첫 글자로 사용되거나(A), '□斯·□□斯'처럼 끝 글자로 사용되거나(B), '□斯□·□斯□□·□□斯□' 식으로 중간에 사용되는(C) 세 가지 양상을 보입니다. 이 중에서 (A)와 (B) 두 경우에는 '사'가 원래의 한자음('시')

나라	중국		한국		일본	
시대	고대	현재	고대	현대	고대	현대
발음	sīe	si	ㅅ	사	ㄴ	ㄴ
한글	시ㅔ	스	스? 시?	사	시	시
비고	고대음의 끝소리 '-e(ㅔ)'는 끄는 소리이므로 '斯'의 실제 발음은 '시'에 가까웠을 것이다		'ㅅ'의 소리값은 '사'와 다르며 오히려 '시'에 가까웠을 것이다		한자는 삼국시대에 전수되었으므로 그 발음 역시 삼국과 동일했을 것이다	
결론	'斯'의 고대 발음은 한·중·일 모두 '시(si)'에 가까웠을 것이다					

'斯'에 대한 중·한·일 3국 고대·현대 발음 비교표. '斯'의 발음 'ㅅ'와 가까운 것은 '사'가 아니라 '시' 쪽이다.

그대로 발음됩니다. 그러나 (C)의 경우에는 '사'가 다른 문법 기능을 수행하는 경우도 있어서 주의가 필요하지요. 그것이 어떤 기능을 수행하는지는 마립간 시기의 한 인물을 예로 들어 설명해 보겠습니다.

4) 단어와 단어 사이에 사용된 '사'

미사흔은 신라 제17대 국왕이었던 나물 이사금(奈勿尼師今)의 셋째(?) 아들로 전해지는 인물입니다. 19대 국왕 눌지 마립간(訥祇麻立干)의 동생이지요. 흥미로운 것은 국내외 역사책들에는 그의 이름이 서로 다르게 기록되어 있다는 사실입니다. 물론, 정사인 김부식(金富軾, 1075~1151)의 《삼국사기》에는 일관되게 '미사흔(未斯欣)'으로 소개되어 있지요. 그런데 그보다 100여 년 뒤에 지어진 일연(一然, 1206~1289)의 《삼국유사》에서는 상황이 좀 복잡합니다. 그 이름이 '미흔(未欣)'·'미해(美海)' 또는 '미질희(未叱希)'·'미토희(未吐喜)' 식으로 여러 방식으로 표기되거든요. 《일본서기》에 소개되어 있는 '미질기[지](微叱己知)'·'미질허[지](微叱許智)'[72)]까지 합치면 이름이 여섯 가지나 되는군요.

한자 표기가 이렇게 제각각이다 보니 다른 사람의 이름이 아닌가 하는 의심까지 들 정도입니다. 그러나 이 같은 표기상의 혼란은 표의문자인 한자를, 소리를 기록하는 기호로 빌어 쓰면서 이미 예견된 일이었습니다. 의미가 아닌 소리를 표시하는 데에 한자를 빌어 쓰는 '음차'의 경우에는 그 이름을 기록하는 사람이 누구냐, 시차가 얼마나 벌어지느냐에 따라 저마다 다른 발음·글자·방식으로 표기되는 경우가 많았거든요. 그러나 그 인물이 등장하는 대목의 전후 맥락을 잘 따져 보면 그 많은 이름들

---

72) 여기서 '지(知)'와 '지(智)'는 이름처럼 붙어 있지만 한국어의 '~님'처럼 이름과는 구분되는 문법 성분이다. 제4절의 설명을 참고하기 바란다.

이 나타내는 것이 전부 한 사람임을 눈치챌 수 있습니다.

그렇다면 여기서 한 가지 의문이 생깁니다. 위의 표에서 첫 글자와 끝 글자 사이에 사용된 '사(斯)'나 '질(叱)' 같은 글자는 어떻게 들어가게 된 걸까요?

신라어에서 '斯'와 '叱'은 지금의 한자음으로는 각각 '사'와 '질'로 읽는데요. 초성(자음)·중성(모음)·종성(받침) 어느 쪽을 보더라도 두 글자에는 비슷한 구석이 없어 보입니다. 소리의 성격으로 보거나 발성 위치로 보거나 서로 다른 소리라는 뜻이지요. 곽석량에 따르면 '질'은 그 발음이 '창과 질의 반절[昌質]'인 '/ti̯ĕt/'이었습니다. 우리말로 읽으면 '톗' 정도 되겠군요. 고대음이 '세/se/'인 '사'와는 초성·중성·종성에서 전혀 공통분모가 없어 보이지요? 그런데 신라시대에는 그렇지 않았나 봅니다. 미질허지(미시코치)·모마리질지(모마리시치)·이질부례지(이시부레치) 등, 《일본서기》에는 '질'자가 들어간 신라계 이름들이 다수 확인됩니다. 이 이름들에서 '질'은 발음이 모두 '시(シ)'로 표기되어 있는데요. 지금은 발음이 '사'와 '질'로 다르게 읽혀지지만 신라시대만 해도 둘 다 '시/si/'로 읽었던 셈입니다.[73]

그렇다면 '사'와 '질'은 신라어에서 문법적으로 어떤 기능을 수행했던 걸까요? 두 글자가 신라어에서 어떤 역할을 했는지 소개해 놓은 문헌 기록은 어디에도 없습니다. 그 문법적 성격에 대해서도 학자들 사이에서 의견이 분분하지요. 몇 가지 사례들을 통하여 그 용도를 추정해 볼 수는 있는데요. '이사금(尼師今)'과 '이질금(尼叱今)'의 경우를 한번 살펴보도록 하지요. 《삼국사기》의 편찬자 김부식은 이사금이 잇금에서 유래했다

---

[73] '질'의 고대음과 관련하여 안배근은 《사이시옷 연구》(1997)에서 그 발음이 's', 즉 'ㅅ'로 구현되었을 것으로 보기도 하였다.

고 소개하면서 그 증거로 7~8세기 학자 김대문(金大問)의 해석을 들었습니다.

> 김대문은 말하였다. "이사금은 방언으로 잇금을 일컫는 말이다. 옛날 남해왕이 죽음을 앞두고 아들인 유리와 사위인 탈해에게 '내가 죽은 후에 너희 박·석 두 성씨는 나이가 많은 자가 왕위를 잇도록 하라'고 말하였다. 그 후 김씨 성이 일어나매 세 성씨가 이빨이 많은 것으로써 서로 왕위를 이어갔다. 그래서 '이사금'이라고 일컬은 것이다."[74)]
> 金大問則云, 尼師今, 方言也, 謂齒理. 昔南解將死, 謂男儒理壻脫解曰, 吾死後, 汝朴昔二姓, 以年長而嗣位焉. 其後金姓亦興, 三姓以齒長相嗣, 故稱尼師今.

김대문의 설명대로라면, 신라 초기에 임금에 대한 존칭으로 사용되었던 '이사금' 또는 '이질금'은 그 어원이 '치리(齒理)'에서 비롯된 셈입니다. '리(理)'는 금이나 결(무늬)을 뜻합니다. 그러니까 '치리'를 우리말로 풀면 '치아에 나 있는 금', 즉 '잇금(tooth grooves)'이라는 뜻이 되는 셈이지요. 그렇다면 이사금이 '잇금'의 신라식 표기였다고 전제할 때 '니'와 '금' 사이에 끼어 있는 '사'의 역할은 자명해집니다. 문법적으로 '잇금'의 'ㅅ'과 같은 역할을 수행한 셈이지요.

국어사학자인 이기문은 '이사금'과 '이질금'의 관계를 근거로 여기에 사용된 신라어의 '사'나 '질'이 현대 한국어에서 흔히 볼 수 있는 사잇소리 'ㅅ'나 'ㅈ'에 해당한다고 보았습니다.[75)] '사잇소리'란 독립적으로 사

---

74) 《삼국사기》, 〈신라본기 1〉, '유리 이사금 즉위년(24)'조.

용되던 단어와 단어가 합쳐져 하나의 단어(합성명사)를 이룰 때 그 사이에서 만들어지는 소리를 말하는데요.[76] 음성학적으로는 그 뒤에 오는 명사의 초성(자음)을 된소리로 변형시킵니다. 대표적인 사잇소리가 바로 사이시옷('ㅅ')이지요.

〈표 - 합성명사에서의 사이시옷 사용 양상〉

합성명사	구조 분석	실제 발음	의미 구조
뱃사공	배+ㅅ+사공	배싸공	배의 사공
모깃불	모기+ㅅ+불	모기뿔	모기의 불
자릿세	자리+ㅅ+세	자리쎄	자리의 세
나뭇잎	나무+ㅅ+잎	나문닢	나무의 잎

위의 합성명사들은 A와 B 두 명사 사이에 사이시옷이 사용되었는데요. 이런 경우 사이시옷 다음 글자의 초성(자음)은 그 영향을 받아 된소리로 변합니다. '배싸공·모기뿔·자리쎄·나문닢(나무ㄴ닢)[77]' 식으로 말이지요.

물론, 합성명사들 중 일부에서는 사잇소리가 문법적인 기능을 수행하기도 합니다. 사이시옷('ㅅ')이 사용된 경우도 그런 경우들 중의 하나인데요. 이런 경우 사잇소리는 일종의 문법 표지(grammatic mark)로 작동

---

75) 이기문, 《신정판 국어사 개설》, 태학사, 제85쪽, 2011.
76) 박창원, 《한국어의 음운과 문자 - 발음과 표기를 중심으로》, 지식과교양, 제392쪽, 2017.
77) '나무ㄴ닢'의 마지막 음절 'ㄴ닢'의 경우 초성(자음) 'ㄴㄴ'는 통상적인 'ㄴ'보다 강한 된소리이다. '나뭇잎' 할 때의 'ㄴ'가 아니라 '나문닢' 할 때의 'ㄴ'에 해당하는 발음이 'ㄴㄴ'라는 뜻이다. 현행 표기법에는 쌍니은(ㄴㄴ)이 없기 때문에 여기서는 편의상 'ㄴ닢'으로 표기하였다.

하여 앞단어와 뒷단어를 문법적으로 'A의 B' 식의 의미관계로 재설정합니다. 위의 '뱃사공·모깃불·자릿세·나뭇잎'이 의미상으로는 '배의 사공, 모기의 불, 자리의 세, 나무의 잎' 식으로 A와 B가 소유관계로 연결되는 것처럼 말이지요. 사이시옷이 양자가 소유관계로 연결되어 있음을 '보여 주는' 가시적인 표지로 충당되는 거지요. A와 B 사이에서 소유관계를 시각적으로 분명하게 나타내는 '~의'처럼 말입니다.[78] 국어학에서는 단어와 단어 사이에 사용된 이 '~의'를 '속격 조사(屬格助詞, possessive particle)'라고 부릅니다. 소유주 A(주체)와 소유물 B(객체)를 소유관계로 연결시키는 과정에서 사용되는 조사라는 뜻이지요. 그렇다면 사이시옷의 용법에서 속격 조사와 유사한 셈입니다. 실제로 《석보상절((釋譜詳節)》 등 15세기에 간행된 책들을 보면 "세존ㅅ안부(世尊ㅅ安否), 군신ㅅ법(君臣ㅅ法), 성인ㅅ도리(成人ㅅ道理)" 등의 사례들이 확인됩니다. 사이시옷은 조선시대까지도 소유나 종속의 관계를 '보여 주는' 문법 표지의 성격이 강했으며 된소리와는 상관이 없었다는 뜻이지요.[79]

그런 점에서는 '사(斯, 또는 師)'나 '질(叱)' 역시 마찬가지입니다. 두 글

---

78) 사이시옷의 성격에 관해 국어학자들 중 이숭녕·허웅·최현배 등은 음운론적 측면에서 된소리 기능에 주목하지만 합성명사의 표지(이기문), 속격 표지(이희승·양주동), 관형 형태소(이남덕·심재기·고영근·왕문용), 통사적 파격 극복 수단(임홍빈) 등 통사론적 측면에서의 문법적 역할에 무게를 두는 학자들이 적지 않다. 사이시옷이 현대에는 된소리 기능 위주이지만 고대에는 오히려 문법적 용도(표지)를 충족시키기 위해 사용되었을 가능성이 높다는 뜻이다. 기존 연구들을 개괄한 조영헌(2015)의 《국어 사잇소리연구》(제53쪽) 역시 사잇소리의 성격을 "두 어근 사이의 의미상의 차이를 드러내는 문법소에 기원을 둔 표지"로 정의하여 통사론(문법)적 기능에 무게를 두었다.
79) 박창원은 〈사잇소리와 사이시옷(1)〉(1997: 468~469)에서 신라어에서의 '사'나 '질'은 속격 조사였으며 사잇소리는 훈민정음 창제 전후인 16세기에 출현한 것으로 보았다. 순전히 문법적 기능에 무게를 둔 성분으로 된소리와는 무관하다고 본 셈이다.

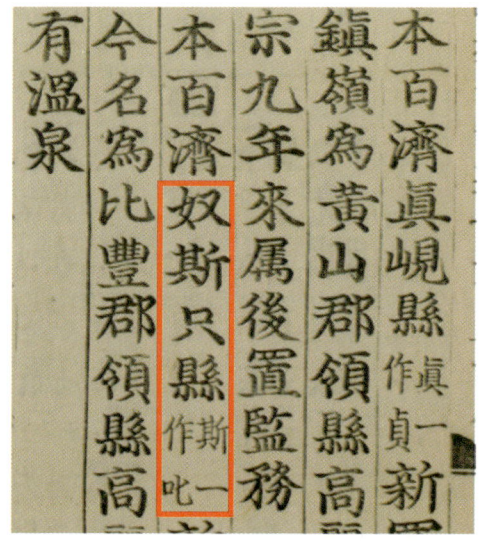 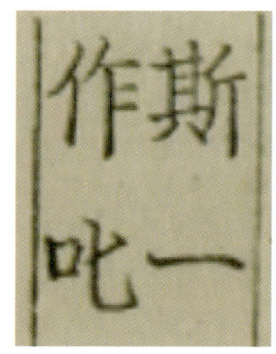

《고려사》〈지리지 1〉 '공주 유성현' 조의 '노사지현' 대목. '사'를 "'질'로 쓰기도 했다"고 밝힌 주석이 보인다. '사'와 '질'은 같은 발음을 다른 한자로 표기한 음차의 사례이다. 그 발음은 '시/si/'에 가까웠을 것이다.

자 모두 원래는 앞단어와 뒷단어의 소유관계를 나타내는 문법적인 용도(속격 조사)로만 사용되다가 시간이 흐르면서 뒷글자의 초성을 된소리로 변형시키는 음성적인 변화(된발음)까지 떠맡게 되었을 거라는 뜻이지요. 현대 한국어에서는 사이시옷이 속격 조사로 충당되는 경우가 거의 없는데요. 그 사용 범위가 합성명사에서의 발음 규칙으로 축소되었기 때문이겠지요. 역사적으로 하나였던 개념과 기능이 시간이 흐르면서 속격 조사와 사잇소리(ㅅ)로 그 역할이 나뉘어졌을 거라는 뜻입니다.

여기서 분명히 해 두어야 할 것은 '잇금'이라는 표현이나 '사이시옷'이라는 개념은 어디까지나 한국어에나 해당된다는 사실입니다. 만약 신라 시대에 '잇금'을 소리 나는 대로 한자로 표기할 때에는 어떻게 적었을까요? 齒ㅅ理? 尼ㅅ슥? 물론, 그렇게 했을 리는 없습니다. 아시다시피 신라시대에는 한글이 존재하지 않았으니까요. 'ㅅ'에 해당하는 성분은 당연히 한자로 적을 수밖에 없었을 겁니다. 우리는 '이사금'의 앞단어 '이(尼)'와 뒷단어 '금(슥)'이 '니(teeth)'와 '금(groove)'의 발음과 의미가 정확하게 대응되는 것을 확인할 수가 있지요. 그렇다면 마지막으로 남는 성분인 두 번째 글자 '사'가 '잇금'의 'ㅅ'과 같은 기능을 수행했다고 볼 수밖에 없겠지요. '질' 역시 마찬가지입니다.[80] '사'와 '질'이 현대 한국어의 사이시옷 또는 속격 조사로 충당되었다는 뜻이지요.

'미사흔'에서의 '사' 역시 그런 경우라고 할 수 있습니다. '미사흔'은 원래 '미'와 '흔(또는 흐)'이라는 독립된 두 단어였습니다. 그런데 이 둘이 하나로 연결되어 합성명사를 이루면서 '사'가 연결고리로 충당된 거지요. 속격 조사라는 뜻입니다. 실제로 '사'가 속격 조사로 충당된 사례는 신라시대 지명들에서도 확인할 수 있습니다. 《삼국사기》〈지리지〉에 소개된 신라시대의 노사지현(奴斯只縣)과 '노질지현(奴叱只縣)'의 경우가 그 대표적인 예입니다. '노사지·노질지'에서 '사'나 '질'은 속격 조사로 충당되었다는 뜻이지요.

다들 아시다시피 신라시대에는 모든 기록이 한자로 이루어졌습니다. 신라시대만 해도 우리 고유의 문자가 존재하지 않았으니까요. 그래서 지금처럼 사잇소리의 표지로서 시옷(ㅅ)이라는 한글 창제 이후의 문법 개념은 별도로 존재할 필요가 없었을 겁니다. 물론, 표기에 한자를 쓰든 한글을 쓰든 간에 단어 간의 의미 관계를 표시할 문법 표지는 필요했겠지

---

80) 남풍현, 《고대 한국어 논고》, 제192~194쪽, 태학사, 2014. 남풍현은 고려시대 석독구결(釋讀口訣)의 '河海叱中'과 '天叱鼓'를 '질'이 '하해의 속'과 '하늘의 북' 식으로 속격 조사로 충당된 사례로 보았다.

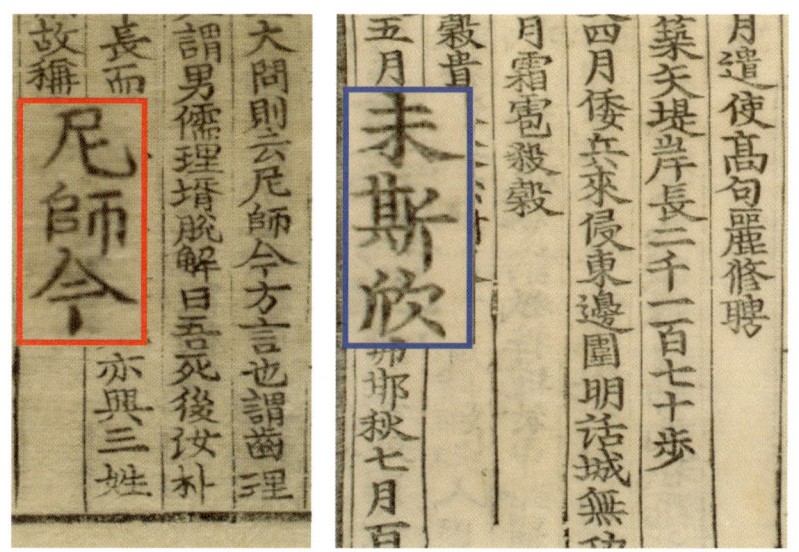

《삼국사기》에 언급된 니사금(좌)과 미사흔(우). 니사금·미사흔의 '사'가 속격조사로 충당되었다면 이사지의 '사' 역시 일종의 속격조사로 충당되었을 가능성이 높다고 보아야 한다.

요. 신라어를 한자로 표기할 때 앞단어와 뒷단어의 수식관계를 나타내는 속격 조사로 두 명사 사이에 끼워 쓴 '사'나 '질'이 그 대표적인 글자였던 겁니다. 그래서 국어사학자들은 원래는 '속격 표기'이던 '질'이 훈민정음이 창제된 뒤로 사이시옷으로 전환되었다고 보기도 하지요.[81]

자, 그럼 지금까지 다룬 내용들을 정리해 볼까요? '미사흔'의 '사'는 신라어의 '□斯□' 구조나 '□斯□□' 또는 '□□斯□' 구조의 합성명사에 사용된 '사', 즉 속격 조사로 사용된 것으로 보입니다. A와 B의 개별적인 두 단어가 '사'나 '질'을 매개로 'A斯B' 구조의 합성명사를 이룰 때 의미상으로 종속관계를 나타내기 위하여 조사로 A와 B 두 단어 사이에 사용된 거지요. 소유주(주체)와 소유물(객체) 사이의 주종관계 또는 소유관계

---

81) 박창원, 제418쪽.

를 시각적으로 표시하기 위해서 말입니다. '미해·미흔'이 눟지 마렵간 동생의 본래의 이름이라면 세 글자인 '미사흔·미질희·미질허·미질기' 등은 모두 속격 조사 '사'나 '질'이 추가된 형태인 거지요. '곳간'을 '고斯간', '화롯불'을 '화로叱불' 식으로 표기하는 것처럼 말이지요.

후대(고려 이후)의 문헌 자료들에서는 신라의 인명·지명을 읽을 때에 속격 조사의 존재를 무시한 경우가 많은데요. 어쩌면 그것은 후대에 신라 당시의 표기 원칙이 잊히는 바람에 당시에 '사'나 '질'이 속격 조사로 충당되었다는 사실이 사람들의 기억에서 지워져 버린 결과일지도 모릅니다. 그 상태에서 '尼師今'이나 '尼叱今', '未斯欣'을 원래는 '니금·미흔'이었던 이름을 단순한 표지에 불과하던 '사'나 '질'의 소리값까지 그대로 반영시켜 '이사금·미사흔' 식으로 잘못 읽게 되었을 가능성도 배제할 수 없다는 뜻입니다.

우리의 주인공 이사지왕의 '사'의 문법적 성격 역시 이와 같은 맥락으로 이해해야 한다고 봅니다. '이'와 '지'라는 2개의 개별적인 단어가 '사'를 문법 표지(속격 조사)로 삼아 소유관계로 연결된 합성명사라는 뜻인 거지요. '尒斯智'는 '이사지'가 아니라 '이ㅅ지', 즉 '이지' 식으로 읽혀야 옳다는 뜻입니다. 실제로 금관총에서는 '이사지왕' 네 글자가 새겨진 대도 이외에도 그 첫 글자인 '이(尒)' 한 글자만 새겨져 있는 대도도 수습되었지요. 그것은 '이'가 신라시대에 개별적인 의미를 가진 단일 명사로 사용되기도 했다는 증거가 아닐까요?

지금까지 살펴본 내용을 토대로 신라어에서의 '사'와 '질'의 용법을 표로 정리하면 다음과 같습니다.

〈표 – 신라어에서의 속격 조사 '사'와 '질'의 사용 양상〉

이 름	복합명사 구조 명사A+사/질+명사B	[사이 시옷 반영시]	실제 발음 추정	의미 내용	비 고
이질금	니 + 질 + 금	니ㅅ금	니 금	니의 금	'니사금'과 같은 경우
미사흔	미 + 사 + 흔	미ㅅ흔	미 흔	'미'의 흔?	'미·흔' 의미 불명
노질지	노 + 질 + 지	노ㅅ지	노 지	'노'의 성	'노' 의미 불명
비사벌	비 + 사 + 벌	비ㅅ벌	비 벌	'비'의 땅	'비' 의미 불명
복사매	복 + 사 + 매	복ㅅ매	복 매	'복'의 강	'복' 의미 불명
이사지	이 + 사 + 지	니ㅅ디	니 디	'니'인 분	'니' 의미 불명
	사/질 = 속격 조사			소유관계	

1965년 항공사진 속의 금관총. 거의 평지로 변하고 노동-노서동과 황남동 고분군의 능원 주변에는 민가들이 그야말로 난립해 있다(금관총보존전시관 사진).

제4절
신라어에서 '지'는 어떤 성분인가

　《삼국사기》·《삼국유사》·《수서(隋書)》·《당서(唐書)》·《일본서기》 등의 역사책에는 신라인의 이름이 수시로 등장합니다. 그중에는 하나의 경향성을 가지는 이름들이 있는데요. 알지(閼智)·사덕지(斯德智)·자숙지(子宿智) 등이 그것들입니다. 이 이름들 맨 끝에 사용된 글자 '-지(智)'는 신라 또는 가야 사람들의 이름에서만 볼 수 있는 글자인데요. 당시 신라인들 사이에서 유행처럼 사용된 이름자였던 것처럼 보이기도 합니다. 얼핏 보기에는 '-지'가 '철수·영수·진수'의 '-수'나 '현철·희철·성철'의 '-철' 같은 이름자 같군요?

　《일본서기》에서는 신라계 인명을 소개할 때 '지'의 발음을 '치(チ)'로 소개하고 있습니다. 여기서 한 가지 유념해야 할 것이 있는데요. 곽석량의 《한자고음수책》에는 '-지(智)'의 고대음이 '단과 지의 반절[端支]', 즉 '/tĩe/'로 추정했다는 사실이지요. 우리말로 옮기면 대충 '뎨' 정도 되겠군요. '뎨'와 '치'는 상당히 다른 소리입니다. 초성(자음)부터 중성(모음)까지 전부 다르니까요. 과연 어느 쪽이 신라어의 '지'에 더 가까운 발음일까요?

1) 신라어 '지'의 발음과 언어적 성격

　일본인들은 자음을 발음할 때 혀를 잘 쓰지 않는 경향이 있습니다. 특히 윗잇몸과 혀끝을 사용해 소리를 만드는 치조음(齒槽音)이 상당히 적은 편이지요. 'ㄷ'나 'ㅌ' 발음을 내기가 어렵다는 뜻입니다. 그건 일본어의 특별한 발음 습관인데요. 그렇다 보니 구개음화(口蓋音化) 현상이 강하게 발현되어 'ㄷ'나 'ㅌ' 발음은 발성 부위가 가장 가까운 'ㅊ'나 'ㅈ'로 바뀌는 경우가 많습니다. 우리말에서는 그렇지 않은데요. 자음 체계에서 치조음인 'ㄷ'계 발음들이 상당히 고르게 발달되어 있기 때문입니다. 한 가지 사례를 들어 보도록 하지요.

地

이 글자는 우리나라 사람이라면 누구나 알 수 있을 정도로 아주 쉬운 한자입니다. '땅'이라는 뜻의 글자지요? 이 한자를 우리들은 100여 년 전까지만 해도 '[따] 디/di/'로 읽었습니다. 반면에 치조음이 취약한 일본어에서는 '치(ち)'로 읽지요. 그런데 지금의 우리는 이 한자를 '지/ji/'라고 읽고 있습니다. 발음의 성격으로 본다면 '디'보다는 '치'와 더 비슷한 소리인 셈입니다. 단 100년 사이에 발음이 어째서 '디'에서 '지'로 변한 걸까요?

이 한자를 우리나라에서 '지'로 읽기 시작한 것은 일제 강점기부터입니다. 강점기에 수십 년 동안 일본식으로 한자 교육을 받는 데다가 행정적으로도 '치' 발음이 반복되고 각인되다 보니 어느 사이에 원래의 발음('디')은 자취를 감추고 일본식 발음('지')이 그 자리를 차지한 거지요. 굴러 온 돌이 박힌 돌을 빼 버린 겁니다. 지금 우리에게 익숙한 표현이라고 해서 그것을 우리 고유의 것이라고 단정하면 곤란한 이유가 여기에 있습니다.

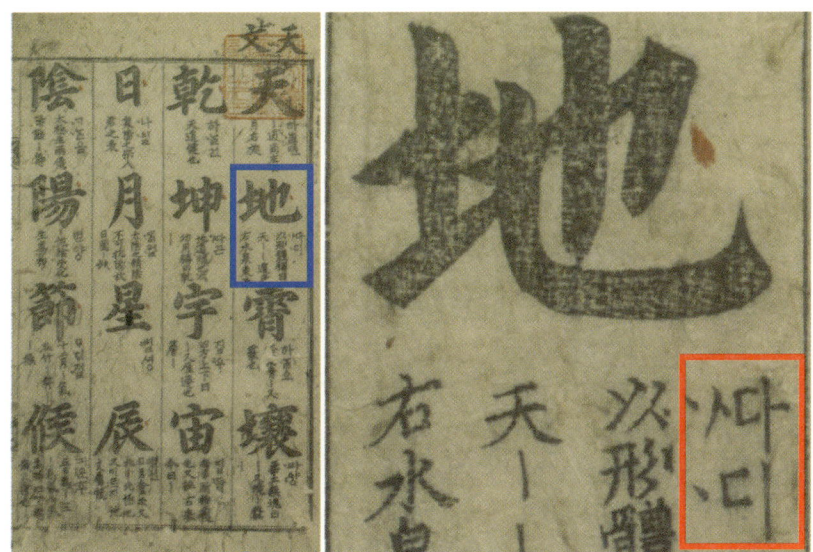

16세기 조선시대에 아이들을 위한 한자 교재로 간행된 《훈몽자회(訓蒙字會)》의 〈천문(天文)〉 대목. 100여 년 전만 해도 '地'의 발음이 '지'가 아닌 '디'임을 알 수 있다.

'이사지'의 '지'의 발음 역시 마찬가지입니다. 《일본서기》에는 그 한자음이 '치(ち)'로 소개되어 있지만 그것이 원래의 신라식 발음은 아닐 수도 있다는 뜻이지요. 실제로 국어사학자들의 주장에 따르면, '智·知·支나 次'는 삼국시대에 모두 '디'로 읽혔다고 합니다.[82] '지'의 고대음에 관한 한, 《일본서기》의 '치'가 아니라 '디'에 가까웠다고 보는 것이 합리적이겠지요.

그렇다면 '디'는 신라어에서 어떤 의미를 가진 말이었을까요? 신라어에서 음차에 사용되는 '디'는 한자로 표현할 경우 일반적으로 '지혜 지(智)'로 표기됩니다. 때로는 '알 지(知)'나 '갈 지(之)'로 표기되기도 한 것

---

82) 남풍현, 제150쪽.

같은데요. 같은 자리에서 같은 발음으로 사용되었다는 것은 이 세 글자가 의미가 아닌 발음으로 서로 연결되어 있다는 뜻일 겁니다. 이런 사실은 포항 중성리 신라비에서 '智'와 '知'가, 경주 남산산성비2에서 '知'와 '之'가 뒤섞여 사용된 것만 보아도 알 수 있습니다. 한 가지 분명한 것은 이 '지'가 이름자에 붙어 있는 사람들은 거의 모두가 지위가 높고 출신이 각별한 귀인들이라는 사실입니다. 비슷한 사례들은 신라시대의 각종 비문들에서도 쉽게 확인할 수 있지요.

〈표 – 신라 금석 자료에서 '지'의 사용 유형〉

유형	출처	연대	관직	출신지	이름	지	관등	접미사
A	포항 냉수리비	503		本彼	頭腹	智	干	支
A	울진 봉평리비	524		沙啄部	而粘	智	太阿干	支
A	단양 적성비	551		啄部	伊史夫	智	伊干	支
B	창녕 척경비	561		沙啄	另力	智	迊干	
B	함안 성산14	578		大村	伊息	智	一伐	
C	울진 봉평리비	524		啄部	比須婁邪足	智		
C	포항 중성리비	441		沙啄	鄒須	智		
C	포항 중성리비	441		那音支村	走勤壹金	知		
D	울진 봉평리비	524		居伐牟羅	尼牟羅		一伐	
D	황초령순수비	568		本波部	伊皮尒利		吉之	
E	영천 청제비	536	使人	啄	尒尺斯	智	大舍	第
F	창녕 척경비	561	甘文軍主	沙啄	心麥夫	智	及尺干	
F	창녕 척경비	561	比子伐停助人	啄	覓薩	智	大奈麻	

	비명	연도	직명	부명	인명		관등	
F	창녕 척경비	561	上大等	喙	居七夫	智	一尺干	
	황초령순수비	568	□典	喙部	分	知	吉之	
	경주 신성비2	591	阿且兮村道使	沙喙	勿生	次	小舍	
	경주 신성비2	591	仇利城道使	沙喙	級	知	小舍	
	경주 신성비1	591	郡上村主	阿良村	今	知	撰干	
G	대구 오작비	578	上人邏頭	都唯那	寶藏		阿尺干	
H	경주 명활성비2	551	郡中上人	烏大谷	仇	智		支
	대구 오작비	578	大工尺	仇利支村	壹利力兮		貴干	支
I	천전리 각석	529	禮臣		丁乙尒	知	奈麻	
	경주 신성비2	591	匠尺		可尸利	之	一伐	
	경주 신성비1	591	文尺		付文	知	阿尺	
	경주 신성비2	591	文尺		美叱利	之	一伐	
	경주 신성비2	591	阿大兮村作上人		所平	之	上干	
J	경주 신성비3	591	里作上人		只冬		大舍	
K	경주 신성비1	591	面捉		上首尒次			

위의 표를 보면 신라어에서는 '-지'가 사람 이름 뒤에 사용되는 경우가 많았던 것 같습니다. 글자도 '智'만 사용한 것이 아니라 '知'나 '之'도 사용한 것을 확인할 수 있는데요. 국어사학자인 남풍현은 경주 신성비(新城碑)의 '물생차(勿生次)·상수이차(上首爾次)'의 '-차'나, '일리력혜(壹利力兮, 오작비)'의 '-혜' 역시 같은 역할을 수행한 존칭 접미사로 보았습니다. 그리고 이 존칭 접미사 '智·知·之·次'의 삼국시대(6~7세기) 신라 한자음은 역시 계통상으로는 치조음인 '디/di/'에 해당한 것으로 보았습니다.[83]

물론, 신라 인명에서 이 존칭 접미사들이 항상 붙어 다녔던 건 아니었나 봅니다. '니모라 일벌(尼牟羅一伐)·이피이리 길지(伊皮尒利吉之)'·'도유나 보장 아척간(都唯那寶藏阿尺干)' 등처럼 말이지요. 이 사례들은 '-지'가 신라계 인명들에서 상황에 따라 수시로 떼거나 붙일 수 있는 성분이었음을 시사해 줍니다. '지'는 이름자가 아니었을 가능성이 높다는 거지요.

〈표 – 신라시대 금석문에서의 '지'의 사용 상황〉

출전		금관총 환두대도	포항 중성 리비	포항 냉수 리비	울진 봉평 리비	영천 병인명 청제비	단양 적성비	경주 명활 성비 1	경주 명활 성비 2	창녕 척경비	북한산 순수비	마운령 순수비	황초령 순수비	경주 남산비2
연도		?	441	503	524	536	551	551	551	561	568	568	568	591
글자	智	√	√	√	√		√		√	√	√	√		
	知		√			√		√				√	√	√
	之													√

이 표를 살펴보면, '智'와 '知'가 5세기는 물론이고 그 뒤인 6~7세기까지도 동시에 사용되고 있습니다. 이 세 글자가 연대와는 상관없이 때로는 '智', 때로는 '知'나 '之'로 사용되기도 했다는 뜻이겠지요. 의미와는 상관없이 '디/di/'라는 발음을 표시하기 위한 일종의 표지(mark)에 불과했던 셈입니다. '之'는 '智' 또는 '知'와는 발음이 같으면서도 획수가 적지요. 글자를 비석에 새기기에 한결 수월했을 거라는 뜻입니다.

---
83) 남풍현, 제152~154쪽.

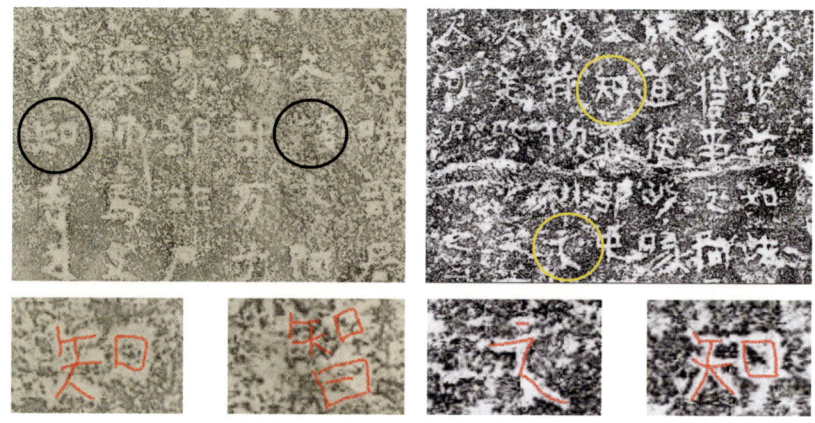

마운령 순수비(좌)와 경주 남산산성비2(우)에서 '智'를 '知' 또는 '之'로 새긴 사례들. 당시의 석공들이 비석에 글자를 새길 때 의도적으로 획수나 형태가 단순한 글자로 바꾸어 새겼을 가능성이 높다.

사실 비석에 한자를 새길 때 획수가 많고 형태가 복잡하면 글자를 표현하기가 어렵습니다. 글자를 새기다가 획 주위의 돌이 깨지면 석재가 무용지물이 돼 버리는 건 말할 것도 없고 기껏 그 대목까지 글자를 새긴 석공(石工)의 노력까지 허사가 돼 버리지요. 그런 시행착오(試行錯誤)를 최대한 방지하기 위해서 석공은 가능하다면 상대적으로 획수가 적고 형태가 단순한 글자를 택했을 겁니다. '智'보다는 '知', '知'보다는 '之'를 선호했을 거라는 뜻이지요. 물론, 어느 쪽이든 한 글자만 쓰느냐 두 글자를 섞어 쓰느냐는 석공의 선택에 달려 있었을 겁니다.

2) 신라어에서 '지'는 명사였을까

만약 '智'가 이름자가 아니라면 그 정체는 무엇이었을까요? 다시 한번 위의 표에 소개되어 있는 유형들을 대조해 봅시다. 「이름+지」 구조로 사용된 점이나 신분이 고귀한 사람에게만 붙여진 것 등, 그 사용 과정에서 일정한 규칙성과 계급성을 띠고 있는 것 같지 않습니까? 말하자면 '-지'는 문법적으로 이름을 나타내는 명사 뒤에 붙여 사용하는 성분이었던 거지요. 얼핏 보기에는 한 단어의 어근(語根)에 붙어 새로운 단어를 형성하는 성분으로 사용된 것 같기도 합니다. 우리말의 '뚱뚱이·홀쭉이' 식의 '-이'나 '노름꾼·사기꾼' 식의 '-꾼'처럼 말이지요. 영어의 'teacher(티처)'의 '-er'이나 'actor(액터)'의 '-or'에 해당하는 성분인 거지요. 한국어 문법에서는 '-이'나 '-꾼' 같은 성분을 '명사형 접미사(noun suffix)'라고 부릅니다. 형용사나 동사 뒤에 붙어서 어떤 사람의 특징이나 직업을 나타내는 명사로 바꾸어 주는 역할을 하니까요. 학계에서도 그런 점에 착안하여 신라어의 '지'를 존칭 접미사로 보고 있습니다. 뒤에 '-지'가 붙는 사람은 지위가 높거나 신분이 고귀한 인물일 가능성이 높다는 거지요. 상대방에 대한 존경심이나 예의를 나타내기 위하여 사용된 글자라는 겁니다.

문제는 이렇게 사용된 '-지'의 품사를 단순히 접미사로 단정하는 것이 온당한가 하는 것입니다. 때로는 단순한 접미사에서 그치지 않고 명사로 충당되는 사례도 확인되거든요. 신라의 제21대 국왕이었던 소지 마립간의 경우가 그 증거입니다. 《삼국사기》를 보면 그의 왕호가 이렇게 소개되어 있지요.

    소지['비처'라고도 하였다.]
    炤智[一云毗處] 84)

---

84) 김부식, 《삼국사기》〈신라본기 3〉 '소지 마립간'조.

김부식의 소개에 따르면, '소지'라는 왕호는 '비처'로도 일컬어졌다는 뜻인데요. 그렇다면 '소지'의 의미를 알려면 일단 '비처'가 무슨 말인지부터 먼저 확인해야 할 것 같습니다. 근대의 민족사학자인 신채호(申采浩, 1880~1936)는 '비처'의 의미를 이렇게 설명했습니다.

> "《三國史記》에 보인 바 人名으로 보면, 『炤智, 一名毗處』라 함은 「빛」의 義가 「炤智」가 됨이며 音이 「毗處」됨이요. …"[85]

단재가 설명한 것처럼, '비처'가 신라어를 한자로 표기한 이두(吏讀)식 표현, 즉 음차 단어인 것은 분명한 것 같습니다. 다만, 그 발음이나 '소지'와의 관계를 따져 볼 때 '비처'는 우리말의 '비쳐'나 '비춰'를 소리 나는 대로 한자로 표기한 경우로 이해해야 옳을 것 같습니다. 그 증거가 바로 '소지'지요.

소지의 '소(炤)'는 '밝다'나 '비추다'라는 뜻을 가진 한자입니다. 따라서 '소지'는 「비추다+지」 구조로 명사를 이룬 이름인 셈이지요. 전후 맥락을 따져 볼 때 '소지'는 '빛을 비추는 이'나 '빛이 나는 분' 정도의 의미를 나타내는 단어로 이해하는 것이 합리적입니다. 이처럼 '소'가 '비추다, 빛나다'라는 의미를 나타낸다면 그 품사는 동사라는 뜻이 됩니다. 「동사+명사」('~하는 이')나 「형용사+명사」('~인 이') 같은 구조에서 앞의 관형어의 수식을 받는 '지'는 당연히 명사일 수밖에 없지요. 접미사는 동사나 형용사 뒤에는 사용되지 않으니까요.

---

[85] 《주석 조선상고사》(상), 신채호 저, 이만열 주석, 단재 신채호선생 기념사업회, 제64쪽. 이 부분을 현대어로 풀이하면 대충 다음과 같은 뜻이다. "'소지, 일명 비처'라는 것은 '빛'의 의미를 따서 '소지'라고 한 것이며 그 발음('빛')을 따서 '비처'라고 한 것이다."

실제로 한국어 문법에서는 이렇게 사용되는 '분'이나 '이'를 명사로 분류합니다. 독자적으로는 사용할 수 없는 접미사는 아닌 거지요. '분'이나 '이' 같은 명사는 항상 그 앞에 수식 성분인 관형어가 함께 사용됩니다. 그래서 '의존명사(dependent noun)'로 불리지요.[86] 항상 '~하는'이나 '~인' 식의 관형어 성분과 연동됨으로써 새로운 의미를 갖거나 나타내게 된다는 뜻입니다.

그런 점에서는 신라어의 '‐지' 역시 마찬가지입니다. 역대 신라 금석 자료나 문헌 기록들을 통틀어 '‐지'는 단독으로 사용되지 않고 항상 그 앞의 수식 성분과 함께 사용되거든요. 앞에 오는 관형어의 품사가 동사나 형용사라면 그 뒤에 오는 성분은 품사가 자연히 명사일 수밖에 없습니다. 정리하자면 '‐지', 즉 신라어의 '디'는 얼핏 접미사와 비슷해 보이기는 하지만 문법적인 기능으로 본다면 오히려 '이'나 '분' 같은 의존명사 쪽에 훨씬 가깝다는 뜻입니다. 현대 한국어에서 '홍길동 님, 영훈 님' 식으로 상대를 높여 부를 때 성씨나 이름 뒤에 붙이는 '‐님'과 같은 역할을 맡은 것이 신라어의 '‐지'인 거지요. 그렇다면 '소지'와 '비처'의 관계는 대체로 이렇게 정리할 수 있을 것 같습니다.

왕호	소지(炤智)	비처(毗處)
표기 원리	'(비추는/빛나는)사람'을 뜻대로 한자로 표기	'비춰/비처'를 소리대로 한자로 표기
구조	동사+명사 또는 형용사+명사	동사 또는 형용사
비고	'지'는 학자에 따라서 접미사 또는 명사로 분류됨	신채호는 '비처'가 '빛'을 표기한 것으로 이해 함

---

86) 박덕유·강미영, 《쉽게 풀어 쓴 한국어 문법》, 한국문화사, 제82쪽, 2018.

말하자면 '비춰' 또는 '비쳐'라는 단어를 소리 나는 대로 한자로 표기한 이두(음차) 단어가 '비처'라면, '빛을 내는 이'나 '빛을 비추는 이', 나아가 '현명한 분'이라는 의미를 담고 있는 훈독(訓讀)의 사례가 '소지'인 거지요. 그렇다면 '소지'는 마립간 자신의 이름이 아니라 제3자가 붙인 별명(別名)이거나 시호(諡號)인 셈입니다. 유럽의 '사생아왕(the Bastard, 윌리엄 1세)·결지왕[87](Lackland, 존 왕)·농부왕(Farmer King, 조지 3세)·미남왕(le Bel, 샤를 4세)·태양왕(Le Roi Soleil, 루이 14세)' 식으로 말입니다. 이와 비슷한 사례가 '진지[왕](眞智)'인데요. 글자 그대로 풀면 '참된 분' 또는 '참되게 살았던 분' 정도로 새길 수 있겠지요.[88] 어쩌면 금관총의 주인공인 '이사지' 역시 비슷한 경우였을지 모릅니다. 그리고 '소지'나 '진지'와 마찬가지로 '이사지' 역시 같은 의미 구조를 가지고 있었을 테지요. '-지' 앞의 '이사' 또는 '이'는 문법적으로 명사가 아니라 동사나 형용사였을 가능성이 높다는 뜻입니다.

3) 알타이어계 언어들의 경우

흥미로운 것은 신라어의 경우처럼 이름자 뒤에 '-지'를 사용하는 언어 습관이 다른 언어들에도 존재한다는 사실입니다. 튀르키예어의 '지

---

[87] '결지왕(缺地王)'이란 '영토를 잃은 왕'이라는 뜻의 'Lackland'를 한자로 번역한 별명이다.

[88] 실제로 진지왕에게는 본명이 따로 있었다. 《삼국사기》에 따르면, 진지왕의 이름은 "사륜(舍輪) 또는 금륜(金輪)"이었다고 한다. 그러나 '사륜'과 '금륜'은 사실상 같은 이름으로 보아야 한다. '사륜'과 '금륜'의 '사((舍)'는 모양이 비슷한 '금(金)'이 잘못 전혀진 결과물일 가능성이 높기 때문이다. 원래는 같은 이름인데 둘 중 한쪽을 다른 글자로 오인하는 바람에 이름이 두 가지인 것처럼 알려졌다는 뜻이다. 글자의 의미와 맥락을 따져 볼 때 '금륜' 쪽이 진짜였을 가능성이 높다. '금륜'인데 '금'을 '사'로 오인하여 '사륜'이라는 이름도 쓴 것처럼 알려진 것이다.

(ci)·치(çi)' 또는 'ㅈ(cı)·츠(çı)'와 몽골어의 '치(ч)'가 바로 그것인데요. 두 언어 속의 '-지/치'나 '-즈/츠'와 '-치'는 형용사나 동사 등 앞 성분의 어근에 붙여 사용합니다. 현재는 접미사로 구분되고 있지만 그 의미를 따져 보면 역시 '~하는 분'이나 '~인 이' 식으로 의존명사의 성격을 지니고 있습니다. 용법과 품사와 의미에서 신라의 '-지'와 거의 일치하는 셈이지요. 그 발음 역시 마찬가지입니다. 신라어의 '-지'와 초성(ㅈ/ㅊ)과 중성(ㅣ/ㅡ)이 거의 완벽하게 대응되거든요.

〈표 – 튀르키예어와 몽골어의 명사형 접미사〉

튀르키예어		한국어	몽골어	
어근	접미사	어근 + 접미사	어근	접미사
araba(아라바)-	-cı (즈)	운전하는 이	жолоо(쫄로)-	-ч (치)
Atı(아트)-		활 쏘는 이	харваа(하르바)-	
hava(하바)-		비행하는 이	нисгэг(니스геc)-	
Kurtarı(쿠르타르)-		구원하는 이	Авраг(아브락)-	
sofra(소프라)-		시중드는 이	зөөг(쵹)-	
bilim(빌림)-	-ci (지)	치료하는 이	эм(엠)-	
geliştiri(겔리쉬티리)-		개발하는 이	хөгжүүлэг(혹쭈렉)-	
haber(하베르)-		군령 전하는 이	эл(엘)-	
edebiyat(에데비얏)-	-çı (츠)	글 쓰는 이	зохиог(초히옥)-	
sanat(사낫)-		그림 그리는 이	зураа(추라)-	
tarih(타리흐)-	-çi (치)	역사 하는 이	түүх(투흐)-	

튀르키예어나 몽골어의 이 접미사들은 직업이나 행위를 나타내는 동

사의 어근 뒤에 붙어 새로운 명사를 이루게 됩니다. 그렇게 만들어진 명사는 '~하는 분' 또는 '~인 이' 정도의 의미를 나타내는데요. 이 접미사들 자체에는 상대방을 높이는 존경의 의미나 어감은 내포되어 있지 않습니다. 분명한 것은 신라어의 '-지'는 그 어원이 튀르키예어('-지/치', '-즈/츠')나 몽골어('-치')에 있을 가능성이 높다는 사실입니다. 이 점은 두 나라 접미사의 문법적 용법이나 어순·의미 구조는 물론이고 그 발음까지도 신라어의 '-지'와 완벽하게 일치하는 사실을 통해서도 충분히 유추할 수가 있지요.

그렇다면 신라계 인명들에서 '-지' 앞의 이름자들은 문법적으로 어떤 성분이었을까요? 어쩌면 품사적으로는 명사가 아니었을 가능성이 높습니다. 튀르키예어나 몽골어의 경우, 위의 표에서 볼 수 있듯이 접미사 앞에 오는 성분은 품사가 예외 없이 동사이거든요.

튀르키예어나 몽골어의 접미사 체계를 참고할 때 신라어의 '-지'는 어쩌면 처음에는 존경의 의미를 내포하지 않았을지도 모릅니다. '-지'를 '존칭' 접미사로 보는 것이 학자들의 오해일 수도 있다는 뜻이지요. 원래는 튀르키예어나 몽골어의 경우처럼 '~하는 분'이나 '~인 이' 정도의 의미만 가지고 있었을 겁니다. 그랬던 것이 '-지'가 대부분 왕족이나 귀족의 이름 뒤에 붙어 있는 것을 본 학자들이 지레 "높은 지위나 고귀한 신분을 가진 이들에게만 '-지'를 붙여 상대를 높인 것"으로 오해했을 가능성이 있다는 뜻이지요. 지금 남아 있는 유물이나 기록들이 대부분 지배집단의 것들이다 보니 아무래도 그 속에서 관찰되는 언어 현상들까지 지배집단과 결부시켜 해석하는 일반화의 오류에 빠질 위험이 커질 수밖에 없습니다. 원래는 존경의 의미 없이 상·하와 귀·천을 가리지 않고 일상에서 누구나 다 사용했을 수도 있는데 말이지요.

4) 신라어에서 '智'와 '支'는 어떻게 달랐나

참고로, 신라에는 '지혜 지(智)'나 '알 지(知)', '갈 지(之)' 말고도 또 다른 문법 성분이 존재하고 있었습니다. 바로 '갈래 지(支)'인데요. 신라시대의 비문들을 보면 '대아간지(大阿干支, 봉평리비)·이간지(伊干支, 적성비)·일간지(壹干支, 냉수리비)·거벌간지(居伐干支, 냉수리비)' 등의 칭호들을 확인할 수 있습니다. 그런 경우에 관등을 나타내는 글자('~간') 뒤에 사용된 '-支'는 모두 해당 관등의 소유자를 높여 주려는 목적으로 붙인 글자입니다. 앞서 소개한 '-지'들과 같은 성격을 가진 문법 성분인 거지요. 발음 역시 두 쪽 다 '디'로 추정되고 있습니다. 네 글자 모두 발음이 같았다는 뜻이지요. 다만 현대 한국어 문법에서는 상대를 높이는 같은 '님'이라도 '사장님·총장님'의 '-님'은 접미사로 분류하고 있습니다. 이 '支' 역시 신라 관등 뒤에 붙어서 사용되고 있는데요. 동사·형용사 등의

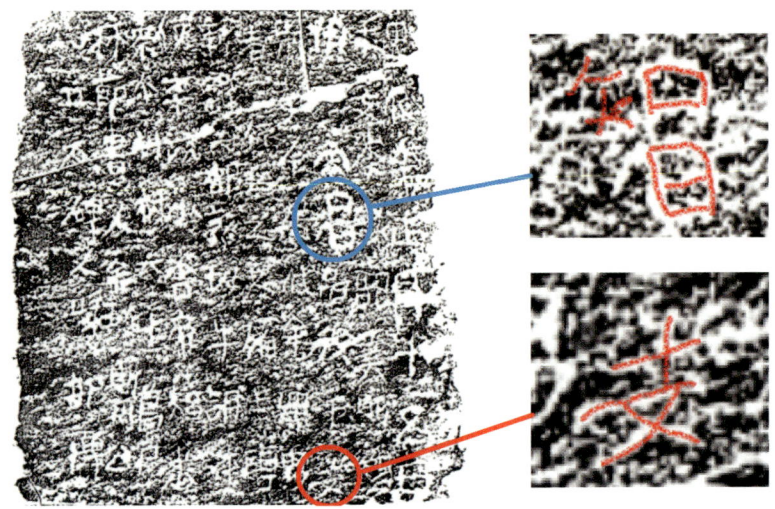

포항 중성리 신라비의 '지혜 智'와 '갈래 支'. 두 글자는 모양도 다르고 신라어에서 사용되는 위치도 다르지만 당사자를 높이는 일종의 존칭 접미사로 사용되었다는 점에서는 공통점을 보인다.

관형어 뒤에 사용되어 명사적 성격을 띠는 '智'와는 달리 명사(관등) 뒤에 사용된 겁니다. 전형적인 접미사인 거지요.

이 '-支'는 관련 사례들에서 볼 수 있듯이,「관등+지」식으로 사용되는 경우가 많은데요. 신라시대 금석 자료들을 확인해 보면 '잡간(迊干, 척경비)·일벌[간](一伐, 함안비)·길지(吉之, 황초령비)·대나마(大奈麻, 척경비)·아척간(阿尺干, 오작비)·대사(大舍, 신성비)' 등과 같이 사용된 사례들도 적지 않습니다. 접미사 '-지' 없이 명사(관등)만 사용되기도 했던 거지요. 사용 방식이 동사·형용사 같은 관형어 뒤에 사용되는 앞서의 '智'와도 성격이 좀 다른 셈입니다.

국어사학자들은 신라어에서 '智'와 '支'가 구분 없이 혼용되었다고 보기도 하는데요.[89] 그렇지는 않은 것 같습니다. 두 글자가 사용된 위치에서 미묘한 차이를 보이거든요. '智'가 사람 이름 뒤에 사용된 반면에 '갈래 지'는 관등 뒤에 사용되는 양상을 보이는 것이 그 예입니다.[90] 실제로 금석 자료나 문헌 자료들을 비교해 보면 두 글자는 확실히 문법적으로 역할의 분담이 분명해 보입니다. 전자는 자연인에 대한 존칭이고, 후자는 공인에 대한 존칭이라는 식으로 말이지요. 전자가 '빛나는 왕' 식이라면 후자는 '장관님' 식이라고 할까요?

'갈래 지'가 관등 뒤에 접미사로 사용된 사례는 고구려와 백제에서도 찾아볼 수가 있습니다. 고구려 14관등 중에서 '태대형(太大兄)'이라는 것이 있지요. 제2등인 이 관등의 고구려식 명칭은 '막하 하라지(莫何何羅

---

[89] 남풍현, 제151쪽.
[90] 남풍현, 제152쪽.

支)'였습니다. 제1등으로 수상에 해당했던 '막리지(莫離支)'도 있군요. 백제의 경우도 마찬가지입니다. '건길지(鞬吉支)'가 바로 그것인데요. 중국의 정사《주서(周書)》에 따르면 백성들이 왕을 높여 부르는 칭호라고 합니다.[91] 고구려·백제에서도 신라와 똑같은 접미사 '支'의 용법이 존재하고 있었던 거지요.

세 나라에서 동일한 접미사를 사용한 것은 과연 우연의 일치일까요? 아니면 신라의 호칭이 고구려나 백제의 영향을 받은 결과였을까요? 관련 자료가 부족한 탓에 그 진실을 확인하는 작업이 만만하지는 않습니다. 그러나 이들을 통하여 적어도 고구려와 신라가 언어적으로 부분적으로는 공통점을 가지고 있었다는 사실만큼은 짐작할 수 있는 셈입니다.

5) '간' — 김씨 집단의 내력을 담고 있는 언어적 단서

끝으로 '간(干)'이라는 표현에 관하여 잠깐 이야기를 하고 넘어가야 할 것 같습니다. '간'은 신라계 관직명에서만 볼 수 있는 호칭인데요.《삼국사기》의 '촌간(村干)'이나 '주간(州干)', 경주 동궁 터에서 출토된 유물의 '내간(內干)' 등이 바로 그런 경우입니다. 보통은 한 집단이나 조직의 대표나 수장을 뜻합니다. 이 성분은 때로는 '간' 식으로 독자적으로 사용되기도 하고, 그 뒤에 또 다른 접미사 '지(支)'가 붙어 '간지(干支)' 식으로 사용되기도 했습니다. 그러나 대부분은 그 앞에 명사형 수식 성분이 붙어 「관형어+간」식으로 사용되는 양상을 보이지요. 요즘 식으로는 '~장님' 같은 표현인 셈입니다.

---

[91] 문성재 역,《정역 중국정사 조선동이전》2(남북조권), 우리역사연구재단, 2021. "막하하라지"는 〈고려전〉((제423쪽), "건길지"는 〈고려전〉(제443~444쪽) 부분을 각각 참조하기 바랍니다.

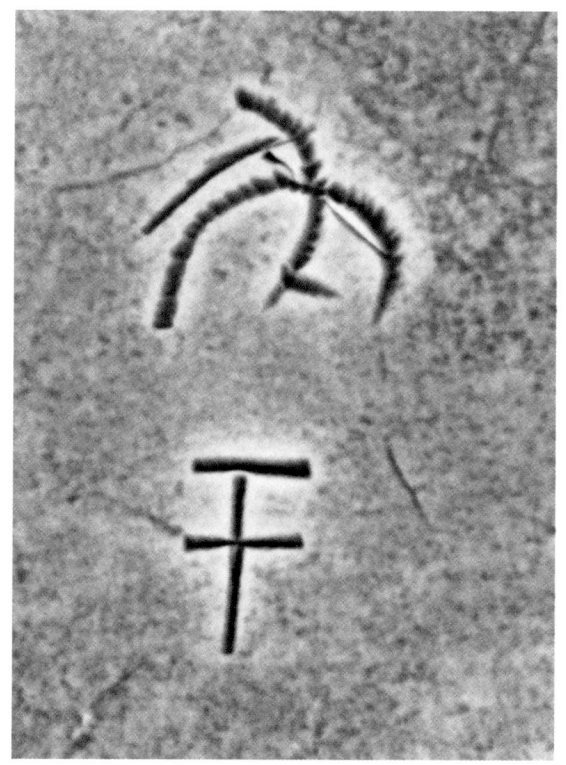
경주 동궁 터에서 출토된 유물에 새겨진 '내간'

'간'은 기록된 문헌이나 시대에 따라서는 '한(旱·翰·邯·寒)'이나 '찬(湌)' 등으로 달리 표기되기도 하는데요. 본질적으로 세 글자 모두 같은 의미를 나타내는 단어를 서로 다른 한자로 표기한 것입니다. '간·한·찬'의 사용 추이를 문헌별·연대별로 살펴보면 다음과 같은 양상을 보입니다.

〈표 – 연대별로 살펴보는 신라어의 '간·한·찬 사례들'〉

한자표기	관등별 최초 용례 출처 및 추정 연대									
	각간	1등 이벌간	2등 이간	3등 잡간	4등 파미간	5등 대아간	6등 아간	7등 일길간	8등 사간	9등 급간
간	《삼국사기》 탈해왕조	창녕 척경비 '일벌간'	북한산 순수비 '이척간' 창녕 척경비 '일척간'	마운령 순수비	단양 적성비 '파미간지'	울진 봉평리비 '대아간지'	울진 봉평리비 '아간지'	《수서》 신라전 '을길간'	포항 중성리비 '사간지' 창녕 척경비 "사척간"	울진 봉평리비 "거벌간지" 창녕 척경비 "급척간"
	73	561	568	568	551	524	524	636	441	524
한		《양서》 신라전 '자분한지'		《양서》 신라전 '제한지'			《양서》 신라전 '알한지'	《양서》 신라전 '일고지'		《양서》 신라전 '기패한지'
		636		636			636	636		636
찬	《삼국사기》 태종무열왕조	고선사 서당화상비	김립 성주사비	《삼국사기》 유리왕조 (32)	숭복사비	《일본서기》 효덕조	흥덕왕비	《일본서기》 천무조	흥덕왕릉비 "살찬"	문무왕릉비 "급찬"
	654	808	845?	1145	896	647?	836?	673	836?	681

흥미로운 것은 신라어의 '간'은 그 의미나 발음이 튀르키예어의 '카안(Kağan)'[92], 몽골어의 '항(хан)', 페르시아어의 '칸(khan)'과 정확하게 일

---

92) 현재 국내·외 고고학·역사학 분야에서는 'Kağan'을 '카간'으로 읽거나 쓰는 것이 보편적이다. 그 알파벳 중간에 'g'가 들어가 있기 때문에 직관적으로 그 소리값[音價]를 반영해야 하는 것으로 인식한 것이다. 그러나 현대 튀르키예어에서 'Kağan'의 'ğ'는 바로 앞 모음('a')을 길게 늘인 소리[長音]로 간주된다. 발음 원칙상 '카간'이 아니라 '카안'으로 읽는다는 뜻이다. 한국어의 경우를 예로 들자면 의사소통에 사용하는 언어를 뜻하는 '말(마알)', 굽거나 삶아 먹는 열매인 '밤(바암)'처럼 늘여 발음할 때 사용하는 글자인 셈이다. 고대에도 'ğ'를 앞 모음을 길게 늘인 소리로 발음했을 가능성이 높

치한다는 사실입니다. 현대 튀르키예어에서는 '-칸(kAn)'이 특정한 집단의 지도자급 관직을 나타내는 합성명사를 형성하는 주요한 접미사로 지금도 여전히 사용되고 있다고 합니다.[93] 신라의 '간'이 어원상으로는 역시 튀르키예나 몽골 또는 페르시아 쪽과 깊은 관련이 있다는 뜻이겠지요. 그런 점에서 볼 때 신라어의 '간'은 고대, 특히 4~6세기 마립간 시기의 신라어가 언어계통상으로 튀르키예어 또는 몽골어 등, 이른바 '알타이어족'에 속한 언어였음을 뒷받침해 주는 문헌적·언어적 증거인 셈입니다.

'간'과 기원이 같은 칭호는 중국 정사에서도 확인할 수 있는데요. '가한(可汗)'이 바로 그것입니다. 중국 정사《위서(魏書)》의〈연연전(蠕蠕傳)〉에 소개된 '가한'의 사례는 연대가 가장 빠른 것이 북방 유목민족이 세운 유연(柔然, 연연)의 구두벌 가한(丘豆伐可汗)인데요.[94] 서기로 친다면 4~6세기에 해당합니다. 놀라운 것은 '간'은 신라 건국 초기인 '탈해이사금 17년' 기사에 이미 그 모습을 드러내고 있다는 사실이지요. 그 문헌 기록의 연대가 서기 93년까지 거슬러 올라가는 셈입니다. 정말 그렇다면 '구두벌 가한'이라는 칭호가 중국 정사에 등장하기 400년 전에 이

다. 그 사실을 가장 잘 뒷받침해 주는 언어적 증거가 바로 '가한'이다. '가한' 자체가 본질적으로 '마알'이나 '바암'과 비슷한 발성 원리에 따라 발음한 소리이기 때문이다. 몽골로부터 중동(中東)까지 초원지대 북방민족들, 나아가 프랑스('r' 발음) 등 유럽의 일부 민족의 경우 보편적으로 목구멍소리[喉音]가 강하며 'ğ' 역시 그런 음성적 속성을 가지고 있었을 것이다. 이를테면 '카ㅎ안' 식의 발음을 제3자인 중국인들이 자신들에게 익숙한 표기방식으로 한자로 기록한 것이 '가한(可汗)'인 것이다. 따라서 'Kağan'이 현재는 물론이고 고대에도 '카안'으로 읽혔을 가능성이 높다고 할 수밖에 없다. 이번 책에서도 그 같은 언어적 단서들을 근거로 'Kağan'을 일률적으로 '카간'이 아닌 '카안'으로 통일하였다.

93) 변광수 편저,〈터키어〉,《세계 주요 언어》, 제860쪽.
94)〈카간(カガン)〉,《일본어판 위키백과》.

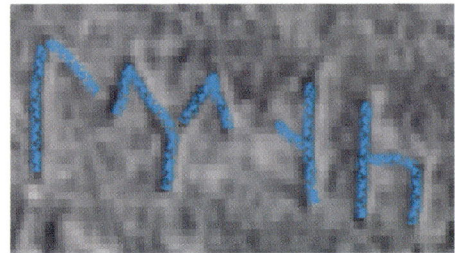

몽골 오르혼 강변에서 발견된 돌궐제국 빌게 카안 기념비에 등장하는 '카안'(우)과 '텡그리'(좌). '카안'과 하늘의 신을 뜻하는 '텡그리'는 지금도 튀르키예계 국가들에서 확인된다. 두 단어가 튀르키예(돌궐)계 민족에서 유래했다는 뜻으로 해석된다.

미 신라에서 같은 내력을 가진 '간'이 먼저 사용되었다는 이야기가 됩니다.[95)]

---

95) 반면에 러시아의 사학자 이고르 나우모프(Игорь Наумов)는 '카간(Kağan)'에 대한 주석에서 '카간'은 '지도자'라는 뜻의 투르크어로, "돌궐 부족장인 투멘(?~553)에 의하여 사용된 직함이다. 나중에 이 직함은 많은 투르크어 구사 민족들에 의해 사용되었다"(《정재겸 역주, 시베리아의 역사》, 제73쪽, 책미래, 2025)고 소개하였다. '카간' 즉 '카안'이라는 칭호를 6세기의 부족장 투멘이 처음으로 사용했으며 그 뒤로 튀르키예계 민족국가들에서 널리 사용되었다고 본 셈이다.

제5절
'차칠왕등'과 이사부의 문제

국내에서는 금관총이 왕릉이 아니라는 주장도 제기되고 있는데요. 그 근거가 냉수리 신라비 비문에 등장하는 '차칠왕등(此七王等)' 대목이라고 합니다. 학계에서는 이 표현에 대응되는 인물들을 6부 귀족들로 이해하는 것 같습니다. 그래서 신라 왕계에는 보이지 않는 '이사지왕'을 그런 귀족의 하나로 간주한 거지요. 그리고 그 근거로 금관총은 왕릉으로 보기 어렵다고 보았습니다. 일부 학자는 그 같은 추론을 토대로 이사지왕이 사실은 신라의 명장 '이사부'를 가리킨다고 주장하기도 했지요.[96] 금관총은 정말 이사부의 무덤일까요?

1) '차칠왕등'은 어떤 사람들을 가리키는 표현인가

냉수리 신라비는 6세기 지증왕 대에 제작된 것으로 알려져 있는데요. 비석의 앞면에는 이런 내용이 언급되어 있습니다.

"계미년(503) 9월 25일에 사탁[부]의 지도로 갈문왕, 사덕지 아간지, 자숙지 거벌간지와 탁[부]의 이부지 일간지, 지심지 거벌간지와 본피[부]의 두복지 간지와 사피[부]의 모사지 간지 등, 이 일곱 분들이 함께 논의하여 교지를 내리셨다. [앞에 나온] 이전의 두 왕의 교지로써 증거를 삼

---

[96] 최철형, 같은 논문, 제43~44쪽.

아 재물을 모두 절거리에게 얻게 하라고 이르셨다. 또 별도로 이르시기를 절거리가 만약 먼저 죽은 뒤에는 그 동생의 아이 사노로 하여금 이 재물을 얻게 하라고 이르셨다. 또한 따로 교지를 내리시어 말추와 사신지, 이 두 사람은 후에 다시는 이 재물에 대하여 말하지 말라고 이르셨다."

癸未年九月卄五日, 沙喙至都盧葛文王, 斯德智阿干支, 子宿智居伐干支, 喙尒夫智壹干支, 只心智居伐干支, 本彼頭腹智干支, 斯彼暮斯智干支, 此七王等, 共論敎用, 前世二王敎爲證尒, 取財物, 盡令節居利, 得之敎耳. 別敎, 節居利若先死後, 令其弟兒斯奴得此財敎耳.

이 비문에는 모두 7명의 인물이 등장합니다. 지도로 갈문왕·사적지 아간·자숙지 거벌간지(이상 사탁부), 이부지 일간지·지심지 거벌간지(이상 탁부), 두복지 간지(본피부), 모사지 간지(사피부)가 그들인데요. 비문에는 그들의 내력이 「출신지역+이름[+지]+직함+존칭 접미사」의 순서로 소개되어 있습니다. 그 내용들을 표로 정리하면 다음과 같습니다.

〈표 − 냉수리비의 존칭접미사 '−지' 사용 양상〉

소속	이름	존칭접미사	관등	존칭접미사	등급	비고
사탁	지도로		갈문왕		왕급	
사탁	사 덕	'智'	아 간	'支'	6등	조정 중급 관원
	자 숙		거벌간		9등	
탁	이 부		일 간		7등	
	지 심		거벌간		9등	
본피	두 복		간		?	지방 말단 관원
사피	모 사		간		?	

국내외 학계에서는 그동안 이 '차칠왕등'의 해석을 둘러싸고 다양한 주장들이 제기되어 왔습니다. 최철형은 신라시대에는 이 일곱 사람을 '이 일곱 분의 국왕들' 식으로 모두 국왕 급 인사로 간주했다고 보았는데요.

　여기서 우리가 확실히 선을 그어야 할 문제가 있습니다. 위의 일곱 사람 중에서 왕으로 일컬어진 인물은 갈문왕인 지도로 한 사람뿐이라는 사실이지요. '차칠왕등' 네 글자를 문법에 맞추어 해석하면 '이 [갈문]왕 등 일곱 분' 정도의 뜻으로 번역되거든요. 여기서 '왕'이 갈문왕을 가리키는 것은 물론입니다. 지도로 갈문왕, 즉 나중에 정식으로 신라 국왕의 왕좌에 오르는 지증왕(智證王) 말이지요. 그렇다면 '차칠왕등'은 왕호를 가진 갈문왕을 대표자로 하면서 나머지 신라 귀족 6명을 아울러 일컫는 표현인 셈입니다. 그 사실은 신라의 관등제도를 대조해 보아도 금방 알 수 있지요.[97]

　아간은 아척간(阿尺干)·일한(謁旱) 등으로도 일컬어졌는데 신라 17관등 중 제6등에 해당했습니다. 지금으로 치면 4~5급 공무원 정도 되려나요? 일간은 일길간(一吉干)·을길간(乙吉干) 등으로도 일컬어졌는데 제7등에 해당했습니다. 또, 거벌간은 급척간(及尺干)·급간(級干) 등으로도 일컬어졌는데요. 그 지위는 아간·일간보다 더 낮은 제9등이었습니다. 7급 공무원 정도 되겠군요. 그렇다면 17관등에 그 이름이 보이지 않는 '간지'는 뭘까요? 거벌간보다도 등급이 한참 낮은 벼슬아치들을 높여 부르는 칭호가 아니었을까요? 촌장 수준의 말단 지방 관원 말입니다. 그렇게 본다면 비문에 언급된 사람들 모두가 6등 이하의 중·하급 관원들이었던 셈입니다. 귀족은커녕 고위 관료라고 하기에도 민망할 정도로 직함이 낮

---

[97] 신라 17관등의 다양한 표기 사례들에 관해서는 저자의 《정역 중국정사 조선 – 동이전 3》, 제180~188쪽을 참조하기 바란다.

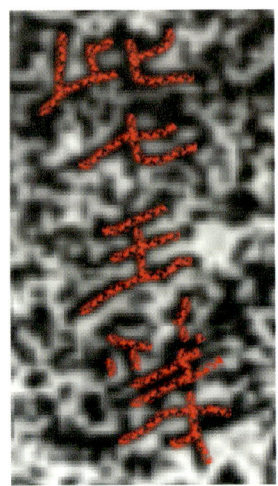

냉수리 신라비의 '차칠왕등(此七王等)' 대목(동그라미)과 확대한 글자들(우) (한상봉 소장본)

은 거지요. 과연 그런 중·하급 관원들까지 '왕'으로 높여 부를 리가 있습니까? 골품제도가 서슬도 퍼렇게 살아 있었던 1,500여 년 전 신라시대에서는 더더욱 그렇지요. 정말로 중하급 관원들까지 '왕'으로 높여 주었다면 신라에서는 개나 소나 '왕'이라고 불러 주었다는 소리와 다를 바가 없지요. 지금으로 치면 군대에서 영관(領官)급 장교들을 '장군'으로 떠받드는 격인데요. 상식적으로 이게 말이 됩니까? 아간·일간·거벌간·간[지] 등이 아무리 골품이 귀하고 관등이 높다고 해도 신하는 어디까지나 신하일 뿐입니다. 신라 조정에서 정식으로 '왕'급으로 예우한 갈문왕('지도로')은 몰라도 나머지 6명은 '왕'으로 이해할 수도, 이해해서도 곤란하다는 뜻입니다. 4~6세기 신라는 민주주의 국가가 아니었다는 사실을 명심하십시오. 고대 사회에서는 내력·지역·성별에 따른 차별이 당연한 일로 받아들여지고 있었습니다.

그래도 헷갈린다고요? 그러면 좀 더 쉽게 설명해 보도록 하겠습니다.

한 학교에서 200명의 학생이 졸업한다고 칩시다. 그리고 졸업식을 앞두고 예행 연습을 한다고 생각해 보지요. 이 경우 200명의 학생들을 대표하는 학생회장은 교장 선생님에게 어떻게 졸업생들을 소개하나요? '학생회장 외 199명' 뭐 그런 표현도 있겠지만 보통은 '학생회장 등 200명' 식으로 소개하지 않겠습니까? '차칠왕등'은 바로 이 '학생회장 등 200명'과 비슷한 표현인 겁니다. 물론, 이 졸업생 200명 중에는 학급 반장도 있고 미화부장도 있고 당번도 있고 아무 직함도 없는 저 같은 사람도 끼어 있을 수 있겠지요. 그런 '장3 이4(張三李四)' 같은 사람들을 '~등 200명'으로 뭉뚱그리고 맨 앞에는 가장 중요한 인물(VVIP)을 대표로 내세울 때 사용하는 것이 바로 '학생회장 등 200명' 식의 표현인 겁니다. 냉수리비의 '차칠왕등'도 그런 의미로 이해해야 옳은 거지요.

그러면 누구나 이해할 수 있는 '차칠간(此七干)'이나 '차칠왕(此七王)' 식으로 표현하지 않고 왜 굳이 '차칠왕등'이라는 애매한 표현을 사용한 걸까요? 그것은 이 일곱 사람의 직함과 관등이 제각각이었기 때문입니다. '차칠간'이나 '차칠왕'은 일곱 사람 모두가 '간'이거나 '왕'이었다면 다른 표현을 썼겠지요. '차칠간'이나 '차칠왕' 식으로 말입니다. 그런데 그 일곱 사람의 직함·관등이 제각각인 데다 무엇보다도 그들 중에서 가장 신분이 높은 이는 갈문'왕'이었지요. 그렇다 보니 '차칠왕등' 선에서 적당히 절충(折衷)하는 동시에, 갈문왕('지도로')의 존재를 부각시킬 목적으로 그 사이에 '왕'이라는 글자를 끼워 넣은 겁니다. '차칠왕등'은 '이 [갈문]왕 등 일곱 분'이라는 뜻인 겁니다. 따라서 그 같은 잘못된 이해를 근거로 엄연히 왕호가 붙어 있는 이사지왕을 '6부의 귀족' 식으로 격하시키는 것은 더더욱 역사적 진실과 거리가 멀어질 수밖에 없습니다. 금관총은 신라의 국왕을 모신 '왕릉(王陵)'임에 의심의 여지가 없다는 뜻입니다.

신라 적성비 속의 다양한 간지 표시. 급간지(좌)와 아간지(우)가 보인다

2) '이사지'는 과연 이사부였을까

학계 일각에서는 신라시대 비문에 자주 등장하는 '간지'를 다른 의미로 이해하는 경우도 있습니다.

"적성비가 무공을 세운 사람들에게 포상한다는 내용이라는 것을 생각해 보았을 때 군주로 임명되는 귀족들의 신분이 간지라는 것을 알 수 있다. 이렇게 각 지역의 수장을 표현하는 간지가 중국식 표현인 왕으로도 불렸다고 생각할 수 있는 것이다. 따라서 '이사지왕'이 신라의 국왕이라기보다 신라 최고위층인 '간지'의 또 다른 표현이라고 추측하는 것도 무리가 아니라고 생각한다."[98]

---

98) 최철영, 제43쪽.

최철형은 '간지'를 지역 사령관에 해당하는 '신라 최고위층'으로 이해한 것 같습니다. 그는 그 증거로 단양 적성 신라비에 등장하는 비차부지 아간지와 무력지 아간지가 고두림성의 '군주(軍主)'였다는 기록을 내세웠는데요. 문제는 '이사지'라는 왕호가 '이사부'와 발음이 비슷한 점에 착안하여 두 사람을 같은 사람으로 보았다는 데에 있습니다. 이사지왕이 바로 이사부라는 거지요.

　물론, 한글 발음으로야 이사부와 이사지가 서로 비슷하기는 하지요. 그러나 그 이름들을 원문에서 찾아보면 실제로는 그렇지 않다는 사실을 알게 됩니다.

이름	첫 글자	의미	고대음	발성 위치
연대	異	다르다	jih	경구개
이사지(니사지)	尒	그것	njex	치조

　위에서 이사부는 '다를 이(異)'를 쓰고 이사지는 '그 이(尒)'를 쓴 것을 확인할 수 있습니다. 글자가 다른 거지요. 어디 글자만 다른가요? 소리값[音價]도 많이 다릅니다. 곽석량의 《한자고음수책》에 따르면, 이사부의 '이'는 '양과 리의 반절[羊吏]'로, 그 발음이 '이/jih/'로 추정됩니다. 반면에 이사지의 '이'는 '아와 씨의 반절[兒氏]'로, 발음이 '녜/njex/'로 추정되지요. 한 눈에 보기에도 초성(자음)도 중성(모음)도 상당히 다른 소리입니다. 이 점은 《일본서기》 쪽 가나 표기를 보아도 마찬가지입니다. 전자가 '이(イ)', 후자가 '니(ニ)'로 표기되어 있으니까요.

　음운학적으로 따지고 들어가도 마찬가지인데요. '이'와 '니'는 한글 맞춤법에 따라 같이 쓰고 있지만 각각 혀끝이 입천장 가까이에서 만드는 경구개음(硬口蓋音)과 혀끝이 윗잇몸 가까이에서 만드는 치조음(齒槽音)

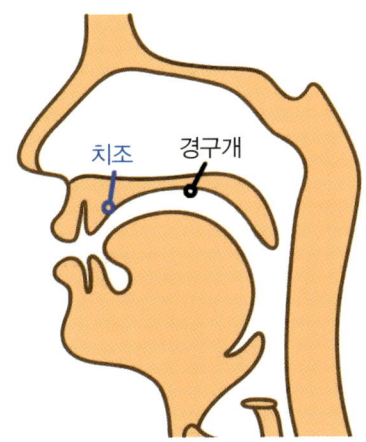

발성 위치 예시. 경구개음(검정)과 치조음(파랑)의 경우. 발음이 만들어지는 위치에서 제법 차이가 나는 것을 확인할 수 있다.

입니다. 발성 위치부터가 엄연히 계통이 다른 거지요. 한자와 발음에서 모두 큰 편차를 보여 주는 셈입니다. 이 점은 '오얏'을 뜻하는 한자인 '李'가 때로는 '이'로도 읽히지만 원래의 발음은 '리'인 것과 비슷합니다. 그 발음으로 '이'와 '리'를 함께 쓰기는 하지만 원래의 발음은 '리'이며 '이'는 두음법칙(頭音法則) 때문에 변형된 발음이라는 뜻이지요. 끝 글자 역시 마찬가지입니다. '이사지'의 '지'와 '이사부'의 '부'는 초성(자음)·중성(모음)에서 전혀 대응되지 않습니다. 의미상으로도 서로 간에 공통분모를 찾을 수가 없습니다. '이사지=이사부'라는 주장은 문자학적으로도 음운학적으로도 성립되지 않는다는 뜻이지요.

3) '이사지 ≠ 이사부'라는 또다른 정황 증거

이사지왕과 이사부가 서로 다른 사람이었다는 증거는 또 있습니다. 두 사람이 활동한 시점이지요. '이사지=이사부'라는 주장이 성립되기 위해서는 이사부가 활동한 시기와 금관총이 조성된 연대가 어느 정도 '맞물려야' 합니다. 문제는 두 사람 사이에는 시차가 제법 크게 벌어져 있다는 데에 있습니다. 이사부는 역사적으로 5세기 후반에 태어나 6세기 중반에 세상을 떠난 것으로 알려져 있는데요. 그러나 금관총의 조성 연대는 대체로 자비 마립간~지증왕 무렵이라는 것이 통설입니다. 5세기 중반부터 6세기 초반에 해당하는 셈이지요. 그렇다면 금관총은 이사부가 태어나기 수십 년 전에 이미 존재하고 있었다는 말이 됩니다.

　물론, 최철형도 "금관총과 이사부 사이의 편년상의 오류"를 의식했던 것으로 보입니다. 그래서 그 절충안으로 제안한 것이 "금관총의 피장자와 '尒斯智王'이 동일 인물이 아니"며 "異斯夫가 금관총의 피장자에게 부장품으로 칼을 바친 것"[99]이라는 논리였지요. 말하자면 이사지왕과 이사부 두 인물 사이의 연대상의 모순을 해명하기 위하여 무덤 주인공(제3자)의 무덤에 이사부가 자신의 칼을 기념품으로 넣어 주었다고 본 셈입니다. 그러나 그 같은 논리는 '이사지=이사부'임을 주장하면서 한편으로는 남의 무덤에 자신(이사부)의 대도를 기념으로 넣어 주었을 거라는 또 다른 주장을 하는 것과 다를 바가 없습니다. 이율(二律)이 배반(背反)된다는 뜻이지요.

　유물들의 규모나 화려함으로 볼 때 금관총의 주인공('이사지왕')는 생시에 중요한 역할을 수행한 인물이었을 가능성이 높습니다. 반면에 이사부는 당시만 해도 기껏해야 20대밖에 되지 않은 신출내기 귀족일 뿐이었지요. 물론, 이사부도 그 가계나 능력만 놓고 보면 역사적으로 신라 사회에서 상층부 지배층에 속하는 대단히 중요한 인물이었습니다. 말년까지

---

99) 최철영, 제49~50쪽.

나라를 위하여 혁혁한 공로를 세워 신라에서 중요한 원로 대접을 받은 것도 사실이지요. 그러나 적어도 금관총이 조성되던 당시로 눈길을 돌린다면 이사부는 그때만 해도 막 약관(弱冠)을 넘긴 신출내기일 뿐이었습니다. 정식 계급장도, 제대로 된 업적도 이루지 못했을 신출내기가 김씨 집단을 대표하여 금관총의 주인공에게 자신의 칼을 기념물로 넣어 주었다? 그것도 남들에게 보여 주기에도 민망한 삐뚤빼뚤한 글씨가 낙서처럼 새겨진 그런 칼을? 유감스러운 말이지만 '골품'이라는 엄격한 신분제도가 시퍼렇게 살아 작동되고 있던 1,500여 년 전의 고대국가에서 그 같은 참월(僭越) 행위는 있을 수 없는 일입니다. 백번 양보해서 그게 가능하다고 칩시다. 아무리 그래도 사회적 명망이나 업적이 높은 인물은 이사부 말고도 얼마든지 많았을 겁니다. 그런데 그런 인물들의 부장품은 하나도 없이 아직 제대로 된 업적도 없는 이사부의 칼을 기념으로 넣어 준다? 그것도 한 자루도 아니고 열 자루 넘게?

만약 금관총이 제3자의 무덤이고 이사지왕이 이사부라면 '이사지왕' 네 글자가 새겨진 대도는 한 자루만으로도 충분합니다. 그런데 '이사지왕'이라는 명문이 새겨진 대도가 두 자루 이상 부장되었다는 것은 무엇을 의미하겠습니까? 그 사실 자체가 금관총이 이사지왕 자신의 왕릉이라는 움직일 수 없는 증거인 거지요. 자신의 무덤에 자신이 생전에 지니고 다녔던 애장품들을 다 넣어 달라고 당부하는 것이야 너무도 자연스러운 일이 아니겠습니까? 대단히 아쉽지만 고고학·역사학·금석학은 물론이고 일반 상식으로 보더라도 이사부는 이사지왕일 수 없다는 뜻입니다.

제6절
'이사지'의 종합적인 음운 분석

지금까지 우리는 언어학·문자학·음운학·금석학 등 언어적 접근을 통하여 금관총 주인공의 왕호 '이사지' 세 글자의 발음과 의미에 관하여 살펴보았습니다. 이 대목에서는 앞서의 논의들을 정리하면서 누가 '이사지 왕'인지에 대한 결론을 내리고자 합니다.

1) '이사지'는 과연 어떻게 발음되었을까

'이사지' 세 글자 중 '사'의 발음에 관해서는 우리가 한 가지 유념할 것이 있습니다. '사'는 신라어에서 앞단어와 뒷단어를 하나의 합성명사로 연결시키는 문법상의 표지, 즉 속격 조사로 충당되었습니다. 적어도 이 세 글자 안에서는 'ㅅ'처럼 불완전한 소리값[音價]을 가지고 있었거나 '□·▶' 식으로 아예 독자적인 소리값이 없이 단순한 표지(기호) 역할만 수행했을 수도 있다는 뜻이지요.

신라의 속격 조사인 '사'가 '잇금'이나 '밋흔' 식으로 그 뒷글자를 된발음으로 변형시키는 현대 한국어의 사잇소리(사이시옷)와 같은 음성적 변형도 동반했는지는 현재로서는 알 길이 없습니다. 그러나 '이사금·미사흔' 등 국내 문헌들에 전해지는 '□斯□·□斯□□·□□斯□' 구조의 명사들을 분석해 볼 때 현대 한국어의 사이시옷 같은 음성적 변형은 일어나지 않았던 것으로 보입니다. 그것을 사용하든 하지 않든 간에 의미나 발음상의 변형은 일어나지 않았다는 뜻이지요. '사'가 A와 B의 문법관계를 시각적으로 보여 주는 표지, 즉 속격조사로 충당되었다고 전제할 경우, '이사지'라는 발음의 수렴(收斂) 양상은 대체로 다음과 같이 정리할 수 있을 겁니다.

이사지=니사지 > 니시디 > 니ㅅ디 > 니디 (닛디?)

이 같은 수렴 양상이 정확한 것이라면 우리 책의 주인공 이름인 '이사지[왕]'는 '이사지(니시지)'로 읽지 않고 '니디' (또는 '닛디') 정도로 읽혔을 겁니다. 이사지의 '사'가 '이사금·미사흔·이사부'의 경우처럼 앞단어와 뒷단어의 소유관계를 나타내는 일종의 속격 조사로 사용되었다는 뜻이지요. 만에 하나라도 이 속격조사 '사'가 독자적인 소리값을 가지고 있었다면 아마 그것은 현대 한국어의 사이시옷(ㅅ)과 같은 역할을 했을 겁니다. '이사지'의 발음이 '닛디'일 수도 있다는 뜻이지요. 그러나 그 글자가 일종의 표지로 사용되었을 거라고 전제한다면 그럴 가능성은 낮아 보입니다. '닛디'보다는 '니디' 쪽이 '이사지'의 재구음으로 보다 더 현실적이고 이상적인 결론이라는 뜻이지요. 그 언어적 증거가 바로 사이시옷이 존재하지 않는 그의 또 다른 왕호 '내지(乃智)'와 '내지(內只)'입니다.

2) 신라 마립간 '니디'는 누구란 말인가

그렇다면 그 이름이 '니디'로 추정되는 금관총의 주인공은 신라의 어느 왕이었을까요? 분명한 것은 금관총의 조성 연대나 유물의 제작시기 등의 고고학적 단서들을 종합해 볼 때, 금관총의 주인공은 4~6세기에 왕위에 있었다는 사실입니다. 4~6세기 마립간 시기 200여 년 사이에 신라에서 왕위에 오른 이로는 실성·눌지·자비·소지·지증 등 모두 6명이 있었지요. 여기에서는 이 6명의 왕호를 차례로 비교 분석함으로써 과연 누가 금관총의 주인공이 누구인가에 대한 답안을 찾아보도록 하겠습니다.

(1) 나물 이사금

'나물'의 '나(奈)'를 지금은 '내'로 읽지만 신라시대에는 달랐습니다. 실제로 김부식은 《삼국사기》에서는 그의 왕호를 소개하면서 "'나밀'이라고도 한다(一云那密)"[100]라고 밝혔지요. 신라시대에는 '내(奈)'와 '나(那)'가 같은 발음('na')으로 간주되었다는 뜻입니다. 곽석량은 《한자고음수책》에서 이 '내'가 니와 월의 반절[泥月]인 '낫/nāt/', '물(勿)'은 명과 물의 반절[明物]인 '뮛/mĭwət/', 또 '나'는 '니와 가의 반절[泥歌]'인 '나/na/', '밀'은 '명과 질의 반절[明質]'인 '몟/mĭĕt/'인 것으로 추정했습니다. '나물'의 고대음이 '낫뮛'과 '나몟' 정도로 재구되는 셈이지요. 아마 나중에는 발음의 편의에 따라 종성(받침)이 탈락되면서 '나뮈(또는 나모)'와 '나메' 식으로 변했을 겁니다.

《일본서기》에서는 두 글자의 발음을 '나모추(ナモツ)'로 표기해 놓았는데요. 2음절인 '나물'이 3음절인 '나모추'로 표기된 것은 개음절(開音節) 때문입니다.[101] 일본어는 개음절이 극단적으로 발달한 언어로 유명하지요. 그래서 받침(종성)이 있는 소리를 발음해야 할 경우에는 1음절의 폐음절(閉音節) 발음이 2음절의 개음절 발음으로 변하는 경향이 두드

---

100) 김부식, 《삼국사기》〈신라본기 3〉 '나물 이사금'조.
101) '개음절'이란 특정한 소리가 모음(중성)으로 마무리되는 경우를 가리킨다. 'robot'을 '로보토(ロボット)', 'not good'을 '나토 구토(ナット·グッド)' 식으로 발음하는 것이 그런 경우이다. 반면에 '로봇', '낫 굿' 식으로 소리가 자음(종성)으로 마무리되는 경우를 '폐음절'이라고 하는데 일본어에서는 좀처럼 보기 드물다.

러집니다. 반면에 한국어에서는 개음절과 폐음절이 고르게 발달되어 있지요. 다양한 발음의 발성과 표기가 가능하다는 뜻입니다. 그렇게 본다면 신라어에서 나물 이사금의 첫 번째 글자 '내(奈)'는 '나/na/', 두 번째 글자 '물(勿)'은 '뭣' 정도로 발음되었을 겁니다. '나물'이 개음절('나모추')이 아닌 폐음절의 '나뭣', 또는 거기서 종성이 탈락된 '나뭐'(또는 '나모') 정도로 읽혀졌을 거라는 뜻이지요.

(2) 실성 이사금

곽석량은 실성의 '실(實)'은 선과 질의 반절[船質]인 '뎻/ȡiĕt/', '성(聖)'은 서와 경의 반절[書耕]인 '셩/ɕieŋ/' 정도로 추정했습니다. 고대음이 대체로 '뎻셩' 정도로 재구되는 셈이지요. 반면에, 《일본서기》의 한자 표기로는 '실성'이 '지추세이(ジツセイ)'로 읽힙니다. 그런데 우리말에는 폐음절이 존재하는 점을 감안한다면 실제로는 '짓세이(ジッセイ)'로 읽혔을 가능성도 있습니다. 《일본서기》 쪽 고대음으로는 '지추세이'나 '짓세이' 둘 중 한 쪽이었을 거라는 뜻이지요.

(3) 눌지 마립간

곽석량은 눌지의 '눌'은 '니와 물의 반절[泥物]'로 '눗/nuət/', '지'는 '장과 지의 반절[章脂]'로 '뎨ㅣ/tĭei/' 정도로 추정했습니다. '눌지'가 대체로 '눗뎨ㅣ' 또는 '눠디' 정도로 재구되는 셈이지요. 그런데 《일본서기》 쪽은 '눌'이 '노치(ノチ)', '지'가 '시(シ)' 정도로 표기됩니다. 폐음절 발음으로 따진다면 '노치시'는 '놋시' 정도로 발음되겠지요? 만약 종성이 탈락된 형태로 사용되었다면 그보다 부드러운 발음인 '노시' 정도로 읽혀졌을 가능성도 있습니다.

(4) 자비 마립간

곽석량은 자비의 '자(慈)'를 '종과 지의 반절[從之]'인 '져/dziě/', '비(悲)'를 '방과 미의 반절[幫微]'인 '뼈ㅣ/piəi/' 정도로 추정했습니다. 그 발음이 '져뼈ㅣ' 정도로 재구되는 셈이지요. 《일본서기》쪽의 한자 표기를 참고하면 '자비'는 '지히(ジヒ)' 정도로 읽혔던 것으로 보입니다.

(5) 소지 마립간

곽석량은 소지의 '소(炤)'를 '장과 소의 반절[章宵]'인 '됴/tǐau/', '지(智)'는 '단과 지의 반절[端支]'인 '뎨/tǐe/' 정도로 추정했는데요. 그 발음을 '됴뎨' 정도로 추정한 셈입니다. 《일본서기》쪽에서는 '쇼치(シュウチ)'로 표기되는 것 같군요. 소지 마립간의 경우, 그 왕호가 몇 가지 더 전해지는데요. 《삼국사기》의 '조지(照知)', 《삼국유사》의 '비처(毗處)'가 그것입니다. '조지'는 한자가 다르기는 하지만 '소지'와 발음이 정확하게 일치합니다.

'비처'의 경우, 신라의 동사 '비춰' 또는 '비처', 명사 '빛'을 발음 그대로 한자로 표기한 음차의 사례로 보이는데요. 그 발음은 '비'가 '병과 지의 반절[並脂]'인 볘ㅣ/biěi/, '처'는 '창과 어의 반절[昌魚]'인 '탸/tʼia/'입니다. '볘ㅣ탸' 정도로 재구되는 셈이지요. 《일본서기》쪽 표기에 따르면 '비소(ビソ)' 정도로 재구됩니다.

(6) 지증 마립간

곽석량에 따르면 '지(智)'는 '단과 지의 반절[端支]'인 '뎨/tǐe/', '증(證)'은 '장과 증의 반절[章蒸]'인 '뎡/tǐəŋ/' 정도입니다. 그 발음이 '뎨뎡' 정도인 셈인 거지요. 그런데 《일본서기》쪽은 '지증'이 '치쇼(チシュウ)'

로 표기되는 것 같군요.

신라시대 비문이나 《삼국유사》 등에 따르면 '지증'은 때로는 '지절로(只折盧)·지철로(智哲老)·지대로(智大路/智大盧)·지도로(智度路)' 등으로 적기도 했다고 합니다. 고대음으로 '철'은 '댯/tĭɑt/', '대'는 '닷/dāt/', '도'는 '닥/dāk/', '로'는 '로/ləu/'입니다. 그러므로 지철로는 '뎨댯로', 지대로는 '지댯로', 지도로는 '지닥로' 정도로 추정할 수 있는 셈입니다. 《일본서기》 쪽 한자 표기로는 '지철로'가 '치데추로(チデツロ)', '지대로'가 '치타이로(チタイロ)', '지도로'가 '치도로(チドロ)' 정도로 읽혔겠지요. 만약 '지'가 '디/di/'로 읽혀졌다는 국어사학자들의 주장을 참고한다면, '지증'은 '디뎡', '지절로·지철로·지대로'는 '디댯로(또는 디댜로)', '지도로'는 '디닥로' 정도로 정리할 수 있을 겁니다.

지금까지 살펴본 마립간 시기의 신라 국왕들의 왕호를 곽석량 《한자고음수책》과 《일본서기》 식 한자 고대음에 근거하여 표로 나타내면 다음과 같습니다.

〈표 - 마립간 시기 신라 국왕 왕호의 고대음 재구 양상〉[102]

왕호	발음 근거			비 고	'이사지(니디)'와의 음운대응
	《한자고음수책》	《일본서기》	현실음		
나물	낫뭣	나모추	나뭐?	'나밀'은 '나멧'(현실음 '나메'?)	×
실성	뎻셩	지추세이	데셩?	폐음절 반영 시 '짓세이'	×
눌지	눗데ㅣ	노[치]시	눠데?	'이사지'의 현실음은 '니디(닛디)'	○

---

102) 표에서 '현실음(現實音)'은 발성이나 전파 과정에서 종성(받침)이 탈락되거나 복모음이 간소화되는 등의 음운현상을 감안했을 때 추정되는 발음을 가리킨다.

자비	져뻬ㅣ	지히	저비?		×
소지	소지	됴뎨	쇼치	됴디?	'소지, 조지'는 훈독('빛나는 분')	×
	조지	됴뎨	쇼치	됴디?		×
	비처*	볘ㅣ탸	비소	비탸?	'비처'는 음차 ('비춰, 비쳐, 빛')	×
지증	지증	뎨졍	치쇼	디뎡?	남풍현 등 국어사학자의 추정에 근거할 때 '지'의 고대음은 '디'	×
	지대로	뎨닷로	치타이로	디다로?		×
	지도로	뎨닥로	치도로	디닥로?		×
	지철로	뎨닷로	치데추로	디댜로?		×
	지절로	뎨닷로	치세추로	디댜로?		×

자, 이제 표에 소개되어 있는 6명의 왕호들에 주목해 주십시오. 각 글자의 초성(자음)·중성(모음)·종성(받침)을 하나씩 대조해 보겠습니다. 저 중에서 어느 왕이 금관총의 주인공 이사지왕 같아 보입니까? 저 중에서 '니디'(또는 '닛디', 《일본서기》'노시')와 발음이 가장 비슷한 왕호를 가진 인물은 누구인 것 같습니까? 그렇습니다. 저 중에서 '니디'(또는 '닛디', 《일본서기》'노시')와 가장 비슷한 왕호를 가진 인물은 단 한 사람뿐입니다. 바로 신라 제19대 국왕이었던 눌지(訥祗) 마립간 말입니다.

물론, 어떤 분들은 이 결론에 대해서 문제를 제기할 수도 있을 겁니다.

"'이사지'의 실제 발음이 '니디(닛디)'였다고 치자. 그러나 곽석량의 고증에 따르면 '눌지'의 고대음은 '눛데ㅣ'이다. 그런데 '니디'와 '눛데ㅣ'는 발음상의 편차가 큰 편이다. 그다지 비슷해 보이지 않는다는 뜻이다. 그

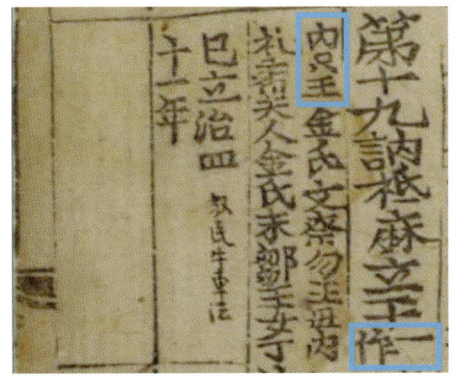
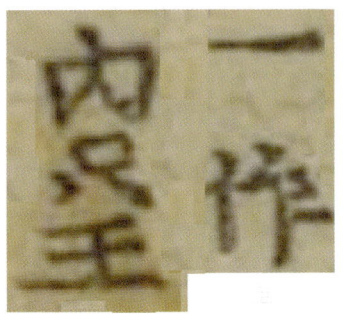

《삼국유사》〈왕력편〉의 '눌지 마립간'조. 그 아래에 "'내지왕'이라고도 한다(一作內只王)"라고 소개한 주석이 보인다. 고려시대에 '눌지'가 '내지'로 표기되기도 했다는 의미로 해석된다.

런데 어떻게 '니디=눌지'라고 장담할 수가 있는가?"

누구든 그런 미심쩍은 구석이 조금이라도 있다면 당연히 시원하게 풀고 가는 것이 옳지요. 또 다른 음차 표기의 사례를 확인해 보면 됩니다. '니디=눌지'가 맞는지 틀리는지 확인해 볼 수 있는 방법이 있거든요.

그동안의 연구에 따르면 냉수리 신라비에 등장하는 '내지(乃智)'라는 이름은 '눌지'의 또 다른 표기의 사례라는 것이 학계의 통설입니다. 또, 13세기에 저술된 일연의 《삼국유사》에서는 눌지 마립간을 소개하면서 "'내지왕'이라고도 한다(一作內只王)"[103]이라는 주석을 붙이기도 했지요. '눌지'가 신라시대에는 '내지(乃智)', 고려시대에는 '내지(內只)'로 표기되기도 했던 셈입니다. 그렇다면 '눌지'의 또 다른 표기인 이 두 왕호의 고대음을 조사해서 이사지의 고대음인 '니디'과 대조해 보면 정답을 찾아낼 수 있겠지요? '니디'와 '내지'에 대한 고대음 비교·분석을 통하여 이

103) 일연,《삼국유사》〈왕력편〉 '눌지 마립간'조.

둘이 음운상으로 서로 대응된다는 사실이 확인된다면 '니디' 즉 이사지와 눌지가 동일한 인물이라는 사실이 입증되는 셈이니까요.

앞서 곽석량의《한자고음수책》에 따르면, 눌지의 '눌'은 '니와 물의 반절[泥物]'로 '눗/nuət/', '지'는 '장과 지의 반절[章支]'로 '데/tĩe/' 정도로 추정했습니다. 대체로 '눗데' 정도로 재구되는 셈이지요. 또, 냉수리비에 등장하는 '내지(乃智)'의 경우, '내'는 '니와 지의 반절[泥之]'로 '너/nə/', '지'는 '단과 지의 반절[端支]'로 '데/tĩe/' 정도로 추정된다고 합니다.《삼국유사》에 등장하는 '내지(內只)'도 마찬가지인데요. '내'는 '니와 물의 반절[泥物]'로 '눗/nuət/', '지'는 '장과 지의 반절[章支]'로 '데/tĩe/' 정도로 추정됩니다. 글자는 다르지만 발음은 '너데'와 '눗데(눠데)'로 거의 똑같은 셈이지요. 여기서 '데/tĩe/' 발음의 경우, 만약 '지혜 지(智)'의 고대음을 '디/di/'로 추정하는 국어사학자들의 주장을 참고하면 '너데'는 '너디', '눗데(눠데)'는 '눗디(눠디)' 정도로 각각 추정할 수 있게 됩니다.《일본서기》쪽은 두 '내지' 모두 앞글자가 '나이(ナイ)', 뒷글자가 '시(シ)'로 표기해서 '나이시' 정도로 추정되지만 치조음을 경구개음으로 발음하는 일본어의 발음 습관상의 문제점을 감안할 때 굳이 참고할 필요가 없을 것 같군요.

그러나 이 정도만으로도 '이사지(니디)'와 '내지(너디)'·'내지(눠디)'가 사실상 동일한 왕호의 동일한 발음을 서로 다른 한자로 표기한 이름들이라는 사실은 충분히 확인되었다고 봅니다. 거기다가 이 세 왕호의 음절 수가 2음절로 똑같은 데다가, 세부에서는 미묘하게 차이가 존재하겠지만, 그 발음 역시 두 글자 모두 초성(자음)과 중성(모음)이 서로 완벽하게 대응되고 있지요. 적어도 언어학적 견지에서는 '이사지'왕이 6명의 마립간들 중의 한 사람인 '눌지' 마립간이라는 점에는 의심의 여지가 있을 수 없다는 뜻입니다.

〈표 – 눌지 마립간의 표기별 재구음 및 현실음 대조표〉

앙호 표기	재구음		연대	출처	매개체	기록 구분	전파 강도
	곽석량	현실음					
尒斯智	nĭe.().tĭe	니 디	5세기	금관총	부장품	기록 이전	최근까지 망각됨
乃 智	nə.tĭe	너 디	6세기	냉수리비	비문		
訥祗	nuət.tĭe	눠ㅅ디	12세기	《삼국사기》	도서	기록 이후	최근까지 각인됨
內 只	nuət.tĭe	눠ㅅ디	13세기	《삼국유사》	도서		

4) 이사지왕은 어째서 '눌지'로 알려졌는가

그런데 이쯤에서 한 가지 의문이 생깁니다. '이사지=눌지'가 확실하다면 어째서 처음부터 역사책에 '눌지'라고 기록하지 않은 걸까요? 처음에는 '이사지'였던 왕호가 어째서 지금은 사람들의 뇌리에 '눌지'로 완전히 각인(刻印)되어 버린 걸까요? 결론부터 말하자면, 그것은 '눌지'가 가장 마지막 순간까지 '살아남은' 이름이었기 때문입니다. 다들 명심하십시오. '눌지'는 5세기 당시에 '이사지왕' 본인이 스스로 붙인 이름이 아니라는 사실을 말입니다!

'눌지'라는 왕호가 우리 역사에 처음으로 등장한 것은 고려시대였습니다. 김부식이 어명을 받들어《삼국사기》를 편찬하던 12세기에 고려인들 사이에서 전해지고 있었던 것이 '눌지'였던 거지요. '이사지왕'이 세상을 떠나고도 700년이 넘게 지난 뒤에 제3자가 소리 나는 대로 그 두 한자를 짜맞추어서 표기했고, 그 이름이 김부식이《삼국사기》를 편찬할 때까지 민간에서 통용(通用)되고 있었던 겁니다. 그것을 김부식이 〈신라본기〉에 기록으로 남긴 거지요. '訥祗'라고 말입니다.

물론, 김부식 이전인 5~6세기에도 이사지왕 자신이 직접 붙인 이름

('이사지')이나 '내지(乃智)' 같은 이름이 존재하고 있었지요. 그러나 그 이름들은 신라시대에 문헌 기록으로 전해지지 못했습니다. 게다가 한자 표기도 수시로 바뀌었을 겁니다. 고유의 문자가 없이 남의 나라 문자를 빌어 쓰는 과정에서 한 사람에 대한 이름이 다양한 경로를 통하여 얼마나 많이 변형될 수 있는지는 지증왕의 경우만 보아도 잘 알 수 있지 않습니까? 어디 그뿐인가요? 그 사이에 왕조까지 신라에서 고려로 바뀌다 보니 '이사지'라는 이름은 결국 사람들의 뇌리에서 완전히 잊혀 버리고 만 겁니다. 만약 신라시대에 한글이 이미 사용되고 있었다면 그의 왕호가 무엇인가를 놓고 스트레스를 받을 필요가 없었을 겁니다. 이미 그때부터 금관총 주인공의 왕호를 눌지가 아닌 '이사지'로 가르치고 배우고 전했을 테니 말입니다. 그런데 아쉽게도 당시에는 우리 선조들에게 고유의 문자가 없었고, 그렇다 보니 남의 나라 표의문자인 한자를 빌어다 그들의 이름을 적을 수밖에 없었던 거지요. 그렇다 보니 시대가 바뀌고 사람이 바뀔 때마다 표기가 '이사지·내지·눌지' 식으로 제각각으로 알려지게 된 겁니다. 이렇듯 그 이름이 처음에는 한자가 아닌 신라어인 데다가 세월이 백년·천년 넘게 흐르는 동안 그 이름을 언급하는 사람마다 자기 방식에 따라 저마다 다른 한자로 표기하면서 이름이 '이사지 ⇒ 내지 ⇒ 눌지/내지' 식으로 제각각으로 전해졌던 것이고, 결국 마지막 단계에서 김부식에 의하여 '눌지'라는 전혀 다른 이름으로 최종적으로 역사책에 남게 된 겁니다. 어쩌면 김부식 등 고려인들은 '눌지'가 당사자의 원래의 이름과 발음이 가장 비슷하다고 여겼는지도 모릅니다. 만약 김부식이 《삼국사기》를 편찬하지 않고 넘어갔더라면 '눌지'라는 이름조차 사람들의 뇌리에서 완전히 잊혀져 버리고 말았을 테지요.

지금까지 우리는 위에서 4~6세기 마립간 시기에 왕위에 있었던 6명

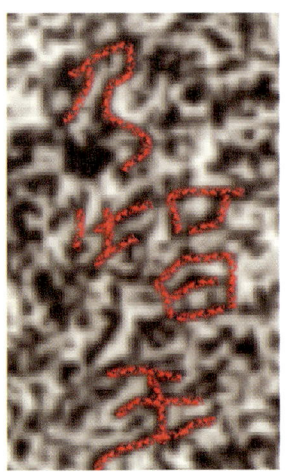

학계에서 '내지왕(乃智王)'으로 판독한 냉수리 신라비의 해당 부분(동그라미). 판독이 정확하다면 '눌지왕'의 왕호로는 《삼국사기》보다 650년 정도 빠른 셈이다.

의 신라 국왕의 왕호들 및 '이사지·내지·눌지·내지' 등 '눌지'에 대한 13세기까지의 서로 다른 음차 표기들에 대한 언어학·문자학·금석학적 검증을 통하여 '이사지'가 '눌지'임을 다시 한번 확인했습니다. 금관총이 바로 눌지 마립간의 왕릉이었던 거지요. 만약 우리가 언어학적 탐구로 얻어진 이 결론에 동의한다면 눌지 마립간의 왕릉, 즉 금관총이 조성된 절대연대(絶代年代)에 대한 답안은 벌써 얻어진 셈입니다.

눌지 마립간은 재위 42년 되던 해 가을 8월(양력 9~10월)에 세상을 떠났는데요. 《삼국유사》에는 동진(東晉) 안제(安帝)의 의희(義熙) 14년에 왕위에 올랐고 "정사년에 옹립되어 41년간 다스렸다(丁巳立, 治四十一年)"[104]고 소개되어 있습니다. '의희 14년=정사년'부터 41년 동안 왕위에 있었던 거지요. 의희 14년의 경우, 일본과 중국에서는 서기 418년에

---

104) 일연, 《삼국유사》〈왕력편〉 '눌지 마립간'조.

해당하는 것으로 보고 있습니다. 문제는 정사년은 서기 417년이라는 데에 있는데요. 연호를 계산하는 데에 더러 편차가 발생하는 점을 감안하면 간지가 더 정확할 가능성이 높습니다. 만약 정사년(417)이 눌지 마립간이 즉위한 해라면 그가 세상을 떠난 시점은 그로부터 41년이 지난 해인 거지요. 그런데 그 아들 자비가 "무술년에 옹립되었다(戊戌立)"[105]고 합니다. 무술년은 서기로는 458년에 해당하는데요. '무술년=458년'이라는 점에 관해서는 한·중·일 모두 의견이 일치합니다.[106] 그렇다면 눌지 마립간이 천수(天壽)를 다하고 세상을 떠난 해는 458년인 셈이지요. 금관총은 바로 이해에 조성되었다는 뜻입니다.

---

105) 일연,《삼국유사》〈왕력편〉'자비 마립간'조.
106) 〈458년〉,《일본어판 위키백과》.

제4장
눌지 마립간은 어떤 인물이었나

앞서 '이사지왕'임이 확인된 눌지는 신라 역사상 처음으로 '마립간(麻立干)'으로 일컬어진 군주입니다. 그렇다면 이쯤에서 '마립간'은 무슨 뜻을 가진 말이었는지 짚어 볼 필요가 있을 것 같군요. 《삼국사기》를 편찬한 김부식(金富軾, 1075~1151)은 이와 관련하여 7~8세기의 학자 김대문의 말을 빌어 이렇게 설명했습니다.

"'마립'이란 우리말(신라어)로서, '말뚝'을 말한다. 말뚝은 '함조'를 말하는데 지위에 따라 설치하기에 왕의 말뚝이 주축이 되며 신하들의 말뚝은 그 아래에 늘어 세웠다. 그래서 그것으로 이름을 붙인 것이다."
"麻立者, 方言, 謂橛也. 橛謂誠操, 准位而置. 則王橛爲主, 臣橛列於下, 因以名之."[107]

'함조(諴操)'는 쉽게 말하면 조선시대의 품계석(品階石)에 해당합니다. 조정에서 행사가 거행될 때 문·무 백관(文武百官)이 품계에 따라 설 자리를 표시했던 비석 같은 돌 말입니다. 신라시대에는 그 돌 대신 말뚝을 박았던 거지요.

물론, 김대문의 이 고증이 정확한 것인지는 의문입니다. 그는 4~6세기 마립간 시기로부터 적어도 300여 년 뒤에 태어난 인물이지요. 그러니 마립간 시기에 실제로 말뚝을 박아 시각적으로 관등을 구분하는 제도가 존재했는지 확인할 길이 없습니다. 제 아무리 같은 김씨 왕가의 일원(一員)이라 해도 중원 문물의 영향을 강하게 받던 7~8세기 신라인의 정서로 그보다 몇백 년 전 조상들의 언어나 문화를 이해하거나 정의할 수는 없

---

107) 김부식, 《삼국사기》 〈신라본기 3〉 '눌지 마립간'조.

덕수궁 중화전(中和殿) 앞의 조선시대 품계석. '함조'란 돌 대신 나무로 만든 품계석이라고 할 수 있다(한국민족문화대백과 사진).

지 않겠습니까? 그가 해석한 '마립'의 의미가 4~6세기의 원형(原型)과 의미상으로 부합된다고 단정하기는 어렵다는 뜻입니다.

학자들은 지금까지 김대문의 '마립=말뚝'설을 중국 기록에 등장하는 신라 국왕 '누한(樓寒)'과 결부시켜 해석하기도 했습니다. 실제로 당대의 역사가 두우(杜佑, 735~812)가 저술한 《통전(通典)》〈변방1(邊防一)〉 '신라'조에는 "부견 당시에 그 나라 왕 누한이 사신 위두를 보내 조공하였다(符堅時, 其王樓寒遣使衛頭朝貢)"고 소개되어 있지요. 송대 학자 이방(李昉, 925~996)의 《태평어람(太平御覽)》에서는 이 해를 '건원 18년(建元十八年)', 즉 서기 382년으로 밝혀 놓았는데요. 학자들은 여기에 등장하는 '누한'이라는 인명을 한자 본래의 의미에 주목하여 '한'은 '간(干)'으로 새기고, '누'는 '누각 ⇒ 다층건물 ⇒ 꼭대기 ⇒ 마루' 식으로 그 의미를

유추(類推)했지요. '누한=마루+한'으로 새겨 "여러 간 중에 으뜸 가는 간"으로 말입니다.108)

말하자면 '누한'을 의미 그대로 풀이한 거지요. 물론, '한'을 수장이나 군주를 뜻하는 '간(干)'의 의미로 해석한 것에는 저자도 동의합니다. 그러나 '누'를 '누각(belvedere)', 나아가 '마루(top)'로 본 건 너무 주관적인 해석이 아닐까요? '누'가 원래의 의미대로 '누각'을 뜻한다고 칩시다. 그러나 그렇게 되면 누각이 어떻게 '마루'라는 의미로 연결되는지부터 먼저 해명되어야 합니다. '누각'과 '높은 곳'은 의미상으로 상관관계가 성립되지만 '누각'에서는 논리적으로 '마루'라는 의미가 도출될 수 없거든요.

따라서 이 경우에는 다른 방식으로 접근할 필요가 있습니다. 특정한 신라의 명사를 소리 나는 그대로 한자로 표기한 음차(音借)의 사례일 가능성에 주의할 필요가 있다는 뜻입니다. 그럴 경우 '누'를 굳이 '누각' 또는 '높은 곳'과 결부시킬 필요가 없습니다. '루/lu/'라는 소리를 표기하기 위해서 한자를 일종의 발음기호로 빌려 쓴 것뿐이니까요. 여러 '정황'으로 볼 때 '누한'은 왕을 높여 부르는 칭호라기보다는 그 왕의 이름일 가능성이 높습니다. '나물'은 눌지 아버지의 왕호 또는 시호(諡號)이며 '누한'이야말로 그 본명이라는 말이지요. 우리는 앞서 제3장에서 '진지·소지·이사지(눌지)'가 이름이 아님을 확인한 바 있습니다. 이렇듯 '누한'이 소리 나는 대로 한자로 적은 이름인 이상 '누'를 '누각', 나아가 '마루'로 해석하는 것은 논리적으로 지나친 비약일 수밖에 없는 겁니다

백번 양보해서 '누한'을 의미 그대로 해석하여 '마루한'으로 이해할 수

---

108) 이병도, 〈고대남당고(古代南堂考)〉《한국고대사연구》, 제625~630쪽, 박영사, 1976.

있다고 칩시다. 그래도 앞뒤가 안 맞기는 마찬가지입니다. 역사적으로 나물은 '마립간'으로 일컬은 적이 없거든요. 김부식의 시각에 따르면, 신라에서 '마립간'이라는 칭호는 눌지에 이르러 처음으로 사용되었습니다. 그래서 《삼국사기》에서도 나물과 그다음 왕인 실성까지는 모두 '이사금'을 정식 칭호로 사용했습니다. 그러다가 눌지에 이르러 '마립간'이라는 칭호로 소개되기 시작하지요. 나물에게 처음으로 '마립간'이라는 칭호를 붙인 것은 그 아들 눌지였습니다. 나물이 세상을 떠나고 실성까지 죽은 뒤에 '추존(追尊)'의 형식으로 말이지요. 따라서 '누한=마루한=마립간'으로 해석하거나 나물 때부터 마립간으로 일컬었다는 주장은 역사적 사실과는 상당한 거리가 있는 셈입니다.

그렇다면 '마립간'은 무슨 뜻으로 해석하냐고요? 몇 세대 뒤에 왕위를 계승한 지증이 그동안 사용해 왔던 '마립간'에서 중국식 표현인 '왕(王)'으로 통째로 바꾼 것을 보면 '마립간' 자체가 의미상으로 '왕'에 해당하는 칭호인 것은 분명해 보입니다. 정황상 '위대한 군주'나 '최고의 임금' 정도의 의미를 가졌을 테지요 당숙 실성을 시해하고 석씨 집단의 영향력에서 완전히 벗어난 눌지가 자신의 정통성을 강조하기 위하여 붙인 칭호가 아닙니까? 생전에 '이사금'으로 일컬어졌던 자신의 아버지 나물에게까지 같은 칭호를 붙여 준 데에도 그런 의미가 내포되어 있는 거겠지요. 그럼에도 불구하고 '마립'의 구체적인 의미에 대해서는 저자도 아직은 말을 아낄 수밖에 없을 것 같습니다. 언어적인 증거나 심층적인 연구가 제대로 이루어지지 않은 현재로서는 그 의미를 칼로 무 베듯이 간단하게 단정하는 것은 시기상조(時機尙早)니까요.

재발굴조사가 이루어진 뒤인 2015년에 촬영한 항공사진 속의 금관총(금관총보존기록관 사진)

제1절
눌지의 내력

13세기 몽골 고원의 보르찌긴(Боржигин) 씨족 출신인 테무찐(Тэмүжин)은 수많은 시련과 고난을 겪은 끝에 활발한 정복활동으로 영토를 개척하고 몽골제국의 개국을 선언합니다. 몽골 사람들은 이때부터 그를 '칭기스 하앙[109](Чингис хаан, 칭기즈 칸)'으로 높여 부르는 한편 그 직계 후손들을 '알탕 우락(Алтан Ураг)', 즉 황금 가계(黃金家系)로 일컬으면서 칭기스 하앙의 피를 이어받은 신성하고 고귀한 혈통에 존경심을 가지기 시작하지요. 이처럼 지배 집단이 자신들의 가계를 신성하고 고귀한 혈통으로 미화하는 경향은 중세의 몽골 사회에만 한정된 것은 아니었습니다. 신라 역시 혈통을 대단히 중시하는 사회였으니까요. '황금 가계'라는 표현은 13세기 몽골에서 처음 등장하지만 지배 집단의 혈통을 고귀하게 미화하고 신성시 하는 개념과 메커니즘은 4~6세기 마립간 시기의 신라에

---

[109] '칭기스 하앙'은 일종의 시호(諡號)이다. 일반적으로 '칭기즈 칸'으로 표기하지만 그것은 아랍-구미지역의 발음이며 몽골에서는 '칭기스 하앙'으로 발음한다. 일본의 경우, 처음에는 '칭기즈 칸'으로 표기했으나 시간이 흐르면서 몽골식으로 '칭기스 항(チンギス・ハン)'으로 표기하는 추세이다. 참고로 몽골어의 종성(終聲, 받침) '-н'은 '-ㄴ(n)'과 '-ㅇ(ng)' 사이에서 발음된다. 책에 따라서는 '칭기즈 칸'의 영향으로 둘 중 '-ㄴ'으로 표기하는 경우가 많지만 원래의 발음은 '-ㅇ' 쪽이 더 근사(近似)하다. 흥미로운 점은 일본어에서 종성 '-ん'이 '-ㄴ(n)'과 '-ㅇ(ng)' 사이의 발음인 것과 비슷하다는 사실이다. 일본어의 이런 음운상의 특징은 고대 일본인 또는 고대 일본어가 북방의 영향을 받았음을 언어적으로 시사해 준다.

서 '골품(骨品)'의 형태로 이미 그 모습을 드러내기 시작했습니다.

1) '황금 가계' 성골(聖骨)의 탄생

눌지는 제17대 국왕 나물 이사금의 맏아들이었습니다. 《삼국유사》〈왕력편(王曆篇)〉에는 "'내지왕'으로 쓰기도 한다(一作內只王)"는 주석이 붙어 있는데요. 이를 근거로 사서에 따라서는 눌지라는 왕호가 '내지(內只)'로 표기되기도 했음을 알 수가 있지요. 이와 함께 503년에 제작된 것으로 추정되는 포항 냉수리 신라비에는 '내지왕(乃智王)'이 등장합니다. 그 한자 발음이나 역사 기록을 대조해 볼 때 '내지(乃智)'는 현재로서는 눌지의 이름들 중에서는 가장 연대가 빠른 표기인 셈입니다. 신라시대에는 '내지(乃智)'·'내지(內只)' 식으로 표기되다가 고려시대에 이르러 '눌지'로 굳어졌다는 추정이 가능해지지요.

그러면 역사 속의 눌지는 어떤 인물이었을까요? 《삼국사기》에는 그의 내력이 이렇게 소개되어 있습니다.

> "나물왕의 아들이다.
> 모친은 보반부인[내례길포라고도 한다]으로, 미추왕의 딸이다.
> 왕비는 실성왕의 딸이다."
> 奈勿王子也. 母保反夫人[一云內禮吉怖.], 味鄒王女也. 妃實聖王之女.[110]

눌지의 아버지 나물 이사금은 갈문왕 김구도(金仇道)의 손자이자 각간(角干) 김말구(金末仇)와 휴례부인(休禮夫人) 김씨의 아들이었습니다.

---

110) 김부식, 《삼국사기》〈신라본기 3〉 '눌지 마립간 즉위년(417)'조.

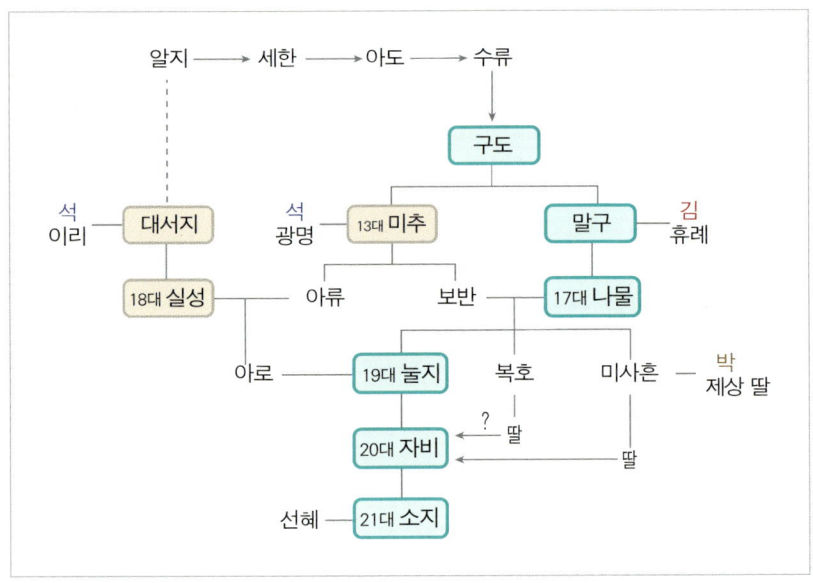

눌지의 황금가계. 구도로부터 김씨 집단 최초의 신라 국왕 미추의 직계가 나물계였으며 그 적통을 이은 것이 눌지였다.

또, '내례길포'로 불리기도 한 눌지의 어머니 보반부인은 김씨 최초의 국왕인 미추 이사금의 딸이었다고 소개되어 있군요. 나물은 미추 이사금의 조카이자 사위였다는 뜻입니다. 그리고 한참 나중의 일이긴 하겠지만, 눌지는 사촌형인 실성 이사금의 딸을 왕비로 맞아들입니다. 말하자면, 아버지 어머니는 물론이고 조부와 조모, 심지어 자신의 배우자까지 모두 같은 김씨였다는 뜻이지요. 그야말로 김씨 집단에서도 김씨에 김씨가 더해졌으니 그야말로 '황금 가계'에서도 가장 고귀한 성골(聖骨)인 셈이었습니다.

이처럼 성씨도 같고 본관도 같은[同姓同本] 남녀가 혼인 관계를 맺는 것을 가까운 친족끼리의 혼인이라고 해서 '근친혼(近親婚, consanguineous marriage)', 또는 같은 씨족 사이의 혼인이라고 해서 '족내혼(族內

婚)'이라고 하는데요. 일반적으로 결혼하는 남녀 당사자가 친가 또는 외가 쪽으로 조상이 같은 아주 가까운 혈족끼리 결혼하는 경우를 말합니다. 그 유형은 크게 부모와 자녀 또는 형제와 자매의 2촌혼, 숙부와 조카의 3촌혼, 4촌과 4촌의 4촌혼 등으로 나뉘는데요. 그 사례들은 고대의 이집트·그리스·인도 등지에서 관찰될 정도로 그 역사가 유구(悠久)합니다.

근친혼의 전통은 유럽에서도 이미 중세부터 유행했습니다. 오스트리아 벽지의 작은 지방 제후였던 합스부르크(Habsburg) 가문은 근친혼을 통하여 스페인으로부터 헝가리에 이르는 전 유럽을 석권하는 대제국으로 급성장한 것으로 유명하지요. 그것이 다가 아닙니다. 유럽에서는 20세기 현대까지도 유서(由緒) 깊은 귀족 가문을 중심으로 그 명맥이 이어지고 있는데요. 그 대표적인 사례가 몇 년 전에 세상을 떠난 영국 여왕 엘리자베스 2세와 그리스 왕자 필립 공의 경우입니다. 두 사람의 결혼식은 1947년에 성대하게 치러졌습니다. 그러나 '세기의 결혼'으로 일컬어진 이 혼인이 알고 보면 박제화된 근친혼의 전형이었음을 아는 사람은 많지 않지요. 사실 영국과 그리스는 서로 지리적으로 거리도 멀고 사용하는 언어도 상당히 다릅니다. 그래서 얼핏 근본이 전혀 다른 외국인과 외국인의 결합인 것처럼 보이지요. 그러나 그 내막을 들여다보면 실상은 전혀 그렇지 않습니다. 엘리자베스 2세는 조모가 19세기에 대영제국을 건설한 주역인 빅토리아 여왕이었습니다. 여기까지는 특이한 점이 보이지 않지요? 우리가 모르고 있는 것은 그 부군인 필립 공의 내력입니다. 그 족보를 펼쳐 보면 그의 4대 외조모는 다름 아닌 빅토리아 여왕입니다. 엘리자베스 2세의 조모인 거지요. 부부 사이인 엘리자베스 2세와 필립 공이 우리 식 촌수로는 8촌 남매였다는 뜻입니다. 두 사람으로부터 위

생전의 엘리자베스 2세와 필립공의 결혼식과 결혼 70주년 기념 사진. 대외적으로는 영국 공주와 그리스 왕자의 '세기적인 결혼'으로 포장되었지만 실제로는 8촌 남매의 근친혼이었다(《국제신문》, 2017.11.20).

로 4대만 거슬러 올라가면 조상이 같은 거지요.

근친혼의 명맥은 이렇듯 고대로부터 중세를 거쳐 21세기인 현재까지도 여전히 이어지고 있는데요. 인류의 역사에서 근친혼이 성행한 데에는 여러 가지 이유가 있을 수 있습니다. 그러나 그중에서도 특정 집단이 자신들의 사회적 입지를 다지고 권력을 강화하고 세력을 확장하고자 하는 정치적 목적이 가장 큰 이유라고 할 수 있겠지요. 근친혼은 단순히 기이한 성 풍속에서 그치는 것이 아니라 본질적으로 일종의 정치 행위였던 셈입니다.

우리 역사에서 근친혼 습속이 강하게 발현된 나라는 신라였습니다. 그중에서도 김씨 집단을 중심으로 관찰되는데요. 그 이전의 박씨나 석씨 집단에서는 이 같은 독특한 혼인 습속의 자취를 찾아보기 어렵습니다. 바로 그 신라에서 근친혼의 최고 정점(頂點)에 있었던 것이 나물 이사금의 황금 가계였습니다. 그리고 그의 맏아들이 바로 눌지였지요.

그런데 여기서 눌지의 가계와 관련하여 한 가지 수수께끼가 있습니다. 눌지의 아버지 나물 이사금이 왕위에 오른 해가 358년입니다. 그런데 그 장인이자 숙부인 미추 이사금이 세상을 떠난 것은 284년이라는 사실입니다. 눌지의 생모이자 나물의 배우자였던 보반부인이 미추의 딸이라고 소개되어 있지요? 그렇다면 보반부인이 태어난 것은 미추 이사금이 죽는 284년 이전이었다는 뜻이 됩니다. 그런 경우 나물이 왕위에 오른 358년의 보반부인은 나이가 70대 중반은 되었다는 말이 되지요. 나중에 이야기가 나오겠지만 47년 동안 재위했던 나물 이사금이 세상을 떠났을 때 눌지는 아버지의 왕위를 계승하지 못합니다. '나이가 어리다'는 이유 때문이었지요. 그것이 사실이라면 나물은 이사금이 된 지 30년 되던 해에 눌지를 낳았다는 말이 됩니다. 나물이 왕위에 올랐을 때 보반은 나이가 이미 70대 중반이었습니다. 그렇다면 재위한 지 30년째 되는 해에 보반 부인은 100살이 넘은 상태였다는 뜻이 되겠지요. 그런데 100살 넘은 할머니가 눌지에 이어 복호와 미사흔까지 아들 셋을 줄줄이 낳았다? 이것이 과학적으로 가능한 일일까요? 《삼국사기》의 이 기록은 어디까지가 진실이고 어디까지가 허구인 걸까요?

2) 왕위를 빼앗긴 눌지

서기 402년에 나물 이사금이 세상을 떠났습니다. 당시까지만 해도 신라에서는 부자세습이 관례였지요. 아버지의 왕위를 그 아들이 이어받았던 겁니다. 따라서 나물이 죽었으니 당연히 그 아들인 눌지가 왕위를 이어받게 되어 있었지요. 그런데 눌지는 사회적으로 보장되어 있던 아버지의 왕위를 이어받지 못합니다. 그 이유를《삼국사기》에서는 이렇게 짧게 언급해 놓았군요.

나물이 세상을 떠났다. 그 아들이 어려 나랏사람들이 실성을 세워 왕위를 잇게 하였다.
奈勿薨. 其子幼少, 國人立實聖繼位.[111]

나이가 어려서 아버지의 왕위를 잇지 못했다고 나와 있지요? 나이가 얼마나 어렸기에 자신에게 보장되어 있던 아버지의 왕위를 실성에게 빼앗겨 버렸던 것일까요?

정사인《삼국사기》에는 눌지 마립간이 즉위한 해와 죽은 해만 소개되어 있습니다. 그로부터 100여 년 뒤에 일연이 지은《삼국유사》역시 마찬가지지요. 눌지가 정확하게 언제 태어났는지, 몇 살까지 살았는지는 알 길이 없다는 뜻입니다. 두 역사책 말고는 그 어디에도 기록이 남아 있지 않기 때문이지요. 그러나 기록을 자세히 분석해 보면 나물 이사금이 죽을 당시에 눌지의 나이가 대충 몇 살이었는지는 추정할 수 있습니다.

아까 그《삼국사기》원문 기록을 주목해 주시기 바랍니다. 나이가 어리다고 하면서 '유소(幼少)'라는 표현을 썼군요? 고대 한문에서 '유(幼)'는 나이가 어린 것을 가리키는 표현이었습니다. 후한대 학자 정현(鄭玄, 127~200)은《예기(禮記)》에서 이렇게 말한 적이 있습니다.

사람이 나서 10살이 되면 '유'라고 하는데 배우는 시기이다. 20살이 되면

---

111)《삼국사기》〈신라본기 3〉'실성 이사금'조.

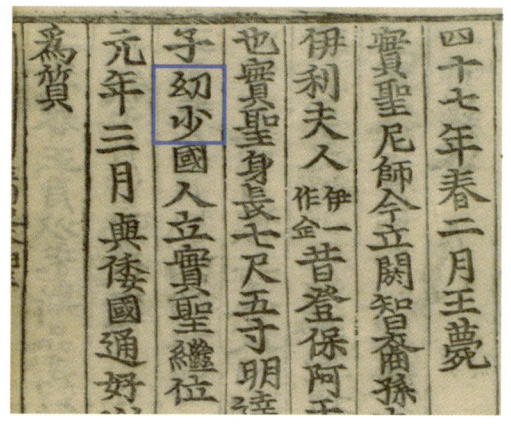

《삼국사기》의 '유소' 대목. 이 두 글자로 실성이 이사금으로 즉위할 때 눌지는 10대였음을 알 수 있다.

'약'이라고 하는데 성인식을 치르는 시기이다. 30살이 되면 '장'이라고 하는데 아내를 맞이하는 시기이다.

人生十年曰幼, 學. 二十曰弱, 冠. 三十曰壯, 有室.[112]

당대의 학자 공영달(孔穎達, 574~648)은 자신이 엮은《예기정의(禮記正義)》에서 '유(幼)'를 이렇게 설명했지요.

【공영달 주소】'유'란 갓 태어나 19살이 될 때까지를 말한다. … 〈관례〉에서 '너의 어릴 적 뜻을 버려라'라고 했는데, 이는 19살 이전을 '유'로 본 것이다. 〈상복전〉에서 '그대는 어리다'라고 한 것에 대해서는 정강성(정현)이 '15살 이하를 말한다'고 보았다.

---

112)《예기》〈곡례(曲禮)〉 대목에 대한 주석.

【孔疏】幼者, 自始生至十九時. … 冠禮云, 棄爾幼志, 是十九以前爲幼. 喪服傳云, 子幼. 鄭康成云, 十五以下.[113]

《예기》에 붙인 공영달의 설명[注疏]에 따르면, 고대 중국에서는 10살부터 성년이 되기 직전인 19살까지를 '어리다'고 여겼던 것으로 보입니다. 공영달의 설명에 근거하여 '유'의 연령대를 따져 보면 대체로 15~19살 정도로 볼 수 있는데요. 신라 쪽도 상황은 비슷했던 것 같습니다.

이때 사다함은 나이가 열대여섯 살이었다. 그래서 전쟁에 나갈 것을 자청했으나 왕이 '어리다'며 허락하지 않았다.
時, 斯多含年十五六, 請從軍. 王以幼少不許.[114]

사다함의 경우를 보면 신라에서는 나이가 15~16살 정도면 '어리다[幼]'고 생각했음을 알 수 있습니다. 그렇다면 나물 이사금이 죽은 해에 눌지의 나이는 10~15살 정도였다고 보는 것이 합리적일 것 같군요. 만약 성년식을 1년 앞둔 18~19살이었다면 굳이 실성을 국왕으로 추대할 필요가 없었을 겁니다. 1~2년만 버티면 새 왕을 추대할 수 있는데 굳이 다른 계승 후보를 물색하고, 그 사람을 왕위에 올리겠다고 부산을 떨 이유가 없지 않겠습니까? 따라서 눌지는 나물 이사금이 죽은 402년을 기준으로 할 때 대체로 383~387년 사이에 태어났을 가능성이 높습니다. 지금으로 말하자면 미성년자였던 셈이지요.

---

113) 공영달, 《예기정의》에 대한 설명[注疏].
114) 《삼국사기》〈사다함전(斯多含傳)〉.

그렇다면 신라에서는 미성년자는 왕이 될 수 없었던 걸까요? 그렇지는 않았던 것 같습니다. 이번에도《삼국사기》기사들을 살펴보도록 하지요.

진흥왕이 즉위하였다. … 이때 나이가 7살이었다. … 왕이 어려서 왕대후가 정사에 간여하였다.
眞興王立. … 時年七歲. … 王幼少, 王大后攝政.[115]

[혜공]왕이 어린 나이로 왕위에 올랐다.
王幼少卽位.[116]

위의 기사들을 보면 왕위 계승자에게는 그 같은 연령 제한이 없었습니다. 진흥왕(眞興王, 534~576)은 7살에 왕위에 올랐고 혜공왕(惠恭王,

금관총 청동 호각(胡角, 상좌). 하마다는 그릇, 다른 학자들은 각배(角杯)로 보았으나 구멍이 난 것을 그릇이나 술잔으로 쓸 수는 없다. 창녕(상우)과 일본 정창원(하좌)의 비슷한 유물에는 몸체에 줄을 꿰는 고리가 2개씩 달려 있다. 바이킹 호른(하우)을 참고할 때 전시에 사용한 호각으로 보는 것이 합리적이지 않을까 싶다.

제1절 눌지의 내력 219

758~780)은 8살에 왕위에 오르고 있으니까요.[117] 물론, 진흥왕과 혜공왕의 경우에는 모두 '어리다[幼少]'는 이유로 왕대후(왕태후)가 섭정을 하기는 했지만요. 어쨌든 두 사례를 보면, 연대가 좀 늦기는 하지만, 신라에서는 왕자가 미성년자여도 후견인만 있으면 얼마든지 왕이 될 수 있었던 셈입니다. 그런데 눌지는 아버지의 왕위를 잇지 못했지요. 그의 왕위를 가로챈 사람이 있었기 때문입니다. 바로 그 5촌 당숙인 실성이었지요.

---

115) 《삼국사기》〈신라본기 4〉 '진흥왕 즉위년(540)'조.

116) 《삼국사기》〈신라본기 9〉 '혜공왕 16년(780)'조.

117) 《삼국사기》〈신라본기 9〉 '혜공왕 즉위년(765)'조. 이 기사에는 "왕이 즉위할 때 나이가 여덟 살이어서 대후(태후)가 섭정하였다(王卽位時年八歲, 大后攝政)"고 기술되어 있다.

제2절
석씨 집단의 사람 실성

1) '피가 나쁜' 실성

　실성은 키가 7척 8촌의 장신이었습니다. 이 무렵에는 1척이 30cm, 1촌이 3cm였다고 하니 '7척 8촌'이면 234cm 정도 되었던 셈입니다. 키가 2m를 넘는 서장훈 선수보다 15cm는 더 큰 엄청난 거인이었다는 이야기가 되지요. 실성은 김씨 집단의 직계 조상인 알지(閼智)의 후손이었습니다. 게다가 관등제도에서 제2등에 해당하는 이찬(伊湌)이었던 김 대서지(金大西知)의 아들이자 김씨 왕가의 기틀을 다진 미추(味鄒) 이사금의 조카이기도 했지요. 누가 보더라도 어엿한 김씨 집단의 일원이었습니다. 왕비 역시 미추 이사금의 딸이었지요. 그럼에도 불구하고 그는 김씨 집단에서 존재감이 없었습니다. 유감스럽게도 그의 어머니는 김씨가 아니었거든요.

　조부로부터 자신의 배우자까지 일가족 모두가 김씨로 둘러싸인 나물에 비하면 실성은 혈통이 고귀하지 못했습니다. 어머니 이리부인(伊利夫人)은 아간(阿干) 석등보(昔登保, ?~?)의 딸이었습니다. 김씨 집단과 경쟁하는 석씨 집안의 피를 나누어 받은 거지요. 《로미오와 줄리엣》의 경우를 예로 들면, 몬테규 가문에 앙숙지간인 카플렛 가문의 씨가 생긴 격이었습니다. 그러니 그를 바라보는 김씨 집단의 시선이 고울 리가 있겠습니까? 더욱이 아간은 신라의 17관등 중에서 제6등이었습니다. 아버지의 관등이 제2등의 아찬인데 어머니는 제6등 아간의 딸이었던 거지요. 지금의 인도의 카스트(Caste) 제도와 맞먹을 정도로 엄격한 골품(骨品)의 법도가 시퍼렇게 살아 있었던 것이 당시의 신라 사회였습니다. 나물이 성골이라면 실성은 같은 '황금 가계'라도 그보다 격이 낮은 진골(眞骨) 정도의 지체에 불과했지요. 그의 위상은 상대적으로 초라할 수밖에 없었습니다.

《삼국사기》의 '탈해 이사금'조에 따르면, 탈해(脫解)로 대표되는 석씨는 원래 와국(倭國)에서 동북으로 1,000리 되는 곳에 있었던 다파나국(多婆那國)에서 신라로 이주한 집단이었습니다. 처음에는 금관가야(金官加耶)로 이주했다가 받아 주지 않자 박혁거세 39년에 신라로 넘어와 정착했다고 하지요. 혁거세 39년이라면 서기로는 기원전 19년에 해당합니다. 신라 건국에 동참하지는 않았지만 거의 건국 주체에 맞먹는 정치적 입지를 가지고 왕위 계승 과정에서 영향력을 행사하고 있었던 셈이지요. 반면에 김씨 집단은 미추 이사금을 시작으로 이제 막 왕권 경쟁에 뛰어든 입장이었습니다. 그런 김씨들에게 석씨는 신라의 왕권을 놓고 다투는 경쟁자였습니다. 말이 경쟁자이지 실제로는 정치적 고비마다 김씨 집단을 위협하고 도전하는 정적(政敵)이었겠지요. 어쩌면 나물 이사금의 왕위를 이어야 할 눌지에게 어리다는 구실로 제동을 건 것 역시 석씨 집단이었을 가능성이 높습니다.

김씨 집단에서는 신라 왕권의 적임자를 선정하는 데에 두 가지 불문율이 있었습니다. 같은 김씨와 근친혼을 했는가? 집안 배경 역시 높은 골품에 속하는가? 위에서 언급한 것처럼, '황금 가계'인 나물 이사금의 혈통과 비교할 때 실성은 두 가지 조건에서 모두 부적격이었습니다. 그들 눈에 실성이라는 인물은 국왕으로는 자격이 미달이었던 거지요. 상황이 그

실성은 석씨의 후광을 업고 왕이 된 사람이었다. 사진은 석씨 집안 출신 최초의 신라 국왕 석탈해의 왕릉(한국민족문화대백과사전 사진)

렇다 보니 실성이 권력에 사심을 품고 있었다면 어떻게 했을까요? 그렇습니다. 굳이 두 조건을 충족시키려고 버둥거릴 것 없이 바로 외가와 합세해서 왕위를 빼앗으면 그만이었겠지요. 말하자면 실성은 석씨 집안의 후광을 등에 업고 눌지가 어리다는 구실을 대면서 그 자리를 가로챈 셈입니다.

그러나 같은 김씨 집단의 지지를 받지 않는 이상 자신의 정치적 입지는 상당히 불안할 수밖에 없었습니다. 국왕의 자리 역시 마찬가지였지요. 애초부터 눌지의 왕위를 가로챌 때 내세운 결정적인 구실이 그가 미성년자라는 것이었습니다. 바꿔서 말하자면 눌지가 성년식을 치루는 순간 자신의 왕위를 도로 돌려 줄 수밖에 없다는 뜻이었지요. 그의 신세는 그야말로 언제 어떻게 잘릴지 알 수 없는 월급쟁이 '바지 사장'과도 같았습니다. 어디 그뿐인가요? 그는 눌지의 아버지인 선왕 나물 이사금과는 오랜 원한이 있었습니다. 그 원한은 나물 이사금이 재위 37년(392)에 자신을 고구려에 볼모로 보내면서 비롯된 것이었지요.

삼국의 역사를 살펴보면 눌지의 아버지인 나물 이사금 당시까지만 해도 신라는 '6부(六部)'라는 부족 연맹이 하나로 뭉쳐서 세워진 작은 나라였습니다. 그래서 왜국·백제·가야 등 주변 나라들과의 경쟁이나 전쟁에 수시로 휘말리고 부대껴야 했지요. 고구려는 이때만 해도 백제에까지 출정하면서 그 영토를 유린할 정도로 군사적으로 절대적인 우위를 지키고 있었습니다. 그리고 그로부터 8년 뒤인 400년에는 젊고 패기(覇氣)가 넘치는 정복군주 광개토대왕(廣開土大王, 374~412) 담덕(談德)이 보병·기병의 혼성부대 5만을 신라 국경지대로 파견해 낙동강 유역을 침공한 백제와 왜의 연합군을 대파하지요. 그런 국제 정세 속에서 당시 동북아를 호령하는 강대국이던 고구려의 존재는 신라에게는 그야말로 유일한 생명줄이라고 해도 과언이 아니었습니다. 오죽하면 명색이 한 나라의 임금인 자신이 새파란 나이의 광개토대왕을 직접 찾아가 무릎을 꿇어야 했겠습니까? 약소국의 국왕인 나물로서는 더 이상 선택의 여지가 없었지요. 담덕이 아버지 고국양왕(故國壤王)의 왕위를 이은 다음 해에 나물 이사금이 사촌동생 실성을 볼모로 보낸 것도 그 같은 시대적 배경이 있었던 겁니다.

그러나 실성의 생각은 달랐습니다. 적어도 겉보기에는 누가 뭐라고 해도 실성은 엄연히 신라국왕의 사촌이었습니다. 그런 자신을 머나먼, 그리고 언제 돌아올 수 있을지 기약조차 없는 고구려에 볼모로 보내다니요! 아마 그는 볼모 길에 오를 때 나물을 보면서 생각했을 겁니다. '왜 하필이면 나여야 하지?' 어쩌면 집안 내력으로 볼 때 자신이 가장 만만해서

  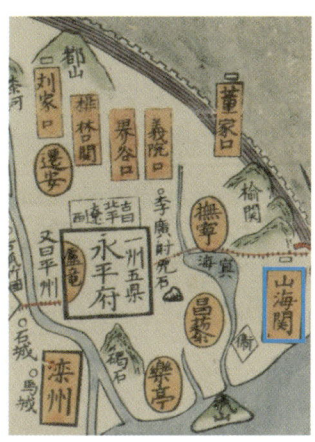

중국 남북조시대를 다룬 역사책 《양서》〈고구려전〉 대목(좌). 후연 황제 모용보(慕容寶)가 광개토대왕 고안(高安, 담덕)을 평주목(平州牧)으로 삼고 요동·대방 두 나라의 왕으로 봉했다고 적혀 있다. 평주는 지금의 하북성 산해관(파란색) 이서지역이다. 사진은 《대청광여도(大淸廣輿圖)》속의 평주(우)

볼모로 보냈을 거라는 피해의식도 없지는 않았을 테지요.

그렇게 울분과 회한을 삼키며 볼모살이를 10년째 이어가고 있을 때였습니다. 어느 날 갑자기 신라에서 사신이 와서 국왕이 병을 얻어 앓아누웠다는 기별을 전하는 것이 아닙니까? 부랴부랴 광개토대왕의 허락을 받은 실성은 영락(永樂) 11년, 즉 나물 이사금 46년(401)에 마침내 꿈에서조차 그리워하던 고향 길에 오릅니다. 그리고 같은 해 가을 7월, 그러니까 양력 9월 초가을에 무사히 금성(金城, 지금의 경주)으로 귀환하지요. 정말 오매불망(寤寐不忘) 얼마나 학수고대했던 귀향이었겠습니까! 그로부터 7개월이 지난 이듬해(402) 봄에 사촌형인 나물 이사금은 결국 세상을 떠나고 맙니다.

상황이 이렇게 급작스럽게 전개되면서 실성의 입지는 완전히 뒤바뀌었습니다. 1년 전만 해도 하찮은 출신 배경 때문에 볼모 신세를 면하지 못했던 그였습니다. 그런데 갑자기 나물 이사금이 죽는 바람에 단 몇 달 만에 차기 국왕 물망(物望)에까지 오르게 될 줄이야! 원래 나물의 왕위를 이어 받게 되어 있던 조카들은 아직 성년도 되지 않은 상태였지요. 물론, 신라에서 나이는 왕위를 계승하는 과정에서 절대적인 제한 요건이 아니었습니다. 진흥왕이나 혜공왕의 경우처럼 말이지요.

문제는 차기 국왕의 자격을 판정하는 권한은 '나랏사람들'에게 주어져 있다는 데에 있었지요. 여기서의 '나랏사람들[國人]'을 지금처럼 '일반 국민(people)'의 뜻으로 이해해서는 곤란합니다. 고대에는 도읍에 거주하는 중앙 귀족들(nobles)을 가리키는 표현이었으니까요. 로마제국으로 치자면 로마 시를 무대로 활동한 원로원(元老院) 귀족에 해당하는 사람들이었던 셈입니다. 신라에서라면 화백 회의에 참석하여 정사를 논의할 자격 요건을 갖춘 씨족 집단, 즉 김씨·석씨·박씨들이었겠지요.

재위 순서		1	2	3	4	5	6	7	8	9	10	11	12	13	14	15	16	총수
씨족 구분	박	혁거세	남해	유리		파사	지마	일성	아달라									7
	석				탈해					벌휴	내해	조분	첨해		유례	기림	흘해	8
	김													미추				1
양위 사유			무자					무자					무자	무자				

박씨·석씨 양대 씨족이 4세기까지 배출한 신라 국왕 계보도. 9대 벌휴부터 16대 흘해까지는 석씨가 왕위를 독점하였다.

당시에 나물 이사금의 뒤를 이을 국왕을 결정하는 자리에서 가장 큰 목소리를 낸 것은 아무래도 석씨 집단이었을 겁니다. 그때까지만 해도 석씨 집단은 신라 왕권 경쟁에서 가장 막강한 영향력을 가진 씨족이었으니까요. 물론, 중간 중간에 미추·나물처럼 김씨가 왕위에 오르는 일이 있기는 했습니다. 그러나 그런 김씨 집단조차 8명의 왕을 배출한 석씨 집단의 절대적인 영향력에는 상대가 되지 못했지요. 물론, 왕위 계승이라면 박씨도 빼놓을 수가 없습니다. 신라를 건국하고 이미 7명의 왕을 배출한 가문이었으니까요. 그러나 그건 이미 200년 전의 과거지사일 뿐이었습니다. 왕년의 영광은 무색해지고 이때는 국왕 옹립이나 왕비 간택에서 형식적으로 캐스팅 보트나 행사하는 수준으로 영향력이 미미해진 상태였지요.

그런 의미에서 실성은 석씨의 피를 나누어 받은 인물이었습니다. 석씨 집단의 입장에서 실성은 김씨에게 넘어간 정국의 주도권을 또다시 자신들에게 쥐어줄 수 있는 최고의 기대주였지요. 이리하여 석씨 혈통 때문에 김씨 집단에서 배척되었던 실성이 바로 그 석씨 집안의 후광을 업고 왕위에까지 오르게 된 겁니다.

2) 조카들에게 복수의 칼을 겨누는 실성

어느 시대 어느 나라에서든 간에 새로 왕좌에 오르는 통치자는 적어도 즉위 초기만큼은 선정을 베푸는 것이 보통입니다. 형편이 어려운 백성들에게는 도움을 주고 죄를 지은 죄인들에게는 사면을 내리는 식으로 말이지요. 우리 역사에서도 역대 왕조의 군주들은 대부분 왕좌에 오르면 가장 먼저 백성들을 위하여 선정(善政)을 베풀곤 했습니다. 그러나 실성은 정반대였지요.

왕위에 오른 실성이 가장 먼저 한 일은 복수였습니다. 자신을 머나먼 고구려에 볼모로 보낸 사촌 형 나물 일족에 대한 복수였지요. 물론, 장본

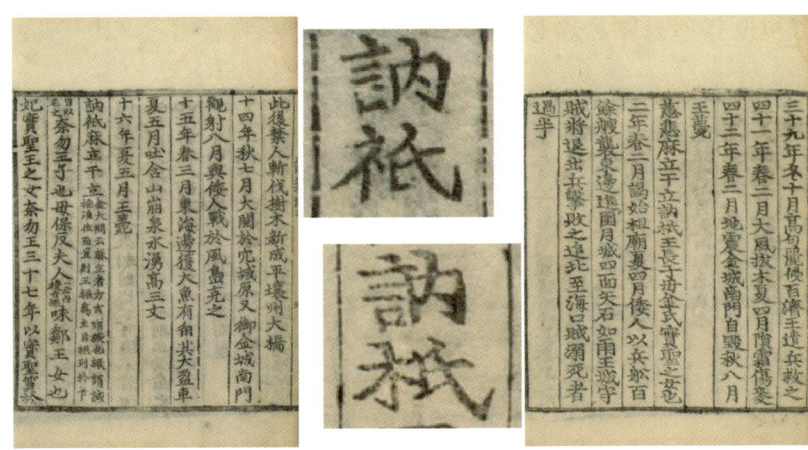

정덕본(1512) 《삼국사기》 속의 눌지왕 소개 대목. 같은 판본인데도 서로 다르게 표기되어 있다. 글자를 새기는 판각공이 한자에 밝으냐에 따라 잘못 읽거나 잘못 새기는 경우가 많았다.

인인 나물은 병으로 벌써 죽어 버렸으니 복수를 할 길이 없었습니다. 결국 그 복수의 칼날은 나물의 살아 있는 왕자들에게 향할 수밖에 없었지요. 그들에 대한 복수는 피할 수 없는 것이었습니다. 어렵게 차지한 자신의 왕위를 지키려면 권력을 쥐고 있을 때 어떻게든 그들을 처치해야 했으니까요.

눌지를 포함한 나물 이사금의 세 아들은 모두 왕자였습니다. 기약은 없지만 언젠가는 실성으로부터 왕위를 되돌려 받을 계승 후보자들이었지요. 문제는 세 형제 모두 성인이 되지 않은 철부지 어린아이들이라는 데에 있었습니다. 그런 아이들에게 죄를 뒤집어 씌워 목숨을 빼앗는 방식의 복수는 현실적으로 불가능했지요. 그것은 실성을 추대한 '나랏사람들'의 입장에서도 마찬가지였습니다. 대의명분이 없는 그런 무모한 복수를 수수방관(袖手傍觀)할 수는 없었지요. 그런 상황에서 실성이 할 수 있는 유일한 복수는 세 조카를 외국에 볼모로 추방하는 방법뿐이었지요.

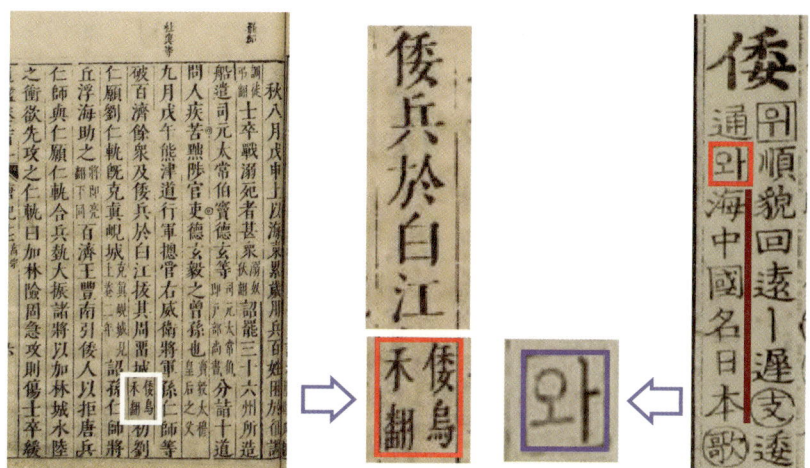

'倭'의 한자 발음은 '왜'가 아니라 '와'이다. 14세기 원대의 학자 호삼성(胡三省)은 그 발음이 '오와 화의 반절(와)'이라고 소개하였다. 18세기 조선에서 간행된《전운옥편(全韻玉篇)》에서도 '바다 가운데의 나라 이름'이라는 설명과 함께 그 발음을 '와'로 소개해 놓았다.

자신이 당한 만큼 그대로 돌려주는 겁니다. 거기다가 '국익을 위한 결정'이라는 명분까지 내세우면 더욱 감쪽같겠지요.

그러던 중에 마침 좋은 핑곗거리가 생깁니다. 수시로 신라 지경을 침노하던 와국(倭國)[118]의 왕이 볼모를 요구한 거지요. 그것도 눌지의 동생 미사흔을 콕 집어서 말입니다. 실성의 입장에서도 와국 왕의 제안을

---

118) '와(倭)'는 일반적으로 일본 열도의 조몬(繩文)계 원주민을 가리킨다. 이 글자는 현대 중국어에서 발음이 '워(wo)'이지만 고대의 발음은 '와(wa)'였다. 일본 역시 마찬가지로 '와(wa)'로 읽고 있다. 국내에서는 현재 이 한자의 발음을 '왜'로 새기고 있으나 일종의 와전이다. 100년 전까지만 해도 조선에서는 명사로 사용된 '倭'의 발음을 '와'로 인식하고 읽었기 때문이다. '왜'는 문법적으로 따지자면 「와+ㅣ」구조에 해당한다. '왜'는 명사('와')에 속격 조사('의')가 붙은 '와의 ~(~of Was)'라는 의미로 사용될 경우라는 뜻이다. 그랬던 것이 일제 강점기 이후로 한자 사용이 차츰 줄어들면서 발음이 '와 ⇒ 와+ㅣ ⇒ 왜'로 굳어져 버린 것이다. '청지기[廳直ㅣ]', '능지기[陵直ㅣ]'처럼 조사까지 붙은 발음이 원래의 발음을 대체한 셈이다.

거부할 이유가 없었습니다. 자기 쪽에서 부탁하기는 난처하지만 진심으로 바라던 일이 아니었습니까? 어차피 실성에게 미사흔은 과거의 원수인 나물의 아들이자 현재의 정적인 눌지의 동생일 뿐이었습니다. 볼모로 어디로든 치우지 않으면 나중에 자신에게 두고두고 화근이 될 수밖에 없는 존재였지요.

실성은 3월에 왕위에 오른 지 단 한 달 만에 나물 이사금의 셋째 아들 미사흔을 외국에 볼모로 보냅니다. 겉으로는 "와국과 우호관계를 맺는다"는 거창한 명분을 내세웠지요. 그러나 누가 보더라도 자신의 왕위를 노리는 눌지의 날개를 꺾어 버리기 위한 조처 그 이상도 그 이하도 아니었습니다.

3) 차도살인

〈박제상전〉에서는 실성 이사금이 즉위한 해를 임인년(壬寅年)이라고 밝혀 놓았습니다. 임인년이라면 서기로는 402년에 해당하지요. 앞서 말했듯이, 실성이 즉위한 해인 402년에 눌지는 나이가 어린 미성년자였습니다. 그런데 미사흔은 눌지보다 나이가 더 어렸지요. 10살이나 되었을까요? 아니면 대여섯 살? 그야말로 코흘리개 아이일 뿐이었습니다. 그런 어린 조카를 외국에 보내 버린 거지요. 당시만 해도 외국은 언제든지 신라 땅을 노략질할 수 있는 공공연한 적대국이었습니다. 말이 볼모지 와국 왕의 기분이 틀어지면 언제 어디서든 목숨을 앗을 수 있는 도마 위의 생선과도 같은 신세였지요.

아니나 다를까! 미사흔을 볼모로 보낸 실성은 그 뒤로 여러 차례 외국과 전쟁을 벌입니다. 먼저, 실성 이사금 4년(405) 4월에 와의 군사가 명활성(明活城)을 공격하지요. 그러자 실성은 기병을 이끌고 독산(獨山) 남

고대에는 지금보다 해수면이 많이 높았다. 건국 초기에 신라가 외국의 침노에 많이 노출된 것은 경주시 인근까지 바닷물이 들어왔기 때문이다. 지도는 해수면이 8m 높아졌을 때의 상황을 시뮬레이션으로 구현한 것이다(Flood Map 지도).

쪽에 매복했다가 퇴군하던 왜군을 무찌르고 300명의 목을 벱니다. 실성 이사금 6년(407) 3월에는 신라의 동쪽 변경을 침범하더니 6월에는 남쪽 변경을 침범해 100명을 포로로 끌고 가지요. 다음 해(408) 2월에는 왜군이 아예 대마도(對馬島)에 군영을 구축하고 신라를 공격하려 한다는 첩보까지 들어옵니다. 그러자 실성은 왜군에 선제공격을 나서려 하지요.

 이 기사들을 통하여 실성 이사금이 외국과의 전쟁에 대단히 적극적이었음을 알 수 있습니다. 쳐들어온 왜군의 머리를 300개나 벤 것이야 신라의 지경을 침범한 가해자들이므로 맞서 싸우는 것이 당연합니다. 그러나 선제공격으로 외국의 지경까지 쳐들어간다는 것은 전쟁 비용이 많이 드는 것은 둘째 치고, 그 나라 국왕의 심기를 자극할 수도 있었지요. 자칫 전면전을 부를 수도 있는 위험한 행위였습니다. 그렇게 되면 볼모로

잡혀 있는 조카 미사흔이 가장 먼저 제물이 될 것이 뻔했지요. 따라서 보기에 따라서는 실성이 남의 손을 빌어 미사흔을 제거하려 드는 것으로 받아들일 수 있는 중대 사안이었습니다. 물론, 실성이 정말 '차도살인(借刀殺人)'의 계책으로 미사흔을 제거하려고 했는지는 알 길이 없습니다. 그러나 다행스럽게도 그 계획은 '나랏사람들'의 완강한 반대에 부딪쳐 불발에 그치고 말지요.

실성 이사금 11년(412)에 왜군의 침공이 잠잠해지자 이번에는 고구려에서 눌지의 큰 동생인 복호를 볼모로 보내 줄 것을 요구합니다. 말투야 정중했지만 사실상 협박과 다를 바가 없었지요. 당시 고구려는 정복군주 광개토대왕의 맹활약으로 동북아시아를 제패하는 군사강국으로 우뚝 서 있었습니다. 서로는 모용선비(慕容鮮卑)의 후연(後燕), 동으로는 백제라는 강적을 맞이하여 일진일퇴를 거듭하던 고국양왕 때와는 달리 상황이

길림성 집안시에 서 있는 광개토대왕비. 왕릉에 세워진 것이라기보다는 순수비의 일종으로 해석해야 옳다(한국학중앙연구원 사진).

역전되어 있었지요. 천하를 호령하는 그의 목소리는 백제와 신라는 물론이고 바다 건너 왜국까지 쩌렁쩌렁 울릴 지경이었습니다. 그런 정복군주가 복호를 볼모로 보내라고 요구한 거지요.

당시 실성은 복수에 목말라 있었습니다. 그러니 고구려의 강압이 그로서는 오히려 '대놓고 요구하지는 못하지만 진심으로 바라는 바[不敢請, 固所願]'가 아니었겠습니까? 실성은 이번에도 아무 소리도 없이 고분고분 복호를 볼모로 보냅니다. 실성의 입장에서야 광개토대왕의 요구도 들어 주고 미래의 후환거리도 제거할 수 있으니 그야말로 '일석이조(一石二鳥)'였겠지요. 어쩌면 눈앞의 적인 눌지의 마지막 남은 날개까지 꺾어 버리는 격이니 '일석삼조'였을까요? 그렇게 눌지의 두 날개인 미사흔과 복호를 왜국과 고구려에 볼모로 보내고 나니 이제 남은 적은 눌지 하나뿐이었습니다.

원래 실성과 눌지는 특별한 사이였습니다. 실성은 나물 이사금의 사촌

햄릿과 클로디우스. 두 사람은 숙질 관계였지만 불공대천의 원수이기도 하였다. 눌지와 실성도 이와 비슷한 원수지간이었다.

동생이었지요. 눌지에게는 5촌 당숙이었던 셈입니다. 거기다가 자신의 딸까지 출가시켰으니 장인이기도 했지요. 5촌 당숙에 장인이라면 친척이자 인척인 셈입니다. 겹사돈인 거지요. 촌수조차 따질 수 없을 정도로 가깝디가까운 피붙이 사이였다는 뜻입니다. 그러니 마음먹기에 따라서는 서로가 좋은 관계로 남을 수도 있었겠지요. 그러나 이런 특별한 사이도 권력 앞에서는 아무 의미가 없었습니다.

인류의 역사에서 왕위를 둘러싸고 벌어지는 동족간의 상잔(相殘)은 이루 헤아릴 수조차 없을 정도로 많았습니다. 가까운 조선시대에는 세조(世祖)가 어린 조카 단종(端宗)을 죽이고 왕위를 빼앗은 일이 있었지요. 지어낸 이야기이긴 하지만, 영국 극작가 셰익스피어(W. Shakespeare, 1564~1616)의 '4대 비극' 중의 하나인 《덴마크 왕자 햄릿의 비극(The Tragedy of Hamlet, Prince of Denmark)》에서 클로디우스(Claudius)는 조카 햄릿과 상잔을 벌입니다. 그의 형이자 햄릿의 아버지인 올덴버그 왕의 귀에 독을 부어 살해한 원죄로 말이지요. 그런 점에서는 실성도 비슷한 데가 있었습니다. 실성에게 눌지는 친조카이자 사위였습니다. 그러나 그런 그조차 권력 앞에서는 한낱 원수의 자식이요 가장 위협적인 정적일 뿐이었지요.

실성의 복수에 관해서는 《삼국사기》에 상세하게 소개되어 있습니다.

"[실성은] 사람을 보내 고구려에 머물 때 알고 지냈던 [고구려] 사람을 부르더니 '눌지를 만나면 죽이라'고 은밀하게 일렀다. 그러고는 눌지로 하여금 가서 길목에서 [그를] 마중하게 했지요. 그 고구려인이 눌지를 만나 보니 외모가 시원시원하고 성격도 고상한 것이 군자 같은 풍채를

호우총에서 출토된 '국강상광개토지호태왕' 명문 청동 주발. 그 아들 장수왕이 특별 제작해 신라에 예물로 보낸 것으로 보인다(e-뮤지엄 사진).

지니고 있었다. 그래서 [눌지에게] '당신네 국왕이 날더러 그대를 해치라고 했소. 한데 지금 그대를 만나 보니 차마 해칠 수가 없구려!' 하고는 되돌아가 버리는 것이었다. 눌지는 그 일에 원한을 품고 거꾸로 왕을 시해하고 스스로 왕위에 올랐다."[119]

이 기록이 사실이라면 실성은 고구려인의 손을 빌어 눌지를 제거하려 한 셈입니다. 일종의 '차도살인'을 시도한 거지요. 그러나 실성의 계획은 최종 단계에서 결국 틀어지고 맙니다. 철석같이 믿었던 바로 그 고구려인의 밀고로 거꾸로 자신이 눌지에게 죽음을 당하고 말았으니까요.

흥미로운 점은 《삼국유사》에서는 실성 이사금을 죽인 사람에 대해서도 전혀 다른 이야기를 들려주고 있다는 사실이지요.

"왕은 전왕의 태자 눌지에게 덕망이 있는 것을 꺼리고 두려워하였다. [그

---

[119] 《삼국사기》〈신라본기 3〉 '눌지 마립간 즉위년(417)'조.

래서] 그를 해칠 생각으로 고구려의 군사를 불러들여 눌지를 맞이하는 것처럼 꾸미게 했다. [그런데] 그 고구려인이 눌지를 만나 보니 어진 행실을 가지고 있었다. 그래서 창끝을 돌려 [실성]왕을 죽이고 눌지를 세워 왕으로 삼고 [신라를] 떠났다."[120]

이 기사에 따르면 실성 이사금을 죽인 것은 눌지가 아니라 그 고구려인이었던 셈입니다. '고구려 군사를 불러들였다'고 한 것을 보면 그 고구려인은 어쩌면 고구려군을 지휘하는 장수였던 것 같군요. 여기서 주목해야 할 점은 그 고구려 장수가 실성을 죽이는 데에서 그치지 않고 눌지가 왕위에 오르는 과정에서 중요한 역할까지 했다는 사실입니다.

당시의 고구려가 동북아시아를 제패(制霸)하는 제국이었다는 것은 역사적 사실입니다. 동서 양쪽으로 강적을 맞아 진퇴양난의 위기에 처해 있던 4세기의 고구려와는 상황이 크게 달랐지요. 그러니 마음먹기에 따라서는 신라 같은 약소국의 왕위 계승 과정에서도 중요한 영향력을 행사할 수 있었을 겁니다. 따라서 실성의 시해와 눌지의 즉위 과정에서 그 고구려인이 내린 선택은 개인적인 판단이 아니었을 가능성이 높지요. 실성 편을 들 것인가 눌지 편을 들 것인가? 고구려의 입장에서 '누가 미래의 신라 국왕이 될 것인가' 하는 것은 장래의 국가정책에 중대한 영향을 미칠 수 있는 문제였을 겁니다. 그런 중대한 결정을 일개(一介) 장수 따위가 멋대로 뒤집는다는 것이 말이나 됩니까? 모르긴 몰라도 그 고구려인의 머리꼭지 위에는 국왕이 버티고 있었을 테지요. 광개토대왕의 왕위를 이은 거련(巨連), 즉 장수왕(長壽王, 394~491) 말입니다.

---

120) 일연(一然), 《삼국유사》〈기이 제1(紀異第一)〉 '실성왕'조.

집안 통구 12호분 고구려 기병 전투도 벽화 (국립문화재연구소 사진)

눌지의 목숨을 살려 준 일이야 우연의 일치로, 뭐 그럴 수 있는 일이라고 넘길 수 있겠지요. 그러나 눌지에게 '당신을 죽이라고 사주한 자는 바로 국왕'이라고 실성의 암살 교사 사실까지 귀띔해 주었다? 그렇다면 그것 자체가 10여 년 동안 자신을 믿고 의지한 실성의 신임과 의리를 저버리는 중대한 배신행위가 아니겠습니까? 그런 도덕적인 득실(得失)과 세상 사람들의 평판(評判)까지 감수하면서 그런 짓을 벌였다? 그건 누가 보더라도 그 고구려인의 정체가 실성이 고구려에 오기도 전에 장수왕이 그 곁에 심어 놓았던 스파이였다는 의미로밖에 해석되지 않습니다.

그 고구려인은 암살을 사주하는 실성의 말을 듣자마자 그 사실을 은밀하게 장수왕에게 보고했을 겁니다. 그리고 장수왕은 실성과 눌지 두 사람을 놓고 열심히 저울질을 했겠지요. '누가 고구려의 국익에 훨씬 도움이 될까' 하고 말입니다. 그리고 판단이 서자 눌지의 암살을 막는 것은

대릉원의 초대형 고분인 황남대총은 학자들 사이에서 실성 마립간의 왕릉으로 자주 거론되는 고분이다. 그러나 이 무덤이 과연 실성 이사금의 왕릉일까(한국민족문화대백과사전 사진)

물론이고, 거꾸로 그 전모를 눌지에게 낱낱이 폭로하고 직접 실성을 처치하도록 눌지를 부추겼겠지요. 그 고구려인이 눌지의 편에 선 것은 그의 개인적인 판단이 아니라 장수왕의 '큰 그림'이었다는 뜻입니다.

과연 실성 이사금을 죽인 것은 눌지였을까요? 아니면 그 고구려 장수였을까요? 어느 쪽이 역사적 진실인지는 알 길이 없습니다. 그러나 한 가지만은 분명한 것 같군요. 실성은 김씨 집단에게서도 고구려에게서도 환영받지 못한 비운(悲運)의 인물이었습니다.

경주 시내에 자리잡고 있는 대릉원(大陵苑) 안에는 황남대총(皇南大塚)이라는 초대형 고분이 자리잡고 있습니다. '황남동에 자리잡고 있는 큰 고분'이라는 뜻인데요. 학계 일각에서는 이것을 실성 이사금의 왕릉으로 보고 있지요.121) 실제로 그 봉분의 규모나 입지 조건, 그리고 금관·금동관·금제 장신구 등 그 고분에서 출토된 풍부하고 화려한 부장품들은 그 고분이 누군가의 왕릉임을 시사해 줍니다. 그 유물들의 연대를 따져 보아도 대체로 실성 이사금의 재위 기간과 겹친다는 거지요.

어쩌면 고고학적으로는 제법 그럴듯한 주장일지도 모르겠습니다. 그러나 역사적 맥락을 따져 보면 논리적인 결론은 아닌 것 같군요. 실성 이사금은 눌지의 5촌 당숙이자 장인이었습니다. 그럼에도 불구하고 눌지와 두 동생을 박해(迫害)하고 죽이려 했지요. 하마터면 차기 왕위 계승자를 암살하고 신라를 위기로 몰고 갈 뻔한 반역자에 지나지 않았습니다. 그런데 그에게 왕릉을 지어 준다? 그것도 신라 고분들 중에서도 손에 꼽힐 정도로 크고 성대하게? 그건 역사를 너무 낭만적(浪漫的)으로 해석한 게 아닐까요?

상식적으로 납득되지 않는다는 뜻입니다. 인류의 역사를 돌이켜 볼 때 자신을 제거하려 한 원수에게는 부장품은커녕 무덤조차 지어 주지 않는 경우가 많았습니다. 실성을 지지하는 석씨 집단의 입장도 마찬가지지요. 실성이 아무리 자신들의 기대주였다고는 해도 나라를 위기로 몰고 가는 반역을 도모한 이상 그 누구도 그를 두둔할 수는 없었을 겁니다. 게다가 그는 이미 죽고 없는 상태였지요. 그런 마당에 어느 누가 이미 마립간의 자리를 차지한 눌지의 뜻을 거역할 수가 있겠습니까? 다른 고분은 몰라도 적어도 초대형 봉분을 가진 황남대총은 실성 왕릉이라고 보기 어렵다는 뜻이지요. 이 문제에 관해서는 마지막 장에서 다시 다루어 보도록 하겠습니다.

---

121) 박광열(2007)·함순섭(2010) 등이 황남대총 남분을 실성 이사금의 왕릉으로 보고 있다.

제3절

동생들을 구해 올 인물을 물색하다

정변을 일으켜 실성 이사금을 제거한 눌지는 왕위에 오르자마자 자신의 입지를 강화하는 작업에 착수합니다. 그 첫 번째 행보는 고구려에 볼모로 잡혀 있던 둘째 동생 복호를 귀환시키는 일이었지요.

1) 누가 복호를 볼모로 보냈는가

복호는 이름이 책에 따라 다르게 소개되어 있습니다. 《삼국사기》에는 '복호(卜好)'로 되어 있지만 100여 년 뒤에 지어진 《삼국유사》에는 '보해(寶海)'로 나와 있지요. 같은 《삼국유사》의 〈왕력편〉에는 자비 마립간의 장인으로 갈문왕 파호(巴胡)를 소개하고 있는데요. 학계에서는 이 인물을 복호와 같은 사람으로 보고 있답니다. '파호'의 발음이 '복호'와 대응된다는 거지요.[122] 물론, 두 인물이 같은 사람인가에 관해서는 논란의 여지가 있습니다. 그러나 '복호'와 '보해'는 같은 사람의 같은 이름이 분명해 보입니다. 두 글자의 음운이 대체로 서로 대응되기 때문이지요. 고대의 한자 발음 참고서인 《광운(廣韻)》을 참조하여 그 고대음을 따져 보면 그 이유를 알 수가 있습니다. '복호'의 '복(卜)'은 고대음이 '븍/puwk/'이지만 시간이 흐르면서 받침이 약해져서 '붜ㄱ/puʔ/'으로 변형됩니다. 'ㄱ

---

122) 《삼국사기》〈박제상전〉 주165, 국사편찬위원회 한국고대사료DB판.

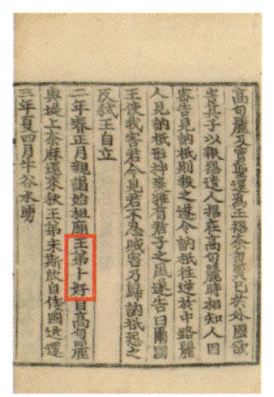 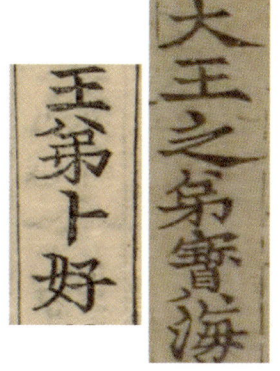 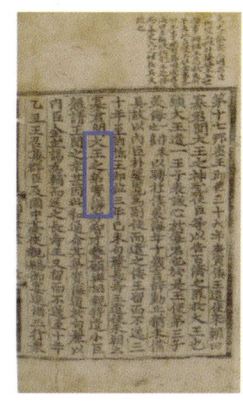

《삼국사기》의 '복호'와 《삼국유사》의 '보해'는 한자와 이름이 다르게 소개되었으나 사실상 같은 사람이다. 같은 이름을 각자 다른 한자로 표기한 경우라는 뜻이다.

/k/' 발음이 거의 들리지 않는 셈이지요. '보해'의 '보'는 고대음이 '버ㅎ/pawx/'여서 '붜ㄱ/puʔ/'과 대체로 대응됩니다. 지금은 발음이 달라졌지만 실제로는 거의 비슷한 발음이었다는 뜻이지요. '호'와 '해'의 경우도 그렇습니다. '호'는 고대음이 '허ㅎ/xaux/'이고 '해'는 '호ㅣㅎ/xoix/'로 모음(중성)에서 아주 미세한 편차를 보이는데요. 그러나 한자를 빌어 쓰는 과정에서 '호'와 '호ㅣ' 식으로 편차가 발생하는 점을 감안한다면 그 정도의 편차는 무시해도 좋을 정도입니다. 반면에 '파호'의 경우는 그보다 편차가 더 커서 '파'가 '배ㅎ/baex/', '호'가 '호/hu/' 정도입니다. 두 번째 글자 '호'는 다른 글자들과 대응되지만 첫 글자 '파'는 초성(자음)과 중성(모음)에서 모두 거리가 있는 셈이지요.

정사인 김부식의 《삼국사기》에는 눌지 마립간의 동생 복호가 어째서 고구려에 볼모로 붙잡혀 있었는지에 관한 언급이 전혀 보이지 않습니다. '눌지 마립간' 조이든 '박제상' 전이든 간에 그의 귀환 과정을 기술하는 쪽에 무게중심을 두고 있다는 뜻이지요. 복호를 고구려에 볼모로 보낸 사람과 그 이유를 언급해 놓은 것은 〈박제상전(朴堤上傳)〉입니다.

"이보다 앞서 실성왕 원년 임인년에 왜국과 강화를 맺으려 하니 왜국 왕이 나물왕(나물왕)의 아들 미사흔을 볼모로 삼기를 청하였다. 왕은 일찍이 나물왕이 자신을 고구려에 볼모로 보낸 것을 한스럽게 여겨, 그의 아들에게 원한을 풀려고 생각하였기 때문에 [왜왕의 청을] 거절하지 않고 보냈다. 또한 [실성왕] 11년 임자년에 고구려 역시 미사흔의 형 복호를 볼모로 삼고자 하니, 대왕이 또한 그를 [볼모로] 보냈다."[123]

말하자면 실성이 과거에 나물 이사금이 자신을 고구려에 볼모로 보낸 일에 앙심을 품고 그 원한을 갚기 위해서 그 두 아들인 복호와 미사흔을 볼모로 보냈다는 이야기인 셈이지요. 흥미로운 점은 《삼국유사》에는 복호의 귀환 과정이 상당히 다르게 기술되어 있다는 사실입니다. 우선, '그를 볼모로 고구려에 보낸 사람이 누구냐' 하는 문제에서부터 큰 차이를 보이지요.

"눌지왕 3년 기미년에 고구려의 장수왕이 사신을 보내어 말하였다. '우리 임금이 대왕의 아우 보해님께서 슬기롭고 재능이 남다르다는 소문을 들으시고 서로 가깝게 지내기를 바라시고 특별히 소신을 파견하시어 모시기를 간곡하게 바라십니다!' 그러자 왕은 그 말을 듣고 몹시 반가워하는 것이었다. 그래서 그 일을 계기로 [고구려와] 사이좋게 지내며 교류하고자 하여 그 동생 보해로 하여금 [고]구려로 가도록 이르고 내신이던

---

123) 《삼국사기》〈박제상전〉.

김무알을 보좌역으로 삼아 그를 떠나보내었다. 그런데 장수왕 역시 그를 억류하고 돌려보내지 않았다."[124]

《삼국유사》에서는 복호를 볼모로 보낸 것이 자기 형 눌지라고 했습니다. 게다가 기사의 문맥만 보면 눌지가 자신의 의지와는 달리 고구려의 강압 속에서 억지로 보낸 것도 아닌 것 같군요. 물론, 결과적으로야 장수왕이 당초의 약속을 어기고 복호를 고구려에 억류하기는 합니다. 그러나 처음에는 오히려 눌지 쪽에서 장수왕의 제안을 몹시 반기면서 적극적으로 고구려로 보낸 것으로 기술되어 있거든요.

눌지 마립간이 복호를 고구려로 보냈다는 것은 《삼국유사》의 저자 일연의 해석일 뿐입니다. 그러나 그런 해석에 대한 일연의 믿음은 확고한 것 같군요. 〈김제상전〉에서는 눌지 마립간이 재위 10년 째 되는 을축년(乙丑年, 426)에 신하와 협객들을 불러 잔치를 베푸는데요. 그 자리에서 눈물을 흘리면서 신하들에게 이렇게 고백했다는 겁니다.

"옛날 아버님께서는 성심으로 백성의 일을 생각하셨기 때문에 사랑하는 아들을 동쪽의 왜로 보냈다가 다시 못 보고 돌아가시었고 내가 왕위에 오른 후에는 이웃 나라의 군사가 강하여 전쟁이 그치지 않았소. 고구려만이 화친을 맺자는 말이 있었으므로 내가 그 말을 믿고 아우를 고구려에 보내었소. 그런데 고구려에서도 아우를 억류해 보내지 않고 있으니, 내가 비록 부귀를 누린다 하여도 일찍부터 하루라도 이들을 잊거나 울지 않는 날이 없소. 만일 두 아우를 만나 함께 선왕의 사당을 보게 될 수만

---

124) 《삼국유사》〈김제상전(金堤上傳)〉.

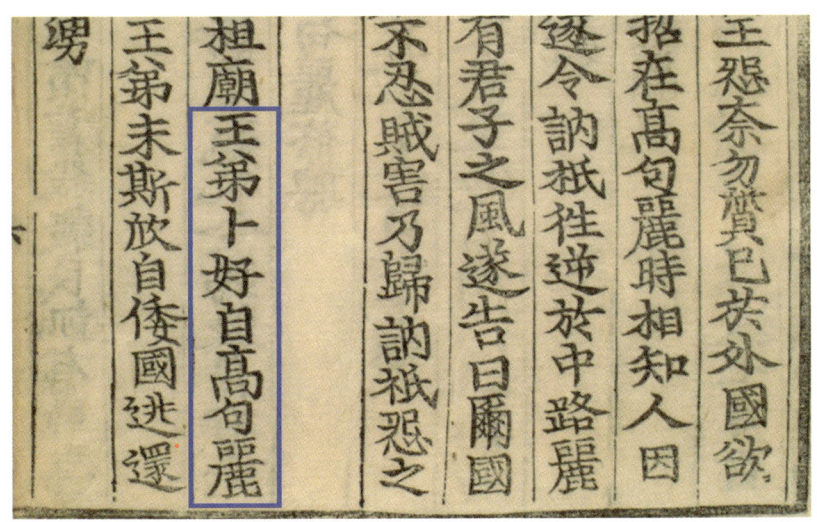

《삼국사기》'눌지 마립간'조에는 즉위한 이듬해에 복호가 박제상과 함께 귀환했다는 사실만 간단히 소개되어 있다.

있다면, 나라 사람에게 은혜를 갚으려 하오. 누가 능히 이 계책을 이룰 수가 있겠소."[125]

눌지 마립간이 왕위에 오른 당시에 신라는 주변 국가와 전쟁이 그치지 않았는데요. 유독 고구려만은 잘 지내자며 신라에 손을 내밀었다는 겁니다. 그래서 사신으로 복호를 보냈는데 뜻밖에도 고구려 국왕이 동생을 붙잡아 놓고 돌려보내지 않았다는 거지요. 처음부터 볼모로 보낸 것은 아니지만 결과적으로 볼모살이를 하게 된 셈입니다. 그렇게 본다면 복호를 고구려에 보낸 장본인이 눌지였을 가능성이 전혀 없는 것은 아닌 것 같군요. 정사인 《삼국사기》에서 복호가 볼모가 된 이유에 대하여 애매하

---

125) 《삼국유사》〈김제상전〉.

게 얼버무리고 넘어간 것도 그런 내막이 있었기 때문이었을까요?

2) 박제상은 언제 고구려로 갔는가

출발 시기도 마찬가지입니다. 《삼국사기》에는 실성이 왕위에 오르자마자 보낸 것으로 되어 있지만 《삼국유사》에는 그보다 3년 뒤인 눌지 마립간 3년으로 소개되어 있습니다. 그런데 실성이 왕위에 오른 해는 402년입니다. 반면에 눌지가 왕위에 오른 것은 417년이었지요. 복호가 고구려로 떠난 시점이 눌지 마립간 3년 기미년이라면 서기로는 419년에 해당합니다. 두 사서 기록 사이에 시차가 무려 16년이나 생긴다는 뜻이지요. 볼모 생활을 한 기간도 마찬가지입니다. 눌지 마립간 3년부터라면 7년이겠지만 실성 이사금 원년부터라고 한다면 거기서 16년이 추가된 23년 동안으로 늘어나게 됩니다. 과연 어느 기록이 역사적 진실에 부합하는 걸까요?

고구려의 광개토대왕은 즉위 초기에 나물 이사금의 요청으로 재위 4년(395)까지 백제와 가야를 공격했습니다. 그러나 재위 중기인 9년(400)부터 15년(406)까지는 후연과의 전쟁에 집중했지요. 서기 402년은 고구려 기년(紀年)으로는 광개토대왕의 영락 11년에 해당합니다. 이해에 광개토대왕은 숙군성(宿軍城)을 공격하는 등, 고구려 서쪽의 강적인 후연과 각축을 벌이고 있었습니다. 동서로 강적을 맞아 싸우기에 바쁜 상황이었던 거지요. 그런 판국에 신라 국왕을 잘 달래서 자기편으로 끌어들이기는커녕 고압적인 자세로 볼모를 요구한다? 그런 상황은 그다지 설득력이 없어 보입니다.

그런데 볼모로 보낸 해가 419년이라면 이야기가 달라집니다. 이해는 장수왕이 광개토대왕에 이어 왕위에 오른 지 7년째 되는 때지요. 재위 초

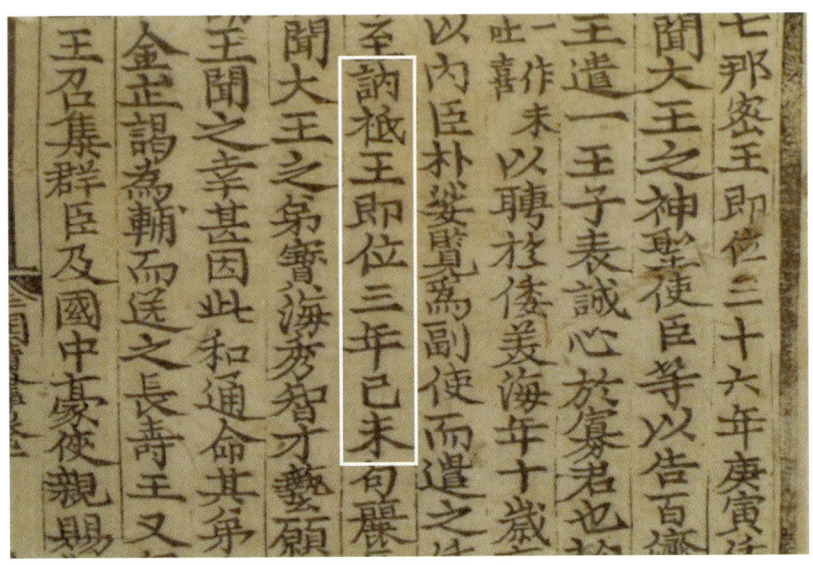

《삼국유사》〈김제상전〉에는 복호(보해)가 고구려에 볼모로 간 시점이 눌지왕 3년이었던 것으로 소개되어 있다.

기인 데다가 서쪽의 숙적이던 후연은 이미 멸망해 버리고 그 뒤를 이어 들어선 북위(北魏)와는 우호적인 관계를 유지하고 있었습니다. 시기적으로나 정황상으로는 고구려가 신라에 공공연히 볼모를 요구한다는 것이 큰 문제는 없다는 뜻이지요. 게다가 장수왕은 아버지와는 달리, 남하정책을 적극적으로 추진하고 있었습니다. 도읍을 평양성으로 옮기고 한반도 남쪽으로 영토를 확장하는 데에 총력을 집중하고 있었지요. 백제·가야 등, 남쪽으로 영토를 확장하는 과정에서 발판이 되어 줄 신라의 협력이 무엇보다도 절실한 시점이었다는 뜻입니다. 장수왕이 고구려를 찾아온 신라 사신을 극진하게 대접해 준 것도 이 같은 시대적 상황 때문이었을 테지요. 이런 당시의 국제정세들을 따져 본다면 복호를 볼모로 보낸 것은 실성 이사금이 아니라 그 형 눌지 마립간이었을 가능성이 높지 않을까요?

그러면 고구려에 붙잡혀 있던 복호는 어떻게 다시 신라로 돌아올 수 있었을까요? 5촌 당숙이자 장인이었던 실성 이사금을 제거하고 스스로 왕위에 오른 눌지는 자신의 정치적 입지를 강화하는 작업에 착수하는데요. 그 첫 번째 행보는 고구려에 볼모로 잡혀 있던 동생 복호를 귀환시키는 일이었습니다. 《삼국사기》에서는 복호의 귀환과 관련하여 이렇게 소개하고 있습니다.

"2년 봄, … 왕의 동생 복호가 고구려에서 제상 나마와 함께 돌아왔다."[126]

복호의 귀환을 '6하원칙'에 따라 신문기사를 쓰듯 무미건조하게 언급해 놓았을 뿐입니다. 복호가 신라로 귀환하는 과정을 박진감이 넘치고 흥미진진하게 풀어나간 쪽은 역시 〈박제상전〉이 아닌가 싶군요.

"눌지왕은 왕위에 오르고 나서 변사를 구해 가서 그를 맞이해 오기로 결심했다. 그런데 수주촌 간 벌모말, 일리촌 간 구리내, 이이촌 간 파로 세 사람에게 현명한 지혜가 있다는 소문을 듣고 불러들였다. … 그러자 세 사람이 다 같이 대왕을 보고 말했다. '신들은 삽량주 간 제상이 강직하고 용감한 데다 지략이 있다고 들었습니다. 그를 구해 전하의 근심을 풀 수 있을 것이옵니다.'"[127]

126) 《삼국사기》 〈신라본기 3〉 '눌지 마립간 2년(418)'조.
127) 《삼국사기》 〈박제상전〉.

'변사(辯士)'하면 우리는 무의식적으로 근대에 무성영화(無聲映畫)에서 줄거리를 해설해 주던 해설사를 떠올릴 겁니다. 그러나 원래는 뛰어난 언변으로 사람들을 설득하는 유세가(遊說家)를 뜻하는 말이지요. 변사를 찾아보기로 결심한 눌지가 만난 세 사람은 수주촌 간인 벌보말과 일리촌 간인 구리내, 이이촌 간인 파로였습니다.

신라어에서 '간(干)'은 특정한 집단의 우두머리나 지도자를 일컫는 칭호인데요. 그 어원을 따져 보면 튀르키예어의 '카안(Kağan)'이나 몽골어의 '항(хан)'과 뿌리가 같습니다. 보통은 '간' 또는 '간지(干支)' 식으로 독자적으로 사용되기도 했지만 때로는 그 앞에 수식성분(관형어)이 추가되기도 했지요. 여기서도 '–간' 앞에 '마을 촌(村)'이 붙어 '촌–간', '주–간' 식으로 사용되었지요? '촌–간'은 그 마을 또는 고을의 우두머리, 쉽게 말하면 촌장(村長)을 일컫는 호칭인 셈입니다. 그렇다면 벌보말·구리내·파로 세 사람은 중앙정부의 대단한 귀족이라기보다는 지방 행정기구인 '6부'의 말단 관리들이었던 셈입니다.

그렇다면 세 사람이 추천한 박제상이라는 인물은 어떤 사람이었을까요? 《삼국사기》에서는 그 내력을 이렇게 소개하고 있습니다.

> "박제상[모말이라고도 불렸다]은 [신라] 시조 박혁거세의 후손이다. 파사이사금의 5세손으로, 조부는 아도 갈문왕이며, 부친은 물품 파진찬이다. 제상은 삽량주 간 벼슬을 지냈다."[128]

제상은 혁거세의 직계 후손으로, 파사(婆娑) 이사금의 5세손이고, 조

---

128) 《삼국사기》〈박제상전〉.

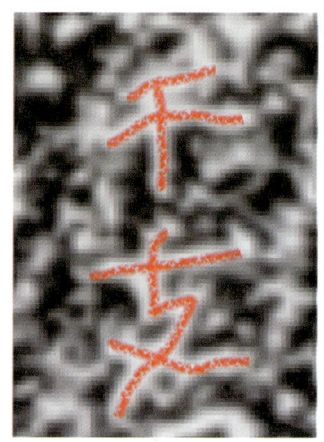

포항 냉수리 신라비 속의 '간지(干支)'

부는 갈문왕이었던 아도(阿道), 부친은 파진찬이었던 물품(勿品)이었다고 합니다. 김부식의 설명에 따르면, '갈문왕(葛文王)'이란 신라에서 왕의 친척이다가 대통을 이은 군주가 자신의 아비를 왕으로 높여 봉할 때 붙이던 존칭이었습니다. 나중에는 왕이 자신의 외숙부를 갈문왕으로 봉하기도 했다는군요.[129] 제상의 조부 박아도가 갈문왕으로 봉해진 것도 그럴 만한 이유가 있었던 셈입니다. 파진찬(波珍飡)은 신라의 17관등 중 제4등에 해당했는데요. 진골(眞骨) 이상의 중앙 귀족에게만 내려지는 관등이었습니다. 박제상은 김씨가 주도하는 신라 지배층에서 거의 김씨 왕족에 맞먹는 지위와 명망을 가진 인물이었던 거지요.

'삽량주(歃良州)'라는 곳은 지금의 경상남도 양산시(梁山市) 일대로 비정되고 있습니다. 신라에 고구려 구원군이 파병되었을 때 가야와 왜국을 견제하기 위하여 구축한 전략적 요충지였다는군요.[130] 《삼국유사》에는

---

129) 김부식, 《삼국사기》, 〈신라본기 2〉 '첨해 이사금'조의 논(論).
130) 이도학, 《고구려 광개토왕릉 비문 연구》, 제428쪽, 서경, 2006.

신라시대의 삽량주는 지금의 양산 지역(동그라미)으로 알려져 있다.

'삽라군(歃羅郡)'으로 소개되어 있는데요. 발음이 달라 얼핏 다른 곳인 것 같은 생각이 들지요? 그러나 신라어에서 '-라(羅)'와 '-량(良)'이 통용되는 사례는 흔히 볼 수 있습니다. 한자 표기상의 문제일 뿐이지 '삽량'과 '삽라'는 사실상 같은 곳을 일컫는 이름이었다는 뜻이지요. 비슷한 사례로 '가량'과 '신량'을 들 수 있습니다. 가야의 옛 이름인 '가라(加羅)'를 '가량(加良)'으로, '신라'를 '신량(新良)'으로 쓰기도 했거든요. 발음이 서로 다른 '-라'와 '-량'이 혼동되어 사용된 것을 보면 신라어는 비음(鼻音)이 상당히 강한 언어였던 것 같습니다.

어떤 학자는 《삼국사기》에서 '삽량주'라는 지명이 연대상으로 문제가 있다고 보기도 합니다. 신라에서 '주(州)'가 설치된 것이 4~6세기 마립간 시기보다 한참 나중이기 때문이지요. 그러나 《삼국유사》에는 '[삽라]군'으로 나와 있는 것을 보면, 신라 후기의 역사 기록자들이 4~6세기 식 명칭인 '군'을 일률적으로 자신들에게 익숙한 명칭인 '주'로 고쳤을 가능성이 높습니다. 즉, 김부식이 눌지 마립간 당시의 이름이던 '삽라군'을 자신이 활동하던 13세기에 알려져 있던 고려 식 표기인 '삽량주'로 바꾸었을

	羅	=	良
품사	명사		형용사
의미	비단		좋다
고음	Lo		Liang
실제	Ra		Ra
사례	新良(新羅), 加良(加羅), 奈良		

'라'와 '량'. 두 글자는 가야-신라어에서 같은 발음[ra]을 표기하는 글자로 함께 사용되었다. '나래(奈良)'의 경우를 볼 때 신라의 표기방식은 일본에도 영향을 주었을 것이다.

가능성이 있다는 뜻이지요.

　《삼국유사》에서 박제상의 관직을 당초의 직함인 '주 간(州干)'이 아닌 '태수(太守)'로 소개한 것 역시 마찬가지입니다. 이 역시 원래는 '주 간'으로 불렸던 것을 몇백 년이 지난 신라 말기나 고려 초기에 당시의 표현법에 따라서 '주 간 ⇒ 태수'로 교체했을 겁니다. '태수'라는 관직은 신라가 삼국을 통일한 7세기 이후부터 사용되기 시작하거든요. 여기서 '주 간'은 한 고을의 행정 수장을 일컫는 신라어입니다. 요즘 식으로는 '주지사'나 '도지사' 정도에 해당하겠지요.

　그런데 여기서 한 가지 의문이 생깁니다. '제상이라는 인물의 성씨는 무엇이냐' 하는 문제입니다. 《삼국사기》에는 '박 제상'으로 소개되어 있는데 《삼국유사》에는 '김 제상'으로 나와 있거든요. 제상과 관련된 자료가 부족하므로 그 진상을 확실히 알 수는 없습니다. 그러나 여러 가지 정황들을 따져 볼 때 원래는 박씨였던 것으로 보는 것이 합리적이겠지요. 그는 눌지 마립간의 동생들을 무사히 귀환시킨 공으로 대아찬(大阿飡)에 추증되었습니다. 그리고 그 딸은 아버지의 헌신에 대한 보답으로 눌지 마립간의 동생 미사흔의 아내로 짝지어 주지요. 어쩌면 그 과정에서 눌지 마립간으로부터 신라의 국성(國姓)인 '김'을 하사받았을 가능성이 높습니다. 저자의 집안도 그렇지만 신라에서는 나라에 큰 공을 세운 공로자에게는 국왕이 성씨를 내리는 경우가 많았거든요. 물론, 국성('김')을 하사받았다면 정말 아주 대단한 공로를 세웠다는 뜻입니다. 《삼국유사》에서 제상의 성씨가 '김'으로 소개된 것은 그 같은 내력 때문이었을 테지요.

3) 장수왕과의 담판

다시 박제상 이야기로 돌아가 보겠습니다. 눌지 마립간은 신하들이 추천한 박제상을 서둘러 호출하지요. 《삼국사기》의 〈박제상전〉에서는 눌지의 고충을 들은 제상이 두말하지 않고 바로 그 부탁을 받들었다고 적고 있습니다. 그러나 《삼국유사》의 〈김제상전〉에서는 이런 말을 했다고 전하고 있군요.

"신이 들으니 '임금에게 근심이 생기면 신하는 그것을 수치로 여겨야 하며, 임금이 수치를 당하면 신하는 죽음으로 보답해야 한다'고 하더이다. 만일 일의 어려움과 쉬운 것을 따져 가며 행한다면 이는 충성을 다한 것이 아니며, 죽고 사는 것을 헤아리며 행한다면 이는 용기가 없는 것이라 할 것이옵니다. 신이 어리석사오나 명령을 받들어 나서기를 바라나이다."[131]

---

131) 《삼국유사》〈김제상전〉.

그렇게 해서 박제상은 눌지 마립간의 부탁에 따라 그 길로 복장을 바꾸고 북해(北海) 바닷길을 따라 고구려로 향합니다. '북해'는 동해이기는 한데 동해에서 북쪽의 바다를 가리키는데요. 대체로 지금의 38선 이북의 동해에 해당하는 셈이지요. 그렇게 북한, 아니 고구려에 잠입하는 데에 성공한 박제상은 고구려 왕을 찾아가서 담판을 벌입니다.《삼국사기》에서는 그 과정을 이렇게 기술해 놓았더군요.

"신이 들으니 이웃 나라와 교류하는 법도는 실로 진심과 정성뿐이라고 하더이다. [그런데] 만약 볼모를 바친다면 5패만도 못한 셈이니 참으로 말세에나 있을 법한 일이지요. 지금 저희 임금이 사랑하는 아우가 여기에 있습니다. 거의 10년이나 붙잡고 계신 셈입니다. 저희 임금은 들판의 외톨이 할미새 격으로 내내 [아우를] 그리워하기를 그치지 않고 있나이다. 만약 대왕께서 은혜를 베푸시어 그를 돌려보내신다 한들 마치 소 아홉 마리에서 털 한 오라기가 빠진 것처럼 손해 보실 일이 없을 테지요. 그렇게 하신다면 저희 임금이 입은 대왕의 은덕은 이루 헤아릴 수조차 없을 것이옵니다. 왕께서는 그 점을 염두에 두소서!'
그러자 왕은 '허락하노라!' 하더니 [제상과 복호가] 함께 귀국하는 것을 허락해 주는 것이었다."[132]

여기서 '5패(五霸)'란 중국 춘추시대에 천하의 패권을 다투었던 다섯 나라를 말합니다. 제(齊)나라의 환공(桓公), 진(晉)나라의 문공(文公), 진(秦)나라의 목공(穆公), 송(宋)나라의 양공(襄公), 초(楚)나라의 장왕(莊

---

[132]《삼국사기》〈박제상전〉.

王)이 그들인데요. 이 다섯 인물은 자기 나라를 강대국으로 발전시키기도 했습니다만, 한편으로는 주변 나라들에 대하여 진심과 정성으로 대한 것으로도 유명하지요. 박제상이 고구려 국왕(장수왕)과 담판을 벌이는 자리에서 이 고사(故事)를 거론한 것은 장수왕을 '춘추 5패'로 추켜세우면서 그 격에 맞게 신라를 진심과 정성으로 대할 것을 당부한 거지요. 박제상이 도의로 이렇게 설득하자 장수왕은 두 말 없이 흔쾌히 복호의 귀국을 허락해 주었다고 합니다. 그것이 사실이라면 장수왕은 정말 호탕하고 시원시원한 군주가 아닐 수 없습니다. 그런데 그렇게 호탕하게 풀어줄 거였다면 애초에 볼모살이는 왜 시켰는지 그건 좀 납득이 되지 않는군요.

이처럼 〈박제상전〉에서는 장수왕의 '허락하노라' 한마디로 모든 상황이 너무 싱겁게 끝나 버리고 맙니다. 그런데 〈김제상전〉 쪽은 이야기가 좀 다르군요.

"제상은 … 변장을 하고 고구려로 들어간 다음 보해의 처소에 들어가 탈출할 시기를 함께 의논했다. 그러고는 먼저 5월 15일에 귀환하기로 하고 고성의 바다 어귀에서 대기했다. 약속한 날이 다가오자 보해는 병을 핑계로 며칠 동안 조회에 나가지 않더니 밤중에 도망쳐 나와 길을 나서 고성 바닷가에 당도했다. [장수]왕은 그 사실을 알고 수십 명을 보내 그를 추격하게 해서 고성에 이르러 그를 따라잡았다. 그러나 보해는 고구려에 있는 동안 늘 주위 사람들에게 은덕을 베풀었다. 그래서 그 군사들이 그가 다치는 것을 딱하게 여기고 한결같이 살촉을 뽑은 채로 쏜 덕분에 결국 잡히지 않고 귀국할 수 있었다."[133]

삼실총 북향 벽에 그려진 고구려 기병도

《삼국유사》쪽은 그렇게 호락호락하지 않았던 것 같군요. 거기에는 고구려 왕이 등장하지 않습니다. 김제상 역시 고구려 왕을 찾아가거나 설득하려고 애쓴 흔적도 보이지 않는군요. 그저 은밀히 보해를 만나 합류할 날짜와 장소를 정한 다음 약속 장소(고성)에서 배를 대고 보해가 올 때까지 대기한 것이 전부입니다. 고구려 왕을 설득하기는커녕 그를 속이고 몰래 보해를 탈출시킨 거지요. 물론, 〈김제상전〉 쪽은 상황 묘사가 상당히 구체적이고 사건의 전개 역시 무척 극적입니다. 게다가 보해를 추격하던 고구려군은 평소 그가 베풀어 준 은덕을 떠올리고 살촉을 뽑은 화살을 쏘아 그가 무사히 탈출하도록 거들어 주는 감동적인 장면까지 추가되지요. 살촉 없는 화살 덕분에 보해는 제상과 합류하여 무사히 신라

---

133) 《삼국유사》〈김제상전〉.

국내에서 방송되어 큰 인기를 모은 역사 드라마 《주몽》. 개국 군주가 온갖 시련을 다 이겨내고 나라를 세우는 데에 성공하는 이야기는 인류사에서 흔히 볼 수 있는 서사 장치이다.

로 귀환하는 데에 성공합니다. 브라보! 정말 한 편의 멋진 어드벤처 드라마 아닙니까?

물론, 이런 이야기는 역시 복호가 탈출하는 과정을 독자들에게 흥미진진하게 들려주기 위해서 나중에 새로 지어낸 겁니다. 공(公)은 공이고 사(私)는 사지요. 아무리 은혜를 입었기로서니 엄연히 국왕이 내린 명령을 어기고 복호를 살아 돌아가게 만들다니요. 그건 그야말로 목이 달아날 중대 사건이 아니겠습니까?

게다가 당시 신라와 고구려의 관계를 감안할 때 제상이 고구려의 눈치를 보거나 나중에 벌어질 사태도 예상하지 않고 '일단 저지르고 보자'는 식으로 무턱대고 볼모를 탈출시킨다는 것도 사실상 있을 수 없는 일이지요. 복호가 신라에 무사히 귀환한 일은 고구려 왕의 묵인(默認)이 없이는 불가능했다는 뜻입니다. 설사 그렇게 구출해 내는 데에 성공했다고 칩시다. 그 뒤에 벌어질 후환은 누가 감당한다는 말입니까? 일이 꼬이기라도 하면 신라는 군사적으로 절대적으로 우세한 고구려와의 전쟁을 각오해야 할지도 모를 일이었습니다. 박제상이 정말 제갈량(諸葛亮) 같은 지략을 가졌다면 그런 어리석은 선택은 할 리가 없는 거지요. 이 기사에는 왜곡된 사실들이 많이 들어가 있다는 뜻입니다.[134] 물론, 그 같은 '왜곡된 사실들'은 박제상 설화가 오랜 세월 동안 민간에서 전해지는 과정에서 독자들의 흥미를 자극하기 위하여 새로 끼워 넣어진 결과이겠지요. 비슷한 경우가 고구려를 건국한 추모(鄒牟, 주몽)의 경우입니다. 추모는 부여(夫餘)를 탈출해 졸본(卒本)까지 남하하는 과정에서 온갖 우여곡절(迂餘曲折)과 시련(試鍊)을 다 겪은 끝에 나라를 세우는 데에 성공하지 않습니까? 1차 사료에는 존재하지 않던 인물이나 지명이 나중에 추가되거나, 지어낸 에피소드들을 끼워 넣어 특정한 인물을 위대한 영웅으로 미화하는 사례들은 인류사에서 아주 흔한 일입니다.

---

[134] 이희진,《신라왕조실록 1》, 제142쪽, 살림출판사, 2017.

제4절
박제상의 순국

1) 미사흔의 이름

　미사흔은 눌지 마립간의 셋째 동생이었습니다. 그에 관한 기록은《삼국사기》와《삼국유사》에 모두 보이는데요. 복호의 경우와 마찬가지로, 그 내용은 미사흔의 성격이나 일생에 초점을 맞추기보다는 박제상을 주인공으로 내세워 그의 신라 귀환 과정을 소개하는 데에 역점을 두고 있습니다. 미사흔은 박제상의 활약상을 돋보이게 해 주는 일종의 조연 역할에서 그치고 있다는 뜻이지요.

　미사흔의 이름은 책마다 조금씩 다르게 전해지고 있습니다.《삼국사기》에는 일률적으로 '미사흔'으로 소개되어 있는데요.《삼국유사》쪽은 다소 혼란스럽습니다. 그 이름이 '미해(美海)·미토희(未吐喜)·미질희(未叱希)' 등으로 소개되거든요.

　중국의 고대 한자음 참고서인《광운(廣韻)》에 소개된 한자 고대음에 따르면, '미(未)'는 /mj+jH/이고 '미(美)'는 /mijx/로, 발음이 거의 같습니다. 그리고 '흔(欣)'은 /xj+n/이고 '해(海)'는 /xaix/, '희(喜)'는 /xiX/, '희(希)'는 /xj+j/ 정도로 추정됩니다. '미사흔(밋흔)'과 '미해'의 경우, 초성(자음)은 완전히 같고 중성(모음)은 미묘한 차이를 보이지만 대체로 비슷한 셈이지요. 거의 같은 발음을 서로 다른 한자로 표기한 것으로 이해할 수 있다는 뜻입니다.

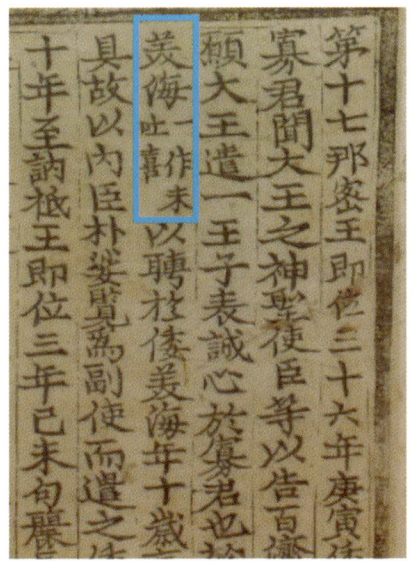

《삼국유사》 '나밀왕(那密王)'조의 해당 대목. '토할 토(吐, 동그라미)'는 '꾸짖을 질(叱)'을 판각공이 잘못 새긴 것이다.

〈왕력편〉의 '자비왕'조에도 미사흔을 언급하는 대목에 비슷한 이름이 보입니다. 첫 글자가 지워져 잘 보이지는 않지만 뒤의 두 글자 '□질희(□叱希)'를 근거로 할 때 앞글자는 '미(美)'나 '미(未)'였을 가능성이 높습니다. 이름이 '미질희'로 소개되어 있는 거지요. 물론, '미토희'는 미질희를 잘못 새긴 것입니다. 《삼국유사》의 내용을 목판에 새기는 판각공(板刻工)이 '질(叱)'을 모양이 비슷한 '토(吐)'로 잘못 읽으면서 발생한 착오라는 뜻이지요.

2) 박제상의 지략

이제부터 미사흔이 어떻게 신라로 귀환했는지 살펴보도록 할까요? 《삼국사기》에서는 미사흔의 귀환과 관련하여 이렇게 소개해 놓았습니다.

"[2년] 가을에 왕의 동생 미사흔이 외국에서 도망쳐 귀환하였다."135)

역시 복호 관련 기사만큼이나 단출한데요. 이 기사에서는 미사흔이 혼자 힘으로 외국을 탈출한 것처럼 소개해 놓았습니다. '누가·언제·어디서·무엇을·어떻게·왜'라는 6하원칙에 맞추어 그 사실 관계만 딱 기술해 놓은 거지요. 아무래도 《삼국사기》가 정사이고, 눌지 마립간을 주체로 다룬 대목이다 보니 기술 방법이나 분량에 제한이 있을 수밖에 없겠지요. 그렇기는 한데 사람들의 이목을 끌기에는 많이 부족한 것 같습니다. 역시 재미와 감동을 동시에 주는 쪽은 열전 쪽인 것 같습니다.

〈박제상전〉에 따르면, 제상이 복호를 구해 오자 눌지 마립간은 자신은 두 동생을 두 팔처럼 소중하게 여기는데 복호만 곁에 있으니 한쪽 팔만 달린 것 같다며 슬퍼합니다. 그러자 제상이 말하지요.

"신이 비록 하찮은 놈이기는 하오나 이 몸을 나라에 바치기로 한 이상 기필코 어명을 욕되게 하지 않겠나이다! 그러나 고구려는 큰 나라인 데다가 왕도 어진 군주지요. 그래서 신이 한마디 말로 그를 깨우칠 수가 있었나이다. 그러나 외국인들은 말로는 깨우칠 수가 없나이다. 그러니 속임수를 써야 왕자님을 돌아오게 해 드릴 수 있습니다. 신이 그 나라로 가면 조국을 배신했다는 소문을 내시어 저들이 곧이 듣게 해 주십시오!"136)

---

135) 《삼국사기》〈신라본기 3〉 '눌지 마립간 2년(418)'조.
136) 《삼국사기》〈박제상전〉.

이 대목의 경우,《삼국유사》의 〈김제상전〉에는 "이때 제상은 이 말을 듣고 두 번 절을 한 다음 왕에게 다짐하였다" 정도로 간단하게 처리되어 있을 뿐입니다. 이렇게 해서 죽기를 각오한 박제상은 처자식과 작별 인사도 나누지 않고 그 길로 외국으로 향하는데요. 이 이별 장면은 묘사 방식에서 〈박제상전〉과 〈김제상전〉이 다소 차이를 보입니다. 그러나 두 쪽 모두 애절한 묘사로 심금(心琴)을 울리는 것은 마찬가지지요. 한번 떠나면 다시는 살아서 상봉하기 어려울지 모르는 상황입니다. 그러니 그 심정이야 오죽하겠습니까?

　이렇게 슬퍼하는 아내를 뒤로 하고 박제상은 외국에 잠입하는 데에 성공합니다. 〈김제상전〉에서는 이 대목에서 "계림의 임금이 아무런 죄도 없이 제 아비와 형을 죽였으므로 도망하여 이곳에 이른 것입니다"라고 둘러대자 외국 왕이 그 말을 믿고 그에게 집을 내려 편히 머물게 해 주었다고 간단하게 기술해 놓았을 뿐입니다. 반면에 〈박제상전〉에서는 제상이 외국 왕의 신임을 얻기 위해 애쓰는 과정을 상당히 길게 소개하고 있지요.

"이리하여 그 길로 외국으로 들어가서 나라를 배반하고 온 척 꾸미니 외국의 왕이 그를 의심하는 것이었다. 이때 백제인이 그에 앞서 외국에 들어와 '신라와 고구려가 외국 왕의 나라를 침공하려고 꾸미고 있다'고 이간질을 했는데 … 공교롭게도 고구려에서 침공해 와 외국 경계병들을 모조리 붙잡아 죽이니 외국 왕도 그제서야 백제인의 말을 곧이 들었다. 이어서 신라 왕이 미사흔과 제상의 가솔들을 가두었다는 소식을 듣고 나서야 '제상이 정말 배반했구나!' 하는 것이었다. 이리하여 군사를 내어 신라를 치기로 하고 제상과 미사흔을 장수로 임명하고 그들을 길잡이로 삼

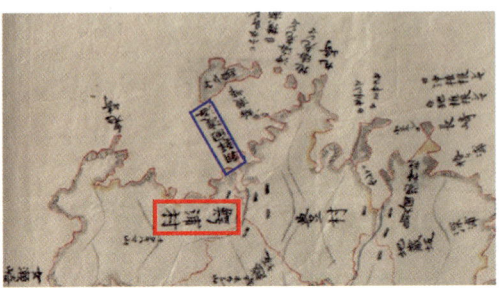

1821년에 제작된 《대일본연해 여지전도(大日本沿海輿地全圖)》에 표시된 악포(빨강). 그 위로 '조선국으로 건너가는 길'(파랑)이 보인다(미국의회도서관 소장).

왔다. 그렇게 바다 한가운데 산이 있는 섬까지 이르렀을 때였다. 와국 장수들이 '신라를 멸망시킨 뒤에 제상과 미사흔의 처자식들을 붙잡아 돌아오자'고 몰래 모의하는 것이었다. 그 일을 안 제상은 미사흔과 배를 타고 거닐면서 물고기와 오리를 잡는 척하였다. 그러자 와인들은 그 광경을 보더니 '아무 생각도 없구나!' 하면서 좋아하는 것이었다."[137]

말하자면 《삼국사기》에는 와국 왕이 박제상을 머물게 해 준 것이 아니라 그를 길잡이 삼아 신라로 쳐들어가서 멸망시키려 한 것으로 묘사되어 있는 셈입니다. 〈김제상전〉과는 달리 와국 왕이 박제상을 끊임없이 의심했던 거지요. 그런 의심은 어떻게 보면 당연한 것이었습니다. 와국은 이 무렵 백제의 요청이 있을 때마다 백제 편을 들던 참이었거든요.[138] 그러니 신라에게는 상당히 적대적인 입장을 고수할 수밖에요.

학자들의 주장에 따르면 미사흔이 볼모로 붙잡혀 있었던 그 와국은 우

---

137) 《삼국사기》 〈박제상전〉.
138) 채미하, 《신라의 건국과 성장》, 제47쪽, 백두문화재연구원, 2021.

리가 통상적으로 알고 있는 나라 지역의 야마토[大和] 정권이 아니라 규슈[九州] 정권이었다고 합니다. 그보다 훨씬 서쪽으로 바다를 접하고 있는 지금의 북규슈[北九州]의 후쿠오카[福岡] 쪽일 가능성이 높다는군요.[139] 실제로《삼국사기》〈박제상전〉에는 제상이 미사흔을 구출한 장소를 "바다 한가운데의 산이 있는 섬[海中山島]"으로 소개되어 있습니다. 그보다 100년 뒤의《삼국유사》〈김제상전〉에도 '해변에 가까운 외국 지경'으로 소개되어 있지요. 그러면 일본의 사서인《일본서기》에는 어떻게 적혀 있을까요? 박제상 관련 기사가 다루어져 있는 〈신공황후기(神功皇后紀)〉의 '섭정 5년'조에는 "대마의 서해의 수문(對馬の鉏海の水門)" 식으로 막연히 신라 방향 바다로 언급되어 있습니다. 그 좌표가 대체로 대한해협 내지 대마도 북단의 악포(鰐浦) 부근인 셈이지요.[140]

그렇게 해서 외국 군대의 의심을 피하게 된 제상은 은밀히 미사흔에게 신라로 돌아가라고 설득합니다. 아버지 같은 박제상을 버려둘 수 없었던 미사흔은 통곡을 하면서 그에게 매달립니다. 그러나 박제상은 둘이 같이 떠나면 탈출에 성공하기 어렵다고 말하며 기어이 미사흔을 탈출시키지요. 그런데 〈김제상전〉에서는 이 대목을 좀 다르게 풀어 나갑니다.

"그러다가 마침 새벽에 안개가 자욱하게 끼고 날이 어두워지자 제상이 말하였다. '이제 가셔도 되겠습니다.' 그래서 미해가 '그러면 같이 가십시다' 했더니 제상이 말했다. '신이 간다면 와인들이 눈치채고 쫓아올까 걱정입니다. 그러니 신은 남아 놈들이 쫓아오는 것을 막고자 합니다.' 이에

---

139) 이종항, 〈신라의 가야 諸國 병합과정과 倭의 동향에 대하여〉,《법사학연구》제6호, 1981.
140) 채미하, 같은 책, 제123쪽.

미해가 '지금 나는 그대를 아버지나 형님처럼 여기고 있는데 어찌 그대를 버리고 혼자 돌아갈 수 있단 말이오?' 하니 제상이 말하는 것이었다. '신이 공의 목숨을 구함으로써 대왕의 우애에 위로가 될 수만 있다면 그것으로 충분합니다. 어찌 살기를 바라겠습니까?' 그러고는 술을 가져다 미해에게 바쳤다. 이때 계림 사람 강구려가 왜국에 머물고 있었기에 그가 수행하게 해서 보내 주었다."[141]

박제상은 시간을 끌어 미사흔의 탈출을 성공시키기 위하여 미사흔의 방에서 잠을 자고 이튿날 아침에 왜국 군대가 들이닥치자 문 앞에서 그들을 가로막으면서 '미사흔이 어제 사냥을 하느라 피곤해서 자고 있으니 깨우지 말라'고 하지요. 그렇게 저녁이 다 되어서도 미사흔이 보이지 않는 것을 이상하게 여긴 왜국 군대가 추궁하자 제상은 그제야 진실을 일러 줍니다. 미사흔을 추적하는 장면은 세부 묘사에서 《삼국사기》와 《삼국유사》가 차이를 보이는데요. 〈박제상전〉에는 왜국 군대가 배를 저어 갔다고 기술되어 있지만 〈김제상전〉에는 기병대를 동원했다고 나와 있습니다. 그러나 4~6세기의 상황에 충실하자면 미사흔을 추격하는 방식은 기병대보다는 배 쪽이 좀 더 현실적이지 않을까 싶군요.

3) 박제상의 순국

그러면 왜국에 혼자 남은 제상은 어떻게 되었을까요? 《삼국사기》의 〈박제상전〉에서는 왜국 군대가 제상을 왕 앞으로 끌고 갑니다. 왜국 왕은 그 길로 제상을 목도(木島)로 귀양 보내지요. 그리고 얼마 뒤에 장작

---

141) 《삼국유사》 〈김제상전〉.

불로 그 몸을 태우고 나중에는 목을 베었다고 소개해 놓았을 뿐입니다. 사실을 소개하는 데에만 역점을 둔 거지요. 반면에《삼국유사》의〈김제상전〉에서는 이 대목을 상당히 자세하게 다루어 놓았습니다.

"이리하여 [왜국 왕이] 제상을 가두고 '너는 어째서 너희 나라 왕자를 몰래 보낸 게냐?' 하고 따지니 [제상이] 똑바로 쳐다보면서 말하는 것이었다. '나는 계림의 신하이지 왜국의 신하가 아니오. 이번에도 우리 임금의 뜻을 이루어 드리려 했던 것이오. 그러니 어찌 그대에게 발설할 수가 있겠소.' 그러자 왜국 왕은 성을 내면서 말했다. '지금 너는 이미 내 신하가 되었으면서 계림의 신하라고 하니 형벌이란 형벌은 다 내릴 것이다! 만약 왜국의 신하라고만 하면 후한 녹읍을 상으로 내리리라.' 그런데도 [제상은] 똑바로 쳐다보면서 '차라리 계림의 개돼지가 될지언정 왜국의 신하는 되지 않겠소! 차라리 계림의 채찍과 매를 맞을지언정 왜국의 벼슬과 녹읍을 받지는 않겠소!' 하는 것이었다. 그러자 왜국 왕은 성을 내면서 집행자에게 제상의 발바닥 가죽을 벗기고 갈대를 베게 하더니 그 위를 걷게 하였다.[오늘날 갈대에는 핏자국이 있는 것을 세간에서는 '제상의 피'라고 한다.] 그러더니 다시 '너는 어느 나라 신하인가?' 하고 물었지만 '계림의 신하요!' 하는지라 이번에는 달군 쇠 위에 서게 하고 '어느 나라 신하라고?' 하고 물었더니 '계림의 신하요!' 하는 것이었다. 왜국 왕은 굴복시킬 수 없음을 깨닫고 목도에서 태워 죽였다."[142]

〈김제상전〉에서는《삼국사기》에는 보이지 않는 고문 장면과 숭고한

---

142)《삼국유사》〈김제상전〉.

순교자로서의 박제상의 이미지를 부각시키는 데에 역점을 두고 있는 것을 엿볼 수 있습니다. '계림의 개돼지가 될지언정 와국의 신하는 되지 않겠다!' 이 명언은 우리나라 사람들이라면 한번쯤은 들어 보았을 겁니다. 그만큼 충격적이면서도 감동적인 장면이지요. 그런데 그보다 100여 년 전의 《삼국사기》에는 이 두 장면이 보이지 않습니다. 눌지 마립간 이후에 후세 사람들이 새로 지어 낸 이야기라는 뜻이지요. 그럼에도 불구하고 이 대목은 보는 이로 하여금 손에 땀을 쥐게 하는 긴장감과 감동을 안겨 줍니다.

〈박제상전〉에서는 눌지 마립간은 박제상의 참혹한 죽음을 전해 듣고 그를 제5등에 해당하는 대아찬(大阿飡)에 추증하고 그 가족에게 재물을 후하게 내렸다고 합니다. 그리고 박제상의 은혜를 입은 미사흔을 제상의 둘째 딸과 혼인시켰다고 하지요. 〈김제상전〉은 이보다 훨씬 상세하게 소개합니다.

"미해는 바다를 건너 [신라로] 와서 강구려를 시켜 먼저 도읍(금성)에 사실을 알렸다. 그러자 왕은 놀라고 기뻐하면서 신하들에게 일러 굴헐역(屈歇驛)에서 맞이하게 하였다. 그리고 왕은 친동생 보해와 같이 남쪽 교외에서 [미사흔을] 맞이한 다음 대궐에 들어가 잔치를 베풀고 온 나라에 크게 사면을 내렸다. 그리고 제상의 아내는 '국 대부인(國大夫人)'으로 봉하고 그 딸을 미해 공의 부인으로 삼았다. 그러자 그 업적을 평가하는 이가 말하였다. '옛날 한나라 신하 주가가 영양(榮陽) 땅에 있다가 초나라 군사에게 잡힌 일이 있다. 그때 항우(項羽)가 주가에게 '네가 내 신하가 되면 만록후(萬祿侯)로 봉하겠다'고 했지만 주가는 욕을 퍼부으며 굴복하지 않다가 초왕(항우)에게 죽음을 당했지. 제상의 충성심과 강직함

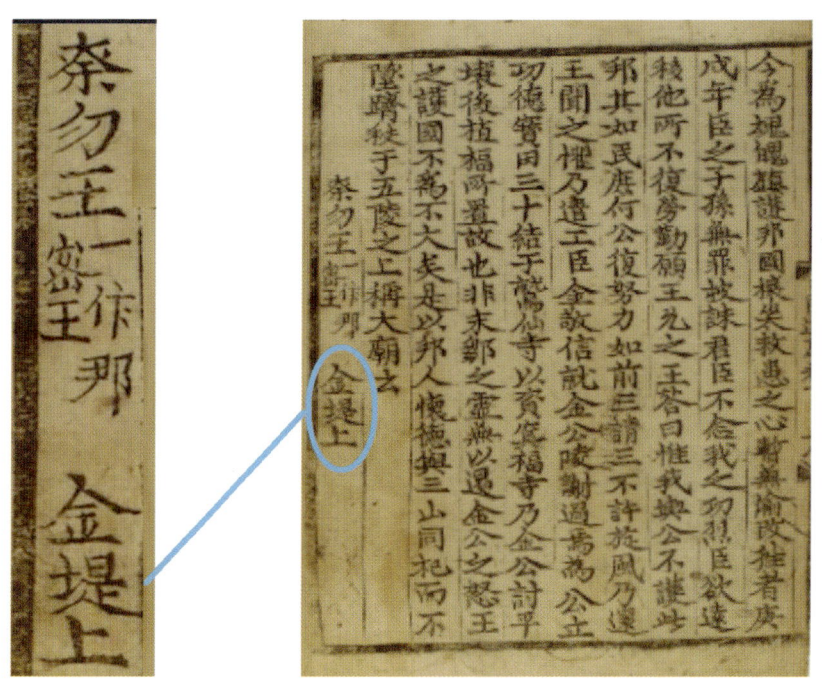

《삼국유사》〈기이 1〉의 '김제상전' 대목. 《삼국유사》에 박제상의 성씨가 '김'으로 소개된 것은 눌지 마립간이 그의 공을 기려 국성('김')을 하사했기 때문이다.

은 주가에 못지않구나!"[143]

〈김제상전〉에서는 이처럼 제상의 희생을 평가하는 사람[議者]까지 등장시켜 그를 한나라의 충신 주가(周苛, ?~BC204)에 빗대면서 그 애국심과 충성심을 부각시키고 있습니다.

---

143) 《삼국유사》〈김제상전〉.

제5절
눌지 마립간의 업적들

그러면 역사에 기록된 눌지는 어떤 인물이었을까요? 그리고 어떤 업적들을 이루었을까요? 눌지 마립간에 관한 기록은 《삼국사기》와 《삼국유사》 두 사서에만 간략하게 기록되어 있을 뿐입니다. 그가 어떤 사람이었는지 재구성하거나 파악하는 일이 그렇게 만만하지는 않다는 뜻이지요. 관련 기록들이 대부분 짧고 파편화되어 있거든요. 그럼에도 불구하고 이 기록들을 자세히 살펴보면 '눌지'라는 인물의 성격이나 그 치세를 어느 정도 엿볼 수가 있습니다.

1) 애민정책

눌지는 재위 초기부터 백성들을 위하여 선정(善政)을 베풀었습니다. 왕위에 오른 지 4년째 되는 해에 흉년이 들자 죄수들을 사면한 일이야 의례적인 일이라고 칩시다. 때로는 우박 등 계절에 맞지 않는 천재지변이 닥치면 죄수들에게 억울한 구석은 없었는지 관리들이 다시 살피게 하는 자상함을 보이기도 하지요. 재위 7년(423)에 남쪽 전당[南堂]에서 노인들을 대접하고 잔치를 베풀었다거나, 곡식과 비단을 차등을 두어 하사했다고 합니다. 그 정도는 의례적인 국가행사의 일환으로 이해할 수 있겠지요. 그런데 잔치 자리에서 노인들에게 직접 음식을 집어 주었다고 한 것을 보면 백성들, 특히 연장자들에 대한 눌지의 애정과 관심이 얼마

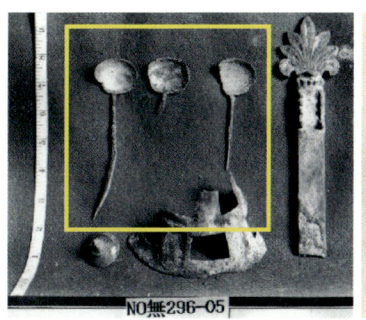 

신라시대의 숟가락. 금관총 출토품(좌)과 일본 나라현 정창원(正倉院) 소장품(우)(국립중앙박물관–국가유산청 사진)

나 대단했는지 잘 보여 줍니다.

그는 백성들이 먹고사는 민생 문제들에 대해서도 관심을 많이 보였는데요. 재위 13년(429)에 '시제(矢堤)'라는 2,170보나 되는 큰 제방을 쌓은 일은 그 대표적인 예라고 할 수 있습니다. 고대에는 길이를 잴 때 한 발을 내디딘 길이를 '규(跬)', 두 발을 내디딘 길이를 '보(步)'라고 했습니다. 고대의 1보는 5자로, 150cm 정도에 해당하는 길이였지요. 그러니까 2,170보라면 32만 5,500cm라는 말이 됩니다. 한 면만 해도 3,255m(3.26km)나 되는 큰 제방이었던 셈이지요. 뿐만 아니라 재위 22년(438)에는 달구지를 사용하는 방법을 자신이 직접 백성들에게 가르쳐 주기도 했다고 하는군요. 이 일련의 사례들은 눌지가 백성들과 그 생업에 얼마나 관심과 애정이 컸는지 잘 보여 주는 셈입니다.

2) 효성과 우애가 남달랐던 군주

내치가 어느 정도 안정되고 왕권이 공고해지자 눌지는 조상을 기리는 사업에 집중합니다. 왕위에 오른 지 19년이 되던 해(435)에는 2월부터 역대 국왕들의 왕릉들을 보수합니다. 그리고 두 달 뒤에는 시조 묘에 제사를 지내지요. 물론, 여기서 '역대'는 박혁거세 이래의 역대 국왕들이 아니라 김씨 집단에서 배출된 신라 국왕들을 두고 한 말로 이해해야 옳습니다. '시조' 역시 마찬가지지요. 신라를 건국한 박혁거세가 아니라 김씨 집단의 시조인 알지(閼智)를 가리키는 것으로 해석해야 옳습니다. 어쨌든 이 일련의 사실들은 눌지가 효성이 지극한 군주를 시사해 줍니다.

"예전에 나의 아버님께서는 … 사랑하는 아들을 동쪽으로 왜국까지 사절로 보내셨건만 다시 보지도 못하고 돌아가셨소. 짐이 왕위에 오른 뒤에도 이웃 나라의 군사력이 강하여 전쟁이 그치지 않았지만 [고]구려만 유독 화친하자는 말을 건넸지. 짐은 그 말을 믿고 그 친아우를 구려에 사절로 보냈건만 구려 역시 억류하고 보내 주지 않는구려! 그러니 내 아무리 부유하고 고귀한 자리에 있다 해도 단 하루도 그 뜻을 접거나 울지 않는 날이 없었소! 두 아우와 상봉하고 함께 선왕의 사당에 가서 그 음덕에 감사드릴 수만 있다면 나라 사람들에게 은혜를 갚을 것이오!"**144)**

아버지 나물 이사금의 애민정신을 회상하는 이 장면은 눌지가 상당히 효성이 지극한 효자였음을 잘 보여 줍니다.

물론, 동생들과의 우애도 각별했지요. 즉위하자마자 이듬해(418)에는 봄에 복호에 이어 가을에는 미사흔까지 서둘러 귀환시킨 일을 보아도 그렇습니다. 왕위에 오르자마자 먼저 처리해야 할 일들도 많았을 겁니다. 그런데도 재위 초기부터 두 동생을 귀환시키는 데에 큰 노력을 기울인다

---

144)《삼국유사》〈김제상전〉.

신라시대의 동쪽 왕궁[東宮] 터에서 출토된 띠쇠. '내간'(우)이라는 글자가 씌어 있다. '내간'은 '궁내 나인의 수장'이라는 뜻이므로 내시장(內侍長)에 해당한다(〈연합뉴스〉 사진).

는 것은 국가 경륜의 중대한 책임을 지는 국왕으로서는 쉽지 않은 결정이었을 테지요. 재위 17년(433)에 동생 중에 미사흔이 죽자 '서불한'으로 추증한 일 역시 동생들과 우애가 각별했음을 잘 보여 줍니다.

  신라어에서 '서불한(舒弗邯)'은 '서불'과 '한'이 합쳐져 만들어진 말인데요. '서불'이 서울의 옛 이름이고 '한(邯)'은 '간(干)'의 다른 음차 표기이니까 말하자면 서울시장에 해당하는 직함인 셈입니다. 우리나라에서 서울시장은 지방자치단체장들 중에서 유일하게 국무회의에 참석할 수 있는 중요한 자리인데요. 신라시대에도 17관등 중에서 으뜸가는 제1등에 해당하는 관직이었습니다. 비록 동생이 죽은 뒤이기는 하지만 일종의 명예 직함으로 내려 준 거지요. 나중의 일이지만, 미사흔의 딸과 혼인한 그 아들 자비 마립간은 그를 '갈문왕'으로 추존(追尊)해 줍니다.

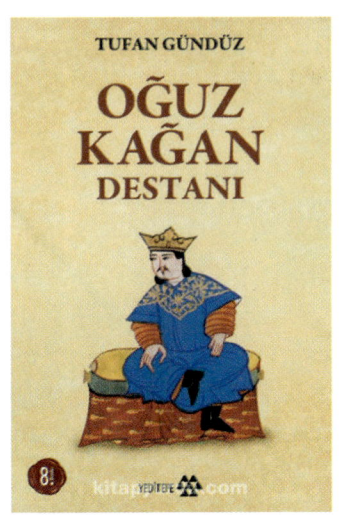

튀르키예 민족(돌궐)의 전설적인 영웅 오구즈 카안의 이야기를 다룬 책. 표지에 '카안'이라는 문구가 보인다. 'Kağan'의 'ğ'는 길게 늘인 모음을 나타낸다.

3) 적극적인 외국 문물 수용

눌지는 외국 문물을 수용하는 데에도 적극적이었습니다. 《삼국사기》에는 관련 기록이 보이지 않지만 일연의 《삼국유사》에는 다음과 같은 일화가 소개되어 있지요.

"처음에 눌지왕 때 불교 승려인 묵호자(墨胡子)가 고구려로부터 일선군(一善郡)에 이르자 그 고을 사람인 모례(毛禮)가 집에 움을 만들어 그를 머물게 했다. 이때, 양나라에서는 사신을 보내 의복·향 등의 물건들을 하사했다. 임금과 신하들이 그 향의 이름과 그 용도를 알지 못하여 사람을 보내 향을 지니고 다니면서 물어보게 했더니 묵호자가 그것을 보고 그 이름을 일러 주면서 말했다. '이것을 사르면 짙은 향기가 나면서 정성이 신성(神聖)들께 이르게 됩니다. 신성이란 불타(佛陀)·달마(達摩)·승가(僧伽)의 '삼보(三寶)'만한 것이 없지요. 만약 이를 살라 소원을 빌면 영험을 보시게 될 것입니다.' 당시 왕의 따님이 병이 심해서 왕이 [묵]호자로 하여금 향을 살라 기도를 하게 하니 따님의 병이 금세 나았다. 왕이 기뻐하며 하사품을 매우 후하게 내렸다. …"[145]

여기에 등장하는 '묵호자'는 이름이 아니라 '먹처럼 검은 이방인'이라는 뜻의 보통명사입니다. 피부가 먹처럼 검었다고 한 것을 보면 인도 쪽 사람이었던가 봅니다. 눌지가 왕위에 있던 5세기 초·중기는 중국에서 양(梁)나라가 세워지기 전이지요. 그 직전의 왕조인 유송(劉宋)을 양나라로 잘못 소개했을 가능성이 높다는 뜻입니다. 《삼국유사》의 기록이 역사적 진실인지는 검증이 필요하겠지만, 어쨌거나 이 일화는 눌지 마립간의 치세에 신라가 고구려는 물론이고 중국과도 문화적으로 교류하고 있었음을 시사해 주는 셈이지요. 그 결과로 눌지 마립간 당시에 민간에 북방 불교가 전파되고 향 등 다양한 서역의 문물들이 신라로 전래되었던 거지요.

눌지 마립간 28년(444)에는 왜군이 금성을 포위했다가 물러가는 사건이 일어났는데요. 눌지가 퇴각하는 왜군을 직접 추격하려 하자 신하들이 "궁지에 몰린 도적을 추격해서는 안 된다(窮寇勿追)"며 그의 출격을 한사코 말렸다고 합니다. 그런데 이 말은 중국의 유명한 병법서인 《손자(孫子)》의 〈군쟁(軍爭)〉에 나오는 말입니다. 비록 제한적이기는 하지만, 눌지 마립간 시기의 신라가 중국과의 교류를 통하여 각종 도서·문물들을 수용하고 일상에서 이용하고 있었다고 보아도 무방할 것 같군요. 실제로 현재까지 발굴 조사가 끝난 신라 고분들에서는 중국계 유물들이 출토되

---

[145] 《삼국유사》〈흥법 제3(興法第三)〉 '아도기라(阿道基羅)' 조.

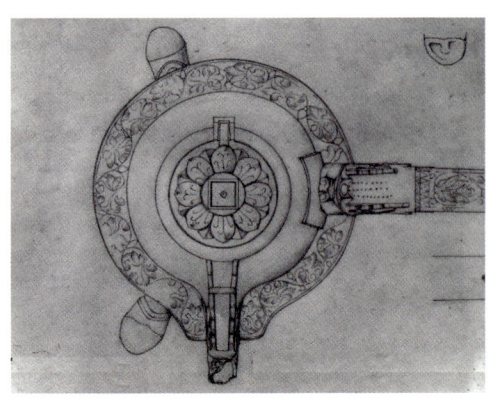

금관총에서 출토된 초두

었는데요. 눌지 마립간의 왕릉으로 보이는 금관총에서도 역시 초두(鐎斗)·조두(刁斗)·칠기(漆器) 등의 중국계 유물들이 다수 확인되었답니다. 이 유물들은 눌지 등 마립간 시기의 신라가 어떤 방식으로든 고구려·중국과도 문화적으로 활발하게 교류하고 있었음을 고고학적으로 뒷받침해 주는 셈입니다.

4) 군사력의 강화

눌지 마립간은 군사력을 강화하는 데에도 노력했던 것으로 보입니다. 파편화된 정보이기는 하지만 재위 28년째 되던 해(444)에 금성에서 퇴각하는 왜군을 추적하는 과정에서 자신이 직접 수천이 넘는 기병을 지휘했다는 기사도 좋은 증거일 겁니다. 작전은 실패였지만 그 기사를 통하여 신라가 이때 상당한 규모의 기병을 보유하고 있었음을 확인할 수 있거든요.

고구려가 백제를 침공하자 지원군을 보냈다는 눌지 39년(455) 기사 역시 마찬가지입니다. 이때 백제의 국왕은 문주왕(文周王, ?~477)이었는데요. 고구려의 압박을 받자 도읍을 한성에서 웅진으로 옮긴 장본인(張本人)입니다. 중국에 보낸 사절이 고구려의 방해로 도중에 되돌아오는 등, 당시 백제는 고구려와 상당히 적대적인 관계에 있었지요.[146] 반면에 신라에는 과거 삼직(三直)이 고구려 변방 장수를 습격해 살해한 불미스러운 일이 발생하기는 했지만 표면적으로는 고구려와 우호관계를 유지하고 있었습니다. 그런 상황에서 백제에 지원군을 보내 준 거지요. 그것도 고구려에 맞서는 지원군을요. 신라에게 이 지원군 파견은 반세기가 넘는 우호관계를 한꺼번에 무너뜨릴 수 있는 중대 사건이었습니다. 고구려에서 그 사실을 알기라도 하면 거꾸로 신라가 고구려의 공격을 받게 될지도 모를 일이었지요. 그런 상황에서 백제에 지원군을 보내 주었다는 것은 신라의 군사력이 나물·실성 두 마립간 당시보다 크게 강화되어 있었다는 뜻으로 해석됩니다. 일종의 자신감의 발로(發露)라고 할까요?

눌지가 군사력 강화에 얼마나 공을 들인 군주였는지는 그의 왕릉으로 추정되는 금관총의 유물들만 보아도 짐작할 수가 있습니다. 화려하고 값진 금제 위세품들과 함께 각종 무기·무구들이 출토되었으니까요. 환두대도만 해도 원형을 거의 온전하게 보존하고 있는 것이 세 자루나 됩니다. 손잡이나 부속만 남은 것들까지 합치면 20자루를 넘어설 정도이지요. 고분 하나에서 이처럼 많은 무기·무구들이 출토된 사례는 세계사적

---

146) 《송서(宋書)》〈신라전〉.

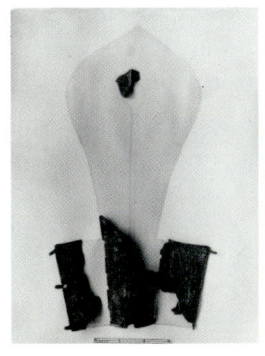  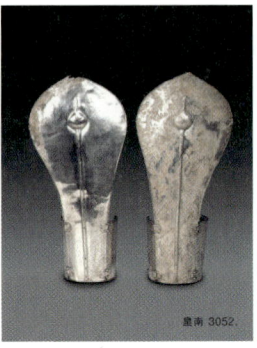

금관총에서 출토된 팔 가리개(좌)와 황남대총 출토품(우). 로마나 그리스의 그림에서 나 볼 수 있는 무구로, 중국·일본에서는 출토 사례가 없다. 가운데는 브레드 피트 주연의 역사극 《트로이(TROY)》의 한 장면

으로 그 유례를 찾아보기 어렵지요. 무구 유물 중에는 팔 가리개도 포함되어 있는데요. 이것은 《트로이》나 《알렉산더 대왕》 같은 영화들에서나 볼 수 있을 법한 독특한 유물로, 중국이나 일본은 물론이고 아시아 전체를 통틀어 그 유례를 찾아보기 어렵습니다. 그런 점을 보면 생전의 눌지마립간은 상무(尙武)적인 기상이 남달랐던가 봅니다.

5) 김씨 독주체제의 확립

역사책에는 기록되어 있지 않지만 눌지 마립간의 치세에서 빼놓을 수 없는 업적이라면 단연 왕권 경쟁에서 김씨 독주체제를 확립한 일을 꼽을 수 있습니다. 신라는 건국 초기부터 박씨와 석씨 두 씨족 집단 중에서 적임자(연장자)를 골라 국왕으로 추대하는 전통을 가지고 있었는데요. 이 사실은 《삼국사기》의 기록을 통해서도 알 수가 있습니다.

"이전에 남해가 죽을 즈음에 아들 유리와 사위 탈해에게 말했다. '내가 죽은 뒤 너희 박·석 두 성씨 중에 나이가 많은 쪽이 왕위를 잇도록 하라!'"147)

　실제로 개국군주 박혁거세 이래로 제12대 국왕인 첨해(沾解) 이사금까지는 박씨와 석씨가 교대로 왕위에 올랐습니다. 그리고 박씨가 왕으로 추대되면 왕비는 석씨를, 또 석씨가 왕이 되면 왕비는 박씨를 간택했지요. 물론, 이 같은 권력 시스템은 왕권이 약했던 '6부' 시기의 신라에서 특정 씨족의 독주를 견제하고 권력의 균형을 이루기 위한 치밀한 정치적 계산에 따라 마련된 것이었습니다.
　인류의 역사에서 이 같은 권력의 분점(分占)은 특정한 집단의 독주를 견제하면서 권력의 균형을 보장하는 장치로 제안되곤 했습니다. 그 과정에서 때로는 '화백(和白)' 제도 같은 민주적인 의결제도를 통하여 다양한 의견을 수렴하는 것도 가능해지지요. 이렇게 치밀한 정치적 장치들을 통하여 사회는 어느 한쪽으로 치우치지 않고 안정적으로 발전할 수 있는 토대를 갖추게 됩니다. 물론, 단점도 없지는 않지요. 권력의 분점은 여러 집단의 합의를 전제로 하므로 의사결정이나 정책 추진을 지연시키기도 하니까요. 그 과정에서 견제와 균형의 기제가 과도하게 작동하기라도 하면 자칫 왕권을 약화시키거나 정국을 혼란에 빠뜨릴 수도 있습니다.
　신라는 역사적으로 삼국 중 가장 먼저 세워진 나라였습니다. 그럼에도 불구하고, 고구려·백제와는 달리 고대국가로 진입하는 속도가 상당히 더뎠지요. 물론, 그 이유는 박씨·석씨·김씨, 나아가 '6부'까지 아우르는 복수의 씨족 집단이 권력을 분점하고 이합집산(離合集散)을 일삼으면서

---

147)《삼국사기》〈신라본기 1〉'유리 이사금'조.

순서	국왕	왕비	왕비 내력	혼인 구분	사용 칭호
1	혁거세	알영			거서간
2	남해	운제			차차웅
3	유리	?	일지의 딸		
4	탈해	아효			
5	파사	사성			
6	지마	애례			
7	일성	?	지소례의 딸	근친혼	
8	아달라	내례		근친혼	
9	벌휴	지진내례		?	이사금
10	나해	?	조분이사금의 누이	근친혼	
11	조분	옥모			
12	첨해	?		?	
13	미추	광명		?	
14	유례	?		?	
15	기림	명원		근친혼	
16	흘해	?		?	
17	나물	?	미추이사금의 딸	근친혼	마립간
18	실성	?	미추이사금의 딸	근친혼	
19	눌지	?	실성이사금의 딸	근친혼	
20	자비	?	미사흔의 딸	근친혼	
21	소지	선혜		근친혼	
22	지증	연제			왕

박씨는 다른 씨족 하고만 혼인했고 석씨 역시 다른 씨족과의 혼인이 많았다. 반면에 신라사회에 뒤늦게 진입한 김씨 집단은 처음은 다른 씨족과도 혼인했으나 세력이 강대해지면서 점차 근친혼을 선호하는 양상을 보인다. 그 절정기는 나물로부터 지증까지의 '마립간' 시기이다.

국력을 소모하는 경우가 많았기 때문입니다.

신라의 이런 독특한 권력 분점 시스템에 변화가 발생한 것은 김씨 집단이 정치적으로 유력한 세력으로 부상하면서부터였습니다. 물론, 직접적인 계기는 제11대 조분(助賁) 이사금의 사위이던 미추(味鄒)가 새 국왕으로 옹립되면서 마련되었지요. 다른 씨족들 중에 당시 실권을 쥐고 있던 석씨와 가장 가까운 위치에 있는 사위가 그들의 지지를 등에 업고 국왕으로 옹립된 겁니다. 실제로, 아달라(阿達羅)에 이어 왕위에 올랐던 벌휴(伐休)로부터 제12대 첨해까지, 석씨가 독점하다시피 했지요.

사실은 이때까지만 해도 김씨 집단의 정치적 기반은 그다지 탄탄하지 못했습니다. 미추가 세상을 떠나자 신라의 왕위는 도로 석씨의 손아귀로 돌아갔으니까요. 미추 이후로 제14~16대까지 신라의 왕권은 72년 동안

미추 이사금의 왕릉으로 전해지는 신라 고분. 경주 대릉원에 자리잡고 있다.

석씨 집단의 손아귀에 쥐어져 있었습니다. 그때까지만 해도 김씨 집단은 신라 왕위 계승 과정에서 자결권(自決權)을 행사할 위치에 있지 않았거든요. 그러다가 제16대인 흘해(訖解) 이사금이 후계자도 없이 죽자 그제야 신라 왕위가 다시 김씨에게로 넘어온 것이었지요.

이 대목에서 한 가지 의문이 생깁니다. 그렇다면 석씨와 김씨가 신라 왕위를 주고받는 동안 신라의 '창업주' 집안인 박씨 집단은 무슨 역할을 했을까요? 김씨와 석씨의 왕권 경쟁에서 박씨는 캐스팅 보트를 쥐고 있었습니다. 석씨가 신라 왕위를 독점하는 상황에서 김씨는 상대적으로 소외되어 있던 박씨 집단과 정치적으로 제휴하게 되지요. 후발 주자인 김씨가 왕위 계승 경쟁에 가세할 수 있었던 이유는 미추가 석씨 조분 이사금의 사위인 동시에 박씨 출신 어머니의 아들이었기 때문입니다. 미추 이사금은 왕위에 있을 때 박씨인 아도를 갈문왕으로 봉했는데요. 신라에서 '갈문왕'이라는 칭호는 원래 국왕의 아버지나 친척 등, 국왕은 아니지만 그에 준하는 지위를 인정받은 인물에게 내려지는 것이 원칙이었습니다. 그런데 그런 큰 명예를 왕위 계승 경쟁에서 상대적으로 소외되어 있던 박씨 집단에 부여한 거지요. 이는 당시에 실권을 쥐고 있는 남방계 석씨의 독주를 막기 위하여 같은 북방계인 김씨와 박씨가 정치적으로 제휴한 결과였습니다.

김씨와 박씨의 정치적 연대는 나물의 이사금 즉위를 계기로 김씨가 신라 왕위 계승에서 주도권을 쥐기 시작한 뒤까지 이어집니다. 그 뒤로도 박씨는 왕비를 배출하며 권력을 분점하거든요. 때로는 박제상이나 이사부처럼, 국왕으로부터 국성('김')을 하사받아 김씨 집단의 일원으로 편입되기도 합니다. 그 덕분에 신라 말기에는 선덕왕(宣德王)·경명왕(景明

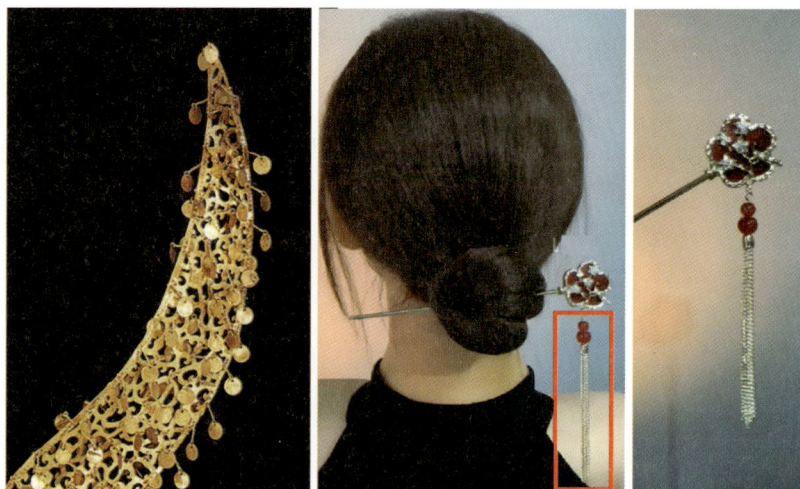

중국 학계에서는 신라 위세품들에 달린 떨개가 중국의 '보요(步搖)'에서 유래했다고 주장하는 경향이 있다. 그러나 보요는 비녀 끝에 다는 드리개로, 말 그대로 '걸음을 걸을 때마다 흔들리는' 아름다움을 표현하는 것이 목적이다. 햇빛의 반사를 통하여 화려함과 신비로움을 부각시키는 데에 주안점을 두는 떨개와는 양식과 기능에서 큰 편차를 보이는 것이다. 보요는 여성용 장식품이지만 떨개는 지배자의 위세품에만 사용된 셈이다. 사진은 떨개들이 달린 금관총 관모 장식(좌)과 비녀 끝에 달린 보요 장식(우)

王)·경애왕(景哀王)처럼, 박씨 집단에서 줄줄이 국왕을 배출하게 되지요. 이런 박씨와는 달리, 석씨는 나물 이사금에 이르러 왕좌는 물론이고 권력 무대에서 완전히 퇴출(退出)되고 맙니다. 그런 의미에서 눌지는 실성과 그 배후에 있는 석씨 집단을 제거함으로써 김씨 집단이 신라에서 배타적인 왕위 계승권을 확보하는 데에 크게 기여한 셈입니다. 눌지는 그 여세를 몰아 대외관계에서도 점점 자기만의 독자적인 목소리를 내기 시작합니다.

제6절

눌지 마립간의 대외관계

　신라는 눌지가 왕위에 오른 뒤로 주변 나라들과 크고 작은 교섭을 가졌습니다. 《삼국사기》의 '눌지 마립간'조를 분석해 보면, 눌지의 재위 기간에 주변 국가들과의 교섭에 관한 기사는 모두 11건이 소개되어 있는데요. 이 중에서 와국과는 재위 초기부터 중반인 15년부터 28년까지 와군이 명활성·남쪽 변경·동쪽 변경·금성을 공격하는 등 내내 적대적인 관계로 일관하고 있습니다. 반면에 이웃나라인 백제의 경우는 이와 달랐습니다.

1) 백제와의 관계 개선
　사실 실성 이사금 당시까지만 해도 백제는 신라와 앙숙(怏宿)하는 사이였습니다. 주변 국가들 중 백제와 가장 긴 변경지대를 공유하고 있었고, 백제가 신라의 변경을 침탈해 그것이 군사충돌로 이어지는 일이 빈번했기 때문이지요. 게다가 373년에는 백제 독산성(獨山城)의 성주가 300명을 이끌고 신라에 투항하는 일까지 벌어졌습니다. 백제의 근초고왕은 이를 두고 양국의 우호를 해치는 일이라며 강력히 항의했지요. 그런데도 나물은 오히려 이들을 도읍인 금성 근처에 살게 해 주기까지 합니다. 그러자 앙심을 품은 백제는 가야·와국과 연합하여 신라를 공격하기까지 했지요. 그런 양국의 반목(反目)에 큰 반전(反轉)을 가져 온 것이 고구려 장수왕의 남하정책이었습니다.

눌지 마립간 39년(455)에 이르자 장수왕은 남하정책을 강하게 밀어붙입니다. 그 과정에서 백제는 고구려의 공격을 받게 되는데요. 눌지 마립간은 위기를 맞은 백제에서 원군을 요청하자 군사를 지원해 줍니다. 이 지원군 파견은 신라가 백제와 동맹을 맺은 이래 최초의 연합 작전이었습니다. 그리고 재위 중반부터 신라는 이렇게 백제와 화해 무드가 조성되면서 상당히 긴 기간 우호관계를 유지하게 되지요. 실제로 재위 17년(433)에 강화(講和)를 목적으로 사신을 보내면서 우호적인 관계를 수립합니다. 재위 18년째 되는 해에는 백제에서 좋은 말을 보내기도 하고 흰 매를 보내기도 하지요. 눌지는 눌지대로 그 이듬해에 황금과 야광 구슬을 보냅니다.

무녕왕릉의 유물들. 유물들 중 일부는 신라에서 제작된 것으로 확인되었다. 백제 고분의 신라계 유물들은 양국이 5세기에 문화적으로 활발한 교류를 주고받았음을 보여주는 증거물이다.

《삼국사기》에는 이 이상의 기록이 보이지 않습니다. 그러나 이를 통하여 눌지 마립간이 재위하는 기간에 백제와는 인적·물적 교류가 활발했음을 짐작할 수 있지요. 5세기 백제의 것들로 알려진 공주 지역 고분들의 유물들이 그 물적 증거들이라고 할 수 있습니다. 이 고분들에서는 금 귀걸이 등 화려한 금제 세공품들이 제법 많이 출토되었는데요. 특히 무령왕릉(武寧王陵)에서는 백제에서 보기 드물거나 잘 사용되지 않았던 금제 위세품들이 다수 출토되었습니다. 이것들은 신라와의 교류 과정에서 백제로 전해진 것으로 추정되고 있는데요. 관련 사서 기록들이 턱 없이 부족하지만 이 유물들의 존재만으로도 신라로부터 백제로 금 세공품 또는 그 기술을 지닌 장인 등 물적·인적 교류가 빈번하게 이루어졌음을 고고학적으로 확인할 수 있습니다.

2) 고구려의 위협으로부터 자구책을 모색하다

4~5세기에 신라에 가장 큰 영향을 미친 나라는 두말할 것도 없이 고구려였습니다. 5세기의 복잡하고 긴박한 국제 정세는 신라에 대한 고구려의 영향력을 극대화 시켰지요. 396년에 나물의 간청으로 광개토대왕이 신라에 구원군을 파견한 일이 그 시작이었습니다. 사실 이때까지만 해도 신라는 이웃의 백제 때문에 골머리를 앓고 있었습니다. 가야·와국과 연합해 수시로 신라 지경을 침범하곤 했거든요. 따지고 보면 신라의 나물이 고구려까지 가서 광개토대왕을 예방해 공물을 바치고 군사 지원을 요청한 것도 백제·가야와의 잦은 분쟁 때문이었습니다. 사실 나물 이사금 당시까지만 해도 신라의 국익상 고구려와의 우호관계는 무엇보다도 절실했습니다. 물론, 고구려의 입장에서는 군사를 지원한다는 핑계로 신라를 발판으로 삼아 백제·가야, 나아가 와국까지 세력을 확장하는 실

리까지 챙길 수 있는 절호의 기회였지요.

학자들의 연구에 따르면, 신라는 고구려의 군사 지원에 대한 반대급부로 적지 않은 영토를 고구려에 내주었던 것으로 보입니다. 고구려가 소백산맥 이남의 낙동강 상류지역 등, 신라 영토에 군사를 주둔시킨 일은 빙산의 일각이었습니다. 실성의 즉위 과정에서 보듯이 왕위 계승 과정에서도 고구려의 간섭이 있었던 것은 물론이지요. 뿐만 아니라 호우총에서 출토된 광개토대왕의 왕호와 연호가 새겨진 청동 주발이나 나물 이사금 22년(377)과 26년(381)에 신라 사신이 고구려 사신을 따라 전진(前秦)에 파견되었을 때 고구려가 신라를 자국의 번국(藩國)으로 소개한 일, 광개토대왕비 '신묘년(辛卯年)'조에서 "신라는 예전부터 [고구려의] 속민이었다(新羅舊是屬民)"라고 주장한 일은 5세기 당시의 국제 무대에서의 신라의 입지를 잘 보여 줍니다. 물론, 신라의 나물이 고구려의 그 같은 세계관에 동의했는지는 알 수가 없습니다. 그러나 적어도 겉으로 보기에는 역시 고구려의 속국과 다를 바가 없었지요. 마립간 시기 신라 고분들에서 고구려계 유물들이 확인되고 있는 것은 5~6세기에 신라가 문화적으로 고구려에 상당히 의존하고 있었다는 증거가 아니겠습니까? 나물과 실성 두 이사금 당시에만 그런 것이 아니었습니다. 눌지가 암살을 모면하고 왕위에 오른 경위를 따져 보더라도 눌지 마립간 재위 초기까지는 신라가 고구려의 영향력에서 헤어나지 못하고 있었다는 사실을 눈치챌 수가 있지요. 복호가 무사히 신라로 귀환한 일 역시 마찬가지입니다. 제상이 기지(機智)를 발휘하기는 했지만 고구려의 왕(장수왕)의 묵인이 없었다면 사실상 불가능한 일이었을 테니까요. 4~5세기 신라에게 있어 고구려의 영향력은 절대적이었다는 뜻입니다.

어떻게 보면 눌지 본인부터가 고구려의 덕을 크게 본 셈이었습니다.

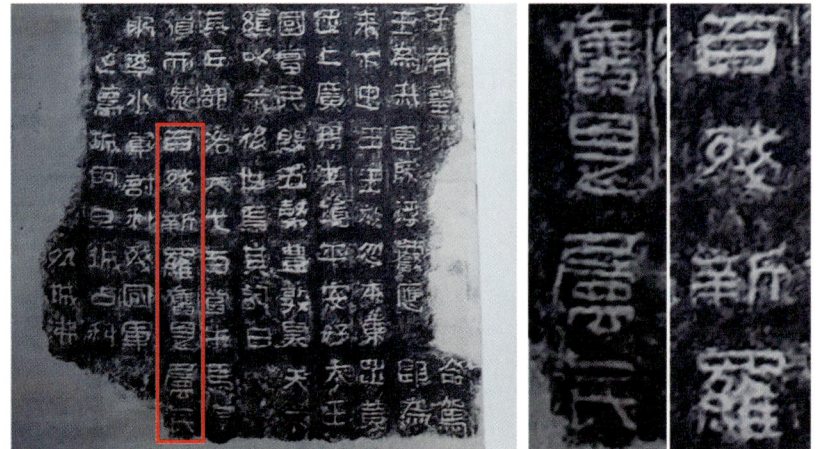

광개토대왕비의 '신묘년'조 대목. 백제와 신라가 예로부터 고구려의 속국이었다는 것은 고구려의 시각에서 과장한 일방적인 표현이다. 그럼에도 불구하고 5~6세기 신라가 문화적으로는 고구려의 영향을 많이 받았음은 분명하다(한상봉 소장본).

고구려의 묵인으로 과감하게 정변을 일으켜 실성을 제거하고 왕위까지 되찾았으니까요. 고구려는 그 당시에 눌지가 실성보다 훨씬 이용 가치가 크다고 판단했는지도 모릅니다. 어쨌든 그 같은 마음의 빚을 염두에 두고 있었던지 눌지 마립간은 재위하는 동안 고구려와 문화적으로 활발하게 교류했습니다. 고구려에 머물던 서역(西域) 출신 승려 묵호자가 신라에 와서 불교를 전파하기도 하고 고구려에서 신라 사신을 중국으로 데려가 중국 문물을 경험시켜 주기도 했지요. 신라 고분들에서 출토되는 광개토대왕 명문의 청동 주발 등 고구려계 유물들은 당시 신라에 대한 고구려의 문화적 영향력을 잘 보여 주는 고고학적 증거들입니다. 이 정도면 눌지는 왕위 계승 과정으로부터 정식으로 왕위에 오른 이래로 고구려와 우호적인 관계를 유지한 셈입니다. 그러나 재위 중반을 넘어 서면서 고구려와의 관계는 차츰 악화 일로를 걷게 되지요.

 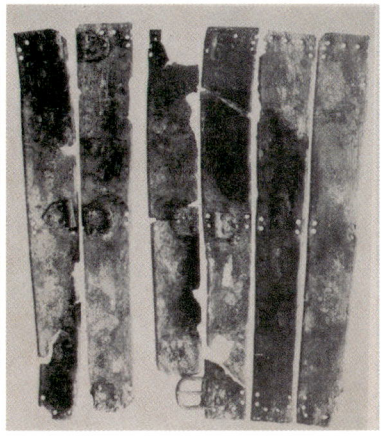 

금관총에서 출토된 갑옷의 금동제 찰갑(중). 신라 갑옷은 그리스·로마처럼 철판을 통째로 두르는 가야식(좌)에서 여러 개의 찰갑을 연결해 착용감이 좋고 가벼운 고구려식(우)으로 진화한 것으로 보인다.

　고구려에 대한 눌지 마립간의 입장이 어째서 갑자기 적대적으로 돌변한 걸까요? 거기에는 모르긴 몰라도 신라를 '소국'이라고 업신여기는 고구려의 멸시도 한몫했을 겁니다. 그러나 결정적인 원인은 바로 장수왕의 급진적인 남하정책이 아니었을까요? 장수왕은 왕위에 오른 다음해(404)부터 치밀한 준비를 거쳐 427년에 평양성으로 도읍을 옮깁니다. 물론, 이같은 천도는 제국의 영토 확장을 위한 사전 작업이었겠지요. 평소에 호의를 베풀어 준 신라와 우호관계를 유지하면서 한편으로는 신라를 발판으로 삼아 백제와 가야에까지 세력을 확장하려는 계산이었을 겁니다. 그러나 그 계획대로 백제·가야를 흡수하고 나면 마지막 제물은 신라가 될 것이 분명했지요. 그런데 그 과정에서 신라의 미래를 예고하는 듯한 사건이 발생합니다.

"34년 가을 7월, 고구려의 변방을 지키는 장수가 실직(悉直)의 들판에서 사냥을 하였다. [그러자] 하슬라(何瑟羅)의 성주 삼직이 군사를 내어 그를 급습해 죽였다. [그러자] 고구려 왕이 그 소식을 듣고 성을 내었다. 사신이 와서 [눌지에게] 일러 말하였다. '과인은 대왕과 우호관계를 맺어 더할 바 없이 기뻤소. 그런데 이번에 군사를 내어 우리 변방을 지키는 장수를 죽였으니, 이것이 어찌된 영문이오!' 그러고는 군사를 일으켜 우리나라의 서쪽 변경을 침범하였다. [그래서] 왕이 몸을 낮추어 그에게 사죄하니 그제야 돌아갔다."[148]

학계의 고증에 따르면, 실직은 지금의 강원도 삼척(三陟)지역, 하슬라는 그보다 남쪽에 있는 강릉(江陵)지역에 해당한다고 합니다. 문제는 하슬라와 실직이 당시에는 신라의 영토였다는 데에 있었지요. 위의 기사를 보면 하슬라의 성주가 고구려 장수를 습격해 죽인 직접적인 이유가 고구려가 신라를 침공했기 때문인 것처럼 보이지요? 물론, 그 당시의 진상을 이제 와서 확인할 길은 없습니다. 그러나 고구려의 장수가 사냥에 몰두한 나머지 신라 지경 깊숙이 들어온 것은 사실이었던 것으로 보입니다. 그 사실을 본인이 자각하고 있었다 치더라도 '소국이 감히 대국의 장군을 어떻게 하기라도 하겠나' 하는 안일한 생각도 없지는 않았겠지요. 그런 상황에서 변방을 지키는 하슬라 성주가 가만히 지켜만 볼 수는 없었을 겁니다. 남의 나라 군사가 자기 나라를 허락도 없이 누비고 다니는데 그것을 수수방관할 사람이 어디 있겠습니까? 그 꼴을 지켜보기만 하다가 그 사실이 국왕에게 흘러 들어가기라도 한다면 책임을 다하지 못했다

---

148) 《삼국사기》〈신라본기 3〉 '눌지 마립간 34년(450)'조.

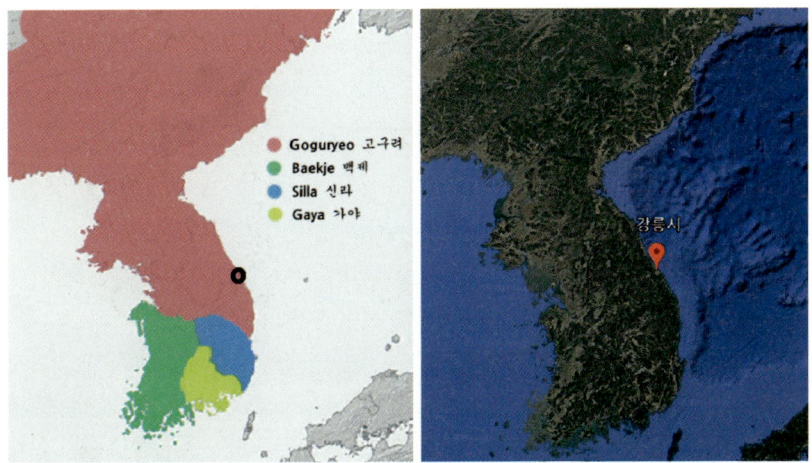

위키백과에 소개된 5세기의 삼국 형세도(좌). 《삼국사기》에는 눌지 마립간 당시에 하슬라가 신라 영토였다고 소개되어 있다. 하슬라는 지금의 강릉이라는 것이 학계의 통설이므로 이 지도는 다시 그려져야 한다. 신라와 고구려의 5세기 국경선은 하슬라 이북이어야 옳기 때문이다.

하여 당장 목이 달아날 지도 모를 일이었지요. 그래서 국경을 넘어온 일을 신라에 대한 공격으로 간주하여 고구려 장수를 죽였을 겁니다.

당시 바야흐로 남하정책을 강하게 밀어붙이던 장수왕은 마치 기다렸다는 듯이 그 사건을 구실로 삼아 신라의 서북방을 침공합니다. 깜짝 놀란 눌지는 구차하다 싶을 정도로 몸을 낮추어 장수왕에게 사죄하고, 장수왕도 그제야 군사를 물리지요. 그러나 기왕에 군사를 이끌고 신라를 침공한 마당에 어느 바보가 사과 몇 마디에 호락호락 군사를 물릴 리가 있겠습니까? 눌지로서는 동북아 최강의 고구려군이 신라 땅을 유린하는 불상사를 피하기 위해서라면 무슨 일이라도 해야 했을 겁니다. 모르기는 몰라도 하슬라의 성주는 도의적인 책임을 지고 억울한 죽음을 당했을 가능성이 높지요.

강릉시 초당동에서 출토된 '출(出)'자 금동관(좌)과 환두대도(우). 둘 다 전형적인 신라계 유물이다. 방송 자막에는 '삼엽형 환두대도'로 소개되었으나 이파리가 아니라 나는 새(비조)를 형상화한 것이다(KBS 〈역사스페셜〉 2002.4.13. 방송).

    장수왕은 그래도 울분을 참지 못했던 걸까요? 이 사건이 벌어지고 4년이 지난 뒤에 고구려군이 노골적으로 신라의 북쪽 변경을 침공합니다. '눌지 마립간 38년' 기사에는 '북쪽'이라고 되어 있을 뿐입니다만 4년 전에 사건이 벌어진 서북방이었겠지요. 기록에는 더 이상 언급이 없지만 어쩌면 그동안 작은 규모의 국지전이나 무력 충돌이 잇따라 발생했을 가능성이 높습니다. 그때마다 약소국인 신라는 속수무책으로 당할 수밖에 없었을 테지요. 무단적인 고구려에 대한 눌지 마립간의 불만과 두려움은 아마 갈수록 커져 갔을 겁니다. 국왕인 눌지로서도 왕년의 든든한 지원자였던 고구려에 대해서 어떤 방식으로든 용단(勇斷)을 내려야 했지요. 그로부터 1년 뒤에 눌지는 결국 중대한 결단을 내립니다.

    "39년 겨울 10월에 고구려가 백제를 침공하다. [눌지]왕이 군사를 보내

경주 쪽샘지구 C10호 고분에서 출토된 말 갑옷(상)과 재현한
사진(하)(국립경주박물관 보도자료)

백제를 구해 주었다."**149)**

　이 기사는 사건의 발생 경위를 아주 간단하게 언급해 놓았습니다. 그러나 우리는 이 짧은 기사를 통하여 두 가지 사실을 파악할 수가 있지요. 백제와 고구려가 지루하게 공방전을 벌이는 상황에서 두 나라 사이에서 고민하던 신라가 결정적인 순간에 백제 편에 섰다는 사실 말입니다. 그동안은 우여곡절(迂餘曲折) 속에서도 고구려와 미운 정 고운 정이 다 든 신라였습니다. 그런 신라가 고구려와의 관계를 뒤로 하면서까지 백제에 지원군을 파견한 거지요.

　물론, 눌지의 이 결단은 젊은 혈기에 즉흥적으로 내린 것이 아니었습

---

149)《삼국사기》〈신라본기 3〉'눌지 마립간 39년(455)'조.

니다. 당시 신라는 여전히 고구려의 영향력 아래에 놓여 있었지요. 그러나 제상의 헌신 덕분에 복호는 이미 고구려에서 신라로 무사히 귀환한 상태였습니다. 눌지의 입장에서는 볼모의 신병(身柄)을 확보한 이상 이제 더 이상 고구려의 의지대로 끌려 다닐 필요가 없었지요. 그런데도 고구려는 그 순간에도 남하정책을 그침 없이 밀어붙이며 백제를 괴롭히고 있었습니다. 신라는 신라대로 수시로 그런 고구려의 횡포에 노심초사할 수밖에 없었을 겁니다. 눌지는 그때 직감했을 테지요. 백제가 고구려에 통합되고 나면 그다음은 신라 차례가 될 거라는 사실을 말입니다. 그러니 신라의 국왕인 그로서는 혼자서 고구려의 간섭과 횡포에 끝없이 시달리느니 차라리 백제와 힘을 모아 고구려를 격퇴하는 것이 신라의 미래를 위한 유일한 활로라고 확신했는지도 모르지요.

제7절
《일본서기》 기사는 어디까지가 진실인가

 《일본서기》는 고대 일본의 정사로, 일본의 이른바 '6국사(六國史)' 중에서 가장 오래된 역사책입니다. 이 책은 천무(天武) 천황(673~686 재위)의 명령으로 사인 친왕(舍人親王, 675~735)의 주도로 720년에 완성되었는데요. 신화(神話) 시대로부터 지통(持統) 천황(645~703)까지의 일본 역사를 다루었습니다. 그러나 우리나라나 중국 쪽과 비교할 때 역사 기록과 역사 진실 사이의 편차가 너무 커서 역사 조작의 논란이 끊이지 않는 문제작이기도 하지요. 여기서는 박제상·미사흔 등 4~6세기 마립간 시기의 신라에 관한 사건들을 중심으로 살펴보도록 하겠습니다.

1) 《일본서기》의 모마리질지 일화는 신라 기록을 베낀 것일까?

 박제상이 왜국에서 미사흔을 탈출시킨 사실은 일본의 역사책에도 소개되어 있습니다. 8세기에 지어진 《일본서기》가 그 대표적인 예인데요.

"5년 봄 3월 계묘월 초하루 기유일

 신라 왕이 오례사벌(汚禮斯伐)·모마리질지(毛麻利叱智)·부라모지(富羅母智) 등을 파견해 [왕을] 예방하고 예물을 바쳤다. 그리고 앞서 볼모로 머물고 있던 미질허지(微叱許智) 벌한을 돌려보내 주기를 바라는 눈치를 보였다. 이리하여 [신라 사신들은] 허지 벌한을 부추겨 그로 하여금

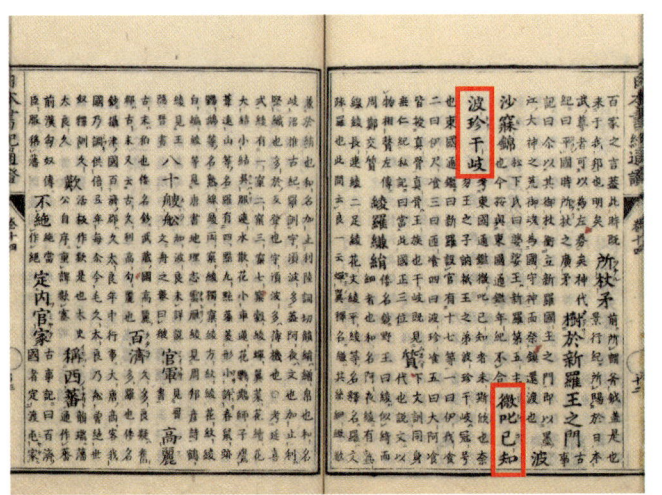

《일본서기》의 사건·인물들을 고증한 《일본서기 통증(日本書紀通證)》(1762)의 〈신공황후기〉 '섭정 5년'조 대목. 여기서 파진찬으로 소개된 '미질기'는 미사흔 한자 표기의 또 다른 사례이다. 〈신공황후기〉에 소개된 연대와 사건·인물들 사이에는 100년 넘는 시차가 발생한다(일본공문서관 소장).

이렇게 [왕을] 속이게 하였다. … 황태후는 그 말을 듣더니 갈성(葛城)의 습진언(襲津彦)을 부사(副使)로 삼아 그를 보내 주었다. … 이때, 신라 사신 모마리질지 등은 은밀히 배와 선원을 쪼개어 미질한기(微叱旱岐)를 태우게 해서 그로 하여금 신라로 도망치게 하였다. 그러고는 짚으로 사람 형상을 만들어 미질허지의 침상에 두고 병자인 척 꾸몄다. … 습진언은 사람을 보내 병자를 보살피게 했다가 속임수인 것을 눈치채고 신라의 사신 세 명을 사로잡아 감옥에 가두고 불로 태워 죽였다. 그러고는 신라로 향하여 도비진(蹈鞴津)에 당도하자 초라성(草羅城)을 공격하고 귀환하였다. 이때 사로잡은 사람들은 지금의 상원(桑原)·좌미(佐糜)·고궁(高宮)·인해(忍海) 이 네 고을 한인들의 시조이다."[150]

---

150) 사인 친왕 등, 《일본서기》 〈신공황후기〉 '섭정 5년'조.

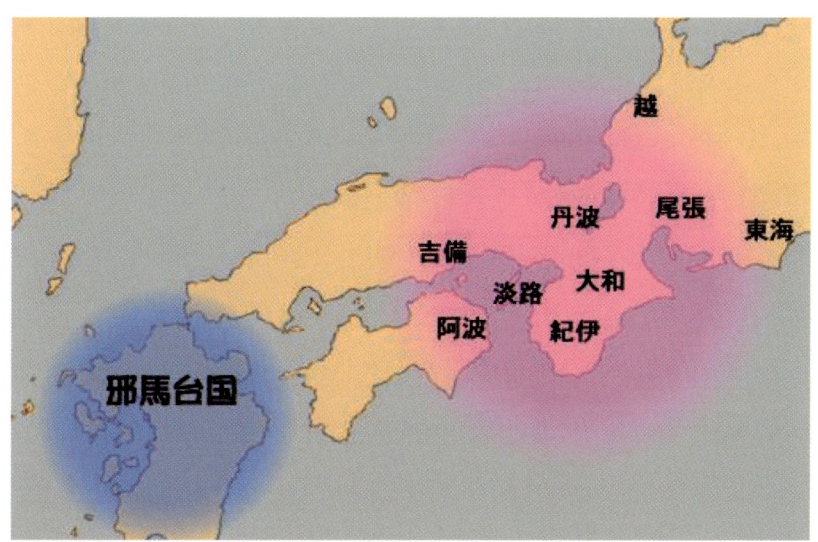

4~5세기 와국은 어디에 있었을까? 규슈(九州, 후쿠오카)(좌) 쪽이었을까? 기나이(畿內, 나라)(우) 쪽이었을까?

이 대목은 〈신공황후기〉의 '섭정 5년 봄 3월(계묘월) 초하루(기유일)' 조에 소개된 것입니다. 여기서 신라 왕이 보낸 모마리질지 등은 신라의 벌한(伐旱)인 미질허지를 먼저 방문해 잠시 신라에 귀국시켜 달라고 와국 왕(신공황후)에게 요청하게 합니다. 와국 왕은 그 요청을 받아들여 갈성의 영주 습진언을 부사로 딸려 보내지요. 그런데 일행이 대마도 서해(鉏海)의 수문에서 묵을 때 모마리질지가 몰래 다른 배편으로 미질허지를 신라로 탈출시키고 짚 인형으로 와국인들의 눈을 속입니다. 뒤늦게 그 사실을 눈치챈 습진언은 세 사람을 화형에 처하고 신라로 쳐들어가 초라성을 공격하고 포로를 끌고 갔다는 건데요.

《삼국사기》나 《삼국유사》의 기사들과 대조해 보면, ① 사신으로 간 모마리질지의 이름이 박제상의 또 다른 이름인 모말(毛末)과 비슷하다는 점, ② 신라로 향하는 도중에 대마도에 배를 대었을 때 모마리질지가 와군의 눈을 속여 미질허지를 신라로 탈출시킨 점, ③ 그 과정에서 배와 선원을 물색하고 미질허지의 방에서 와국인들의 눈을 속이며 시간을 끈 점, ④ 진상을 알고 모마리질지 등을 감옥에 가두고 화형시킨 점 등은, 얼핏 보면 두 사서에서 박제상이 미사흔을 탈출시키는 대목과 비슷합니다. 그러나 그 세부를 하나씩 더듬어 보면 상충되는 부분이 적지 않은데요.

우선, 신라 사신의 인원수가 다릅니다. 《일본서기》에는 이때 와국에 파견된 신라 사신으로 모마리질지와 함께 오례사벌·부라모지 등 3명의 이름이 나와 있지요. 그런데 《삼국사기》와 《삼국유사》에는 박제상 한 사람만 언급되어 있을 뿐입니다. 여러 사람이 사신으로 파견되었다면 다른 장면에서라도 지나가듯 그 이름이 언급되어야 옳습니다. 그런데도 나머지 두 사람에 대한 기록은 그 어디에도 보이지 않는군요. 남의 나라도 아닌 우리 쪽 사서임에도 불구하고 《삼국사기》와 《삼국유사》에 두 사람과 비슷한 이름조차 전혀 언급되지 않는다는 것은 좀처럼 납득이 되지 않습니다.

둘째, 볼모를 탈출시킬 때 와국 왕을 속인 구실도 다릅니다. 《일본서기》에는 사신 세 사람 중 특정인을 거론하지 않고 미질허질지가 신라에 귀환하지 못한 일을 두고 사신 세 사람의 가족을 종으로 삼았다는 구실을 댄 것으로 소개되어 있습니다. 그러나 우리 쪽의 《삼국사기》와 《삼국유사》에는 제상이 신라에서 반란을 일으키는 바람에 가족이 박해를 받은 것으로 기술되어 있지요. 이야기의 출처가 동일하다면 두 나라의 사서에 기록된 구실에 이렇게 큰 편차가 존재할 이유가 없습니다. 사자가 반란을 일으켰다거나 볼모가 귀환하지 못했거나 둘 중 한쪽으로 수렴되어야 정상이라는 뜻이지요.

화려한 복장의 신공황후(좌)와 무장한 모습(우). 메이지 시대에 '정한론(征韓論)'의 대두와 함께 극도로 미화되었으며 지폐의 주인공으로 등장하기도 하였다(일본어판 위키백과 사진).

셋째, 왜군이 사로잡아 온 신라 포로들입니다. 《삼국사기》와 《삼국유사》에는 사신이 자신을 속인 데 대한 보복으로 왜국 왕이 군대를 보내 신라를 공격했다는 언급이 전혀 보이지 않습니다. 그런데 《일본서기》에는 신라로 쳐들어와 초라성의 주민들을 포로로 일본까지 끌고 가 상원·좌미·고궁·인해 등 네 고을에 안치시켰다고 되어 있지요. 포로들을 네 고을에 소개(疏開)시켰다는 것은 사로잡아 간 포로가 최소한 수천 명은 되었다는 뜻이 아니겠습니까? 그렇다면 당시의 왜군들은 그 수천 명의 포로들을 실을 공간을 가진 배들을 추가로 여러 대 끌고 다녔다는 말이 됩니다. 그런데 당시 왜국의 군사력이나 조선술 등을 감안해 보면 원래 그 배에 타고 다니던 왜군들을 제외하고도 수천 명의 포로들까지 수용할 만한 여유 공간이 있었을지 의문입니다.

3) 《일본서기》에서 많이 보이는 연대 착란

가장 이해가 되지 않는 점은 연대 문제입니다. 박제상이 미사흔을 탈출시킨 시점을 우리 쪽 《삼국사기》에는 눌지 마립간 2년(418), 《삼국유사》에는 그보다 8년 뒤인 눌지왕 10년(425)으로 소개되어 있습니다. 미사흔의 탈출이 발생한 시점이 대체로 5세기 초였다는 뜻이지요. 그런데 《일본서기》는 그렇지 않습니다.

《일본서기》에서는 문제의 사건이 발생한 시점을 "신공 섭정 5년의 봄 3월 계묘월의 초하루 기유일"로 밝혀 놓았습니다. 문제는 일본 고대사에서 신공황후의 섭정 5년은 서기 205년 또는 325년으로 추정하는 것이 보통이라는 사실에 있습니다.151) 5세기 초반인 눌지 마립간 초기보다 시간적으로 적게는 100여 년, 많게는 200여 년이나 편차가 벌어지는 거지요.

《일본서기》 기사들에 대한 2주갑 인상을 제안한 나카 미치요(일본어판 위키백과 사진)

이 기사에서 다루어진 것이 정말 동일한 사건과 인물들이라면 어떻게 200년까지 시차가 벌어질 수가 있겠습니까?

《일본서기》에서 이 같은 연대상의 착란(錯亂) 현상은 한두 군데가 아닙니다. 그래서 나카 미치요(那珂通世, 1851~1908) 등 일본 학계에서는 국내 사서와 《일본서기》 사이의 연대 착란을 해명하기 위해서 '2주갑 인상(二周甲引上)'을 제안했습니다.152) 8세기 일본의 편찬자

---

151) 〈2주갑 인상〉, 《일본어판 위키백과》.
152) 나카 미치요, 〈상세연기고(上歲年紀考)〉, 《사학잡지(史學雜誌)》 8, 제8-9-12쪽, 메이지 30년(1897).

들이《일본서기》의 연대를 당시의 이해 당사국인 신라와 비슷하게 맞추기 위해서 일률적으로 연대를 2갑자(120년) 가량 끌어올려 놓았다는 거지요. 역사 연대가 인위적으로 조작되었다는 것을 스스로 인정한 셈입니다. 그 증거가《일본서기》의 초창기 기록, 특히〈신공황후기(神功皇后紀)〉와〈응신천황기(應神天皇紀)〉의 연대지요.《일본서기》에는 백제 근초고왕(近肖古王, ?~375)의 즉위가 224년, 그다음 왕인 근구수왕(近仇首王, ?~384)의 즉위가 255년으로 소개되어 있습니다. 그런데 우리 쪽의《삼국사기》에는 그 즉위 시점이 각각 344년과 375년으로 소개되어 있지요. 같은 왕의 재위 시점이《일본서기》에는 정확하게 120년씩 앞당겨져 있는 겁니다. 황당하지 않습니까?

더 어이가 없는 것은《일본서기》기사들의 연대가 균일하게 2갑자씩 끌어올려진 것이 아니라는 사실입니다. 어떤 대목은 연대를 2갑자씩 끌어올려 놓았지만, 어떤 대목들은《삼국사기》등과 몇 년밖에 차이가 나

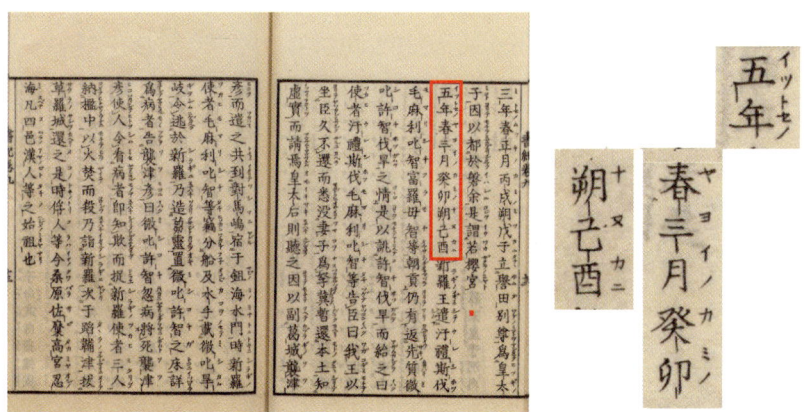

박제상 일화를 다룬《일본서기》'신공 5년' 대목. '삼월계묘'란 3월이 계묘월, '삭기유'란 3월 초하루가 기유일이라는 뜻이다. 일본에서는 이 해를 205년이나 325년으로 추정하는데 대조 결과 두 쪽 다 계묘월이나 기유일은 존재하지 않았다. 진실 여부는 둘째 치고 연대가 조작되었다는 뜻이다.

지 않는 사례도 있거든요. 박제상과 미사흔의 탈출 사건도 마찬가지입니다. 기사마다 정확하게 2갑자가 아니라 100년에서 200년 사이에서 연대가 들쑥날쑥인 경우가 많이 보이거든요. 《일본서기》가 역사적 사실들을 왜곡한 위서(僞書) 취급을 받는 것은 바로 이런 이유들 때문입니다. 오죽하면 같은 일본의 고대사 학자였던 쓰다 소키치(津田左右吉, 1873~1961)조차 《일본서기》는 후대에 끼워 넣은 내용이 많아서 역사적 사실로 볼 수 없다고 일축(一蹴)했겠습니까?[153]

4) 연·월·일이 하나도 맞지 않는 기사들

연대만 편찬자의 구미대로 멋대로 끌어올렸다가 내렸다가 한 것이 아닙니다. 월이나 일 같은 날짜도 전혀 맞지 않는 경우가 많거든요. 《일본서기》에서는 모마리질지가 신라 벌한인 미질허지를 탈출시키는 사건이 발생한 일자가 신공황후 섭정 5년의 "3월 계묘 삭 기유(三月癸卯朔己酉)"라고 분명하게 밝혀 놓았습니다. "3월 계묘"란 신공 5년의 3월이 간지상으로 계묘(癸卯)에 속한다는 뜻입니다. 또, "삭 기유"란 3월의 초하루가 간지상으로 기유(己酉)에 해당한다는 뜻이지요. 말하자면 신공 5년의 3월과 그 초하루에 해당하는 간지가 각각 '계묘(癸卯, 월)'와 '기유(己酉, 일)'이었던 셈입니다. 《일본어판 위키백과》에서는 신공황후가 재위한 시점을 서기 201년에서 270년까지로 추정했는데요.[154] 문제는 이 재위 기

---

153) 〈신공황후와 일본서기의 기년법: 신공황후는 추고·제명·지통을 모델로 삼아 구상된 여제였던가(神功皇后と日本書紀の紀年法: 神功皇后は推古·齊明·持統をモデルに構想された女帝か)〉, 《대학강사와 고교강사의 콜라보 – 일본사 온라인 강좌(大學講師と高校講師のコラボ日本史オンライン講座)》, 2025. 3. 11.
154) 〈상고 천황의 재위년과 서력 대조표 일람(上古天皇の在位年と西曆対照表の一覧)〉, 《일본어판 위키백과》.

간 각 연도의 간지를 서기(西紀)로 환산해 하나씩 대조해 보면 하나도 맞지 않는다는 데에 있습니다. 서기 201년은 중국 기년으로는 후한 한제(獻帝, 181~234)의 건안(建安) 6년에 해당하는데요.[155] 이해의 음력 3월의 간지는 '임진(壬辰)'이었습니다. 3월의 첫날인 초하루의 간지는 '정유(丁酉)'로 소개되어 있고요. 그 전 해인 200년이나 그 다음해인 202년도 마찬가지입니다. 《일본서기》에 기록된 것과는 달리, 신공황후 섭정 5년에는 3월이 계묘월인 적도 없고 초하루(1일)가 계유일이었던 적도 없었습니다. '섭정 5년'조 기사들의 연·월·일이 처음부터 엉터리였다는 뜻이지요. 환산 과정에서 착오가 있을 수 있지 않느냐고요? 그래서 조사 범위를 서기 1년으로부터 서기 500년까지로 확장해서 500년 동안을 일일이 따져 보아도 결과는 마찬가지였습니다. 천간도 지지도 맞는 기사가 전혀 없다는 뜻이지요.

'섭정 5년'조의 다른 기사들도 상황은 마찬가지입니다.

〈표 – 신공 섭정 5년의 주요 사건들과 간지 검증〉

	기사 일자	주요 사건	일치 여부	비고
신공 5년 (200)	夏四月壬寅 朔甲辰	신라 정벌 징조	×	04월은 '辛巳', 초하루는 '癸卯'
	秋九月庚午 朔己卯	신라 정벌 준비	×	09월은 '丙戌', 초하루는 '庚午'
	冬十月己亥 朔辛丑	신라 정벌 실행	×	10월은 '丁亥', 초하루는 '庚子'

《일본서기》를 펼쳐 보면, 같은 신공황후 섭정 5년에 발생한 이 각각의

---

155) 임도심(林道心), 《중국고대만년력(中國古代萬年曆)》, 제283쪽, 하북인민출판사, 2003.

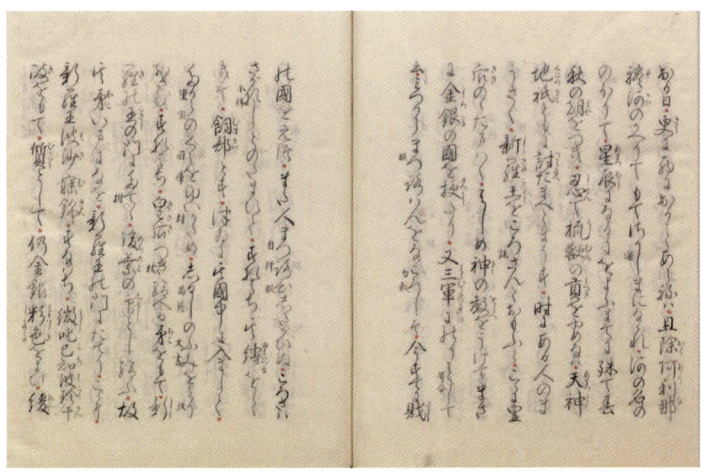

1724년에 필사된 《일본서기》〈신공황후기〉의 신라 정벌 관련 대목. 이 대목에 등장하는 인물·사건들은 한결같이 연대가 일치하지 않는다. 신공황후라는 인물의 신라 정벌은 허구되어진 소설이라는 뜻이다.

사건들마다 '아주 친절하게' 간지가 다 붙여져 있습니다. 그런데 이 간지들을 서기로 환산하여 대조해 보니 하나도 맞는 것이 없었습니다. 날짜가 모두 누군가의 손에 의하여 인위적으로 조작되었다는 뜻이겠지요.

이 밖에도 백제 왕이 '칠지도(七支刀)'[156]를 진상했다는 신공황후 '섭

---

156) 최근에 일본 나라 박물관에서는 "초국보(超國寶)"라는 제목의 전시회에 즈음하여 이른바 '칠지도' 유물에 대하여 X선 CT조사를 진행하고, 그동안 쟁점이 되어 왔던 연대가 "태화 4년(369) 11월 16일"인 것으로 확인되었다고 발표하였다.(《아사히 신문》, 2025.5.23.) 그러나 그동안 한·일학계에서 그 존재와 역사적 의미를 둘러싸고 논쟁이 끊이지 않았던 문제의 유물은 역사적·고고학적·언어적·상식적으로도 역사적 진실과는 너무도 괴리(乖離)가 크다. ① 백제 왕이 칠지도를 일본 왕에게 진상했다는 기록부터가 《일본서기》의 일방적인 주장이다. 한국이나 중국의 역사책에는 전혀 언급되지 않은 일인 데다가 사료들 간의 교차 검증도 불가능해서 기사의 내용을 신뢰하기 어렵다는 뜻이다. ② 발송인과 수취인도 문제이다. 연대를 따져 볼 때 칠지도를 보냈다는 사람은 근초고왕(재위 345~375)인데, 그것을 받았다는 일본 왕은 그보다 100년 정도 앞선 신공황후이다. 사실이 일치하지 않는 것이다. ③ 명문에 언급된 칠지도 제작 날짜 역시 허구로 보인다. 저자가 서기 1년부터 500년까지 간지를 대조·확인한 결과, 명문의 "태화 4년(367) 11월 16일"은 병오일이 아닌 임진일

일본 국보로 도쿄 국립박물관(2013)에 전시되었던 칠지도 실물. 현재 나라 현 텐리(天理)시의 이소노카미[石上] 신궁에 '여섯 갈래의 창'이라는 이름으로 소장되어 있다. 《일본서기》의 '칠지도' 기사와 일본 신사의 유물은 후대의 조작일 가능성이 높다.

정 52년(253) 추 9월 정묘 초하루 병자'조, 남가라(南加羅)·탁기탄(啄己吞)을 임나(任那)에 병합했다는 "계체천황(繼體天皇) 21년(527) 하 6월 임진 초하루 갑오"조 등, 한·일 양국의 고대사에서 대단히 중대한 사건이 일어난 날을 다룬 기사들도 상황은 마찬가지입니다. 천간은 물론 지지까지 전부 엉터리인 것으로 확인되었지요. 이뿐만이 아닙니다. 한·일 교섭사에서 쟁점이 되고 있는 이른바 '임나일본부(任那日本府)'[157] 관련

이었다. ④ 유물의 성격도 문제이다. 《일본서기》에는 "칠지도(七枝刀, 시치시토우)"로 적혀 있는데 유물은 날이 양쪽으로 나 있다. '도'가 아니라 '검'인 것이다. 제5장에서 이야기하겠지만 '도'는 외날 칼을 말한다. ⑤ 실제로 이 유물이 소장된 일본 나라 현의 이소노카미 신궁(石上神宮)에서는 문제의 유물을 '가지가 6개 달린 창[六叉の鉾, 로쿠사노호코]'으로 불렀다고 한다. 칼이 아닌 창으로 인식한 셈이다. 현재 존재하는 유물은 역사기록부터 연대·연호·유물 성격까지 여러 면에서 의문투성이인 정체불명의 유물이라는 뜻이다.

157) '임나일본부(任那日本府)'는 글자 그대로 풀이하면 '임나에 설치된 일본 대표부' 정도로 해석된다. 고대 일본(와국)에서 백제·가야 등 수교 국가에 파견되거나 거주하는 자국민들을 관할하기 위해 현지에 설치한 기관인 셈이다. 만약 이 기관이 실제로 존재했다고 전제할 때 '일본부'는 당시에 와국인들이 백제·가야의 허가를 전제로 하는 자치구(自治區) 또는 기관 그 이상도 이하도 아니었을 것이다. 행정제도상으로 따지자면 일본 영사관 같은 대표부 또는 조선에 있었던 왜관(倭館)이나 미국의 차이

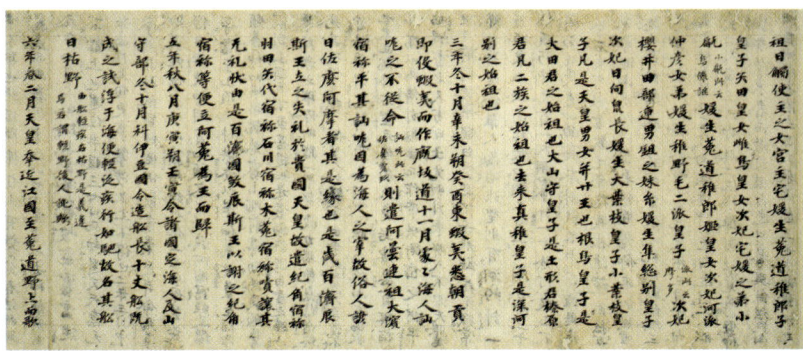

현존하는 《일본서기》 판본들 중 가장 오래된 것으로 알려진 다나카본(田中本). 헤이안 시기인 9세기의 필사본으로 나라 국립박물관에 소장되어 있다고 한다.

기사 등 상당히 많은 내용들도 다 그렇지요. 사건 발생 연도는 말할 것도 없고 월·일의 간지까지 단 하나도 일치하는 경우가 없었습니다.

유독 《일본서기》에서만 확인되는 이 수많은 연대상의 착란 현상들은 무엇을 의미할까요? 일본의 고대사를 다룬 8세기의 대표적인 역사책으로 알려져 있는 《일본서기》의 연대와 인물·사건들이 편찬자나 후세 사람들의 성향이나 이해관계에 따라 공공연히 조작되거나 왜곡되었음을 시사해 주는 증거들이 아닐까요? 애초에 존재하지 않은 사건이나 인물들을 멋대로 조작하고 연·월·일도 실제 상황에 맞추지 않고 생각나는 대

나 타운(China town) 같은 외국인 집단거주지구이고, 단체로 치자면 재일거류민단(약칭 '민단')이나 미주한인회 같은 성격의 집단이었다는 뜻이다. 〈신공황후기〉의 기사들을 보면 '안라일본부(安羅日本府)'도 언급되어 있는데 역시 '안라(아라)에 설치된 대표부' 정도로 해석된다. 고대에도 백제·가야가 특정한 구역을 거주지역으로 설정하면 외국 조정에서 관리를 파견해 그 구역에 거주하는 자국민들을 관할했을 것이다. 그동안 그 성격·위치나 정치적 위상을 놓고 논쟁이 끊이지 않았지만 그 실체를 알고 보면 독자적으로 백제·가야를 점령하거나 통치할 정도로 거대하고 위협적인 정치 세력이나 군사 집단이었을 가능성은 제로에 가깝다. 한반도 남부에서 간혹 발견되는 일본식 고분이나 유물들의 성격도 이와 같은 맥락에서 이해하는 것이 옳다.

로 멋대로 끼워 넣었다는 뜻이지요. 간지를 꼬박꼬박 밝히면서 마치 실제로 일어난 사건이고 실제로 활동한 인물인 것처럼 써 놓았지만 상당수가 선후 관계를 뒤집어 놓았거나 없었던 것을 마치 있었던 것처럼 날조해 놓았다는 말입니다.

지금까지 위에서 다룬 박제상·미사흔 등의 이야기들이나 연대 착란 등을 종합해 볼 때 《일본서기》의 모마리질지나 미질허지 관련 기사들은 《일본서기》가 편찬되기 전부터 이미 존재하고 있던 신라의 역사책을 참조해서 재창작되었을 가능성이 있습니다. 실제로 신라 진흥왕 6년(545)에 대한 《삼국사기》의 관련 대목에 따르면, 당시 이찬이던 이사부의 건의로 대아찬 거칠부(居柒夫) 등에게 《국사(國史)》를 편찬하도록 일렀다고 합니다.[158] 《일본서기》가 완성된 720년보다 200여 년 앞서 신라에서 자기 나라의 역사책을 편찬한 거지요.

《일본서기》는 편찬 과정에서 《백제기(百濟記)》·《백제본기(百濟本記)》·《백제신찬(百濟新撰)》 등 이른바 '백제 3사(百濟三史)'를 참고했다고 하는데요.[159] 백제 관련 기사야 백제의 역사책들을 참조했겠지만 신라 관련 기사들은 무슨 책을 참조했겠습니까? 당연히 신라 쪽의 역사책들을 참조했을 테지요. 김부식의 《삼국사기》는 그보다 425년 뒤에 편찬되었거든요. 《일본서기》 편찬자들이 고려시대로 타임머신을 타고 가서 《삼국사기》를 보고 왔을 리는 없습니다. 그 편찬자들이 밝히지는 않았지만 그중 하나인 부비등(不比等)은 신라 사신들과 적극적으로 소통한 것으로 잘

---

158) 《삼국사기》 〈신라본기 4〉 '진흥왕 6년(545)'조.
159) 〈일본서기〉, 《일본어판 위키백과》.

일본 역사의 흐름을 바꾼 두 인물 중신겸족(좌)과 중대형황자(우). 부비등이 김유신과 김춘추의 일화에서 영감을 얻었다고 한다(NHK 방송 사진).

알려져 있는데요. 그는 《일본서기》를 편찬하는 과정에서 신라의 김유신(金庾信)과 김춘추(金春秋)의 일화를 활용하여 자기 나라의 비슷한 인물들인 중신겸족(中臣鎌足)과 중대형황자(中大兄皇子)의 일화로 '환골탈태(換骨奪胎)'시켰을 정도입니다.[160] 그러니 그들이 거칠부가 편찬한 신라의 역사책 《국사(國史)》를 참고했을 것은 분명해 보이지요?

4~6세기 마립간 시기, 그중에서도 눌지 마립간 시기 전후의 인물과 사건들의 경우, 《일본서기》의 편찬자들이 신라나 백제의 역사책을 참고하여 재창작했다는 뜻입니다. 그러고는 자기네 야마토 정권의 정통성과 통치이념을 합리화시킬 목적으로 연대를 실제보다 2주갑 가까이 끌어올려 〈신공황후기〉에까지 갖다붙여 놓은 거지요. 그래서 4~6세기 관련 기사들에 등장해야 할 신라·백제의 인물과 상황들이 2~3세기 천황들의 연대기 속에 출몰하게 된 것이 아니겠습니까? 박제상·미사흔 등, 4~6세기

---

160) 〈일본서기〉, 같은 사이트.

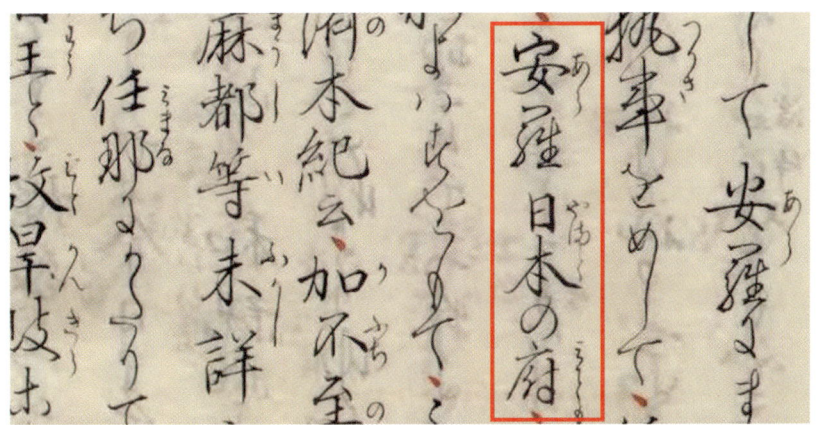

《일본서기》에 언급된 '안라일본부(安羅日本府)'. 원문에는 '안라(의) 일본의 부(安羅日本の府)'로 적혀 있는데 쉽게 풀면 '안라에 설치된 일본의 대표부' 정도로 해석된다. '임나일본부'와 마찬가지로 '일본부'는 조선시대의 왜관(倭館) 같은 외국인 집단거주지구나 재일거류민단(약칭 '민단') 등과 비슷한 존재였다. 독자적으로 백제·가야의 영토를 점령하거나 통치할 정도로 거대하고 위협적인 정치 세력이 아니었다는 뜻이다.

신라 관련 기사들이 인물·상황들의 조작 논란은 물론이고 연대에서조차 심각한 착란의 양상을 보이는 것은 바로 이런 이유 때문입니다.

국내에서는 《일본서기》가 이런저런 문제들을 안고 있음에도 불구하고 한·일 고대사 연구에 유용한 정보들을 담고 있다면서 그 사료적 가치를 높이 평가하는 경향이 있습니다. 그러나 거기에 언급된 모마리질지나 미질허지 등 신라계 인물이나 지명들이 정말 신라시대의 역사적 진실을 있는 그대로 반영한 것인지는 아무도 장담할 수가 없습니다. 앞의 미질허지의 탈출 관련 기사들에서 드러나는 여러 가지 문제들에서 확인한 것처럼, 사건 분석·지리 고증·어원 연구 등에서 유용한 정보를 제공하기는커녕, 오히려 연구에 혼선을 조장하고 연구자들을 오도(誤導)할 우려가 더 크다는 뜻이지요.

제5장

금관총 위세품은 어떤 것들이 있을까

인류의 역사를 되돌아볼 때 장식품의 소재로는 다양한 금속들이 사용되었습니다. 그중에서도 금은 특히 인기가 많았지요. 눈이 부실 정도로 화려하고 반짝이는 특징은 말할 것도 없고, 펴거나 늘여 원하는 형태로 가공하기도 수월합니다. 게다가 화학 변화에도 강한 내구성을 가지고 있어서 변질될 우려도 적지요. 그렇다 보니 자신의 부와 권력을 남들에게 과시하고자 하는 사람들에게는 더 없이 좋은 소재였습니다. 물론, 금·은·금동 같은 귀금속은 재료가 희소한 까닭에 누구나 소유할 수는 없었는데요. 그래서 권력의 최고 정점에 서 있는 지배 집단은 귀금속을 매개로 자신들의 부와 권력을 드러내거나 그것들을 남들에게 하사함으로써 새로운 권력관계를 구축하기도 했습니다.[161]

우리나라의 경우, 원래 신라가 건국될 무렵의 삼한(三韓) 사회에서는 금을 선호하지 않았던 것 같습니다. 서진(西晉)의 역사가 진수(陳壽)가 편찬한 《삼국지(三國志)》〈위지(魏志)〉의 '한(韓)'조에서는 삼한 당시의 우리 조상들이 "구슬을 귀하게 여겨 옷에 꿰어 꾸미기도 하고 목이나 귀에 달기도 하지만 금·은과 비단은 보배로 여기지 않았다"고 소개한 바 있지요. 실제로 이 시기의 유적들에서는 금·은으로 만들어진 유물은 드물고 수정·마노·유리 등으로 만든 구슬 종류가 주종을 이룬다고 합니다.[162] 그러다가 4세기부터 고구려·백제·가야·신라지역에서 금·은·금동 같은 귀금속을 정교하게 가공하는 문화가 발전하기 시작하지요. 물론, 그렇게 만들어진 장식품들은 누구나 소유할 수 있는 것이 아니었습니다. 오로지 지배 집단의 위세품이나 장례용품으로 활용되는 경우가 많

---

161) 김종일·성경용·성춘택·이한상, 《한국 금속문명사: 주먹도끼에서 금관까지》, 제338쪽, 들녘, 2019.
162) 김종일 등, 같은 책, 제338~339쪽.

았지요. 아무래도 왕이나 귀족들의 부와 권력을 과시하는 데에 가장 효과적인 수단이었기 때문일 겁니다. 그 점은 금관총의 사례만 보더라도 금세 눈치챌 수가 있지요.

금관총은 4~6세기 마립간 시기를 대표하는 고분입니다. 우리는 앞에서 언어적 탐색을 통하여 그것이 5세기 '이사지왕' 눌지 마립간의 왕릉임을 확인했는데요. 실제로 여기에서 금으로 만들어진 왕관을 위시하여 역시 금 또는 금동으로 만들어진 허리띠·귀걸이·신발·반지·팔찌·허리띠·드리개 등의 유물들이 함께 발견되었습니다. 특히, 마립간의 절대적인 왕권을 상징하는 금제 유물들은 일종의 '위세품'으로서 신라의 화려한 황금 문화와 그 문화적 교류를 보여 주는 중요한 자료로 평가받고 있지요. '위세품(prestige goods)'은 원래 소유자의 품격을 높일 목적으로 제작된 물건들을 말하는데요. 고대국가에서는 통치자나 지배층이 자신의 위엄과 권세를 과시하기 위해 갖추는 사치품들을 주로 가리켰습니다. 실제로 《삼국사기》에 "민간에서 금·은·주·옥을 사용하는 것을 금한다(禁民間用金銀珠玉)"163)는 기록이 보이는데 이런 기록이 있는 것을 보면 신라에서는 건국 초기부터 금(gold)·은(silver)·주(pearl)·옥(jade)의 사용을 왕실과 귀족 등 지배 집단이 독점하고 있었음을 짐작할 수 있습니다. 만약 고분에서 금·은·주·옥 같은 사치품들이 출토되었다면 그 무덤은 적어도 귀족 이상의 지체 높은 인물의 것이라고 판단해도 좋다는 뜻이겠지요.

금관총은 마립간의 왕릉답게 왕관과 관모 장식·가슴 걸이·귀걸이·팔찌·반지·허리띠·띠드리개·신발 등의 다양한 위세품들이 출토되었는데

---

163) 《삼국사기》〈신라본기 2〉 '일성 이사금 12년(144)'조.

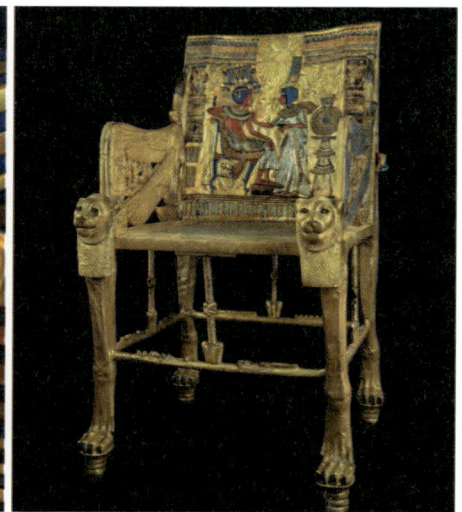

고대 이집트의 어린 왕 투탕카멘의 황금 마스크(좌)와 황금의자(우). 1922년 영국의 고고학자 하워드 카터가 발견한 이 무덤에서는 양적으로나 질적으로나 최고의 금제 유물들이 쏟아져 나와 '세기적인 대발견'으로 일컬어졌다. 그 전 해에 이름 모를 신라 고분에서 기대조차 하지 않았던 엄청난 황금 유물들을 수습한 하마다 등 일본 학자들은 이에 질세라 고분에 금관총이라는 이름을 붙이고 '아시아의 투탕카멘 묘'로 극찬하였다.

요. 출토된 유물들은 그 수량만 해도 4만여 점에 달합니다. 그중에서도 금으로 만들어진 것들만 해도 무게가 7.5kg나 되었다고 하지요.[164] 최근까지만 해도 단일한 고분에서 출토된 것으로는 세계에서 1~2위를 다툴 정도로 최대급 규모라고 합니다. 그 규모가 이처럼 엄청나다 보니 일본

---

164) 유홍준, 〈신라 금관〉,《국보 순례》, 제86쪽, 눌와, 2011. 7.5kg이라는 수치는 하마다에게서 나왔다. 하마다가《경주의 금관총》에서 금관총 유물들에 사용된 황금의 총량과 관련하여 "아마 2관 에서 넘치거나 약간 모자란 정도가 아닐까 싶다(恐らくは 二貫目を出入するかも知れない)"(제23쪽)라고 처음으로 추정했기 때문이다. 여기서 '관(貫)'은 일본에서는 3.75kg에 해당하므로 '2관'이라면 7.5kg이라는 답이 나오는 셈이다. 물론, 이것이 유물들의 무게를 일일이 달아서 얻어진 수치는 아니지만 상당히 분석적이고 치밀한 하마다가 신중하게 내린 결론임에는 틀림이 없다.

인들조차 금관총 유물의 발견에 대하여 "'동아시아에서의 투탄카멘 묘'라고 할 수 있을 정도의 중요성을 지닌 대발견"[165]이라고 찬탄할 정도였습니다.

일본인들은 평소에 감정을 드러내지 않습니다. 남들을 칭찬하는 데에도 상당히 신중한 편이지요. 게다가 자기 나라 고분에서 유물이 쏟아져 나온 것도 아니었습니다. 그런데 일본인들이 어째서 금관총의 발견에 대해서는 이 같은 극찬(極讚)을 아끼지 않았던 걸까요? 이제부터 그 유물들 중 비교적 중요한 위세품들을 중심으로 그 이유를 살펴보도록 하겠습니다.

---

165) 〈신간 소개:《경주 금관총과 그 유보(慶州金冠塚と其の遺寶)》〉,《사림(史林)》, 제9권 제4호, 제138~139쪽, 1924.10.1.《사림》은 하마다의 모교인 교토대 사학과에서 발간하는 학회지이다.

제1절
금관

신라의 황금 문화를 대표하는 위세품으로는 금관을 꼽을 수가 있습니다. 도굴되었다가 회수된 경주 교동 금관을 포함하면 신라시대의 금관은 금관총·금령총·서봉총·천마총·황남대총에서 모두 6점이 출토되었는데요. 그중에서도 가장 유명한 것이 바로 이 금관총 금관입니다.

봉분이 다 깎여 나간 이름 없는 노서동의 고분이 '금관총'이라는 이름을 갖게 해 준 이 금관은 목관 내부 중앙의 서쪽 끝 가까이에서 찌그러진 채로 발견되었습니다. 신라 마립간의 권위를 상징하는 이 금관은 과연 어떻게 만들었고, 어디서 기원한 걸까요?

1) 금관총 금관의 양식

이 금관은 크게 관 테[帶輪]와 세움 장식[立飾]과 드리개[垂飾]의 세 부분으로 구성되어 있는데요. 우선, 몸체를 이루는 관 테는 얇은 황금 판을 마름질해서 만들었습니다. 송곳 같은 날카로운 도구로 테의 겉면 양쪽 가장자리에 위아래로 점선 줄을 만들고 그 안에 역시 점선으로 물결무늬를 규칙적으로 찍어 놓았습니다. 그리고 테의 중앙부에는 안쪽에서 구슬 같은 모형을 대고 타출(打出, repoussé) 기법으로 작은 동그라미를 도드라지게 가공한 다음, 비취빛 위주의 작은 곡옥들을 금실로 꼬아 일정한 간격을 주면서 테 겉에 붙여 마감했습니다. 그러고는 같은 방식으

금관총 금관의 몸체를 이루는 관 테 부분. 테에 돌아가면서 타출 기법으로 볼록하게 도드라진 동그라미를 만들고 위아래 가장자리는 점선과 물결 무늬으로 멋을 내고 곡옥을 달았다(e-뮤지엄 사진).

로 금판을 동그랗게 찍어 떨개들을 금실로 꿴 다음, 테의 위쪽 ⇒ 중앙 ⇒ 아래쪽의 순서로 교대로 달아 장식해 놓았습니다.

관 테 위로는 세움 장식이 5대 부착되어 있는데요. 정면과 그 좌우 등 세 군데에는 좌우 대칭의 '날 출(出)'자 나무줄기 모양의 장식이 세워져 있습니다. 그리고 그 뒤로는 좌우로 고사리처럼 엇갈리게 자란 나뭇가지 모양 장식이 각각 금 대갈못(리벳) 3개로 하나씩 고정되어 있는데요. 이처럼 3단으로 된 '출'자형 세움 장식은 황남대총(북분)과 서봉총에서 출토된 금관에도 보입니다. 이 세 고분의 금관들은 그 양식이나 세공 기술에서 비슷한 점이 많은데요. 어쩌면 비슷한 시기에 동일한 장인 집단이 제작을 주도했을지도 모릅니다.

금관총 금관의 세움 장식들에는 관 테와 마찬가지 방식으로 곡옥과 떨개들을 달아 놓았는데요. 굳이 다른 점을 들자면 장식의 가장자리를 양쪽 끝으로 점선을 찍되 관 테와는 달리 점선만 한 줄로 일정한 간격으로 꾸몄다는 정도입니다.

아 참, 또 하나가 있군요. '출'자 줄기와 가지의 맨 끝에 달려 있는 장식입니다. 카드놀이의 스페이드(♠)를 연상시키는 모양으로 표현된 것 말

금관총 금관의 가지 끝 장식(좌). 생명력을 함축한 봄날의 꽃봉오리(우)를 표현한 것이다. 학자들은 오른쪽 장식을 사슴뿔로 해석하지만 봉오리가 표현된 것을 보면 굽은 가지로 보아야 옳다. 물론 곡옥은 꽃이 지고 맺히는 열매를 형상화한 것이다.

입니다. 이 5개의 세움 장식의 줄기와 가지, 스페이드 모양의 장식 등에는 타출 기법으로 66개의 작은 동그라미가 도드라지게 표현되어 있습니다. 그런데 그 가지 끝마다 맺혀 있는 것을 보면 꽃을 피우기 직전의 봉오리를 형상화 한 것으로 해석됩니다. 봄을 맞아 강인한 생명력을 한껏 머금고 있는 꽃봉오리 말이지요. 그렇다면 '출'자 장식은 굵은 나무줄기이고, 고사리 같은 장식은 굽은 나뭇가지이며, 그 끝 장식은 초봄의 꽃봉오리이고, 떨개는 가지들에 난 나뭇잎인 셈입니다.

2) 곡옥과 세움 장식의 의미

그렇다면 비췻빛으로 영롱하게 빛나는 곡옥은 무엇을 상징할까요? '곡옥(曲玉)'은 옥을 쉼표(,)처럼 구부러진 모양으로 만들었다고 해서 그렇게 부르는 건데요. 갈고리처럼 만들었다고 해서 '구옥(勾玉)'으로 부르기도 합니다. 여러분은 곡옥을 보았을 때 무엇이 연상됩니까? 자궁에 착상된 임신 초기 태아(胎兒)의 이미지가 연상되지 않습니까? 나무의 경우

가야·신라의 문화적 정체성을 지닌 곡옥은 열매·생명을 상징한다. 임신 초기 태아의 모습을 형상화하여 다산을 기원한 것일까? 사진은 국립경주박물관에 전시된 형형색색의 신라 곡옥들

로 치자면 가지 끝에 맺힌 열매로 해석할 수도 있겠지요. 말하자면 곡옥은 다산과 후손의 번창을 기원하는 상징물로 금관에 달았을 가능성이 높은 셈입니다.

이와 관련해서 사람들의 이목을 끄는 것이 금령총 금관입니다. 이 금관에는 다른 신라 금관들과는 달리 곡옥이 달려 있지 않은데요. 그 이유가 무엇일까요? 그 금관이 혼례로 치르지 못하고 요절한 신라 왕자의 것이었기 때문이 아닐까요? 작년에 발굴 조사가 끝난 경주 쪽샘 44호분도 마찬가지입니다. 이 무덤의 주인공은 키 130cm, 나이 10살 전후의 아이인 것으로 밝혀졌지요. 여기서 수습된 금동관 역시 곡옥이 달려 있지 않은 것으로 확인되었습니다. 그렇다면 금령총과 쪽샘 44호분의 금(동)관

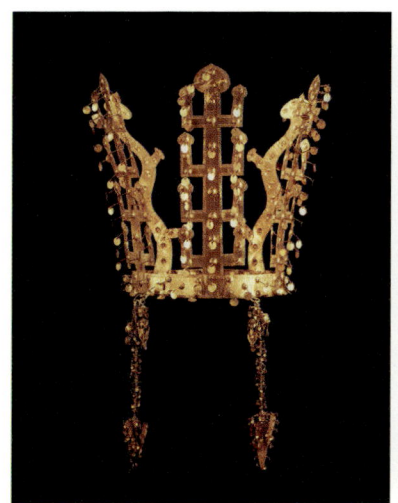
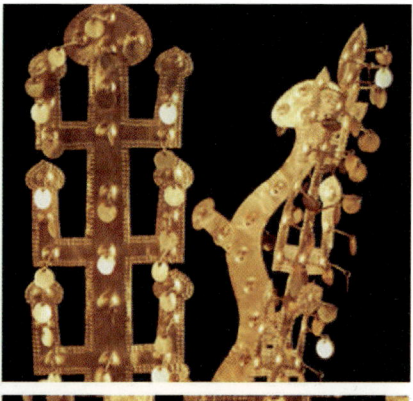

금령총 금관. 관 테는 물론 세움 장식 그 어디에도 곡옥이 보이지 않는다. 이 같은 양상은 2024년에 조사가 끝난 쪽샘 44호분의 금관도 마찬가지이다. 금령총과 쪽샘 44호분의 공통점은 그 주인공이 10살 전후의 어린 아이라는 데에 있다(국가유산청 사진).

은 그 주인공이 혼인을 하지도 자식을 보지도 못한 채 일찍 죽었기 때문에 열매를 상징하는 곡옥을 달지 않았던 것이 아닐까요?

 금관 뒤쪽의 고사리처럼 구부러진 세움 장식의 경우, 학계에서는 이를 사슴뿔로 보고 '녹각형 입식(鹿角型立飾)'이라고 부르고 있습니다.166) 그러나 신라 금관들은 어김없이 세움 장식 끝에 봉긋한 꽃봉오리 모양이 표현되어 있지요. 나뭇가지로 이해하는 편이 더 합리적이라는 뜻이지요. 그 증거는 다른 금관에서도 찾아볼 수가 있습니다. 서봉총 금관이 대표적인 사례인데요. 그 금관은 특이하게도 세움 장식 안쪽으로 길쭉한 금테가 '열 십(十)'자로 포개지면서 이루어진 버팀대가 들어가 있습니다. 얼핏 보기에는 중세 유럽의 왕관에 들어가 있는 버팀대를 연상하게 합니

---

166) 〈신라의 금속공예(주경미)〉,《신라고고학개론》(하), 제191쪽.

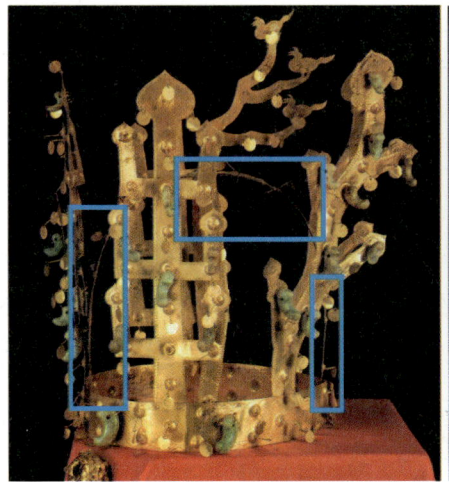

서봉총 금관의 십자형 버팀대(파란 표시)와 영국 에드워드 왕관의 버팀대(우). 서봉총 것의 경우 이 버팀대를 견고하지 않고 모양만 낸 것은 장례용이기 때문이다.

다. 금관의 형태가 틀어지지 않도록 잡아 주기 위해서 추가된 것으로 보이는군요. 어쨌든 서봉총 금관은 그 십자형 버팀대 위로 나뭇가지가 따로 3개 뻗어 있고 그 가지마다 봉황새들이 장식되어 있는데요. 마치 봉황새들이 나뭇잎이 무성한 나뭇가지에 앉아 지저귀고 있는 것 같습니다. 어떻습니까? 그럴듯하지 않습니까?

금관총 금관은 드리개가 관 테에 좌·우로 하나씩 달려 있지요. 드리개는 맨 끝에 금제 장식을 씌운 비취빛 곡옥이 달린 금사슬 줄을 축으로 삼으면서 금실로 꼰 하트 모양(♥) 떨개가 5개씩 달린 둥근 씌우개가 일정한 간격으로 10개가 연결되어 있습니다. 이렇게 사슬 줄 끝이 작은 고리로 마감한 이 드리개는 큰 고리에 연결되는데요. 그 고리에는 귀걸이로 사용되는 둥근 떨개 장식도 함께 걸려 있습니다. 금관은 이렇게 만들어진 드리개를 좌·우 양쪽으로 드리운 채로 '이사지왕'의 머리 쪽에 씌워졌을 테지요.

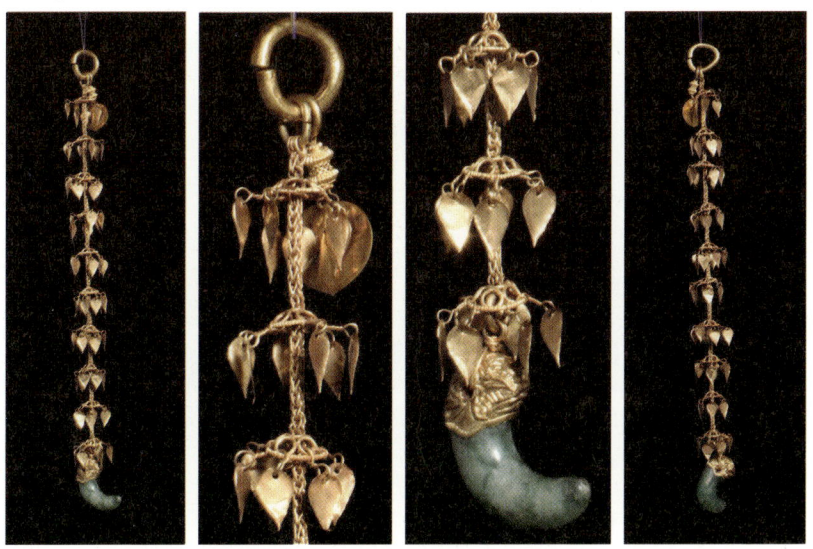

금관총 금관의 좌·우 드리개 및 세부(e-뮤지엄 사진)

이렇게 관 테를 중심으로 위로는 세움 장식이 아래로는 드리개가 달린 금관은 얇은 금판을 활용하여 복잡하고 화려한 조형미를 창조해 냅니다. 5세기 신라인들의 섬세한 미의식과 뛰어난 금 세공술을 잘 보여 주는 걸작품인 거지요.

3) 금관은 장례용품이었나

여기서 우리가 명심해야 할 점이 있는데요. 금관총의 주인공이 이 금관을 평소에도 착용했다고 생각해서는 곤란합니다. 왜냐하면 세움 장식으로 사용된 금판은 두께가 겨우 1mm 정도밖에 되지 않거든요. 그 장식을 지탱하는 관 테 역시 마찬가지입니다. 두께가 종이처럼 얇으니까요. 그 점은 앞의 사진을 보면 금방 눈치챌 수 있습니다. 금판이 하도 얇아서 세움 장식이 가만히 놓아 둔 상태에서도 거기에 달린 곡옥과 떨개의 무

금관총 금관의 이음매 부분. 대갈못이 아닌 금실로 허술하게 묶여 있다. 평소에 착용하는 왕관이 아니라는 증거이다.

게를 버티지 못하고 바깥쪽으로 기울어지는 모습을 보여 주고 있지요?

관 테의 이음매 부분도 그렇습니다. 복원된 금관을 자세히 살펴보십시오. 관 테가 끝나는 양끝 부분에 구멍이 2개 나 있는데요. 그 구멍으로 금실을 꿰어 대충 둘러놓은 상태로 마감되어 있습니다. 그 금실이 끊어지면 금방이라도 테가 벌어져 금관이 풀려 버릴 것 같지 않습니까? 실제로 지금까지 출토된 금관들은 많은 경우 무덤 주인공의 머리 전체를 감싼 형태로 출토되는 경향을 보였습니다.[167] 머리 위쪽에서 수습된 것이 아니라는 뜻이지요. 누가 보더라도 최고의 예술성을 가진 걸작품인데 어째서 이렇게 허술하게 마감 처리를 한 걸까요? 멈추어 있을 때에도 세움장식들이 이렇게 휘영청 늘어져서 위태위태한데 마감조차 제대로 되지 않은 이런 금관을 평소에 머리에 쓰고 다닐 수가 있을까요?

정말 머리에 쓰고 다닌다면 그 금관이 어떻게 되겠습니까? 금관을 쓴 사람이 몸을 움직이거나 걸음을 옮길 때마다 금관의 장식과 드리개가 좌

---

167) 김종일 등, 같은 책, 제419쪽.

··우와 상·하로 출렁거릴 겁니다. 금관은 그럴 때마다 운동에너지와 위치에너지, 거기다가 진동에너지까지 증폭될 수밖에 없습니다. 그렇게 되면 금관을 지탱하는 관 테는 물론이고 세움 장식을 버티고 있는 대갈못 역시 그 격렬한 운동에너지를 감당하지 못하고 떨어져 나가 버릴 테지요. 어디 그뿐입니까? 종잇장 같이 얇은 금판은 증폭되는 에너지를 주체하지 못하고 꺾어지거나 부러지고 말 겁니다. 금판의 두께나 관 테의 마감 상태 등을 따져 본다면 금관은 '이사지왕'이 생전에 착용하고 다닐 수가 없었을 거라는 결론이 나옵니다. 처음부터 사후에 무덤에 끼워 넣는 위세품으로 제작되었을 거라는 뜻이지요. 당시의 신라인들이 세상을 떠난 국왕이 내세에서 풍족하고 화려한 삶을 이어가기를 기원하면서 무덤에 끼워 넣어 준 일종의 장례용품이었던 겁니다.[168]

4) 신라 금관의 내력

이제부터는 신라 금관의 내력에 관하여 이야기해 보도록 하지요. 금관총 유물 조사에 직접 참여한 하마다는 나중에 〈신라의 보관(新羅の寶冠)〉(《보운(寶雲)》 2, 1932)이라는 논문에서 신라 금관에 그리스계 왕관인 코로나와 페르시아계 왕관인 머리띠가 각각 세움 장식과 관 테로 조화되고 거기에 스키타이계 문화 요소가 어우러져 있다고 보았습니다.[169]

하마다의 이 같은 결론은 1932년 당시까지 세계 각국의 고고조사 결

---

168) 신라 금관을 일종의 장례용품으로 보는 학자도 없지는 않다. 《신라고고학개론》(하, 제194쪽 주석)에 따르면, 국내에서는 최종규(1990), 일본에서는 마노메 쥰이치(馬目順一, 1995) 등이 있다.
169) 요시미즈 츠네오 저, 이영식 역, 《신라가 꽃피운 로마문화》, 제85쪽, 미세움, 2019.

그리스·로마 장식품에 묘사된 화관(좌)과 띠관(우)

과를 종합하여 신라 금관의 제작 기법 및 형태를 분석한 뒤에 내린 결론이었지요. 신라 금관에 사용된 기법만 놓고 본다면 그의 해석은 대체로 실제와 부합하는 것처럼 보입니다. 이 문제에 관해서는 일본의 유명한 신라 연구가인 요시미즈 츠네오(由水常雄, 1936~) 역시 다년간의 연구와 검증을 통하여 비슷한 해석을 내놓은 바 있지요.

> "신라 계통의 문화는 기본적으로 로마문화를 바탕으로 스키타이 등 북방 기마민족의 문화를 아울러 수용했던 비-중국계통 문화이다. 페르시아 문화를 수용하고 있었던 중국·고구려·백제의 페르시아·중국계통 문화와는 이질적 문화였다"[170]

신라의 금관은 양식이나 세공 기술 면에서 중국과는 완전히 계통이 다

---

170) 요시미즈, 같은 책, 제78~79쪽.

페르세폴리스의 아파다나 계단의 부조에 묘사된 스키타이 사신들 (위키 미디어 사진)

른 것이었습니다. 중국의 영향을 받은 것이 아니라는 뜻이지요. 어떤 면에서는 오히려 스키타이-사르마트 또는 그레코-박트리아 등 북방 기마민족의 황금 문화를 그대로 재현해 놓은 것 같이 보이기까지 합니다. 그래서 국내 고고학자 김원룡은 "사슴과 수목을 배치하는 디자인은 남러시아에서 이란 지방에 걸쳐 널리 퍼졌던 도안"[171]이라고 하면서 이를 "시베리아 예니세이 지방 샤먼의 모자에 사슴뿔과 새 날개 장식이 달려 있는 것"[172]과 같은 유형으로 보고 신라 금관이 북방문화의 산물이라고 주장한 바 있지요. 물론, 그 같은 주장이 터무니없는 것은 아닙니다. 실제로 근래의 고고학자들은 신라 금관의 원류를 스키타이계 북방 황금 문화에서 찾는 경향이 강하거든요. 요시미즈도 그런 생각을 한 사람들 중 하나입니다. 아프가니스탄의 틸리아 테페(Tillya Tepe) 6호분 금관과 사르

---

171) 요시미즈, 제90쪽.
172) 요시미즈, 제91쪽.

마트 금관은 그 대표적인 사례라고 할 수 있지요. 우선, 틸리아 테페 금관 쪽부터 이야기해 보겠습니다.

틸리아 테페는 지금의 아프가니스탄 지역에 있는 마을인데요. 월지(月氏)시대부터 쿠샨(Kushan) 왕조 초기에 해당하는 기원전 1세기에서 기원후 1세기 사이에 이 지역에서는 그레코-박트리아 왕국이 번영하고 있었습니다. 금관은 그 지역 스키타이 고분군의 6호분에서 출토되었는데, 여왕으로 추정되는 고분의 주인공이 머리에 씌워진 상태로 발견되었지요. 그 금관은 관 테 위로 나뭇가지 모양의 세움 장식을 세우고 그 주위에는 달개로 화려하게 꾸며 놓았는데요. 그 양식과 세공 기술은 4~6세기 마립간 시기의 신라 금관들과 상당히 유사한 양상을 보여 줍니다. 가지 맨 끝을 스페이드(♠) 모양의 꽃봉오리로 표현한 점이나 둥근 달개를 금실로 꼬아 관 테에 붙인 점 역시 거의 똑같습니다.

새가 등장하는 것은 어떻게 보면 서봉총 금관과도 닮은 데가 있군요. 흥미로운 점은 나뭇가지와 관 테 중앙을 장식한 것이 꽃이라는 사실입니다. 봉오리를 활짝 터뜨린 꽃 말이지요. 아시다시피 신라 금관에서 그 자리를 장식하고 있는 것은 언제나 비췻빛 곡옥입니다. 물론, 세부적인 부분에서 미세한 차이를 보이기는 하지요. 그러나 이 스키타이 여왕의 금관은 신라 금관과 거의 완벽하게 일치하고 있습니다. 400~500여 년의 시차에도 불구하고 말이지요. 금관의 구조나 세공 기술, 세계관 그리고 전체적으로 나무와 꽃(또는 열매)에서 모티브를 얻은 것까지 그렇습니다. 그렇다면 4~6세기 신라 금관의 원류는 이 스키타이 수목형 금관에서 찾을 수 있지 않을까요? 두 지역의 금관 사이에는 연대상으로 400~500년이나 편차가 벌어져 있지만 말이지요.[173] 물론, 금관의 외형이 비슷한 것이야 더러 있을 수 있는 일입니다. 그러나 그 구조나 세계관·세공 기

금관총 금관(좌)과 틸리아 테페 금관(우). 겉모양이나 세공 기법 등 세부적으로는 차이를 보이지만 구조·세공 기법·세계관에서는 대체로 신라 금관과 일치한다.

술(·메시지)까지 일치한다는 것은 무엇을 의미하겠습니까? 이 두 금관을 제작한 두 집단이 역사적·문화적으로 모종의 친연성을 공유하고 있었음을 시사해 주는 건 아닐까요?

 신라 금관의 원류로 거론되는 띠 관(diadem)은 또 있습니다. 바로 사르마트의 금관인데요. 이 금관은 러시아의 노보로시스크(Новороссийск)에서 발견된 호흐라치(Хохлач) 고분에서 출토되었습니다. 제작 연대는, 틸리아 테페 쪽과 마찬가지로, 기원전 1세기에서 기원후 1세기 사이로 추정됩니다.

 이 금관은 관 테 위로 나무(생명수?)·사슴·산양 등이 묘사된 세움 장식이 부착되어 있는데요. 관 테 아래쪽에는 빙 둘러가면서 드리개를 촘촘하게 달아 놓았습니다. 구조적으로는 얼핏 신라 금관과 비슷해 보이기도 하지요. 그러나 제작 방법은 상황이 다릅니다. 신라 금관과는 양상이 상당히 다르거든요. 이 금관에는 테의 아래쪽에 굵은 경첩이 달려 있습

---

173) 요시미즈, 제104쪽.

금관총 금관(좌)과 사르마트 금관(우). 그리스-로마 양식에 충실한 사르마트 금관은 금으로 만들었다는 점에서는 신라 금관과 같지만 구조·세공 기법·세계관에서 편차를 보인다.

니다. 관 테의 위아래 가장자리를 송곳으로 점선을 찍거나 누금(鏤金, filigree) 기법으로 처리된 신라 금관과는 상당히 대조적인 셈이지요.

세움 장식 역시 마찬가지입니다. 그루 수는 둘째 치고 (포도?)잎을 사실적으로 표현하고 그것을 고리로 연결해 놓았는데요. 이 같은 제작 기법은 나뭇잎을 동그란 모양으로 표현하고 금실로 꼬은 다음, 그것을 세움 장식과 관 테에 붙이는 신라 금관과는 확연히 다릅니다. 신라나 틸리아 테페의 금관처럼 열매(곡옥)나 꽃이 들어가 있는 것도 아닙니다. 물론, 관 테 중앙에 큰 보석이 몇 개 박혀 있다거나 드리개 꼭지에 꽃 모양 장식이 들어가 있기는 하지요. 그러나 금관 자체만 놓고 보면 그것들은 세계관이나 모티브에서 신라나 틸리아 테페 쪽의 것과 비슷하다고 말하기 어려울 것 같습니다. 드리개들을 금실로 꼬아 관 테에 붙이지 않고 경첩에 금줄을 길게 연결해 붙이고 일정한 간격을 두면서 그 줄에 거는 방식으로 표현한 것도 마찬가지지요. 두 지역의 금관과는 확연히 다른 모습입니다. 물론, 이것이 지리적인 거리상의 문제인지는 단언하기 어렵습

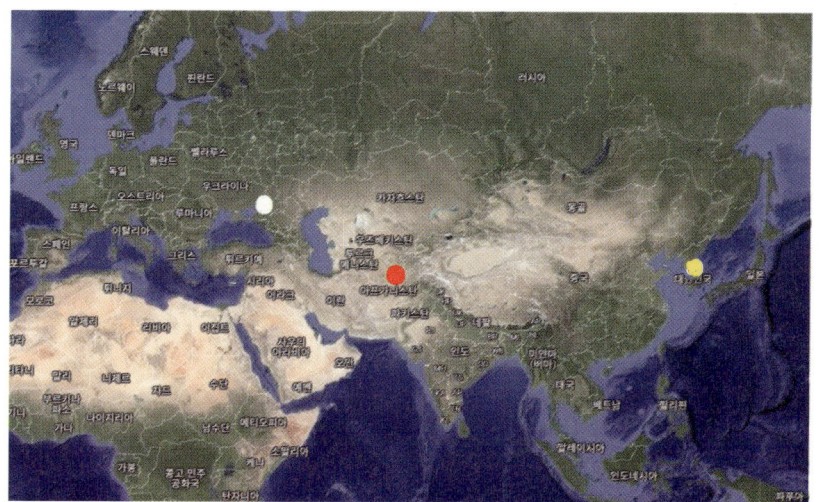

금관이 출토된 호흐라치(하얀 표시)와 틸리아 테페(빨간 표시)와 경주(노란 표시)의 지리적 좌표. 아시아에서 금관이 출토된 곳은 신라가 유일하다. 어째서 지리적으로 외진 이곳에서 중앙아시아와 유사한 양식의 금관이 출현한 걸까?

니다. 그러나 사르마트 금관은 세부 묘사가 훨씬 정교하고 섬세한 편입니다. 자연스럽고 사실적인 묘사를 강조하는 그리스-로마의 원형에 훨씬 가깝다는 뜻이지요. 신라나 틸리아 테페보다 그리스-로마에 훨씬 가까이 자리잡고 있어서 그런 걸까요?

요시미즈는 신라 금관을 그리스-로마 문화를 전면적으로 수용한 결과물로 보았습니다.174) 거시적으로 접근한다면 그 말도 틀린 말은 아니지요. 누금이나 타출 등의 세공 기술이 사용되는 등 부분적으로는 비슷한 점이 없지는 않거든요. 그러나 세부적으로 따져 보면 그리스-로마 문화의 원형에 충실한 쪽은 오히려 사르마트 금관인 것 같습니다. 굳이 따지려 든다면 신라 금관의 원류는 아무래도 사르마트보다는 틸리아 테

---

174) 요시미즈, 제105쪽.

페 쪽에서 찾는 것이 훨씬 더 그럴듯해 보인다는 뜻이지요. 참고로 스키타이–사르마트의 황금 유물들의 제작 기법상의 특징을 들자면 금으로 만든 장신구에 터키석·홍옥 등의 보석을 박아 넣거나[嵌入] 금실과 금 알갱이를 붙여서 멋을 내는 누금(鏤金) 기법이 사용된다는 것입니다. 또, 양식상으로는 유목민들에게 친숙한 동물의 문양이나 모티브를 장신구에 반영하는 경우가 많지요.[175] 양식에서는 다소 편차를 보이지만 제작 기법에 있어서는 신라의 황금 예술과 비슷한 양상을 보이는 셈입니다.

5) 옥 문화가 지배한 고대 중국

신라 황금 유물들에 대한 연구를 처음으로 시도한 하마다는 신라 금관이 중국의 영향을 받은 것으로 보았습니다. 고대 그리스의 금 세공 기술이 알렉산더 대왕(Alexander the Great)의 동방 진출과 함께 그리스 ⇒ 인도 ⇒ 중앙아시아로 전파되고 여기서 서역(西域, 중앙아시아)과 교류하던 중국을 통하여 신라로 전해졌다는 거지요.[176]

하마다의 생각은 이랬던 것 같습니다. '그리스–로마의 누금 세공 기술과 양식이 일차적으로 중국으로 전해지고 나서 중국에서 자체적으로 중국풍의 양식(문양)과 세공 기술을 발전시켰으며, 그 영향을 받은 것이 신라 금관'이라는 취지인 거지요. 신라 금관 등 금제 장신구들이 중국 것의 모방을 통하여 만들어졌다는 논리인 것입니다. 신라인들은 중국에 전해진 그리스–로마의 황금 예술을 수동적으로 수입·소비했을 뿐이며 주도적인 제작 주체는 아니었다는 뜻이었던 걸까요? 사실 중국의 영향을

---

175) 김종일 등, 제342~343쪽.
176) 하마다 게이사쿠, 〈정밀한 금 세공에 관하여(細金細工に就いて)〉,《사림》, 제7권 제4호, 제35(543)쪽, 1922.

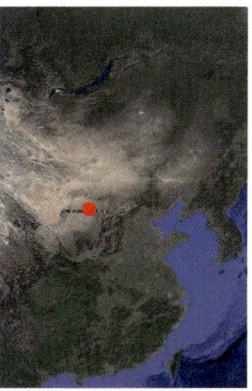

중국 내몽고자치구의 오르도스에서 출토된 금관. 5천년 중국 역사에서 금관은 이것이 유일하며 이것조차 흉노의 것이다. 지금은 중국 경내에 해당되지만 역사적으로는 중원 너머 북방 민족이 남긴 문화유산이라는 뜻이다.

받았다고 추정하는 것도 무리는 아닙니다. 그리스-로마 쪽에서 보면 지리적으로 한반도는 중국보다 훨씬 동쪽에 자리잡고 있으니까요. 그러나 하마다는 신라의 황금 문화를 너무 단편적으로 이해한 것 같습니다.

중국은 상고시대부터 옥(玉, jade)을 숭상해 왔습니다. 서주(西周)시대에서 춘추전국시대까지 옥으로 만든 다양한 상징물들은 천자(天子)가 제후들에게 하사하는 중요한 위세품들이었지요. 화려하고 사치스러운 황금 문화는 제대로 발전한 적이 없었습니다. 물론, 그것은 소박하고 자연스러움을 높이 평가하는 유교사상의 영향이었을 테지요. 중국에서는 고대부터 유교사상(儒敎思想)이 지배하면서 주나라의 예법과 제도들을 롤모델로 삼았습니다. 수천 년 전인 서주시대부터 500여 년 전인 명대까지 역대 왕조의 황제 등 통치자들이 수백·수천 명이나 되는데요. 그럼에도 불구하고 그들이 착용한 왕관은 예외 없이 언제나 면류관(冕旒冠)이었습니다. 면류관은 유교의 비조인 공자(孔子)가 칭송해 마지않았던 주나라의 통치자인 천자의 상징물이었지요. 그렇다 보니 황금으로 왕관을

면류관을 쓴 수나라 문제의 초상. 중국 황제들은 서주시대부터
공식 행사에서는 면류관을 착용했으며 금관은 사용되지 않았다.

만든다는 것은 상상조차 못했던 것 같습니다. 이 점은 중국의 역대 정사인 '25사'를 뒤져 보면 금방 알 수 있지요. 중국(중원)의 통치자나 귀족이 황금으로 만든 왕관을 착용했다는 기록은 그 어디에도 보이지 않습니다.

서주로부터 3,000여 년 동안 중국에서는 통치자가 면류관만 착용했다는 뜻이지요. 실제로 《수서(隋書)》·《당서(唐書)》·《송사(宋史)》·《명사(明史)》 등 중국 역대 왕조의 정사들을 찾아보면 중국의 황제들은 제사·의례 등 공식적인 국가행사가 거행될 때에는 어김없이 면류관을 착용했는데요. 그 점은 지금 남아 전해지는 수·당·송·명대 황제들의 초상들을 보아도 확인할 수 있습니다. 서주의 왕도정치(王道政治)와 문화전통을 숭상한 중국에서 수천 년의 전통을 가진 그 같은 의관제도에 도전하거나 문제를 제기한 황제는 아무도 없었습니다. 그 누구도 황금으로 만들어진

역대 중국 황제의 왕관들. 역대 중국 황제들은 단 1명도 금관을 쓰지 않았다.

금관을 쓴 적이 없다는 뜻이지요.

6) 중국에서 출토된 금관과 관모 장식들

이 같은 양상은 중국의 고고 유물을 살펴보아도 금방 확인할 수 있습니다. 중국에서는 수천 년 동안 수많은 왕조가 명멸했는데요. 그 유구한 역사에도 불구하고 중국 경내에서 확인된 금관은 단 하나뿐입니다. 바로 전국시대에 해당하는 기원전 5~3세기의 것으로 추정되는 독수리 금관인데요. 내몽고 자치구 오르도스의 아로시등(阿魯柴登)에서 출토된 이 금관은 흉노(匈奴)의 선우(單于)가 썼던 것으로 알려져 있습니다. 한족의 금관은 아닌 거지요. 사실 출토 장소를 보더라도 한족의 유물로 보기는 어렵습니다. 지금이야 중국의 영토에 속해 있지만 기원전으로 거슬러 올라가면 그 지역은 북방 기마민족인 흉노의 활동 중심지였으니까요. 북방 문화의 산물인 그 독수리 금관은 중국 황금 문화의 증거가 될 수 없는 거지요. 중국의 역사에서는 애초부터 황금 문화나 금관은 존재하지 않았던 겁니다. 만약 중국에서 출토된 유물에 황금이 들어 있다면 일단은 외부의 영향을 받은 것으로 보아도 무방하다는 뜻이지요.

최근 국내외 학계 일각에서는 신라 금관의 원류를 3~4세기 모용선비(慕容鮮卑)에서 찾는 경향이 있더군요. 실제로 1981년에 내몽고 포두의 서하자교장(西河子窖藏)에서는 모용선비의 것으로 보이는 금제 관모 장식[冠飾]이 발견되었습니다. 중국 학계에서는 이 유물을 중국에도 신라와 같은 수목형 금관이 존재했다는 물증으로 활용하려는 경향을 보입니다. 물론, 겉모양만 보면 틀린 말도 아니지요. 말 대가리 위에는 나뭇가지처럼 복잡한 사슴뿔(?)이 6개가 달려 있으니까요. 그러나 자세하게 뜯어 보면 14개나 되는 가지 끝에는 그 뿔과 말 대가리가 일체형으로 만들어져 있습니다. 세움 장식·관테·드리개의 3대 구성 요소로 이루어지는 신라나 틸리아 테페의 왕관과는 발상·구조·세계관에서부터 큰 차이를 보이는 셈이지요. 떨개 역시 마찬가지입니다. 동그란 모양으로 만들어진 신라 금관의 떨개와는 달리 스페이드 모양으로 만들어졌으니까요.

모용선비와 마립간 시기의 신라는 시차도 그다지 크지 않습니다. 제작

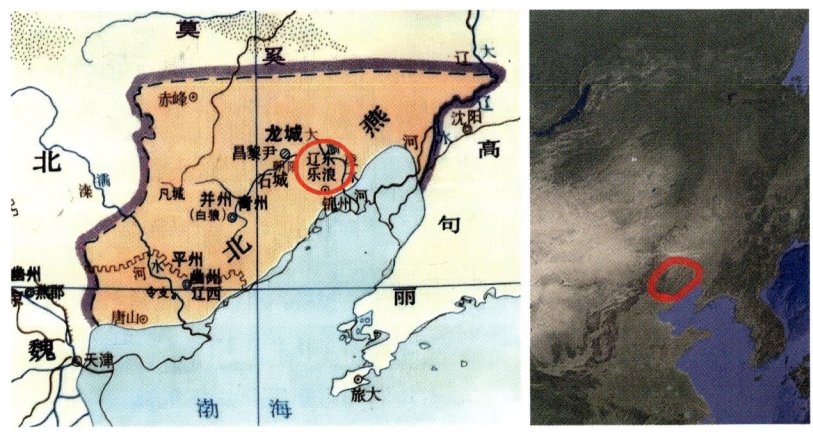

모용선비의 북연(北燕)(좌). 실제로는 그 좌표를 서남쪽으로 더 옮겨야 옳지만 이 지도만으로도 지리적으로 외국 특히 북방과 교류하기 어려운 위치임을 눈치챌 수 있다. '낙랑', '요동'(빨간 표시) 등 익숙한 지명들이 보인다.

연대도 339~362년으로 추정되고 있으니 금관총 금관과도 거의 연대가 비슷한 셈입니다. 그런데도 이처럼 겉모양에서 제작 기법까지 차이를 보이는 건 왜일까요? 사이비(似而非)! 서로 비슷하기는 하지만 같은 것이 아닌 거지요. 어디 그뿐입니까? 내몽고자치구 포두시(包頭市) 인근 서하자 교장(西河子窖藏)의 금제 관모 장식은 말 대가리에 터키석을 박아 넣어 제법 멋을 부려 놓았습니다. 그러나 전반적으로는 제작 기법이 투박하고 장식도 허술합니다. 예술성은 고사하고 숙련도에 있어서도 신라의 것들과는 아예 비교가 되지 않는다는 뜻입니다.

요녕성 조양시(朝陽市) 인근의 북표시(北票市)에서 출토된 금제 관모 장식 역시 마찬가지입니다. 이 유물은 떨개가 달려 있어서 '보요 관식(步搖冠飾)'으로 불리는데요. 모용선비가 세운 북연(北燕)의 대신이었다는 풍소불(馮素弗, ?~415)의 묘에서 출토되었습니다. 그런데 '열 십'자로 교차된 금 테 뼈대 위로 나뭇가지가 6개 세워져 있고 그 중간중간에 스페이드(♠) 모양의 떨개가 달려 있지요. 그러나 신라의 금관들과 연대가 비슷함에도 불구하고 제작 기법은 유치한 수준입니다.

신라 금관과 이 관모 장식들의 가장 결정적인 차이점은 관 테[帶輪]의 유무에 있습니다. 관 테를 기본형으로 한 신라 금관과는 달리 중국 것들은 아예 관 테가 없지요. 장식은 장식일 뿐입니다. 왕관과는 개념 자체가 다르다는 뜻이지요. 그 구조나 제작 기법은 말할 것도 없고 심미관이나 세계관 역시 신라 금관과는 하늘과 땅 차이인 겁니다. 신라 금관이 자체적인 장인을 두고 혼신의 노력을 다해 만든 것이라면 두 관모 장식은 남이 만든 것을 곁눈질로 대충 따라서 만든 수준이라는 거지요. 이 점은 여러 말이 필요 없이 두 눈으로 직접 비교해 보면 누구나 알 수 있는 사실입니다.

중국에서 출토된 금제 관모 장식들. 북표시 방신(房身) 2호 고분(좌상), 포두시 서하자 교장(우상), 내몽고자치구 박물관(좌하), 북표시 풍소불묘(우하). 구조나 세계관에서 신라 금관과는 계보가 다르며 연대상으로 나중의 것들이지만 제작기술과 예술성에 있어서도 단순하고 조잡하여 신라의 화려한 황금 문화와는 비교가 되지 않는다.

이처럼 역대 역사 기록이나 고고 유물들을 살펴볼 때 고대 중국에서는 금관이 사용된 사례가 없었다고 단언할 수 있습니다. 그러니 수목형으로 만들어진 금관은 더더욱 찾기 어려울 수밖에 없지요.[177] 신라 금관이 중국의 영향을 받은 산물인 것처럼 기술한 하마다의 해석은 역사적으로든

177) 요시미즈, 제74쪽.

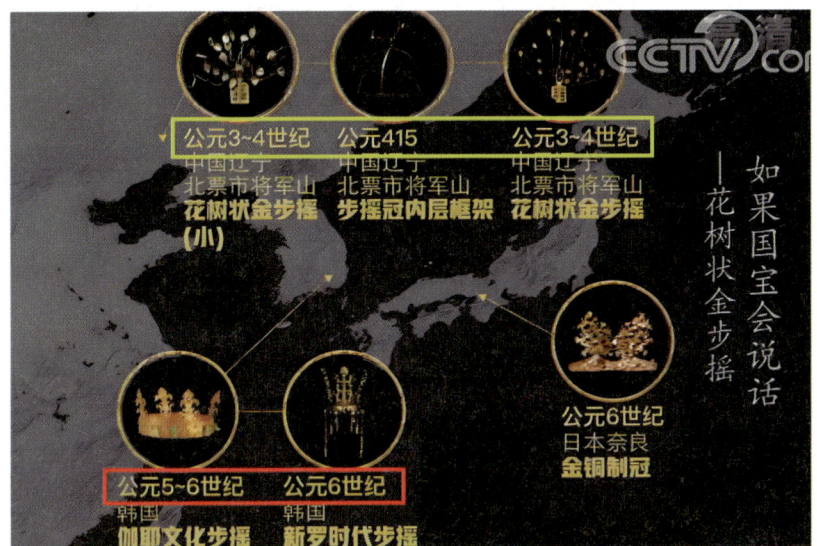

중국 CCTV에서 방송한 보요 관련 다큐의 한 장면. 신라 금관의 연대를 5세기로 쓰고 중국의 보요가 직접 한반도와 일본으로 전래된 것으로 왜곡해 놓았다. 그러나 그 구조·발상·세계관을 종합해 볼 때 전혀 근거 없는 주장이다. 이 사달을 낸 장본인은 바로 금관총 발굴보고서에서 황당한 중국영향설을 처음으로 제기한 하마다였다.

고고학적으로든 전혀 근거가 없다는 뜻입니다. 이 문제에 대해서는 요시미즈조차 "중국에서 수목관이 사용되었다는 하마다의 주장은 수긍하기 어렵다"고 잘라 말했겠습니까?[178] 기존의 역사 기록이나 고고 유물들을 근거로 할 때 신라 금관이 중국의 영향을 받았을 가능성은 거의 0%에 가깝다는 뜻입니다. 금관총 금관은 적어도 금관총이 조성되던 4~6세기 마립간 시기까지만 해도 "신라가 중국문화를 향유하지 않았던 나라였음을 분명하게 보여 주는 상징적인 출토품"[179]인 거지요.

---

178) 요시미즈, 제92쪽.
179) 요시미즈, 제74쪽.

제2절
관모

그렇다면 신라 국왕은 생시에는 머리에 무엇을 썼던 걸까요? 그 답은 고고 유물들에서 찾을 수 있습니다. 신라 고분들에서는 일반적으로 금관과는 별도로 머리에 쓰는 모자도 더러 출토되는데요. '관모(冠帽)'라고 부르는 것이 그것입니다.

1) 신라 관모의 양식과 소재

신라에서 관모는 제작 기법에 따라 다양한 양식을 보여 줍니다. 일단 관모 모양으로 자르고 중심부를 도드라지게 다듬은 금판(또는 기타 금속재) 2장을 좌·우가 대칭을 이루도록 맞댄 다음 맞닿은 부위를 다른 금편으로 U자로 덧씌워 모자 몸체를 만듭니다. 그 다음 단계에는 어떤 기법으로 표현하느냐에 따라 다양한 양식을 갖추게 되겠지요. 모자 몸체에 투조(透彫)나 타출(打出) 또는 그 두 기법을 동시에 표현한 장식판을 덧씌운 유형(황남대총 남분), 몸체를 이루는 금판(은판)에 투조로 각종 문양을 넣은 유형(금관총·천마총·경산 부부총) 등으로 말입니다.

다만, 후자의 경우 몸체에 투조 기법을 시도할 때 어떤 문양을 표현하느냐에 따라 세부 묘사가 달라지기도 합니다. 하트를 뒤집어 놓은 모양(금관총), 동그라미(천마총·창녕 교동), 그물(달성 55호·경산 임당 6A), 당초(의성 대리 M48-1호) 등이 그것들이지요. 여기에 점선 문양과 함께

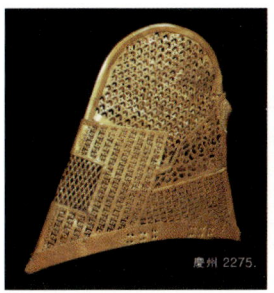  

신라계 고분들에서 출토된 관모들. 왼쪽부터 천마총(금)·황남대총(은)·의성 금성고분군(금동). 의성 유물은 특이하게 꼭대기에 장식을 꽂을 수 있는 꼭지가 달려 있다.

용봉 문양이 추가되어 있는 천마총 관모는 신라 황금 예술의 극치를 보여 줍니다.

현재까지 출토된 유물들을 근거로 할 때, 신라에서 관모를 만들 때에는 금·은·금동 같은 귀금속이 주로 사용된 것 같습니다. 금은 금관총·천마총, 은은 황남대총에서 각각 소재로 사용되었는데 가장 사례가 많은 경우는 금동 쪽입니다. 황남대총(남분)·경산 임당 6A·대구 달성 55호·의성 대리 48호(1곽)·양산 부부총(남편)이 그 예지요.

누구에게 금을 쓰고 누구에게 금동을 쓰느냐는 무덤에 묻히는 주인공의 사회적 지위나 신분에 따라 결정되었을 겁니다. 소재가 금인 경우는 금관총과 천마총에 한정되며 은·금동으로 된 것은 경주 이외의 지방에도 넓게 분포하는데요.[180] 마립간급 고분에서는 금으로, 왕족 등 일반 귀족이나 지방 제후들은 그보다 등급이 낮은 은·금동으로 관모를 만들었다는 증거가 아닐까 싶습니다. 소개가 무엇이냐는 착용자의 생시의 관등이나 골품과 깊은 관계가 있었다는 뜻이겠지요.

---

180) 〈신라의 장신구(이한상)〉,《신라고고학개론》, 제200~201쪽.

금관총에서 출토된 자작나무 껍질 관모 조각들. 오른쪽의 온전한 자작나무 껍질 관모는 식리총에서 출토된 것이다(e-뮤지엄 사진).

한 가지 특이한 점은 때로는 자작나무 껍질을 소재로 사용한 사례도 보인다는 사실인데요. 학계에서는 자작나무 껍질 관모를 그 모자 꼭지 모양을 기준으로 둥글게 타원형을 이룬 유형[圓頂形]과 네모로 각이 진 유형[方頂形]으로 구분하기도 합니다. 물론, 이 같은 구분이 절대적인 것은 아닌데요. 현재까지 출토된 신라계 관모는 예외 없이 모두 꼭지가 타원형으로 제작되었기 때문입니다. 관모를 모난 것으로 주장하는 근거는 금관총 등 신라 고분에서 함께 출토되는 자작나무 껍질 소재의 모자 파편들인데요. 그 조각들 중에는 꼭지 부분이 네모난 것들이 더러 수습되었습니다. 그러나 정황을 따져 볼 때 이런 관모는 조선시대에 갓이나 관 밑에 받쳐 썼던 탕건(宕巾) 같은 것이 아니었을까요? 집에서 되는 대로 편하게 쓰는 것이었을 가능성이 높다는 뜻입니다. 물론, 공식적인 자리나 예의를 갖출 때에는 제대로 된 정식 관모를 써야 했겠지요.

2) 금관총 출토 관모의 경우

신라시대의 귀금속 위세품들 중 관모는 금관에 비하여 출토 사례가 적은 편입니다. 이 점은 금관총의 경우도 마찬가지인데요. 금관총에서는

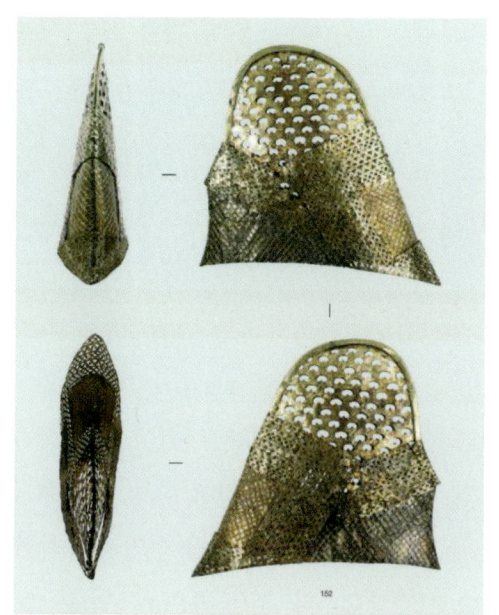

신라 금관총 관모 (제23집 《경주 금관총》(유물편) 사진)

황금으로 만들어진 관모가 1점 출토되었습니다. 금관이 관의 내부에서 수습된 것과는 달리, 이 관모는 그 바깥쪽에서 따로 발견되었는데요. 금관이 장례용품이라는 사실을 떠올리면 그 이유는 금방 알 수 있습니다. '이사지왕' 눌지 마립간의 시신을 입관할 때 그가 평소에 착용했던 관모는 벗기고 미리 준비되어 있던 금관을 머리에 새로 씌우거나 얼굴 쪽에 덮었을 겁니다. 정해진 무덤(금관총)까지 매고 와서 제자리에 잘 안치한 다음 원래의 관모를 관 옆에 함께 부장한 거지요.

그렇다면 금관총 관모는 어떻게 만들어졌을까요? 이 관모는 몸체가 전체적으로 먼저 투조(透彫) 기법이 적용되었는데요. 투조는 금속판에 문양을 표현할 때 여백이나 문양을 잘라 내어 색채 대비를 통하여 가시

《객사도》(좌) 속의 관모(중). 관모가 거의 비슷한 것은 고구려 관모(우)의 영향을 받았다는 증거이다.

성을 높이는 공예기법입니다.[181] 거기에 하트 모양(♥)을 뒤집어 놓은 것 같은 문양의 구멍들을 일정하게 간격을 두면서 규칙적으로 낸 금판 2장을 관모 모양으로 잘랐습니다. 두 금판은 마구리를 얇게 두드려 만든 얇은 금판으로 덧대었는데요. 그 상태로 말아 씌움[覆輪]으로써 두 금판이 서로 빠지지 않도록 고정시켰습니다. 황남대총에서 출토된 금팔찌에 사용된 덧대기와 비슷한 기법으로 제작된 셈이지요. 그런 다음 그 아래쪽에는 문양이 다른 금판들을 차례로 씌워 마무리했는데요. 우선, 그 아래쪽에 타출(打出) 기법으로 물고기 비늘 문양[魚鱗紋]을 도드라지게 표현한 금판과 투조 기법으로 '마름모 ⇒ ㅗ ⇒ ㅜ ⇒ ㅗ ⇒ ㅜ ⇒ 마름모 ⇒ ㅗ ⇒ ㅜ' 식으로 차례로 표현한 넓은 테 모양 금판을 덧댄 다음 구멍을 뚫고 금실로 고정했습니다.

3) 관모는 어떻게 썼는가

그렇다면 이 관모는 어떻게 착용했을까요? 챙이 달려 있지 않아서 어

---

181) 김종일 등 지음, 《한국금속문명사: 주먹도끼에서 금관까지》, 들녘, 제362쪽, 2019.

일본식 관모 에보시의 착용 사례. 머리에 살짝 얹어 쓰는 신라 관모처럼 아래쪽이 살짝 떠 있다.

느 쪽이 앞면인지 헷갈리는데요. 고구려 벽화나 이현 묘《객사도》속의 신라 사신의 관모를 보면, 관모 앞에는 장식판이 부착되어 있는 쪽이 앞면이었던 것으로 보입니다. 당시 신라의 지배층은 그 장식판에 화려한 장식을 꽂거나 붙여서 화려함과 권위를 한껏 과시했을 테지요.

사실 신라 관모는 머리 전체에 뒤집어쓰는 것이 아니었습니다. 그저 모자를 정수리에 살짝 얹는다는 느낌이 더 강하지요. 신라인들은 아마 관모 안으로 상투를 집어넣은 상태로 머리에 얹어 착용했을 겁니다. 이와 가장 유사한 경우가 일본의 에보시(烏帽子)인데요. 일본의 고대·중세에 무사들이 착용하던 이 일본식 관모는 머리에 단단히 밀착시키지 않고 몸체가 살짝 뜬 채로 쓰고 다녔습니다. 모르긴 몰라도 관모가 작은 상태에서 상투를 그 속으로 집어넣다 보니 관모가 살짝 들뜨게 된 거겠지요.

신라의 관모가 일본의 에보시와 다른 점이 있다면 무거운 금속재를 소재로 사용했다는 것인데요. 모자 크기가 작고 통이 좁은데 거기다가 소재가 금속재이다 보니 모자끈의 도움이 필수적이었을 겁니다. 머리에 얹

제2절 관모 343

혀 있는 관모를 머리에 단단히 고정시키자면 모자끈이 달려 있어야 하니까요.

현재 전해지는 관모 유물들은 아래쪽 테에 천이나 가죽 같은 완충재(cushion)가 달려 있지 않습니다. 물론, 그 상태 그대로 머리에 얹은 채로 끈을 묶어 착용했을 수도 있겠지요. 그러나 실제로는 관모 아래쪽과 머리 사이에 폭신폭신한 섬유 재질의 완충재를 끼웠을 가능성도 있습니다. 그 증거가 금령총 기마인물형 토기지요. 이 토기의 주인공인 귀족은 화려하게 꾸며진 관모를 쓰고 있는데요. 새 날개 장식을 끼운 관모 같습니다. 그런데 관모를 쓴 머리 쪽을 자세히 봐 주십시오. 관모가 바짝 밀착되지 않고 살짝 떠 있는 것을 확인할 수 있지요? 어쩌면 그 상태에서 정수리가 다치지 않도록 완충재를 끼워 넣은 다음 관모를 착용했을 수도 있다고 봅니다. 신라시대를 살아 보지도 않은 사람이 그걸 어떻게 아느냐고요?

이 신라의 관모는 그것 그대로 머리에 착용하지는 않았을 겁니다. 관모는 소재가 금속재이다 보니 무게가 가볍지 않습니다. 모자의 통상적인 소재인 천이나 가죽과는 달리 꽤나 무거운 편이지요. 따라서 관모 테두

기마인물형 토기(좌)와 머리 부분(우). 머리에 완전히 밀착되지 않고 살짝 떠 있다.

리에 덧대기로 테를 두른다고 해도 착용자가 움직일 때마다 머리가 어떻게 되겠습니까? 관모와 머리가 맞닿는 부위에서 흔들리는 관모에 쓸려서 자칫 머리가 까지거나 찢어질 수도 있겠지요. 관모 아래에 부드러운 비단이나 가죽 같은 완충재로 받친 다음 착용했다고 보아야 옳다는 뜻입니다.

4) 신라 관모에 난 구멍들의 정체

그러면 관모를 머리에 고정시키는 모자 끈은 어떻게 연결했을까요? 그 답안은 천마총 관모에서 찾을 수 있을 것 같군요. 금관총 관모에서는 잘 보이지 않습니다만. 그 관모는 테두리 쪽에 구멍이 두 군데로 구분되어 나 있거든요. 아마 모자 끈을 달기 위하여 뚫어 놓은 것으로 보입니다. 그 구멍은 한두 개가 아닌데요. 관모 좌·우로 테를 따라 위아래 4개씩의 구멍이 각각 3줄씩 두 군데에 나 있습니다. 한쪽에 24개, 좌·우 양쪽을 합치면 모자 구멍이 48개가 되는 거지요. 이렇게 구멍을 많이 뚫어 놓은 이유가 있을까요? 무게가 무거운 금속제 관모가 흔들리거나 삐뚤어지지 않도록 머리에 단단히 밀착시키기 위한 조치인 거지요. 그렇게 하려면 모자 끈을 넓고 튼튼하게 달아야 하고, 그렇게 달려면 그 끈을 달 구멍을 많이 내는 건 당연하겠지요.

그 같은 사실은 금령총에서 출토된 기마인물형 토기를 통해서도 확인할 수 있습니다. 금령총에서는 기마인물형 토기가 2점 출토되었는데요. 그중에서 귀족 토기 쪽을 주목해 주십시오. 콧대가 오뚝하게 선 이국적인 외모의 그 귀족은 화려한 장식으로 꾸며진 관모를 쓰고 있습니다. 그런데 그의 좌·우 양쪽 귀 부분을 보면 모자 끈이 굵게 표현되어 있는데요. 귀를 사이에 두고 그 앞과 뒤로 한 가닥씩 모두 네 가닥의 끈이 내려

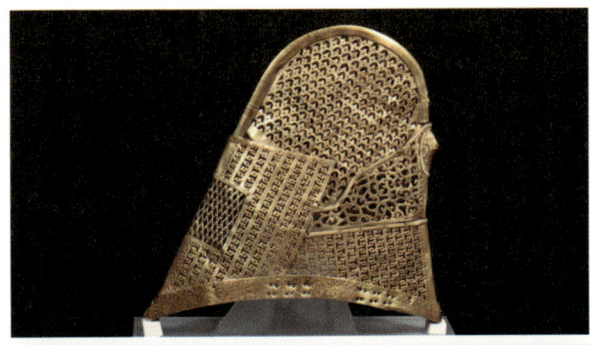

천마총 관모에 나 있는 구멍들. 모자 끈을 다는 줄을 끼우기 위해 낸 구멍들이다. 구멍 수가 많은 것은 그만큼 모자 끈을 크고 튼튼하게 만들었다는 증거다.

와서 턱 쪽에서 하나로 묶여 있습니다. 끈을 두 가닥이나 단 이유는 무엇일까요? 한 가닥으로는 무거운 금동관을 단단히 고정시킬 수가 없기 때문이겠지요. 그래서 귀 앞뒤로 두 가닥씩 좌·우 네 가닥을 단단히 묶어 관모를 머리에 단단히 고정시킨 겁니다.

또 다른 증거는 7세기의 당나라 벽화에서도 찾을 수 있습니다. '외국 사신들을 그린 그림'이라는 뜻의 이 《객사도(客使圖)》는 당나라 사람인 이현(李賢, 655~684)의 무덤 벽면에 그려져 있는 벽화입니다. 이현은 당나라 제3대 황제인 고종(高宗)의 아들로, 사후에 '장회태자(章懷太子)'로 일컬어진 인물인데요. 이 벽화의 오른쪽에는 당나라에 조공을 온 신라 사신의 모습이 그려져 있지요. 이 사신의 복장은 7세기 신라 귀족의 정장(正裝)이라고 보아도 무방할 것 같습니다. 어쨌든 이 벽화에서 신라 사신

《객사도》의 신라 사신 얼굴의 확대 사진. 가죽으로 보이는 소재를 두 가닥으로 나누어 끈으로 삼았다.

은 머리에 관모를 쓰고 있는데요. 앞쪽 장식판은 붉은색이지만 전형적인 금동 관모로 보입니다. 그림을 확대해 보면 왼쪽 모자 끈이 그려져 있는데요. 소재가 가죽인지 천인지는 알 수가 없습니다. 그런데 머리 위에는 한 가닥이었던 모자 끈이 귀 부위에서 두 가닥으로 갈라져 있지요? 좌·우 네 가닥의 모자 끈은 사신의 턱에서 한데 묶였을 겁니다.

  물론, 이때 사용하는 모자 끈은 착용자의 신분에 따라 소재가 달랐을 겁니다. 일반 관리는 일반적인 천을 사용했겠지요. 그러나 지체가 높은 귀족들은 아무래도 비싼 가죽이나 화려한 비단을 썼을 겁니다. 당나라에 파견된 사신들은 대부분 왕족인 김씨이거나 조정의 고위 관리였지요. 사실을 증명해 줄 사례는 기마인물형 토기와 《객사도》두 가지 정도밖에 없지만 마립간 시기의 신라 국왕들도 평소에는 이 사신과 비슷한 방식으로 관모를 착용하지 않았겠습니까?

5) 신라 관모의 기원

그렇다면 신라 관모는 어디에서 유래한 걸까요? 현재 전해지는 역사 기록이 많지 않아서 그 내력을 확실히 알 수는 없습니다. 그러나 고고 자료들을 참고하면 그 답안을 구하기가 한결 수월할 것 같군요. 벽화·유물 등의 고고 자료들만 보면 신라의 관모는 역시 고구려의 영향을 많이 받은 것 같습니다. 그 증거는 고구려 고분의 벽에 그려진 벽화들이지요.

《수렵도(狩獵圖)》라는 고구려 벽화. 다들 한 번씩 그 이름을 들어 보셨지요? 그 그림 속에서 말을 달리면서 짐승들을 향해 활을 쏘는 고구려 기마 무사들의 모습은 매우 인상적입니다. 우리나라 사람들이라면 누구

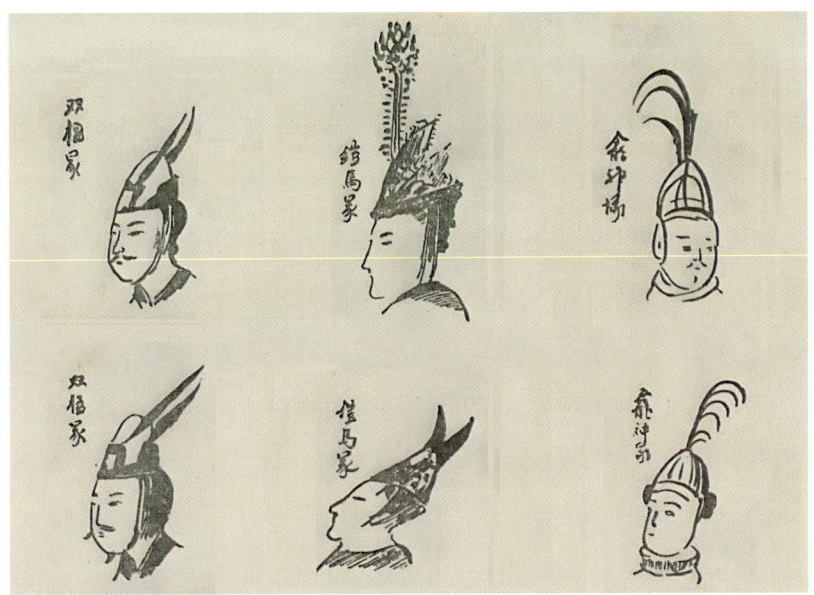

하마다가 《경주의 금관총》에서 소개한 고구려 고분 벽화 속 고구려 관모들. 왼쪽부터 쌍영총(상하), 개마총(상하), 감신총(상하). 감신총의 것은 관모가 아니라 투구로 보아야 옳다.

나 한 번씩은 본 적이 있는 그림이 아닙니까? 그 무사들이 쓰고 있는 모자를 자세히 보십시오. 당시에 '절풍(折風)'이라는 이름을 불렸다고 하는 모자입니다. 크기가 작고 머리 위에 얹어서 쓰는 점이나, 모자 앞면에 다양한 장식으로 꾸밀 수 있는 장식판이 달려 있는 점, 그 장식판 위나 좌·우로 새 깃을 꽂아 멋을 낸 점 등등, 이 고구려 관모는 모든 면에서 신라의 관모와 비슷한 점이 상당히 많은데요. 한 가지 다른 점이 있다면 소재 정도입니다. 고구려 벽화들을 자세히 따져 보면 관모의 소재는 천 또는 가죽이 대부분이었던 것 같군요. 반면에 신라의 관모는 금·은·금동 등 귀금속이 대부분입니다. 소재에서 편차가 상당히 큰 거지요.

우리가 지금 접할 수 있는 신라 관모 관련 자료들은 거의 전부가 고분에서 출토된 유물뿐이어서 그렇지 어쩌면 신라에서도 평소에는 천이나 가죽으로 만들어진 관모를 쓰고 다녔을 지도 모릅니다. 고구려의 '절풍'처럼 말이지요. 어쨌든 신라의 관모가 고구려의 '절풍'으로부터 영향을 받은 것은 분명해 보입니다.

충남 수춘리(좌)·경기 화성(중)·전남 인동(우) 등지에서도 금동 관모들이 출토되고 있는데 지역이나 양식을 볼 때 백제계 유물로 추정된다. 이 관모들은 고구려·신라의 것들과는 달리 관모 윗쪽에 술을 다는 꼭지가 달려 있는 것이 특징이다(국가유산청 사진).

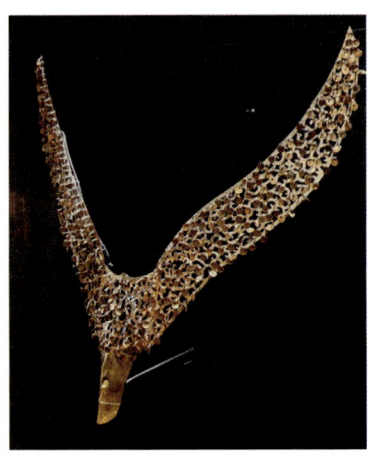

금관총 출토 새 날개 장식. 투조로 명암을 대비시
키고 떨개를 달아 화려함의 극치를 보여 준다.

6) 눈이 부실 정도로 화려한 새 날개 장식

금관총에서는 관모를 화려하게 꾸미는 장식도 1점 출토되었습니다. 신라계 고분에서만 발견되는 이 장식을 학계에서는 '관모를 꾸미는 장식'이라는 뜻에서 '관식(冠飾)'이라고 부르는데요. 몸체는 크게 장식 부분과 그것을 관모에 끼우는 착장(着裝) 부분으로 구성됩니다. 착장 부분은 그 모양이 얼핏 위에서 내려다본 새 부리를 닮았는데요. 전체적으로 문양을 넣지 않는 대신 중심부를 타출하여 도드라지게 처리했습니다. 앞면에 끼웠을 때 관모와 맞물려 잘 벗겨지지 않게 하려는 의도였겠지요?

장식 부분은 새 날개를 형상화했는데요. 새가 두 날개를 양쪽으로 활짝 펴고 날아오르는 모습을 연상시킵니다. 그 모습이 새 날개를 닮았다는 뜻에서 '조익형 관식(鳥翼形冠飾)'이라고 부르기도 하지요. 이 장식은 몸체에 투조 기법으로 규칙적으로 문양을 넣고 테두리는 점선조(點線彫) 기법으로 점선을 찍어 넣었는데요. 거기에 수십 닢이나 되는 떨개를 달

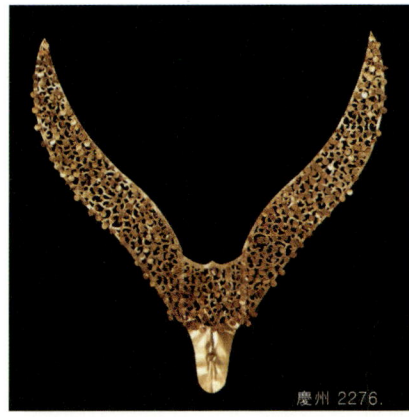 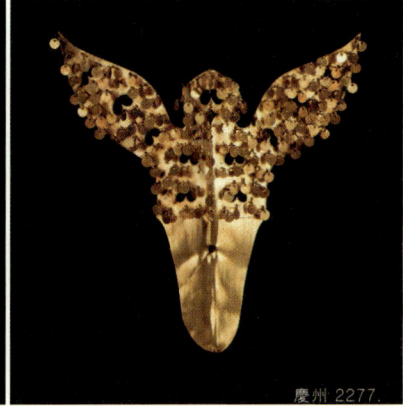

천마총에서 출토된 두 가지 새 날개 장식. 학자에 따라서는 작은 것(우)을 나비형으로 부르기도 하지만 나비가 아닌 작은 새를 형상화한 것이다(e-뮤지엄 사진).

아 화려함을 더했습니다. 아마 이 장식을 꽂고 있으면 태양 빛이 반사되는 떨개들이 반짝거리면서 사람들의 눈을 부시게 만들었을 테지요.

이런 유형의 관모 장식은 금관총과 천마총·황남대총·의성 탑리 Ⅱ곽·경산 임당 78호 등의 고분들에서도 출토되었는데요. 그중에서도 다른 고분들의 것들이 아무 문양이나 투조 없이 모양만 낸 것과는 달리, 금관총과 천마총의 것은 떨개와 투조로 표현된 문양이 서로 어우러져서 화려함과 아름다움의 극치를 보여 줍니다.

천마총에서는 이와 함께 다른 관모 장식도 수습되었는데요. 학자에 따라서는 날개 크기가 상대적으로 작고 그 모양이 나비를 닮았다고 해서 따로 '나비형'으로 구분하기도 합니다.[182] 그러나 크기가 절반밖에 되지 않고, 날개도 왜소하지만 그것 역시 새가 두 날개를 펴고 나는 모습을 떠올리게 하지요. 작은 새를 나비로 오해한 셈입니다.

---

[182] 이난영, 같은 책, 제155쪽. 이쪽에서는 조익형 장식과 나비형 장식에 대한 설명이 반대로 되어 있다.

환두대도 고리 장식 등, 신라 고분들에서 출토된 다른 위세품들에서도 새의 이미지를 본뜬 것이 많은데요. 그것들을 통하여 4~6세기 신라의 지배 집단(김씨 왕가?)이 종교적으로 새 토테미즘의 영향을 강하게 받고 있었음을 짐작할 수 있습니다. 신라인들은 활개를 활짝 펴고 날아오르는 새가 하늘의 사자(messenger)로, 생시에는 자신들을 지켜 주고 사후에는 하늘의 신에게 자신들을 이끌어 준다고 믿었던 걸까요? 실제로 고대 사회에서 새는 하늘(천신)과 인간(국왕)을 연결시켜 주는 전령으로 여겨진 경우가 많았습니다. 고대 이집트에서 매는 하늘의 신 호루스(Horus)의 상징으로 숭배되었고, 메소포타미아에서는 비둘기가 신의 사자로 여겨졌으며, 그리스에서는 독수리가 제우스 신의 화신으로 간주되었지요. 이렇듯 세계적으로 다양한 민족과 지역에서 새는 단순한 동물이 아니라 하늘(천신)로부터 신성한 의미를 부여받아 중요한 역할을 수행하는 존재로 숭배되는 것이 보편적이었습니다.

신라에서 관모와 새 날개 장식은 함께 사용되었을까요? 고분에서 출토된 유물들을 살펴보면 양자가 조합을 이룬 경우도 있지만 단독으로 출토된 경우도 있었습니다. 당시의 예법상 이 양자를 항상 짝을 지어 착용해야 하는 것은 아니었다는 뜻이지요. 그러나 원래는 새 날개 장식을 관모 앞면에 끼워 착용하는 것이 일반적이었던 것 같군요.[183)]

물론, 이것은 어디까지나 왕족이나 제후 등의 귀족들에게만 해당되는 말일 겁니다. 상대적으로 신분이 낮은 사람들은 자작나무 껍질이나 천 같은 소재의 관모에 단순히 새 깃만 꽂고 다녔을 가능성이 높습니다. 이 사실은 《객사도》에 묘사된 신라 사신의 관모를 보아도 알 수가 있지요.

---

183) 이한상, 같은 책, 제200~201쪽.

오시리스 신(앉은이)의 사자 호루스(화살표)와 신으로 형상화된 호루스(좌).
고대 문명에서 새는 신의 화신이나 사자로 여겨졌다(위키백과 사진).

그 벽화에서 관모 앞면을 장식하고 있는 것은 위풍이 당당하고 화려한 새 날개 장식이 아니라 어디서나 구할 수 있는 평범한 새 깃이거든요. 그렇게 꽂았던 새 깃은, 금속제 관모 장식과는 달리, 그로부터 1,500여 년이 지나서 발굴할 때에는 이미 썩어 사라지고 없었던 거지요. 그래서 지금은 관모 장식 없이 관모만 부장했던 것 같은 착시(錯視) 현상을 일으킨 겁니다.

아마 신라의 마립간들은 평소에는 간편하게 관모만 쓰고 다니다가 나라에 중요한 행사가 거행될 때에는 관모에 새 날개 장식을 끼워서 화려함과 장엄함을 더 부각시켰을 겁니다. 순도(純度)가 높은 금·은으로 만들어진 관모와 새 날개 장식, 그리고 그 위에 달린 채 햇빛을 받을 때마다 현란하게 반짝이는 떨개들. 굳이 금관까지 들먹일 것 없이 관모 그 자체만으로도 신라 황금 예술의 진수를 보여 주는 셈입니다.

제3절

환두대도

　환두대도는 칼자루 끝에 둥근 고리 장식이 달린 외날 칼을 말합니다. 삼국시대 지배층의 정치적 권력을 상징하는 대표적인 위세품이지요. 이 칼은 보통 뒷매기(pommel)·자루(hilt)·코등이(guard)·칼몸(blade)의 네 부분으로 구성되는데요. 뒷매기는 '환두'라는 이름에서 볼 수 있듯이 둥근 고리 모양으로 만들어지는 것이 보통이었습니다. 고리 장식은 일반적으로 금 또는 금동·은·동·철 등을 소재로 해서 만들어졌지요.

　국내의 경우, 길이가 60cm 이상의 대도는 2~3세기부터 등장하는데요. 이것이 중요한 전쟁 무기로 자리잡는 것은 대체로 3세기 후반부터라고 합니다.[184] 그리고 5세기가 되면 칼집(scabbard)과 자루를 다양한 장식으로 꾸민 화려한 환두대도가 등장하기 시작하지요. 그 유물은 주로 국내의 고구려·백제·가야·신라 지역에서 출토되지만 바다 건너 일본열도에서도 더러 확인되고 있습니다.

1) 금관총에서 출토된 환두대도들

　금관총에서는 모두 열 자루 남짓의 환두대도가 수습되었는데요. 일부만 남은 부속이나 파편까지 따지면 그 수량이 20자루 이상으로 늘어납니

---

184) 〈환두대도(김낙중)〉, 《한국고고학전문사전》(고분유물편), 제938쪽.

다. 일본인들이 작성한 최초의 보고서에 따르면, 1921년에 수습된 대도의 유형과 수량은 다음과 같습니다.

(1) 도검
    ① 환두대도 (파편 포함) – 3자루
    ② 환두목도 (파편 포함) – 5자루
    ③ 대도 파편 – 여러 자루 분량
    ④ 소도 파편 – 여러 자루 분량
    ⑤ 환두 자루 및 장식구 – 14개 분량
    ⑥ 규두(圭頭) 대도 자루 – 2개

환두대도 세 자루의 경우, 발굴 당시에 수습된 위치가 서로 달랐다고 합니다. 예를 들어, 곽의 동편의 초두(鐎斗) 남쪽에서 온전한 환두대도가, 관 동편 옆쪽에서는 미니어처 칼이 붙어 있는 금동제 환두대도가, 관의 서편 옆쪽에서는 은제 환두대도가 각각 수습되었다는군요. 이 칼들은 주조(鑄造)와 단조(鍛造) 기법으로 만든 칼몸과 도금(鍍金) 처리된 고리 장식을 하나로 조립하는 방식으로 제작되었다고 합니다. 이 중에서 가장 상태가 좋은 것이 금동으로 만들어진 길이 84.8cm 정도의 환두대도인데요. 칼집에는 그보다 비율이 작은 새끼칼[子刀]이 부착되어 있습니다.

칼몸이 나무로 된 것들도 수습되었는데요. 고리 장식이나 칼자루는 앞의 환두대도와 같은데 칼몸만 나무로 되어 있다고 합니다. 칼몸이 나무라면 금관총의 주인공 '이사지왕', 즉 눌지 마립간이 생전에 검술을 연마할 때에 사용한 연습용 목도였을 가능성이 높겠지요.

여기서 우리가 주목해야 할 대목이 하나 있습니다. 금관총에서 수습된

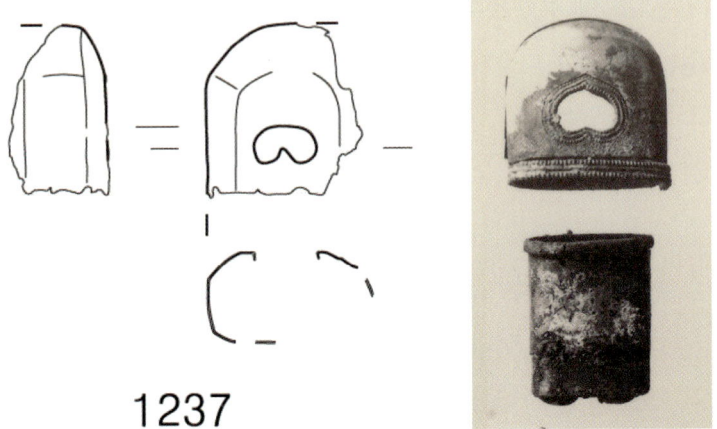

금관총 환두대도의 은제 칼자루 장식(좌). 하트를 뒤집어 놓은 것 같은 이 문양은 공주시의 백제시대 고분 송산리 4호분의 은판 장식(우)과 동일한 것이다(국립경주박물관·공주시 '무령왕릉과 왕릉원' 사진).

환두대도 칼자루 파편들 중에서 은 소재의 장식이 하나 발견되었는데요. 그것에는 은판을 뚫고 하트를 뒤집어 놓은 것 같은 문양이 들어가 있다고 합니다. 그런데 이와 비슷한 칼자루 장식이 충남 공주의 송산리 4호 고분에서도 출토되었는데요.[185] 이 고분은 이 밖에도 신라계 귀걸이가 출토되기도 했습니다. 금관총의 주인공 '이사지왕'은 생시에 백제와 동맹을 맺은 눌지 마립간이었지요. 그 점을 전제로 삼을 때 금관총과 송산리 4호분의 이 칼자루 장식은 눌지 마립간과 비유왕(毗有王, 427~455 재위) 당시 또는 그 이후에 두 나라 사이에서 이루어진 활발한 문화 교류의 생생한 증거물인 셈입니다.

금관총 환두대도에서 가장 눈길을 끄는 부분은 아무래도 칼자루 끝에 화려하게 꾸며져 있는 고리 장식일 겁니다. 고리 안에는 아무 장식도 없

---

185) 23집,《경주 금관총》(유물편), 제187쪽.

는 유형[素環頭]도 있었지만 많은 경우에는 몇 가지 장식으로 꾸며지곤 했지요. 금관총에서 수습된 환두대도들만 해도 앞서의 세 자루는 칼자루 끝에 C자형 고리를 동-서-북 세 방향으로 맞물리도록 만들어 놓았는 데요. 그 모양을 자세하게 살펴보면 무엇을 닮은 것 같습니까? 이파리가 세 닢 달린 풀 같지 않습니까? 서양식 카드놀이를 할 때 자주 보았던 클로버[♣] 모양 같기도 하군요. 아닌 게 아니라 금관총 유물들을 직접 분석하고 조사 보고서를 작성한 일본 학자들 눈에도 그렇게 보였던가 봅니다. 그래서 하마다는 금관총 환두대도의 칼자루 고리 장식이 클로버 잎처럼 이파리가 세 닢이라고 해서 '삼엽형(三葉形)'이라는 이름을 붙였지요. 금동으로 만들고 새끼칼이 붙어 있는 클로버 잎 모양 고리 장식이 달린 큰 칼이라는 뜻의 '금동 작 소도 부 삼엽형 환두대도(金銅作小刀附三葉形環頭大刀)'라는 이름은 이렇게 해서 탄생한 겁니다.

물론, 하마다는 상당히 치밀한 학자였습니다. 클로버 잎 같다는 자신의 해석에 누가 토를 달지도 모른다는 생각까지 했거든요. 그래서 그 밑에 고리 3개가 연결되어 있다는 뜻에서 '삼계환(三繫環)'형, 고리 3개가 서로 포개져 있다고 해서 '삼루환(三累環)'형이라는 이름까지 추가로 달아 놓았습니다. 학자들마다 취향에 따라 그중에서 알아서 부르라는 뜻이었겠지요. 국내에서는 이 유형의 대도를 '삼환두(三環頭) 대도'(또는 '삼루형 대도')로 부르고 있습니다.

그동안 고고학적으로 확인된 바에 따르면, 이 같은 삼엽형 또는 삼루환형(삼계환형) 고리 장식의 환두대도는 금관총을 시작으로 금령총·식리총·천마총·황남대총(남북분) 등의 고분에서도 차례로 출토되었다고 합니다. 주로 신라지역을 중심으로 확인되고 있는데요.[186] 그중에서도

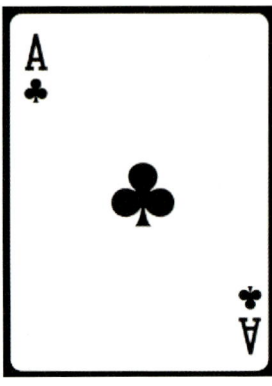

금관총 환두대도들의 고리 장식. 클로버 잎을 닮았다고 해서 이런 문양을 '삼엽문'이라고 부른다. 때로는 고리를 3개 겹쳐 놓은 것 같다고 해서 '삼루환문'으로 부르기도 한다.

특히 금관총이 자리잡고 있는 노서동·노동동 고분군을 중심으로 출토된 셈입니다. 말하자면 '신라의 최상급 고분'으로 평가되는 고분들인 거지요. 이 장식이 달린 대도가 그동안 왕릉급 고분들에서 줄줄이 출토되었다는 것은 무엇을 의미하겠습니까? 어쩌면 그 고분들이 비슷한 시기에 차례로 조성되었으며, 그 칼을 만든 제작 주체 역시 동일한 집단이었다는 뜻은 아닐까요?

물론, 금관총 환두대도들 중에는 다른 장식이 달린 것들도 확인되었습니다. 그 칼들 중에서 칼몸은 삭아 없어지고 금동으로 만들어진 칼자루의 고리 장식 부분만 남은 것들이 몇 점 되는데요. 그중 일부의 칼자루 끝에는 앞의 삼엽형과는 다른 장식이 달려 있었습니다. 《경주 금관총》(유물편)에 일련 번호 1236·1262·1263·1264로 소개된 것이 그것들인데요.**187)** 방금 위에서 보았던 고리 장식인 '삼엽형' 또는 '삼루환형'과는 확

---

186) 〈부장리 고분군 유물(이훈)〉, 《한국고고학 전문사전》, 제415쪽.

키르기즈 사냥꾼의 장갑 위에서 날개를 펴고 있는 수리. 금관총에서 출토된 대도의 또 다른 고리 장식(상)은 하늘을 나는 새를 닮았을까 풀잎(하)을 닮았을까(Kah-Wai Lin 사진)

실히 모양이 다른 것을 확인할 수 있습니다. 이 유형의 경우, 위쪽은 둥글고 아래쪽은 네모난 고리 안에 장식이 꾸며져 있는데요. 가운데의 줄기를 중심으로 좌·우로 잎이 긴 풀 모양을 한 이 장식은 신라지역 환두대도에서 전형(典型)을 이룹니다.[188] 학자들의 연구에 따르면 고리 안의 이 장식은 금관총을 위시하여 황남대총(남북분) 등 경주지역의 적석목곽분 등 중앙과 지방의 중요한 거점지역에서 출토되고 있습니다.[189] 물론, 신라와 지리적으로 가까운 가야지역의 고분들에서도 같은 장식의 대도들이 확인된다고 하는군요.

하마다는 이 장식에 따로 이름을 붙이지 않았습니다. 온전한 상태의 근사한 칼에만 관심이 쏠려 있었던 걸까요? 정작 조각난 칼에는 그다지 흥미가 없었던 걸까요?

---

187) 《경주 금관총》(유물편), 제187~193쪽.
188) 〈환두대도(김낙중)〉, 같은 책, 제939쪽.
189) 〈환두대도(김낙중)〉, 제939쪽.

2) 고리 안의 장식은 이파리인가 새인가

　국내의 논문·저서·보고서들을 두루 확인해 보니 현재 국내에서는 이 고리 장식을 '삼엽형'이라는 이름으로 부르고 있는 것 같습니다. '가운데 잎에 비해 좌·우 잎이 긴 삼엽 장식'을 갖춘 것이 전형적인 풀잎 모양이라는 거지요.[190] 아닌 게 아니라 겉모양만 보면 이파리 같기도 합니다. 새마을기에 그려진 새싹 모양과 비슷하게 생겼으니까요. 그러나 그 '삼엽형'이라는 이름은 아무래도 문제가 있는 것 같습니다. 그 이미지는 사실 풀과는 전혀 다른 것이니까요. 실제로 금관총 보고서를 직접 작성한 하마다조차 이 장식을 '삼엽형'으로 부른 일이 없습니다. 그는 '삼엽형=삼루환형'으로 보았으니까요. 같은 장식에 대한 다른 이름이던 삼엽형(또는 삼루환)을 지금은 서로 다른 장식을 일컫는 이름으로 사용하고 있는 셈이지요. 그것이 언제 어떤 계기로 그렇게 되었는지 모르지만 말입니다.

　어차피 지금까지 제대로 붙여진 이름이 없었으니 이제라도 제대로 된 이름을 붙여 주어야 할 것 같습니다. 이 고리 장식을 보면 가장 먼저 어떤 이미지가 뇌리에 떠오릅니까? 혹시 새가 연상되지 않습니까?

　상당히 단순하게 형상화하기는 했습니다만 아무리 보아도 새가 맞는 것 같군요. 앞서 관모 장식에서 본 것처럼 날개를 활짝 펴고 하늘로 날아오르는 새 말입니다. 그러니 굳이 이 장식으로 꾸며진 칼에 이름을 새로 붙인다면 '비조(飛鳥)'형 환두대도 정도가 좋지 않을까요?

　그렇다면 이 '비조'형 환두대도의 고리 안에 꾸며진 것은 어떤 새였을까요? 대도를 제작한 장인이 고리 안에 집어넣기 위해 도안을 단순화시

---

190) 〈환두대도(김낙중)〉, 제939쪽.

금관총에서 출토된 환두대도의 비조형 고리 장식들. 활개를 활짝 편 매를 닮았다. 가운데 것은 장식이 떨어져 나갔으나 정황상 역시 같은 모양으로 추정된다.

컸기 때문에 그 새가 어떤 종류인지는 알 수가 없습니다. 그러나 그 장식이 들어간 물건이 물건이다 보니 아무래도 거기에는 주술적인 의미를 부여했을 테지요. 아마 당시의 신라인들 입장에서는 용맹을 상징하는 새를 형상화했을 가능성이 있습니다. 독수리 같은 사나운 새 말이지요. 거기서 더 나아가 영생(永生)의 의미를 부여했을 수도 있습니다. 봉황 말입니다. 그 칼을 든 사람은 죽지 않는다는 의미를 강조하기 위해서요.

 실제로 지금까지 출토된 환두대도들 중에는 고리 안에 봉황새 대가리가 장식된 것이 많습니다. 칼 머리에 장식된 새가 봉황이라는 사실은 다른 지역에서 출토되는 환두대도들을 봐도 충분히 짐작할 수 있지요. 합천(陜川)에서 출토된 환두대도가 봉황의 대가리만 형상화했다면 금관총 등 신라계 환두대도들은 봉황의 대가리에서 꼬리까지 모두 형상화한 것이라고 이해하면 될 것 같습니다. 현재까지 고고조사가 완료된 신라계 고분들의 상황에 따르면, 용봉형 환두대도는 천마총·식리총·호우총과

금관총의 것과 같은 고리 장식이 달린 대도들. 신라 도읍이었던 경주지역은 물론이고 가야 도읍이었던 김해(파란 표시), 심지어 백제 도읍 공주(빨간 표시)에서도 출토되었다. 과연 신라·가야·백제는 비조형 고리 장식과 어떤 함수관계를 가지고 있었을까?

창녕 교동 11호 등 단 4곳에서 제한적으로 출토되었는데요. 학계에서는 이를 가야나 백제의 영향으로 보기도 합니다.[191] 그러나 그 칼을 소유했던 주인공이 누구인가가 밝혀지기 전까지는 '국적'을 쉽게 단정하기 어려울 것 같군요.

학계에서는 환두대도의 고리 장식을 서열화하는 경향이 있습니다. '삼엽(삼루환) ⇒ 비조 ⇒ 봉 ⇒ 용' 식으로 말이지요. 어떤 장식의 칼을 지니는가가 소유자의 신분에 따라 엄격하게 구분되어 있었을 거라고 본 셈

---

[191] 〈신라 무기(김길식)〉,《한국고고학전문사전》(고분유물편), 제552쪽.

오스트리아 합스부르크 왕가의 초기(좌)와 전성기(우)의 문장. 독수리는 역사적으로 동서양을 막론하고 용맹과 혜안의 상징으로 널리 사용되었다. 고리 장식 역시 환두대도 소유자의 가문을 상징하는 표지였을 가능성이 높다.

입니다. 물론, 이 같은 해석은 용과 봉황이 고대부터 신성한 전설상의 동물로, 신성불가침의 왕권을 상징하는 아이콘으로 널리 사용된 데에서 착안(着眼)한 거겠지요. 그러나 그 장식들은 어쩌면 소유자의 신분이나 위계와는 무관한 것이었을지도 모릅니다. 중세 서양의 문장(紋章, heraldry)이나 전국시대 일본의 카몬(家紋)처럼, 특정한 가문이나 집단을 대표하는 아이콘이었을 가능성이 있다는 거지요. 고리 장식이 그 칼의 소유자가 왕이냐 제후냐 장수냐를 서열화하기보다는 '당사자가 어느 가문 출신이냐'를 나타내는 표지(mark)였을 가능성이 높다는 뜻입니다. 서양의 경우만 해도 독수리나 매를 전쟁에서의 용맹과 혜안(慧眼, 지혜)의 상징으로 삼은 가문이 많았지요.

한 가지 흥미로운 점은 요녕성 북표시(北票市)의 라마동(喇嘛洞) IM5호 고분에서도 금관총에서 출토된 것과 동일한 삼루형 환두대도가 출토되었다는 사실입니다. 또, 길림성 집안시(集安市)의 봉토석실 고분(封土

石室古墳)인 마선구(麻線溝) 1호 고분에서는 1964년에 비조형 환두대도가 출토된 것으로 보고되기도 했지요.192) 두 쪽 모두 고리 장식이 신라 지역의 것들과 일치하는 셈입니다. 연대와 계통을 분석하는 작업이 선행되어야 하겠지만, 환두대도를 사용하는 특정한 집단이 고구려에서 가야·신라지역으로 이동한 것을 고고학적으로 뒷받침해 주는 증거물로 볼 수도 있을 것 같습니다. 과연 그 집단은 고구려군이었을까요? 아니면 4~6세기에 마립간 체제를 수립한 김씨 집단이었을까요?

〈표 – 신라 권역에서의 고리장식별 환두대도 출토 양상〉

환두대도의 유형		
삼엽(삼루환)	비조	용봉
금관총	황남대총 남북분	천마총
황남대총 남북분	황남동 100호 4곽	식리총
황남리 파괴분	천마총	호우총
황남동 145-1호	금령총	
황남동 3호 2곽	노동리 4호	
황모리 4호	황오리 16호 1곽	
황모동 33호	황오리 4호	
인왕동 149호	황오리 14호	
인왕동 A-1호	계림로 14호	
인왕동 C-1호	인왕동 149호	
황상동 40호	덕천리 4호	
보문리 부부총	안계리 2호	
덕천리 1호	화곡리 33호	
안계리 43호		

---

192) 강현숙,《고구려 고고학》, 중앙문화재연구원, 제327쪽, 진인진, 2022. 이 책에 따르면 중국 길림성 집안시 일원에서는 환두대도가 6점 정도 출토되었다는 보고가 있다. 출토 지점이나 여러 정황을 따져 볼 때 고구려의 것으로 추정되지만 같은 집안 지역의 기타 고분에서는 1점도 발견되지 않은 점, 제작 기법이 다른 비-환두대도가 훨씬 많은 점, 왕릉급 고분들에서는 대부분 무기로 보기 어려운 작은 칼만 확인되는 점 등은 주의할 필요가 있어 보인다.

대구, 포항 울산, 양산, 부산	경산, 대구, 왜관, 성주 의성, 안동, 포항, 창녕 울산, 울진, 부산, 창원	창녕, 합천
송산리 4호분(공주)*		

3) '이사지왕' 명문은 누가 새겼을까

 2013년 7월 4일 국립중앙박물관에서는 '조선총독부 박물관 자료공개 사업'의 일환으로 보존과학부에서 82년 전에 수습된 금관총 환두대도들을 보존처리하고 있었습니다. 모두 다 삼엽(삼루환)형 고리 장식이 달린 환두대도였지요. 그런데 그중 한 자루의 칼집 끝을 보호하는 금동제 씌우개(chape)에서 '이사지왕(尒斯智王)', 칼집 입의 금동제 씌우개(locket)에서 '십(十)'이라는 글자가 각각 새겨져 있는 것이 확인되었지 뭡니까! 그 소식을 접한 국립경주박물관에서도 서둘러 소장되어 있던 다른 한 자루를 확인했지요. 그 결과, '이(尒)'·'팔(八)'·'십(十)'이라는 글자들이 발견되었습니다. 2년 뒤인 2015년에는 '이사지왕도(尒斯智王刀)' 명문이 추가로 발견되었지요. 1,500년 넘게 베일에 가려져 있던 금관총 주인공이 누구인지 밝혀낼 수 있는 중요한 단서가 발견된 역사적인 순간이었습니다!

 중앙박물관 쪽 환두대도의 '이사지왕'의 경우, 씌우개 부분을 확대해서 보면 누군가가 금·금동판에 날카로운 칼 같은 도구로 죽죽 긋듯이 새긴 글자들임을 눈치챌 수 있습니다. 글자들이 줄도 맞추지 않고 되는 대로 삐뚤빼뚤 새겨져 있는 거지요. 일부 획은 심지어 몇 번이나 반복해서 그어져 있습니다. 솜씨가 서툴거나 힘을 제대로 안배하지 못했다는 뜻이겠지요. '귀금속 세공으로 밥벌이를 하는 장인이 이런 식으로 대충 만들어도 무사했을까' 싶을 정도로 무성의해 보입니다. 다른 환두대도도 마

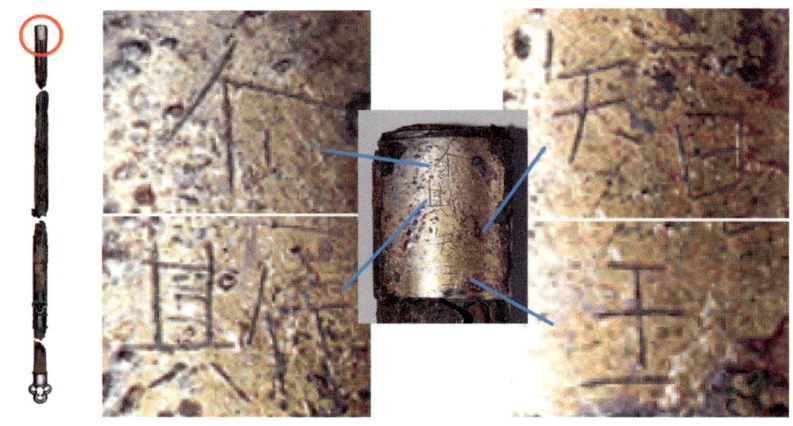

국립중앙박물관에서 발견한 금관총 환두대도 칼집 끝 씌우개의 이사지왕 명문(국립중앙박물관 사진)

찬가지입니다. '이사지' 세 글자에 비하여 '왕'자는 아주 작고 '도(刀)'자 역시 획이 가지런하지 않다고 하는군요. 서체를 구상하고 공간을 고려하면서 충분한 사전 연습 끝에 새긴 것이 아니라 즉흥적으로 되는 대로 글자를 새겼다는 뜻입니다. 귀금속을 다루는 장인들은 장신구를 제작할 때 반드시 "밑그림을 그린 다음 하나하나 정성을 다해 제작"[193]하는 것이 보통입니다. 그 주인이 일국의 국왕인 경우에는 더더욱 그렇겠지요. 한 자의 착오도, 한 치의 오차도 없도록 각별한 신경을 써야 합니다. 자칫 목이 달아날 수 있으니까요. 그런데 '이사지왕'이나 '이사지왕도' 명문의 경우는 정반대입니다. 전문적인 귀금속 장인들이 장인정신을 발휘하여 한 획 한 획 공을 들여 새겨 넣은 글자들이 아닌 거지요.

'尒斯智王' 네 글자는 당초에 도금 처리를 한 뒤에 새겨졌던 것으로 보입니다. 글자를 새기고 나서 도금 처리를 하는 통상적인 신라의 금속공

---

193) 이한상, 〈격조 높은 왕의 칼에 새겨진 비뚤비뚤한 글씨〉, 국가유산청, 2019.9.3.

그 뒤를 이어 국립경주박물관에서 발견한 또다른 금관총 환두대도 칼집 끝 씌우개의 '이사지왕도' 명문 (국립경주박물관 사진)

예품들과는 정반대의 공정을 거친 셈입니다. 도금 제품의 경우 글자를 새기다가 도금층이 손상되기라도 하면 금이 벗겨지는 것은 물론이고 자칫 그 속에 녹까지 생길 수도 있습니다. 수명이 오래 가지 못하는 거지요. 그래서 칼에 꼭 글자를 넣어야 할 경우에는 반드시 글자를 먼저 새기고 나서 도금 처리를 하게 되어 있습니다. 그런데 '이사지왕' 명문이 새겨진 칼은 제작 과정이 정반대였던 거지요. '이사지왕'이나 '이사지왕도' 등의 명문은 칼을 만드는 장인이 직접 새겨 넣은 것이 아니라 칼이 완성된 뒤에 제3자가 새겨 넣은 것이라는 뜻입니다.[194] 그래서 이한상은 그 글자의 주인공과 관련하여 이렇게 추정했습니다.

"이사지왕이 칼 완성 이후 자신의 이름 등 글자를 칼집에 새기라고 지시하였을 수 있다. 만약 그럴 필요가 있었다면 당연히 왕실 공방의 장인을 불러 일을 시켰을 것이다. 발굴된 칼에서 그와 같은 사례는 발견된 바 없

---

194) 이한상, 같은 글.

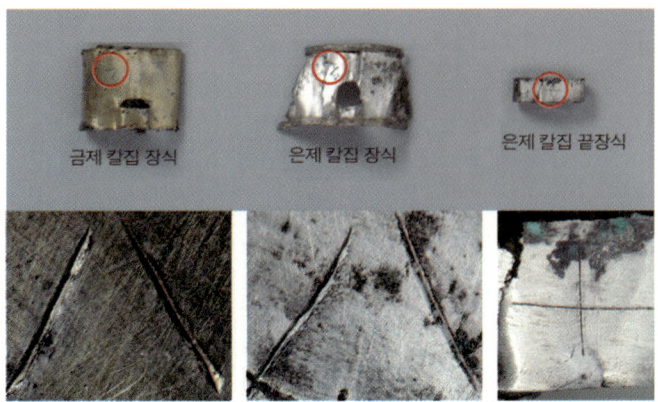

함께 발견된 또다른 명문들. 대표적인 것으로 금제 칼집 끝 씌우개의 '八'(좌) 및 은제 끝 씌우개 장식의 '八'(중)과 칼집 입 씌우개의 '十'(우) 등이 있다(국립중앙박물관 사진).

다. 따라서 현재로서는 누가, 왜 칼에 글자를 새겼는지 알 길이 없다. 급하게 새긴 것처럼 보인다는 점에 착안하여 매장의례를 거행하는 과정에서 특별히 새겨 껴묻었을 가능성을 상정할 수 있으나 근거를 제시하기 어렵다."

그러나 장인이 남의 칼에 그런 간 큰 짓을 할 수는 없습니다. 게다가 전후 맥락을 따져 볼 때, 그 명문이 굳이 환두대도에 들어가야 할 이유도 없습니다. 이 사실은 지금까지 국내나 중국, 일본에서 출토된 환두대도들의 경우에도 마찬가지입니다. 금관총의 '이사지왕' 명문의 대도 말고는 글자가 칼에 새겨져 있는 사례는 단 한 건도 없으니까요. 그렇다면 그런 짓을 할 수 있는 것은 한 사람뿐입니다. 바로 그 칼의 주인인 거지요. 칼에 '이사지왕'이라는 글씨를 새긴 것은 '이사지왕', 즉 눌지 마립간이었다는 뜻입니다.

아마 젊은 나이에 치기(稚氣)가 넘치던 눌지 마립간은 왕실에 봉사하

황제 즉위 원년의 건륭제(좌)와 그의 대표적인 도서인 '고희천자'(상)·'건륭어람지보'(하). 중국의 국보급 그림·서책들 치고 이 도장들이 찍히지 않은 것이 없을 정도이다. 건륭은 자신이 소장한 희귀한 서책·그림마다 도서인을 찍어 자신의 권력을 과시하였다.

는 장인이 새로 만들어 바친 대도를 넘겨받자마자 칼집에 부착되어 있는 새끼칼을 뽑아 칼집 장식 여기저기에 소유권 표시를 했을 겁니다. 사실 이런 식의 소유권 표시는 흔히 볼 수 있는 일이거든요. 여간해서는 살 수 없는 값진 물건에 자신만 알 수 있는 암호를 새긴다든지 좀처럼 구하기 힘든 희귀한 책에 자신의 도장을 찍는다든지 하는 행위들이 그런 경우인데요. 이 같은 소유권 표시는 그 물건이 자신의 소유물임을 남들에게 알리거나 그 소유물에 대한 소유자의 자부심이나 애착심을 과시하려는 심리가 투영된 결과입니다. 아마 독자 여러분들 중에도 비슷한 경험이나 추억을 가진 분들이 없지는 않으실 걸요?

월나라 왕 구천의 것으로 전해지는 청동검(호북성 박물관). 이 같은 구조의 양날 검은 한대까지 계승되었다.

금관총 환두대도의 명문들 역시 일종의 소유권 표시 행위라고 봅니다. 젊은 시절에 '이사지왕'(눌지 마립간)이 자신의 물건임을 과시할 생각으로 그 환두대도에 자신의 왕호와 함께 자신만 알 수 있는 암호들을 직접 새겨 넣었을 거라는 뜻이지요. '팔'이나 '십' 같은 숫자들도 마찬가지입니다. 물론, 그것들이 같은 날에 제작된 환두대도들의 수량을 나타내는 일련번호일 가능성도 없지는 않지요. 그러나 어떤 의미에서는 소유자인 눌지 마립간이 은밀하게 정한 암호일 수도 있다고 봅니다.

4) 검이 지배한 고대 중국

그렇다면 환두대도는 어디서 유래한 것일까요? 학계에서는 한나라에서 자생적으로 만들어졌다고 보는 것 같습니다. "한대에 동검이 동도로 바뀌게 되고 이것이 다시 철도로 변하게 되면서 나타난다"는 주장이 통설인 것 같군요. 물론, 청동검이 청동도를 거쳐 철도로 발전해 간 것은 사실로 보입니다. 그러나 그보다 중요한 것은 '양날의 검이 어째서 갑자

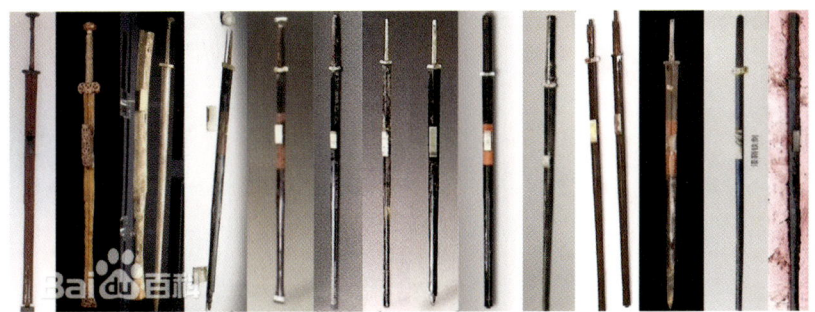

한대 고분에서 출토된 한대 검들. 칼몸이 전국시대 청동검보다 많이 길어졌지만 환두가 보이지 않는 등 기본 구조는 바뀌지 않았다(중국 검색 사이트 바이뚜 백과 사진).

기 외날 도로 바뀌었는가'에 있습니다.

상고시대로부터 한나라 건국 초기까지 원래 중국에서 병기로 사용된 칼은 외날 칼, 즉 도가 아니라 양날 칼, 즉 검이었습니다. 중국에서 출토된 춘추전국시대의 칼들을 한번 보십시오. 백이면 백 모두 양쪽으로 날이 서 있는 양날 칼입니다. 고대에 중국에서는 외날 칼은 존재하지 않는다는 뜻이지요. 중국의 양날 칼 중에서 최고 걸작으로 평가되는 것이 '와신상담(臥薪嘗膽)'의 주인공인 월나라 구천(勾踐, ?~BC464)의 청동검입니다. 구천의 양날 검은 직선으로 쭉 뻗은 칼몸과 일체형의 칼자루, 그리고 구멍 없이 끝이 둥글게 만들어진 머리 장식의 세 부분으로 이루어져 있습니다. 전형적인 중국식 검의 외형을 잘 보여 주지요. 이 같은 칼의 구조와 외형은 진시황의 진나라를 거쳐 유방의 한나라에까지 계승됩니다. 당연한 일이지요. 왕조는 바뀌었지만 문화적·역사적 정체성은 단절되지 않았으니까요.

그랬던 것이 한대에 이르러 갑자기 칼의 구조에서 돌연변이(突然變異)가 일어납니다. 중국의 대표 검색 사이트인 바이뚜에서는 한대의 칼과 관련하여 이렇게 설명했습니다.

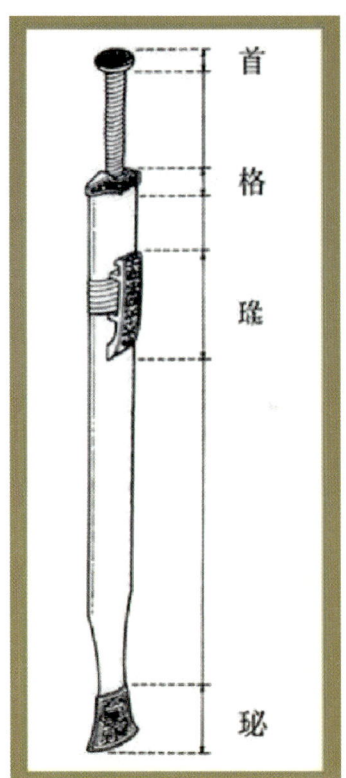 

한대의 청동검(좌)과 한대 화상석에 그려진 철검(우). 칼이 길어지기는 했지만 두 쪽 다 칼 머리가 못 대가리처럼 만들어져 있다. 전통적인 중국 검은 칼 머리장식이 고리(환두)가 아니라는 뜻이다.

"한대의 검은 직선이다. … 역사 기록에 따르면, 한대 검은 당시 주로 보병에게 주어지는 전장의 실제 사용 병기로 사용되었으며, 방패와 함께 사용되었다. … 그러다가 서한(전한) 중기에 한대 환수도(환두대도)가 차츰 한대 검을 대체하면서 전장의 주류가 되었다."

중국에서 '도'는 원래 칼과는 다른 의미로 사용되었습니다. 《시경(詩經)》〈위풍·하광(衛風·河廣)〉의 "曾不容刀" 등을 보면 춘추시대에 '도'는

'거룻배 도(舠)'와 같은 글자였는데요. '쪽배'를 가리키는 글자였다는 뜻입니다. 그러다가 전국시대에 이르면 '명도전(明刀錢)'에서 볼 수 있듯이 북방의 연나라를 중심으로 화폐로 사용되지요. 한대가 되어서야 우리가 연상하는 외날의 '칼'이라는 의미로 사용되기 시작했습니다. 그것도 무기로서의 칼(sword)이 아니라 생활도구로서의 칼(knife)로 말이지요. 그러던 것이 전한대 후기부터 환두대도가 갑자기 그 자리를 대체하기 시작한 겁니다. 이 점은 중국에서 연대가 가장 오래된 환두대도 유물이 후한대 것이라는 사실을 통해서도 뒷받침됩니다.

그러면 무엇이 이런 '검 ⇒ 도'로의 돌연변이를 일으킨 걸까요? 21세기의 우리들로서는 '양날 검이 외날 도로 바뀐 것이 뭐 그리 대단한 일인가' 싶을 겁니다. 그러나 이 변화는 불교 신자가 신앙을 기독교로 바꾸는 것이나 천동설(天動說)을 신봉하던 과학자가 우주관을 하루아침에 지동설(地動說)로 바꾸는 것과 같은 대사건이었지요. 단순히 도구가 바뀌는 데서 끝나는 것이 아니라 전통·문화·역사를 바꾸는 큰일이었기 때문입니다. 그런 엄청난 대사건이 한대 중·후기에 갑자기 벌어진 겁니다.

그 엄청난 돌연변이는 주변 민족과의 접촉·교류의 결과물입니다. 한나라는 건국 초기부터 흉노·조선·남월(南越) 등 주변 민족들과 접촉·교류·전쟁을 계속해 왔지요. 특히 흉노의 경우는 군사적인 우위를 무기로 한나라를 압박했습니다. 환두대도는 그런 교류와 전쟁의 과정에서 한나라에 전해졌고, 내부에서의 논쟁과 시행착오들을 거쳐서 서서히 중국식 검의 자리를 대체해 갔을 겁니다.

5) 환두대도는 어디에서 전래되었나

한 무제 시기를 전후하여 환두대도가 흉노로부터 한나라로 전해졌을

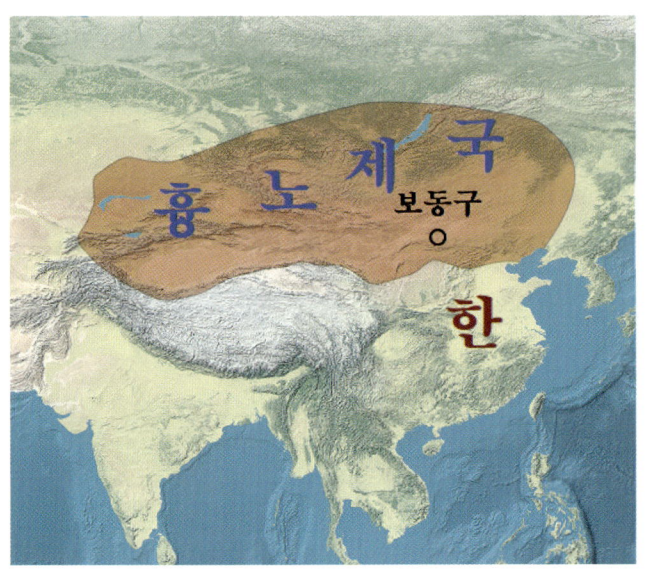

흉노 환두 철검이 출토된 보동구 진·한대 흉노 고분군(내몽고 오르도스). '환두'라는 디자인이 어디에서 유래했는지 짐작할 수 있다. 중국에서는 춘추전국은 물론 한대 초기만 해도 환두가 존재하지 않았다.

가능성을 뒷받침해 주는 문헌 기록은 쉽게 찾기 어렵습니다. 그러나 그 가능성을 뒷받침해 주는 고고학적 단서들은 많이 찾아볼 수 있지요. 흉노 고분들의 경우, 연대상으로 춘추전국시대나 진·한대에 해당하는 것들에서 공통적으로 장방형의 동물 문양 요대 장식·대롱 모양 장식·방울·고리·환두 동도·철도 등이 출토되었답니다. 부장품의 종류나 특징에서 양자 사이에 별 차이가 없는 거지요.[195] 시간이 춘추전국에서 진·한대로, 소재가 청동에서 철로 바뀌었을 뿐이지 환두대도를 사용하는 흉노의 정체성은 변하지 않았던 겁니다. '도'를 처음으로 전쟁 무기로 사용한 것은 흉노였다는 뜻이지요. 게다가 중국에서는 한대 초기까지만 해도 칼

---

195) 오은(烏恩), 〈흉노고고연구과정에서의 몇 가지 문제[論匈奴考古研究中的幾個問題]〉, 《고고학보》, 제425쪽, 1990.

머리를 고리 모양으로 꾸민다는 개념조차 없었던 것 같습니다. 고리 모양으로 꾸민다는 발상은 외부와의 교류 과정에서 중국으로 수입되었다는 뜻이지요. 그런 점에서 흉노지역인 내몽고자치구 오르도스의 진·한대 유적인 보동구(補洞溝) 고분군에서 고리 장식의 철검이 출토된 일[196]은 여러 모로 시사하는 바가 큽니다.

환두대도가 중국의 발명품이 아니라는 증거는 중국의 부장품들에서도 확인할 수가 있습니다. 중국의 섬서성 서안시(西安市)는 한나라와 당나라 두 왕조의 도읍이었습니다. 한대의 고분만 해도 최근까지 수백 개소나 발견되었지요. 그중에서 고고조사가 이루어진 것이 274개소나 됩니다. 그 고분들에서는 다수의 유물들과 함께 각종 병기들이 수습되었는데요. 칼 종류의 경우, 2개소에서 청동검이, 21개소에서 청동도가, 119개소에서 철검이, 80개소에서 철도가 각각 확인되었답니다. 그러나 둥근 고리 장식의 환두대도는 얼마나 될까요? 놀랍게도 겨우 4개소 5점에 불과했습니다.[197]

⟨표 – 서안지역 한대 고분의 도검 출토 상황⟩

도검 유형	동검	동도	철검	철도	환두대도
출토 수량	2	21	119	80	5
비고	총 274개소에서 총 227건 (일률 1건 처리) 총 274개소의 고분들 중 227개소에서 도검류가 출토되었으며 그 중에서 환두대도는 5개소에서만 수습되었다.				

---

196) 선월영(單月英), 〈흉노묘장연구(匈奴墓葬硏究)〉,《고고학보》, 2009.제1기, 제46쪽.
197) 송용(宋蓉) 저,《한대 군국 분치의 고고학적 관찰-관동지구의 한대 묘장들을 중심으로(漢代郡國分治的考古學觀察-以關東地區漢代墓葬爲中心)》, 상해고적출판사, 2016. 부록의 고분 유물 내역을 저자가 정리하고 통계를 내었다.

해혼후 묘에서 출토된 한대 검(우)과 장식들(좌). 칼자루 끝 장식이 얼핏 고리처럼 꾸며져 있으나 사실은 칼자루와 칼집 장식의 양식은 물론이고 소재도 금이 아닌 옥이어서 환두대도와 큰 차이를 보인다. 한 무제 이후로도 중국에서는 환두대도가 보급되지 않았다는 뜻이다.

표를 보면 도검이 발견된 총 227개소의 고분들 중에서 환두대도는 겨우 5곳에서만 출토된 것을 확인할 수 있습니다. 전체 도검들 중에서 출토 비율이 겨우 2.2% 정도에 불과한 거지요. 이 정도면 한나라에서 환두대도의 보급은 아주 미미한 수준인 셈입니다.

환두대도의 출토 양상을 살펴보면 그 수량은 중국보다는 오히려 우리나라 쪽이 훨씬 많습니다. 신라 쪽만 보아도 그렇지요. 고분 하나만 파도 환두대도가 몇 자루나 쏟아져 나오는 일이 예사입니다. 금관총만 해도 검술 연마용 목도까지 합치면 10자루가 넘지 않습니까? 황남대총에서는 무려 20자루나 수습되었다고 하지요. 국내 학자의 연구에 따르면, 한·중·일 3국에서 2007년까지 확인된 바에 따르면, 환두대도가 출토된 사례는 한반도에서 출토된 것이 300점 가량이고 일본열도에서는 100점 정도

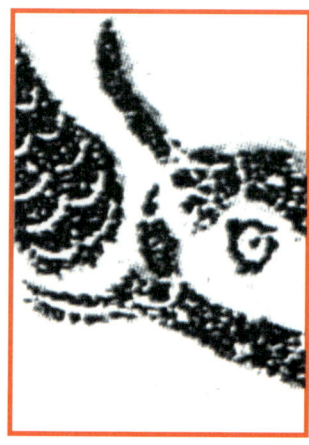

소를 거세하는 흉노족이 그려진 한대 화상석(畵像石). 길이는 짧지만 자루 끝이 고리로 되어 있다. 여기서 길이가 더 길어진 것이 환두대도이다(《중국 화상석전집》).

라고 합니다. 반면에 중국은 10점도 되지 않는다는군요.[198] 중국을 제치고 한반도가 '세계 최대의 환두대도 출토국'으로 우뚝 서 있는 셈입니다. 그러니 굳이 긴 말을 할 필요도 없겠지요?[199]

중국에서는 한대 이후로 난세가 이어지면서 크고 작은 전쟁들이 도처에서 잇따라 벌어졌습니다. 그것도 수백 년 동안 말이지요. 그러니 상식적으로 생각한다면 출토되는 환두대도는 신라보다 최소한 100배는 더 많아야 정상입니다. 그런데 출토 비율이 겨우 2.2%밖에 되지 않는 거지요. 이런 기현상은 무엇을 의미하겠습니까? 이한상 같은 학자는 환두대도를 많이 부장하는 것이 "신라를 필두로 하는 한반도와 일본의 독특한 부장 풍습의 산물"이라고 해석했습니다. 중국 쪽에 환두대도가 거의 출

---

198) 김태식, 〈그림으로 남은 중국의 환두대도〉, 《연합뉴스》, 2007.6.5.
199) 김태식, 같은 기사.

토되지 않는 것이 "무기류가 아니라, 일상생활 용기를 집중적으로 부장한 결과"라는 거지요.[200] 그러나 위의 표에서도 보았듯이, 중국에서도 무덤에 무기를 부장한 사례들이 많습니다. 물론, 이때의 칼은 '도'가 아닌 '검'인 경우가 압도적이지만 말이지요. 따라서 중국에서 환두대도 유물이 드문 이유는 부장 풍습의 특이성이 아닌 그 사용 주체의 성격에서 찾아야 옳다고 봅니다. 그 주된 사용자들이 토박이인 한족이 아니라 흉노 등의 이민족들이었다고 보는 것이 합리적이라는 뜻이지요.

---

[200] 김태식, 같은 기사.

제4절
귀걸이

  귀걸이(earings)는 귓불에 끼우는 고리라고 해서 '귀고리', 귀에 거는 장식이라고 해서 '귀걸이'로 불리기도 합니다. 보통은 그것을 착용하는 사람을 화려하고 아름답게 꾸며 주는 역할을 하기 때문에 여성의 장신구라는 인식이 강하지요. 그러나 고대에서는 사정이 좀 달랐습니다. 당시 사람들에게 귀걸이는 부와 권력을 과시하는 일종의 위세품이었거든요. 한 집단의 통치자나 세력가들이 귀걸이를 착용하는 경우가 많았다는 뜻입니다. 지금과는 상황이 정반대였던 거지요.

귀걸이를 한 페르시아 황제 다리우스 1세. 귀걸이는 장신구이기에 앞서 부와 권력을 가시적으로 보여 주는 전형적인 위세품이었다.

1) 남녀 모두에게서 유행한 귀걸이

'신체발부, 수지부모(身體髮膚, 受之父母)'[201]의 원칙을 고수한 중국과는 달리, 고대의 우리 민족은 귀걸이 착용에 대한 심리적 강박(強迫)이 없었던 것 같습니다. 귀를 뚫든 지지고 볶든 심리적으로 큰 거부감이 없었던 거지요. 그렇다 보니 남녀를 막론하고 귀걸이를 즐겨 착용했는데요. 그 사실을 시각적으로 확인할 수 있는 자료가 《왕회도(王會圖)》입니다.

이 그림은 당나라의 유명한 궁중 화가였던 염립본(閻立本, 601~673)이 그린 건데요. 4세기 당시 중국 주변에 존재한 다양한 민족과 나라들에서 파견된 23명의 사신이 그려져 있습니다. 그들은 모두가 약속이라도 한 것처럼 귀에 고리를 끼고 있는데요. 정작 그들을 영접하는 연회의 주재자인 중국(양나라)의 황제와 시종들은 아무도 귀걸이를 착용하지 않았습니다. 당시까지만 해도 중국에서는 남성이 귀걸이를 착용하지 않았음을 우회적으로 확인할 수 있는 거지요.

그림 속에서 고구려 사신은 제법 큰 고리를 귀에 착용하고 있습니다. 반면에 백제 사신은 드리개가 길게 드리워진 귀걸이를 착용하고 있군요. 실제로 공주시에서 발굴된 무녕왕릉(武寧王陵)에서는 왕과 왕비의 자리에서 모두 금 귀걸이가 수습된 바 있습니다. 관련 사료가 부족한 현실에서 이 유물들은 고구려와 백제에서 남녀 모두 귀걸이를 즐겨 착용했다는 사실을 잘 보여 주는 셈이지요.

---

201) 《효경(孝經)》〈개종명의(開宗明義)〉에 나오는 말. 원문은 다음과 같다. "몸의 머리카락과 살은 부모에게서 받은 것이니 함부로 건드리거나 다치게 해서는 안 된다. 그것이 효도의 시작이다.(身體髮膚, 受之父母, 不敢毁傷. 孝之始也)"

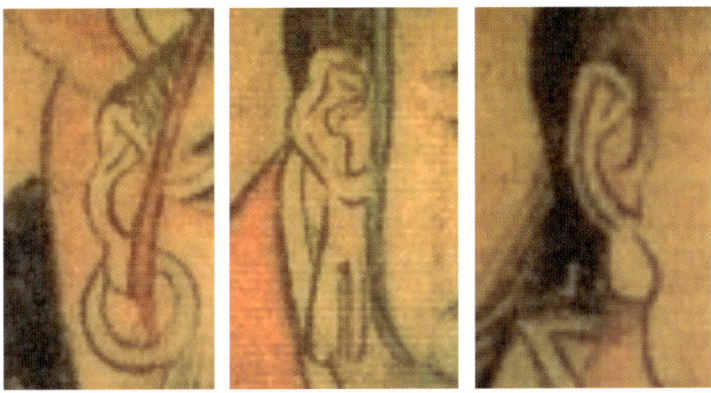

《왕회도》 속의 삼국 사신들. 삼국에서는 모두 귀걸이 문화가 있었던 것으로 보인다. 고구려(좌)·백제(중)·신라(우). 신라 사신의 경우 귓불처럼 보이지만 귀걸이일 가능성도 배제할 수 없다.

2) 신라의 귀걸이 문화

귀걸이로 멋을 내는 데에는 신라 쪽도 만만치 않았습니다. 신라에서도 귀걸이 착용이 널리 유행했거든요.[202] 실제로 신라 고분을 발굴하면 어김없이 귀걸이들이 쏟아져 나옵니다. 그 귀걸이들은 언제나 왕관·환두대도 같은 위세품들과 함께 발견되는데요. 고분의 주인공들이 대부분 남성이라는 뜻이 아니겠습니까?

고분의 주인공들은 언제나 귀걸이를 한 벌씩 착용한 상태로 발견됩니다. 때로는 그걸로도 부족해서 그 주인공의 곁이나 발치에서 여러 벌이 한꺼번에 확인되기도 하지요. 그래서 신라는 삼국 중에서 귀걸이가 출토된 사례가 가장 많이 보고되고 있습니다. 그만큼 귀걸이를 즐겨 사용한 나라였던 거지요.

---

202) 홍승희, 〈4~6세기 신라 고분 출토 유물에 나타난 북방요소〉, 《숙명여대 석사논문》, 제13쪽, 1999.

《경주 금관총과 그 남겨진 보물들》(1924)에 소개된 형형색색의 신라 귀걸이들

신라 귀걸이의 구성. 크게 귓고리 부분 – 연결고리 – 걸고리 – 중간 부분 – 드리개 부분의 5개 요소로 구성된다.

신라의 귀걸이는 양식에서도 다양한 양상을 보입니다. 경주지역의 경우만 해도 그렇지요. 고리만 있는 귀걸이[素環耳飾]로부터 가는 고리 귀걸이[細環耳飾]와 굵은 고리 귀걸이[太環耳飾]까지, 구조와 형태가 정교하고 화려한 귀걸이들이 두루 출토되고 있습니다.203) 고분의 크기와는 상관없이 말이지요.

신라의 귀걸이는 일반적으로 세 요소로 구성되는데요. ① 귓불에 끼우는 귓고리[主環] 부분, ② 귀걸이 맨 아래에 추처럼 드리우는 드리개 부분[垂下式], 그리고 그 두 부분을 서로 연결시켜 주는 중간 부분[中間飾]이 그것입니다. 각 부분마다 주조·타출·누금·상감 등, 다양한 세공 기법이 어우러지면서 점차 복잡하고 정교해지는 양상을 보입니다.

귀걸이가 이처럼 여러 요소, 다양한 양식으로 구성되었다는 사실을 통하여 신라인들이 귀걸이를 착용할 때 귓불에 구멍을 뚫었을 것임을 짐작할 수 있습니다. 구멍을 뚫지 않으면 그 크고 무거운 귀걸이를 어떻게 감당할 수가 있겠습니까?

---

203) 홍승희, 같은 논문, 제13~14쪽.

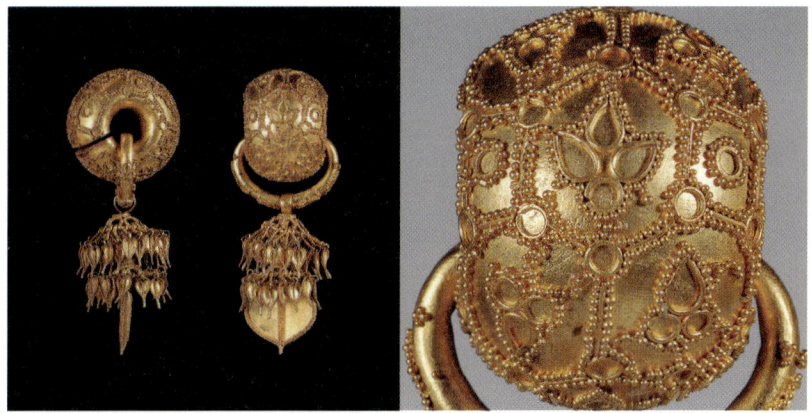

경주 보문동 부부총에서 출토된 굵은 고리 귀걸이. 다른 고분의 귀걸이들은 굵은 고리가 문양 없이 소박하게 표현되는 것이 보통이다. 반면에 이 귀걸이의 굵은 고리는 누금 기법을 활용하여 금 알갱이들로 다양한 문양을 표현하여 최고의 예술미를 보여 준다(국가유산청 사진).

그러면 이제 귀걸이를 귀에 거는 고리 부분부터 먼저 살펴보도록 하지요.

신라 귀걸이는 귓불에 끼우는 귓고리[主環]가 굵으냐 가느냐에 따라서 굵은 고리[太環]와 가는 고리[細環]로 구분되는데요. 학자들 중에는 이 귓고리의 굵기를 근거로 고분 주인공의 성별을 판별하기도 합니다. '고리가 굵으면 여성, 고리가 가늘면 남성' 하는 식으로 말이지요.

신라 귀걸이는 귀에 닿는 고리 아래로 또 다른 작은 고리를 다는 경우가 많은데요. 바로 중간 부분[中間飾]입니다. 원래는 그 밑으로 화려하고 아름다운 장식을 걸기 위해 부착한 건데요. 이 부분은 신라 귀걸이에서 가장 화려하고 다양한 양식을 보여 주는 부분입니다. 가장 단순한 것은 금으로 만든 동그라미 여러 개를 투조처럼 엮어 공 모양으로 만든 유형입니다(탑리 고분 Ⅱ곽·황남대총 남분). 때로는 동그라미 주위로 금실과 금 알갱이를 촘촘하게 붙이는 누금(鏤金) 기법으로 품격을 높이기도 하지요. 그러나 가장 정교하고 화려한 경우는 따로 있었습니다. 금실로 만든 작은 고리들을 연결해 만든 해파리 머리 같은 중간 장식에 정교하게 타출과 누금으로 가공한 떨개를 촘촘히 달거나(보문리 부부총) 떨개 중간 중간에 상감과 누금으로 유리나 옥을 박아 넣는 경우(계성 Ⅱ-1호)지요. 신라 귀걸이의 연결 부분은 현존하는 유물들 중에서는 중국·일본 등 동아시아에서는 물론이고 세계적으로도 그 유례(類例)를 찾아 볼 수 없을 정도입니다. 세공 기법이나 정교함·화려함에서 황금 예술의 극치를 보여 준다는 뜻이지요.

신라 귀걸이는 6세기 전반으로 가면 이 중간 부분이 더욱 정교하고 화려하게 강조되는 경향을 보이는데요. '귀걸이 장식의 모든 요소를 최대한 화려하게 꾸미기 위해 고안된' 것으로 보입니다. 흥미로운 점은 이 같은 표현 방식은 황금 문화가 널리 유행했던 고대 그리스-로마지역의 유물들에서도 볼 수 있다는 사실이지요.[204]

신라 귀걸이는 금관총 말고도 경주 월성로 가-13호분·황오봉 14호분·황남대총(남북분)·서봉총·금령총·천마총·황남리 157호분·황오동 52호분·노서동 215번지 고분·노서동 138호분·보문동 부부총·북정리 부부총 등에서도 줄줄이 출토되었는데요. 그때마다 어김없이 여러 벌씩 쏟아져 나왔습니다. 신라에서는 고분의 주인공이 착용한 것을 제외하고도 여러 벌을 함께 부장하는 것이 관례였음을 알 수 있는 셈이지요.

2) 금관총에서 출토된 금 귀걸이들

신라 귀걸이가 최초로, 가장 많이 출토된 고분은 1921년의 금관총이

---

204) 〈신라의 장신구(이한상)〉,《신라고고학개론》(하), 제202쪽.

었습니다. 금관총에서는 귀걸이가 좌·우 한 짝씩 2벌과 별도의 1짝 등 모두 5점이 출토되었는데요. 그로부터 94년 뒤인 2015년에 재발굴 과정에서 세 가지 유형의 귀걸이가 새로 발견되었습니다.205) 모두 합치면 귀걸이가 무덤 하나에서 4벌 2짝으로 모두 10점이나 나온 셈입니다.206)

금관총 귀걸이들은 디자인은 둘째 치고, 세공 기술 역시 대단히 수준이 높은 걸작들입니다. 그 점에 관해서는 하마다도 "오미의 미즈오 고분이나 경남 양산·경북 선산 고분" 등 금관총에 앞서 발굴된 고분들의 유물보다도 우수하다고 극찬할 정도였지요. 하마다는 특히 금관총 귀걸이의 드리개 장식에 주목하면서 그 예술성에서 "극단적으로 복잡하고 화려한" 모습을 보여 주고 있다며 찬사를 아끼지 않았습니다.207)

금관총의 귀걸이들은 그 구성 방식에 따라 몇 가지 유형으로 나뉩니다.

(1) 굵은 고리 귀걸이[太鐶耳飾]

금관총에서 굵은 고리 귀걸이는 2벌과 1짝으로 모두 5점이 수습되었는데요. 연결 부분과 드리개 부분의 유형에 따라 다시 세 가지 유형으로 구분됩니다.

유형 ① – 귓고리 부분[–연결고리*]–걸고리–중간 부분–드리개 부분

이 귀걸이는 금관 바로 아래에서 좌·우 2점이 출토되었습니다. 수습된 위치가 대체로 귀 부위인 것을 보면 '이사지왕' 눌지 마립간이 그것을

---

205) 23집 《경주 금관총》(유물편), 제58~60쪽, 경주국립박물관, 2016.
206) 테마전(제16쪽)에는 4벌 및 1짝 등 총 5종이 출토된 것으로 소개되어 있다.
207) 하마다, 제39쪽(국역판 제83쪽).

'이사지왕'이 안장될 때에 착용했던 것으로 추정되는 유형① 귀걸이. 1921년 유물 조사 당시에 금관 아래 귀 자리에서 좌·우 두 점이 수습되었다. 사진에서 보다시피 현재는 양쪽 모두 연결고리가 사라진 상태이다(나무위키 사진).

착용한 상태로 안장된 것으로 보입니다. 이 유형은 중간 부분의 톱니 모양 원통이 강조되어 있는데요. 하트 모양 드리개와 연결되는 부분은 공 모양의 윗 부분만 덮개처럼 씌우면서 아래쪽 떨개들은 생략된 것이 특징입니다. 드리개 부분의 경우, 하트 모양에 금실을 꿰는 구멍이 적습니다. 유형②보다 떨개가 적게 달린 셈이지요. 이 유형에는 좌·우로 각각 하나씩 별도의 귀걸이가 추가로 달렸는데요. 추가된 귀걸이는 중간 부분은 큰 차이가 없지만 하트 모양 드리개에는 금실을 꿰는 구멍도 떨개도 보이지 않습니다.

이상한 것은 이 귀걸이의 경우 귓고리(굵은 고리)와 중간 부분을 연결하는 연결고리가 보이지 않는다는 사실인데요. 1924년에 조선총독부에서 발간한 《경주 금관총과 그 남겨진 보물》의 도판(도판 제10)에는 문제의 연결고리가 달려 있는 것을 분명하게 확인할 수 있습니다. 현재는 그 행방이 불명(不明)인 것을 보면 그 뒤에 누군가에 의하여 외부로 반출되었다는 뜻이겠지요. 연구 목적(?)을 빙자한 일종의 '전리품(戰利品)'으로

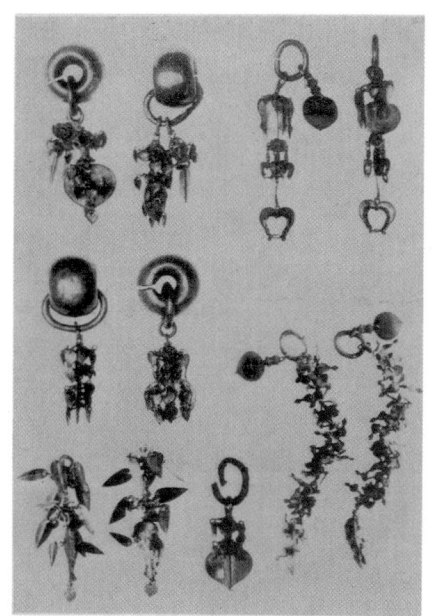

금관총에서 출토된 귀걸이들. 다양한 유형의 귀걸이들이 출토되었다(《금관총과 그 남겨진 보물들》 사진).

말입니다.

유형 ② – 귓고리 부분 – 연결고리 – 걸고리 – 중간 부분 – 드리개 부분

    드리개 부분은 큰 하트 모양의 추에 테두리를 두르고 하트에 낸 구멍에 금실을 꿰어 작은 하트 모양 떨개를 여러 잎 달았습니다. 중간 부분은 톱니 문양이 여러 줄 잇따라 가공된 원통을 축으로 도드라지게 표현된 작은 동그라미를 위·아래로 6개씩 12개 만든 다음 위·아래에서 공처럼 붙였는데요. 그 주위로는 금실을 꼬아 작은 하트 모양의 떨개들을 달고 멋을 내었습니다.

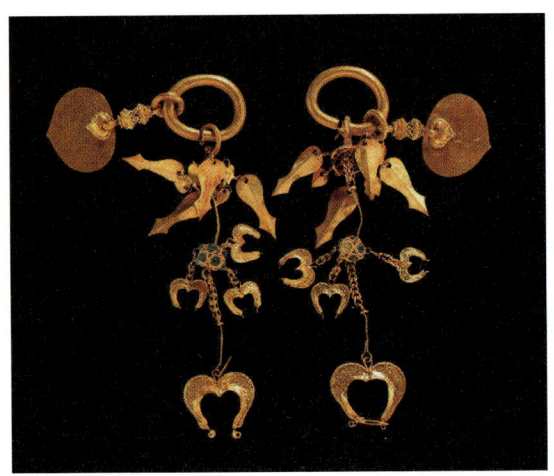

금관총 유형④ 귀걸이의 3자형 장식. 드리개 부분에 추처럼 큰 3자 장식이, 중간 부분에 작은 3자 장식이 3개씩 달려 있다(국립경주박물관 사진).

유형 ③ – 귓고리 부분 – 연결 고리 – 걸고리 – 중간 부분 – 드리개 부분

2015년에 재발굴 과정에서 새로 발견되었는데요. 기본 구성은 앞의 두 유형과 대체로 비슷한데 중간 부분의 공과 위·아래 떨개가 상대적으로 작은 편입니다. 중간 부분의 축은 철사를 감아 놓은 코일(스프링?) 모양으로 가공되어 있고요. 드리개의 경우, 하트 모양은 유형①의 경우처럼 금실을 꿰는 구멍과 떨개가 보이지 않습니다.

(2) 가는 고리 귀걸이[細鐶耳飾]

금관총에서 가는 고리 귀걸이는 세 가지 유형의 것이 2벌과 1짝으로 총 5점이 수습되었는데요. 연결 부분과 드리개 부분의 구성에 따라 다시 세 가지 유형으로 구분됩니다.

유형 ④ 드리개B+중간 부분B[+귓고리] + 걸고리+중간 부분 A+드리개A

  드리개의 경우 하트 추의 꼭지에 테두리를 두른 작은 하트가 앞뒤로 달려 있는데요. 이 유형의 기본틀은 이 세 부분으로 구성된 소박한 양식의 귀걸이입니다. 여기에 특이하게도 걸고리로 연결된 장식물이 연결고리에 추가되어 있는데요. 상·중·하 구조의 이 장식물은 중간 부분이 맨 위의 걸고리로부터 사슬1 ⇒ 금줄1 ⇒ 사슬2 ⇒ 금줄2의 순서로 맨 아래의 드리개까지 이어집니다. 사슬1 바로 아래에는 펜촉 모양[208]의 장식 네 잎과 하트 모양 떨개 세 잎이 각각 금실을 꼬아 달려 있고요. 드리개 부분에는 3자 모양(또는 말편자 모양?)의 추가 달려 있습니다. 그리고 사슬2가 시작되는 중간 부분에는 작은 고리가 연결되면서 공 모양 장식이 달렸는데요. 그 작은 고리들 가운데에는 푸른색의 작은 유리옥들이 박혀 있습니다. 또, 그 작은 공에는 세 방향으로 달린 고리에 드리개의 3자형 추보다 작은 3자형 장식이 3개씩 달려 있지요. 하마다는 이 장식이 서양식 금관(crown)을 닮았다고 보았습니다. 글쎄요? 아무리 보아도 3자나 말편자와 더 비슷해 보이는군요. 이 3자형 장식들 끝에는 아주 작은 고리가 달려 있습니다. 처음에는 그 고리에 별도의 장식이 걸려 있었을지도 모르겠군요.

  참고로 1921년 당시에 관 내부에서는 잎이 달린 대나무 같은 드리개가 좌·우로 2점이 출토되었는데요. 중간 중간을 댓잎으로 꾸몄고 맨 아래에 점선과 물결 문양으로 꾸민 삼각형 추가 달렸습니다. 이 장식이 어디에 부착되어 어떻게 사용되었는가에 관해서는 그동안 알 수가 없었는데요. 앞서의 3자형 장식 양 끝에 작은 고리가 달린 것을 보면 그 3자형

---

208) 하마다가 '검릉형(劍菱形)'이라고 표현한 유형이다. 실제로 얼핏 보면 고조선의 비파형 동검(琵琶形銅劍)을 닮았다.

2015년에 금관총 재발굴 과정에서 새로 출토된 유형③(좌)·유형⑤(중)·유형⑥(우) 귀걸이. 귓 고리는 빠진 채 걸고리와 드리개 부분만 발견된 유형⑥은 그동안 신라 고분에서는 볼 수 없었던 독특한 양식을 보여 준다(국립경주박물관 사진).

장식 아래로 연결해 길게 드리웠던 것이 아닐까 싶습니다. 하마다는 그것이 눌지 마립간의 귀가 아닌 옷이나 다른 귀걸이 끝에 연결되어 있었을 가능성에도 주목했는데요.[209] 그러나 당시 정황을 따져 볼 때 앞의 두 번째 또는 세 번째 귀걸이 끝에 달려 있다가 관이 썩어 그 위의 돌들이 무너져 내리는 과정에서 분리되면서 각자 다른 곳에서 수습되었을 가능성도 배제할 수 없습니다.

유형 ⑤ – 귓고리 부분 – 걸고리 – 중간 부분 – 드리개 부분

2015년 재발굴 과정에서 새로 발견되었습니다. 걸고리에 사슬이 연결되면서 댓잎 장식이 중간 부분과 드리개 부분에 각각 네 잎씩 달려 있는데요. 양식은 소박한 편이며 중간 부분의 줄이 사슬로 만들어진 점이 특이합니다.

유형 ⑥ – [귓고리 부분* +] 걸고리+중간 부분+드리개 부분

역시 2015년에 재발굴 과정에서 새로 발견되었는데요. 1짝만 발견되

---

209) 하마다, 제38~39쪽.

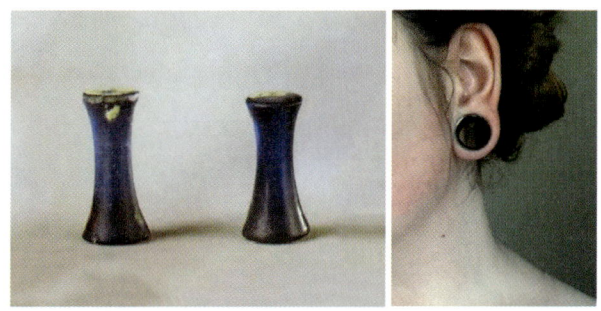
중국 후한대의 이당(좌)과 착용 예시. 중국에서 남자는 귀걸이를 하지 않았다.

었지만 그 구성은 기본적으로 유형②의 하트 모양 귀걸이와 같습니다. 다만 이 경우는 드리개의 큰 하트 추에 테두리를 둘러서 멋을 낸 것이 특징입니다. 이 귀걸이는 귓고리(가는 고리)가 빠진 채로 수습되었습니다. 그러나 1921년 당시에 중간 부분과 드리게 부분이 없이 귓고리만 수습된 것이 있었는데요. 정황상 이번에 발견된 것이 그 귓고리의 몸통 부분일 가능성이 높아 보입니다.

4) 굵은 고리의 성격

1920년대에 하마다는 굵은 고리 귀걸이에 주목했습니다. 그는 별도의 추가 장식들이 복잡하게 곁들여져 "실제보다 과장되고 거창하게 만들어진"210) 이 귀걸이들을 평소에도 착용한 것으로 보았지요. 그리고 마립간 시기의 신라인들이 "귓불에 커다란 구멍을 뚫었다"고 추정했지요. 물론, 그 근거는 크기가 엄청 큰 굵은 고리 귀걸이였습니다.

"중국인들은 귓불을 뚫어 장식한 것을 '당(璫)'이라고 하고 오히려 이를

---

210) 하마다·우메하라, 국역판 제74쪽.

오랑캐의 풍습이라고 했는데, 한과 육조 이후에는 그런 풍습이 [중국에서] 차츰 성행하게 되었다."[211]

말하자면 금관총의 굵은 고리 귀걸이를 한대에 유행한 중국의 '이당(耳璫)'과 비슷한 것으로 본 셈입니다. 그러나 중국에서 귓불을 뚫었다고 해서 신라에서도 그렇게 했다고 보는 것은 지나친 확대 해석입니다. 신라의 귀걸이와 이당은 그 착용 원리가 전혀 다르거든요. 이당은 귓불에 낸 구멍 사이에 귀마개 같은 장식물을 '끼워서' 멋을 내는 방식입니다. 그래서 귓불을 뚫는 데에서 그치지 않고 그것이 들어갈 정도의 공간이 필요하지요. 귓불 구멍이 상당히 커질 수밖에 없다는 뜻입니다. 그러나 굵은 고리는 귓불에 낸 구멍에 귀걸이를 '거는' 식이거든요. 착용 원리부터가 다른 거지요. 또, 이당은 귀에 악센트를 주는 정도에서 그치지만 굵은 고리 장식은 귀뿐만 아니라 머리와 목까지 부각시키는 등 장식성이 훨씬 뛰어나다는 점도 상당히 다릅니다. 귀에 그 큰 고리(직경 3~4cm)를 끼우는 것도 쉬운 일이 아닙니다. 굵은 고리 귀걸이는 굵은 고리 양쪽에 동그란 금판을 붙여 놓았는데요. 이런 구조의 귀걸이 장식은 유일하게 신라에서만 시도된 것입니다.[212]

고대사학계에서는 귀걸이의 귓고리 부분을 신라 고분 주인공의 성별이나 신분을 판별하는 단서로 보는 경향이 있습니다. 굵은 고리 귀걸이를 했지만 환두대도를 차지 않은 쪽을 여성으로 본다든가, 가는 고리 귀걸이를 했지만 환두대도를 찬 쪽을 남성으로 본다든가 하는 식으로요.

---

211) 하마다·우메하라, 국역판 제71쪽.
212) 〈신라의 장신구(이한상)〉,《신라고고학개론》(하), 제201쪽.

이를 근거로 금관총의 주인공이 여성이라고 보는 학자도 있습니다. 금관총에서는 여성의 아이콘인 굵은 고리 귀걸이가 2벌이나 출토되었거든요. 그러나 그런 추론은 '양날의 검'인 것 같습니다. 금관총에서는 환두대도 등 다수의 무기와 다양한 마구들도 함께 출토되었으니까요. 남성성(男性性)을 강조하는 유물들이 많이 포함되어 있다는 뜻입니다. 그런 점들에 주목할 때 환두대도나 굵은 고리 귀걸이가 출토되었느냐의 여부가 고분 주인공의 성별이나 신분을 판별하는 데에 절대적인 단서는 아닌 것 같군요. 실제로 최근에는 과학기술의 발전으로 그 같은 추론이 선입견에 불과하다는 사실이 확인되었습니다.[213] 황남동 15-6번지의 적석목곽묘만 해도 그렇습니다. 무덤의 주인공이 굵은 고리가 아닌 가는 고리 귀걸이를 착용한 상태로 발견되었지만 인골 분석 결과 여성으로 판명되었지요.[214]

---

213) 하대룡, 《마립간과 적석목곽분》, 제371쪽, 신라문화유산연구원, 2017.
214) 위의 책, 제371쪽.

제5절
반지

반지(rings)는 일반적으로 손가락을 꾸미는 고리 모양의 장신구를 말합니다. 인류사에서 반지의 기원은 고대 이집트까지 거슬러 올라갑니다. 일반적으로 이집트에서 그리스·로마를 거쳐 동방으로 전파된 것으로 알려져 있지요. 아시아의 경우, 고대 페르시아·박트리아·인도 등 주로 그레코-박트리아계 지역에서 반지 문화가 크게 발전했습니다.

물론, 우리나라에도 예로부터 반지 문화가 존재했지요. 뒤에서도 이야기하겠지만, '반지'는 원래 한자어입니다. 우리나라 국어사전에는 '半指'

아프가니스탄에서 출토된 박트리아계 금 반지(상)와 금관총에서 출토된 반지들(하). 신라시대 반지와 양식·제작 기법이 비슷하다(Drouot.com 사진).

로 쓰던데요. 잘못된 설명인 것 같습니다. 원래는 '잡아당길 반(扳)'을 써서 '扳指'로 적거든요. 우리나라에서는 예전에 '가락지'라는 표현을 많이 썼습니다. 그런데 지금은 사용 빈도에서 완전히 '반지' 쪽이 압도하는 것 같습니다.

1) 우리나라의 반지 유물들

우리나라에서 가장 오래된 반지는 평안남도 강서군 태성리 제4호 토광묘에서 발견되었습니다. 초기 철기시대의 것인데, 소재가 은이었다고 하는군요.[215] 그러나 반지 유물이 집중적으로 발견되는 것은 삼국시대부터입니다. 고구려에서는 평양 안학궁지 2호분·약수리 벽화고분·강서군 보림리 소동 12호분 등에서 출토되었는데요. 이 반지들은 금·은·동을 두드려 얇게 펴서 만든 판을 오려서 만들거나, 실처럼 늘인 금·은·동을 구부리는 식으로 만들어진 것들이라고 합니다. 고구려의 반지들은 제작 기법으로 보든 외형으로 보든 상당히 조잡한 편입니다.

백제의 경우도 마찬가지인데요. 공주의 금학동 고분에서 청동 소재의 반지, 담양 제월리 고분에서 금동 반지가 각각 1점씩 출토되었을 뿐입니다. 이 같은 사실은 무녕왕릉(武寧王陵)의 유물을 통해서도 확인할 수 있지요. 공주시내에 있는 무녕왕릉은 백제 고분들 중에서 가장 호화롭고 가장 많은 유물이 출토되었습니다. 그러나 반지는 단 1점도 수습되지 않았지요. 한 나라의 부와 권력의 최고 정점에 있는 왕과 왕비의 무덤에서 반지가 1점도 나오지 않았다는 사실은 무엇을 의미하겠습니까? 백제에서는 반지로 손가락을 꾸미는 문화가 거의 존재하지 않았다는 뜻이 아닐

---

215) 〈반지〉,《한국민족문화대백과사전》(온라인 판).

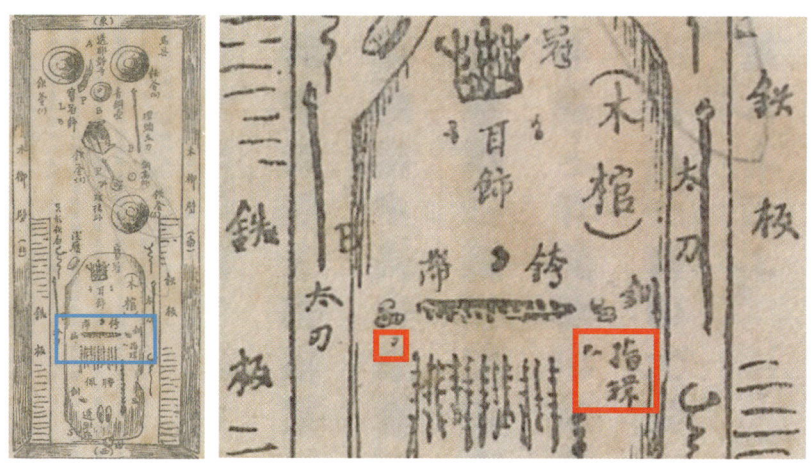

금관총에서 반지가 수습된 위치(빨간 표시). 양손에 손가락마다 하나씩 반지를 낀 채 안장되었음을 짐작할 수 있다(《경주 금관총과 그 남겨진 보물들》 그림).

까요?

반지 유물이 거의 보이지 않는 고구려·백제와는 달리, 신라의 반지 문화는 상당히 이채를 띱니다. 현재까지 발굴 조사가 이루어진 고분들마다 어김없이 많은 수량의 반지들이 쏟아져 나오고 있거든요. 심지어 그 주인공이 남성인 경우에도 말이지요. 형태 역시 아무 장식이 없는 소박한 양식으로부터 새김눈이나 격자문 등의 문양이 추가되기도 합니다. 외형 역시 머리(head)가 마름모꼴을 이루거나 네 잎 꽃무늬가 들어가기도 하는 등, 다양한 형태와 기법이 시도된 셈이지요. 그러면 금관총의 경우는 어떨까요?

2) 금관총 반지의 양식

금관총에서는 지금까지 모두 16점의 반지가 출토되었는데요. 당시 현장에서 유물을 수습한 모로가의 증언에 따르면, 반지는 피장자의 왼팔

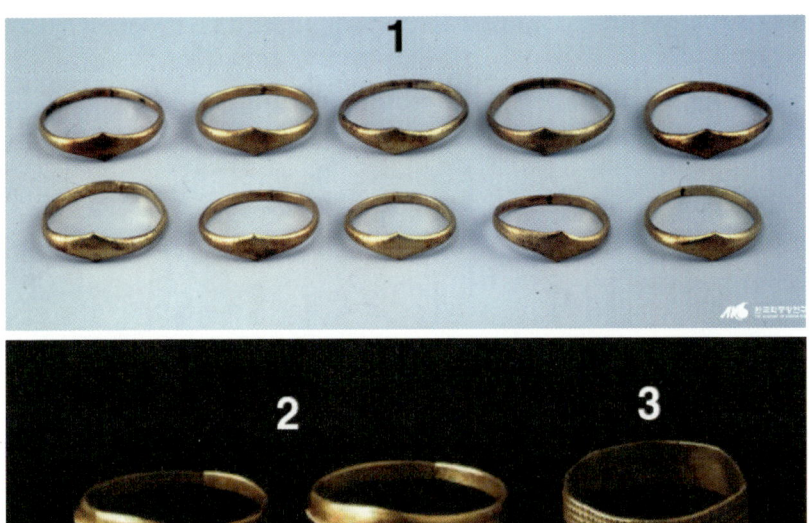

금관총에서 출토된 반지들. 유형①(상)·유형②(좌)·유형③(우). 신라 반지들 중에서 소박하면서도 기본적인 양식을 보여 준다(한국학중앙연구원 사진).

(남쪽) 팔찌에서 서쪽으로 15.2cm 떨어진 곳에서 금반지가 3점, 관의 서남쪽 모퉁이에 있는 팔찌 서쪽에서 금반지 2점과 은반지 1점이 각각 확인되었고요. 또, 오른팔(북쪽) 쪽은 팔찌 부근에서 금반지가 3점, 그 서쪽으로 관 서남쪽 모퉁이 근처 반지 무리 북쪽에서 금반지 2점과 은반지 1점이 수습되었다고 합니다.[216)]

겉모양만 놓고 본다면 금관총의 반지들은 다른 신라 고분 반지들보다 양식이 소박하고 제작 기법도 단순한 편입니다. 그것이 연대상의 문제인지 '이사지왕' 눌지 마립간의 개인적 취향인지는 모르겠는데요. 그것들을 제작 양식에 따라 구분하면 크게 세 가지로 나뉩니다.

---

216) 하마다·우메하라, 제80쪽.

유형 ①

가늘게 자른 금판을 두드려 손가락 두께에 맞는 고리(arm)를 만들되 머리(head) 쪽을 넓게 펴서 마름모꼴로 다듬은 다음 둥글게 만 양쪽 끝을 접합한 경우인데요. 이때 반지 굵기는 머리에서 고리 쪽으로 갈수록 가늘게 만들어집니다. 이 유형은 2점만 출토되었는데요. 전자보다 약간 두께가 얇습니다. 소재도 금에 은이 섞여 있어서 흰색을 띠는 편이지요.

유형 ②

첫 번째 유형('유형①')의 틀을 기본으로 하면서 반지 머리를 축으로 고리를 따라 500원 동전 테두리처럼 가는 톱니 띠[刻目紋]를 넣어 멋을 낸 경우인데요. 모두 9점이며, 모양은 단순하지만 띠가 들어가면서 세련된 느낌을 줍니다.

유형 ③

머리와 고리의 구분이 없이 원통형으로 만들어진 유형인데요. 고리의 바깥쪽으로는 그물(■)처럼 가로세로로 넣은 줄[格子紋]로 세련된 느낌을 줍니다. 이 유형은 2점이 수습되었는데요. 역시 은이 섞여 흰빛을 띱니다. 고리의 줄눈이 균일하지 않은 것을 보면 틀로 찍어 줄을 넣은 것이 아니라 장인이 일일이 줄을 그어 모양을 낸 것으로 보이는군요. 흥미로운 것은 이 유형의 반지가 일본 나라 현의 니이자와 센즈카(新澤千塚)의 제126호분에서도 출토되었다는 사실입니다. 이 고분은 5세기 중엽에 조성된 것으로 추정되는데요. 반지의 양식이나 제작 기법이 신라의 것과 똑같습니다.[217]

---

217) 박천수,《실크로드 문명교류사 서설》(Ⅰ초원로), 제379~383쪽. 진인진, 2021. 이 고분에서는 금관총에서 출토된 것과 비슷한 금제 귀걸이와 유리 그릇 등도 출토되

황남대총 북분에서 출토된 금반지들. 금관총 유형③ 반지와 같은 양식으로 만들어졌다.

    금관총 반지들은 그 직경이 유형①~②는 2cm, 유형③은 1.8cm 정도인데요. 하마다는 유형③이 상대적으로 0.2cm 정도 작다는 점에 주목하고 유형①-②는 중지·식지·무명지에, 유형③은 무명지와 새끼손가락에 각각 착용했을 것으로 추정했습니다. 금관총에서 수습된 3점의 은반지는 유형①에 속하는데요. 직경이 2.1cm 정도이며, 2점은 녹이 많이 슬고 손상이 심한 편입니다.

    금관총에서 출토된 반지와 같은 유형의 반지들은 그 뒤로 다른 신라 고분들에서도 속속 출토되었습니다. 예를 들어, 유형①은 서봉총·황남대총(북분분)·천마총·경산 임당(7A호)·포항 냉수리 등의 고분들에서 확인되었지요. 마립간 시기 신라인들이 이 유형의 반지를 비교적 선호했다는 뜻으로 해석됩니다. 유형②는 창녕지역 고분에서 금반지(송현동 15호)와

었다. 자세한 설명·도판은 해당 책을 참조하기 바란다.

은반지(교동 I-12호)가 출토되었지요. 금관총의 것들과 제작 기법은 대체로 동일한데 톱니가 2줄이나 들어가 있는 것이 특징입니다. 유형③은 금관총과 황남대총(남분) 두 군데에서만 출토되었는데요. 출토된 사례가 드문 원인을 일정 기간만 제작된 것으로 해석하기도 합니다.[218] 그러나 당시 신라인들에게 이런 양식은 그다지 인기가 없었다고 보는 것이 더 합리적이겠지요.

흥미로운 점은 금관총 유형①의 반지 양식이 '고대 그리스-로마 금반지의 기본형'이라는 사실입니다. 이 같은 양식의 반지 유물은 로마시대 유적이나 남러시아 흑해(黑海) 주변지역의 유적들에서 출토되는 사례가 많다고 하는데요.[219] 다른 고분들에서 출토된 반지들은 제작 기법이나 양식 면에서 금관총의 것들보다 화려하고 세련된 경우가 많습니다. 이 중에서 가장 눈길을 끄는 것이 남분의 금반지입니다. 이 반지는 금 알갱이를 붙이는 누금(鏤金) 기법으로 반지 머리에 네 꽃잎의 윤곽을 만들고 그 가운데에는 상감(鑲嵌, Inlay) 기법으로 유리를 박아 넣었습니다. 스키타이-사르마트의 황금 문화에서 흔히 볼 수 있는 표현 방식입니다.[220] 세부적으로 꽃잎 장식이 추가되기는 했지만, 기본 틀은 금관총 반지들과 동일한 유형에 속하지요. 금반지는 아니지만 냉수리 고분에서 출토된 꽃잎 반지도 흥미로운 사례입니다. 이와 비슷한 사례는 금령총에서도 확인할 수 있지요.

금령총의 반지는 직경이 1.5~1.7cm 수준입니다. 반지 머리 부분이 금관총의 유형① 반지처럼 금판을 잘라 고리처럼 말고 머리는 마름모꼴로

---

218) 김재열, 〈4~6세기 신라 귀금속 장신구 연구〉, 영남대 박사논문, 제59쪽, 2024.
219) 요시미즈, 같은 책, 제126~127쪽.
220) 김종일 등, 같은 책, 제342~343쪽.

금령총 출토 반지. 금관총 유형①을 기본 틀로 하면서 누금과 상감 기법으로 화려함을 더하였다. 스키타이 – 사르마트 지역에서도 흔히 볼 수 있는 양식이다.

성형되어 있는데요. 일단 둔덕(mount)을 만들어 살짝 높게 강조된 머리에는 누금으로 마름모 윤곽의 갈퀴(prong)를 만들고 그 안에 푸른빛의 유리를 박아 넣었습니다. 그중 3점은 출토 과정에서(?) 유리가 빠졌지만 221) 원래는 모두 다 유리가 박혀 있었을 겁니다. 하마다도 그래서 크기가 좀 작은 후자를 무명지와 새끼손가락에 끼웠던 것으로 보았지요.

신라의 반지는 금관총을 제외하고도 다른 신라 고분들에서도 대량으로 출토되었습니다. 노동동 금령총·황남리 부부총(남북분)·보문리 고분,

---

221) 《금령 – 어린 영혼의 길동무》, 국립경주박물관, 제123~133쪽, 2022.

경남의 양산 고분 등이 그 예인데요. 남녀가 합장된 황남동 부부총은 물론이고, 피장자가 남성인 양산 고분의 경우 피장자의 손 부위에서 좌·우로 각각 5점씩 모두 10점이 발견되었습니다. 그리고 한쪽 손 부근에 또 다른 반지들이 4점 확인되었는데요. 한 사람의 무덤에서 16점이나 되는 반지가 부장된 셈입니다.

〈표 – 신라 고분에서 출토된 금·은 반지 양상〉

금관총		황남 대총				쪽샘 44호		천마총		호우총		냉수리	
		남분		북분									
금	은	금	은	금	은	금	은	금	은	금	은	금	은
13	3	7	11		19		10		10		10		몇
16		18		19		10		10		10		몇 점	

 금관총 등 신라 고분들에서 마치 약속이나 한 것처럼 10점 이상의 반지가 출토되었다는 것은 무엇을 말해 주는 걸까요? 4~6세기 마립간 시기의 신라 지배 집단에서는 손마다 적어도 1개 이상, 많게는 손가락마다 1~2개씩 반지를 끼고 다녔고, 그런 문화가 유행하고 있었다는 뜻이 아니겠습니까? 그 사실을 고고학적으로 뒷받침해 주는 증거가 바로 이 10점이 넘는 반지들인 거지요.

 적어도 한 손에 손가락마다 1개씩 반지를 착용한 사례는 적지 않습니다. 경주 황남동 부부총이나 양산 고분에서는 손가락마다 반지를 착용한 상태로 출토되었는데요. 그 착용자가 모두 남자인 것으로 판명되었습니다.[222] 최근인 2023년에 재조사가 이루어진 경주 쪽샘 44호분에서도 모

---

222) 하마다·우메하라, 같은 책, 제81쪽.

두 10점의 반지가 수습되었습니다. 10살 내외의 주인공이 손가락마다 반지를 낀 채로 안장된 거지요. 이 같은 특이한 신라의 반지 문화에 대하여 요시미즈는 신라 고분의 주인공('마립간')들이 손가락마다 반지를 낀 채로 발견되는 것을 "신라의 고대 로마 문화 수용을 보여 주는 상징적인 현상"으로 해석했습니다.[223)]

3) 신라 반지 문화의 기원을 중국에서 찾은 하마다

신라 고분에서 출토되는 반지는 문양이 없는 소박한 것들이 대부분입니다. 그래서 그것만으로도 신라 반지의 문화적 특징을 도출해 내기가 어렵다고 보았습니다.[224)] 그러나 다른 고분들에서 출토된 반지들과 비교해 보면 그 속에서 제작 기법이나 양식 등을 통해 반지의 문화적 정체성을 추적하는 것이 불가능해 보이지는 않습니다.

그러면 이처럼 화려한 신라의 반지 문화는 과연 어디에서 유래한 것일까요? 일단 일본 쪽은 아닌 것 같습니다. 이 점에 대해서는 하마다 당시까지만 해도 일본 열도의 고분들에서 반지 유물이 출토된 사례를 "거의 들어 보지 못했다"[225)]고 잘라서 말했으니까요. 하마다는 그 기원을 다른 곳에서 찾은 것 같습니다.

"… 우리가 조선(신라)에서의 반지 패용 풍습이 반드시 중국에서 기원한 것이라고 생각할 필요는 없다. 그러나 역시 여기로의 중국 한나라 풍습의 영향을 인정하는 쪽이 타당하다고 생각한다. 그런데 중국에서는 주로

---

223) 요시미즈, 제127~128쪽.
224) 이한상, 제213쪽.
225) 하마다, 제41쪽(국역판 제81쪽).

반지를 여자들 사이에서만 끼었다고 하더라도 조선에서는 남녀가 모두 두루 사용하기에 이르렀다는 것은 물론 있을 수 있는 일이다. 그렇다고 해도 주의해야 할 점은 이 반지들의 양식이 서방의 것과는 직접적인 관계가 없다는 것이다. …"226)

대단히 신중한 하마다는 당시 금관총에서 출토된 반지들과 그 문화와 관련하여 "반드시 중국에서 기원한 것이라고 생각할 필요는 없지만"이라는 단서를 달고 있는데요. 그럼에도 불구하고 결론은 "역시 여기에 중국 한나라 풍습의 영향을 인정하는 쪽이 타당할 것"227)이라는 것이었습니다. '~하지 않으면 안 된다'거나 '~라고 보는 것이 좋지 않을까 싶다' 식으로 완곡한 표현을 즐기는 일본인답게 표현을 상당히 우회적으로 빙빙 돌려 놓았지요? 그러나 결론은 역시 신라의 반지 문화는 한나라에서 그 기원을 찾아야 한다는 논리인 것입니다. 신라의 반지 문화는 중국의 영향을 받은 것이지 서방 제국과는 관련이 없다는 뜻이겠지요.

문제는 그렇게 단정적으로 선을 그은 것이 너무도 부자연스럽다는 데에 있습니다. 어쩌면 하마다는 신라의 반지 문화가 중국의 영향을 받은 결과라고 억지로 끼워 맞추고 싶어 했던 것 같군요? 물론 그가 이렇게 무리하게 답을 몰아간 의도가 무엇인지는 알 길이 없습니다. 그러나 신라의 유물과 문화를 중국의 영향 속에 묶어 두려 한 것, 그것은 하마다 본인을 포함하는 1920년대 일제강점기 제국주의 고고학자들의 역사·고

---

226) 《경주 금관총발굴 조사 보고서》, 제82쪽, 국립경주문화유산연구소, 2011.
227) 하마다·우메하라, 제82쪽.

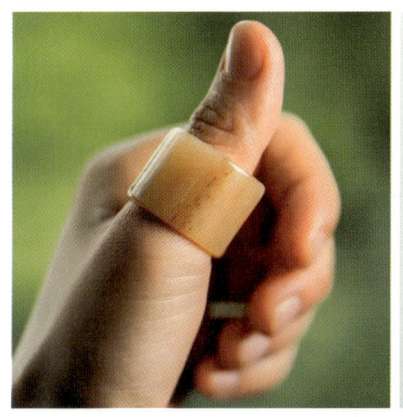
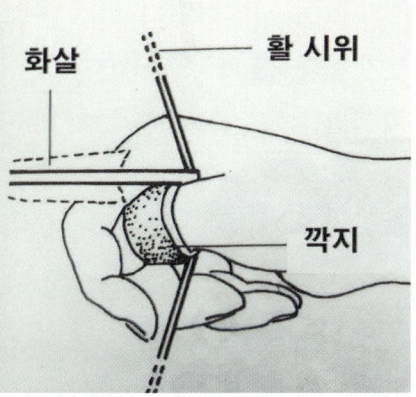

깍지. 고대 중국에서도 손가락에 고리를 착용하는 풍습이 존재했다. 그러나 그것은 반지가 아니라 깍지였다. 활을 쏠 때 손가락이 다치지 않기 위해서 항상 엄지에만 착용했으며 활쏘기가 끝나면 빼서 따로 보관하였다. 통상적인 장신구나 위세품과는 그 성격이 전혀 다른 생활용품이었던 것이다.

고인식의 한계라고 할 수밖에 없을 것 같군요.

하마다가 그 같은 착시 현상을 일으킨 이유는 어디에 있을까요? 여러 가지 이유가 있을 수 있습니다. 그러나 아무래도 당시 불기 시작한 낙랑(樂浪)유물 찾기 열풍도 한몫 했을 겁니다. 당시 평양지역에서는 금·은제 유물들과 함께 중국계 유물들이 출토되고 있었습니다. 일본인들은 당시 몇 번의 고고조사를 통하여 '평양지역이 한나라의 낙랑군'이라는 결론을 내린 상태였지요. 그러던 중 한나라 군현인 낙랑지역에서 신라지역과 비슷한 유물들이 출토된 겁니다. 그러니 평양지역과 비슷한 유물들이 쏟아져 나온 신라는 당연히 한나라의 영향을 받은 것처럼 보였겠지요. 아마 그들은 이것이 아주 '논리적인' 결론이라고 믿었을 것입니다. 실제로 1924년과 1932년 두 차례의 보고서에서 하마다는 금관총 유물의 내력을 분석할 때마다 '낙랑'을 거론하지요. 그런데 정말 그런 걸까요?

신라의 반지 문화가 한나라, 즉 중국에 유래했다는 하마다의 주장이 정말 사실일까요? 전혀 그렇지 않습니다. 하마다는 중국에서 전통적으로 반지 문화가 존재하고 있었다는 자신의 주장을 뒷받침하는 증거를 두 가지 들었는데요. 남북조시대 양(梁)나라 시인이 지은 시에 등장하는 "辭謝牀上女, 還我十指環" 구절과 한나라 후궁의 "비첩진어(妃妾進御)"의 사례가 그것입니다. 그러나 하마다가 자신의 주장을 증명하기 위하여 든 이 근거들은 모두 잘못된 것입니다. 양나라 시인의 작품이라고 한 문제의 가사는 〈유주마객음가사(幽州馬客吟歌辭)〉라는 제목의 작품인데요. 중국에서는 남북조를 통일한 북조의 수나라에서 지어진 작품으로 알려져 있습니다. 북조(北朝)는 남북조시대에 이른바 '5호(五胡)'로 일컬어지는 북방 민족들이 세운 왕조들을 가리키지요. '환(鐶)'에 대한 해석 역시 마찬가지입니다. 전후 맥락을 따져 볼 때, 하마다가 '반지(ring)'로 해석한 모전의 '환(鐶)'은 일종의 금속제 팔찌(bracelet)로 보아야 옳습니다. 평양 지역의 이른바 '낙랑' 유물 속의 반지는 한나라로 대표되는 중원 문화의 산물이 아닙니다. 오히려 북방 민족 중 누군가가 남긴 유물로 보는 것이 합리적이지요. 그런데 그것을 근거로 중국에도 반지 문화가 고대부터 존재했다고 주장한 것은 사슴을 말이라고 우기는 것과 다를 바가 없다고 봅니다.

6) 고고 유물로 살피는 중국의 반지 문화

'고대 중국에 반지 문화가 존재하지 않았다.' 이 사실은 중국에서 그동안 출토된 고고 유물들을 통해서도 우회적으로 확인할 수가 있습니다. 2021년에 중국의 호북성 남창시(南昌市)에서는 한나라 무제의 손자인 해혼후(海昏侯) 유하(劉賀, BC92~BC59)의 묘가 발견되었습니다. 이 고분에서는 화려하고 놀라운 유물들이 무수하게 출토되었는데요. 그 속에서 수습된 금만 해도 그 수량이 478건에 115kg이나 될 정도였습니다. 이 묘가 발견되기 전까지만 해도 아시아에서 단일 고분에서 최대의 금제 유물이 출토되기로는 1921년의 금관총이 으뜸이었지요. 그런데 해혼후 묘의 발견으로 그 기록이 100여 년 만에 깨진 겁니다. 그만큼 엄청난 금제 유물이 쏟아져 나온 거지요. 그럼에도 불구하고 그 많은 유물들 속에 반지는 단 1점도 들어 있지 않았습니다. 금반지는 물론이고 은반지나 심지어 옥반지도 나오지 않았지요.

이번에는 그보다 연대가 빠른 고고 발견의 사례를 살펴볼까요? 마왕퇴(馬王堆) 고분군의 경우 말입니다. 1970년대에 세기적인 고고 발견으로 널리 알려졌던 마왕퇴 고분군은 전한 초기의 제후국인 장사국(長沙國)의 재상 이창(利倉)의 가족묘입니다. 그중에는 미이라 상태로 출토된 이창의 부인 신추(辛追)의 묘도 포함되어 있었는데요. 유물이 수천 가지나 쏟아져 나왔지만 반지는 단 1점도 발견되지 않았습니다.

이 마왕퇴 고분과 해혼후 묘에서 발굴된 유물들은 중국에서는 한대까지만 해도 반지 문화가 거의 존재하지 않았음을 고고학적으로 분명하게 확인시켜 줍니다. 남녀를 불문하고 말이지요. 그렇다면 당시 중국인들에게 있어 반지는 어디까지나 오랑캐들이나 끼는 것으로 인식되어 있었다는 뜻이 아니겠습니까?

설사 그 이전에 반지 문화가 중국에 전래되었다고 하더라도 초기에는 '근본 없는 오랑캐의 습속'이라 하여 외래문화에 대한 중국인들의 거부감이 상당히 컸을 겁니다. 그러다가 남북조를 거쳐 한참 나중인 수·당대부터 민간에 전해지기 시작하고 요·금·원 등 북방 민족이 중원을 정복하고 수백 년 동안 중국인들을 지배하면서부터 민간까지 널리 보편화되었던 거지요.

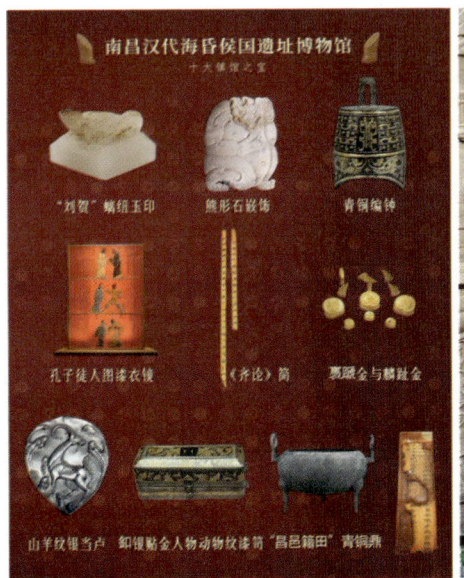

중국 남창(南昌)의 해혼후 유적 박물관에서 꼽은 걸작 유물들(좌)과 해혼후 동상(우). 무덤에서 금관총의 것을 압도할 정도로 엄청난 유물들이 쏟아져 나왔지만 반지는 단 1점도 발견되지 않았다.

이처럼 고고학적으로 따져 보아도 중국에서는 고대에는 남녀를 가리지 않고 손가락을 반지로 꾸미는 문화가 거의 존재하지 않았습니다. 명대 학자 도앙(都卬, 1459~1525)이 《삼여췌필(三餘贅筆)》에서 설명한 바에 따르면 중국에서 여자가 반지를 끼기 시작한 것도 명대 무렵부터였다고 합니다. 반지 문화가 존재하지 않았다는 것은 남자도 여자도 반지를 끼지 않았다는 뜻이겠지요. 그런 마당에 '남자도 반지를 착용했느냐, 손가락마다 반지를 다 착용했느냐', 그리고 '신라가 한나라의 영향을 받았느냐' 같은 물음은 더 이상 의미가 없다고 봅니다.

반지의 소재 역시 마찬가지입니다. 근대 이전에 중국에서는 반지 하면 거의 대부분 옥(玉)을 최고로 여겼습니다. 옥 문화가 수천 년 동안 문화

마왕퇴 신추 묘에서 출토된 화장 용품들. 거울·참빗·연지·쪽집개·비녀·주사위·환두소도 등이 수습되었으나 반지나 팔찌·귀걸이는 나오지 않았다.

전통 속에 깃들어 있으면서 그들의 가치관·심미관에 영향을 주었으니까요. 그런데 신라의 반지는 그 소재가 언제나 한결같이 모두 금·은·동이었습니다. 귀금속만 사용했다는 뜻이지요. 신라와 중국에서 반지의 소재가 전혀 다르다는 것은 양자 사이에 문화적으로 영향을 주고받은 일이 없었다는 사실을 방증(傍證)합니다. 신라 반지들이 양식 면에서 중국 것들과 관련이 있다는 증거 역시 어디에도 없지요. 그런데 하마다는 어째서 신라 반지 문화에 중국을 끌어다 붙이려고 그렇게 기를 썼던 것일까요? 혹시 "한반도는 고대부터 중국의 식민지였다"는 자신들의 제국주의적 역사인식을 신라 반지 문화에 투영(投影)한 결과는 아니었을까요?

제6절
팔찌

팔찌(bracelet)는 팔목에 착용하는 고리를 말하는데요. 현생 인류의 출현과 함께 등장한 장신구라고 해도 과언이 아닐 정도로 역사가 오래 되었습니다. 시베리아 데니소바(Denisova)의 한 동굴에서 발견된 유물이 그 증거지요. 녹색 옥을 가공해 만들었는데 4만 년 전의 것이라고 합니다.

인류사를 따져 볼 때 팔찌 문화는 이집트·메소포타미아·그리스·로마·인도 등지에서 상대적으로 큰 발전을 이루었습니다. 금·은·보석이나

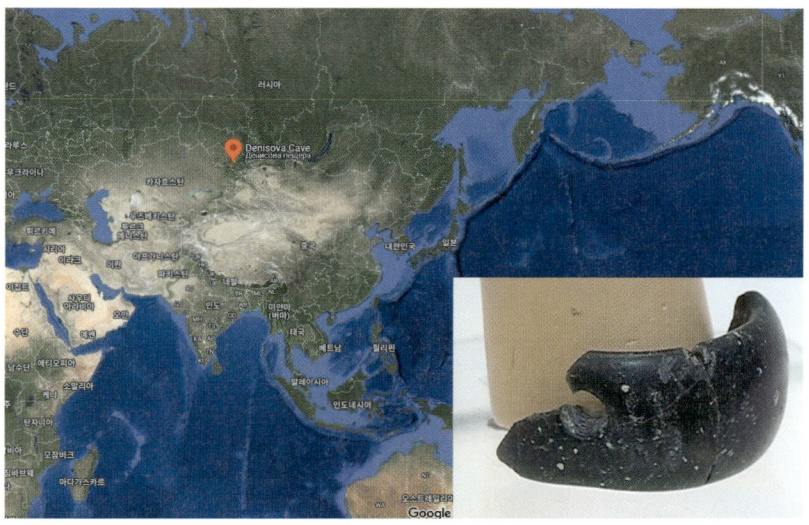

데니소바 동굴의 위치(좌)와 그 안에서 발견된 옥팔찌(우)

그것들을 조합해 만든 다양한 형태의 팔찌들이 주로 이 지역에서 사용되었거든요. 반면에, 동아시아 지역은 팔찌 문화가 상대적으로 약세를 보였습니다. 소재 역시 금·은보다는 옥으로 국한되는 양상을 보이는 것이 보통이지요. 흥미로운 것은 그중에서도 유독 한반도의 동쪽 구석에 자리 잡은 신라에서는 팔찌 문화가 그 유례(類例)를 찾아보기 어려울 정도로 큰 발전을 보였다는 사실입니다.

1) 금관총에서 처음 모습을 드러낸 신라 팔찌

신라인들이 일상에서 팔찌를 착용했다는 사실은 1921년 금관총에서 수습된 유물들을 통하여 처음으로 확인되었습니다. 금관총에서는 29점이나 되는 팔찌가 수습되었는데요. 그중에서 금으로 된 것이 12점, 은팔찌는 17점이나 되었습니다.[228] 소재로 금과 은을 즐겨 사용한 셈이지요. 팔찌들은 대부분은 원래의 형태를 그대로 유지하고 있었습니다. 일부가 찌그러진 상태로 발견되기는 했지만 말이지요. '적석목곽분(積石木槨墳)'이라는 신라 고분의 특성에 비추어 볼 때 오랜 세월을 거치는 동안 나무로 짠 관이 썩어 그 위에 쌓여 있던 돌들이 쏟아지면서 찌그러진 것으로 보입니다.

팔찌들이 수습된 위치를 살펴보면 20점은 관 내부 정중앙에서, 9점은 관 서남쪽 모퉁이에서 각각 수습되었는데요. 그 위치는 '이사지왕'의 시신 자리를 중심으로 각각 주인공의 두 팔과 두 발이 놓여 있던 자리에 해

---

[228] 반지의 경우와 마찬가지로 팔찌는 양 팔목에 차는 것이므로 원래는 좌·우 짝을 맞추어 짝수인 18점을 부장했다고 보아야 옳다. 금관총에서 발견된 팔찌들이 일부 찌그러지기는 했지만 원형에 가까울 정도로 상태가 양호한 것을 보면 나머지 1점은 일본인들의 유물 조사 과정에서 행방이 불명해졌을 가능성도 배제할 수 없다.

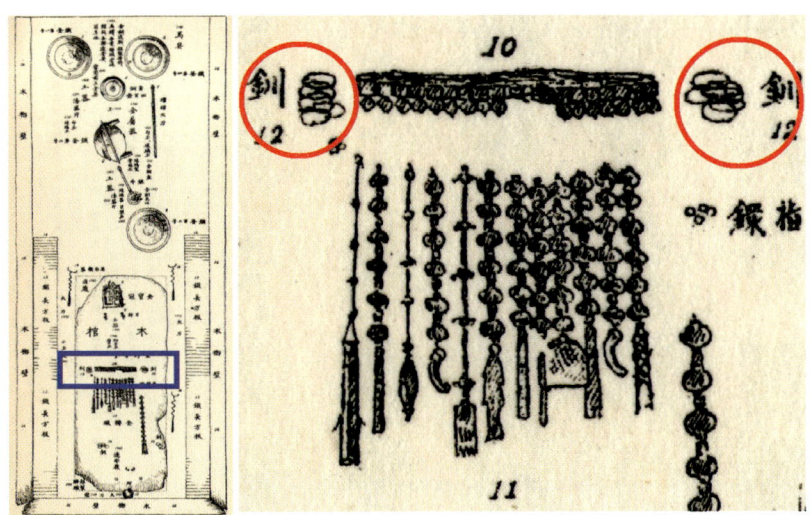

팔찌들이 출토된 위치(빨간 표시). 허리띠를 중심으로 좌·우 양쪽에서 수습된 것으로 볼 때 착용한 상태로 안장되었던 것으로 보인다.

당합니다. 정황상으로 본다면, 중앙부의 20점은 입관 과정에서 눌지 마립간의 양쪽 팔에 채워져 있었을 테지요. 그리고 팔에서 멀리 떨어진 자리에서 수습된 나머지 9점은 아마 장례 주체가 여분으로 끼워 넣어 주었을 겁니다. 작별의 기념물로 말이지요. 물론, 그 자리가 '이사지왕'의 발치 쪽에 해당되는 점을 감안하면 발에 차는 발찌였을 가능성도 없지는 않습니다. 하마다 역시 그 가능성을 언급한 바 있지요.[229] 그러나 관 중앙부에서 수습된 20점은 정황상 팔찌가 분명해 보입니다. 그렇다면 '이사지왕' 눌지 마립간은 입관 당시에 팔마다 10점씩 팔찌를 끼고 있었다는 이야기가 되겠지요.

그러면 금관총 등 신라 고분의 팔찌들은 어떤 제작 기법을 써서 어떤 모양으로 만들어졌을까요? 지금까지 출토된 유물들을 기준으로 할 때

---

229) 하마다, 제41쪽(국역판 제83쪽).

금관총에서 출토된 팔찌. 모두 12점 수습되었는데 속이 찬 것(좌)과 빈 것(우)으로 구분된다고 한다. 하마다는 고리 바깥쪽으로 톱니 문양이 들어가 있는 점에 착안하여 그 문양을 '각목문' 또는 '사복문'으로 불렀다.

신라의 팔찌는 금제 막대를 팔의 두께에 맞추어 둥글게 말아서 만드는 것을 기본으로 하고 있는데요. 여기서의 기본형에 추가로 어떤 문양이 들어가느냐에 따라 크게 다음의 몇 가지 유형으로 구분됩니다.

  유형 ① - 아무 문양도 넣지 않은 민 팔찌
  유형 ② - 고리 바깥으로 톱니 문양을 찍어 넣은 팔찌
  유형 ③ - 같은 방식으로 문어 빨판 같은 돌기 문양을 넣은 팔찌
  유형 ④ - 고리를 휘감고 있는 용 문양을 넣은 팔찌
  유형 ⑤ - 덧대기 기법으로 2장의 금판을 말아서 만든 넓은 팔찌

학계에서는 이 중에서 유형①~③의 세 가지를 신라 팔찌의 표준형으로 보고 있는데요. 금관총에서 출토된 팔찌들은 이 중에서 두 번째 유형에 해당합니다. 고리 바깥쪽으로 톱니 문양이 촘촘하게 찍혀 있거든요. 톱니 문양이 어떤 거냐고요? 지금 주머니에서 100원이나 500원짜리 동

전을 꺼내서 한번 보십시오. 예, 동전 옆면으로 촘촘하게 톱니처럼 들어가 있는 것들이 바로 그것입니다. 하마다는 이 문양이 뱀의 배 부분을 닮았다고 해서 '사복문(蛇腹紋)'이라고 불렀지요.[230]

금관총 팔찌들은 제작 기법에 따라 다시 두 가지로 구분되는데요. 고리 속이 비게 만든 유형[中空形]과 속이 꽉 차게 만든 유형[中實形]이 그것입니다. 첫 번째 유형의 팔찌는 가공 방법이 비교적 단순한데요. 미리 만들어 둔 금 막대를 둥글게 구부려 고리 모양으로 오므려서 마무리하는 식입니다. 물론, 요즘처럼 기계를 돌려 가공하는 것이 아니라 사람이 직접 가공한 것이다 보니 이런저런 흔적이 많이 남아 있는 편이지요. 달구어진 막대를 집게로 잡아 누른 흔적이라든지 바깥쪽에 톱니 문양을 넣는 과정에서 생긴 줄의 흔적, 둥그렇게 구부리는 과정에서 꺾인 흔적 같은 것들 말입니다. 이런 흔적들은 제작 과정에서 특별한 틀이나 기구로 톱니를 찍은 것이 아니라 장인이 한 줄씩 일일이 직접 찍어 넣었다는 증거인 셈이지요.[231] 두 번째 유형의 팔찌는 얇은 금판을 담배 말 듯이 둥그렇게 만 다음 그것을 다시 아까처럼 둥글게 구부려 고리 모양으로 오므려 마무리했는데요. 이 경우는 아무래도 앞의 것들보다 공이 더 많이 들어갔을 겁니다.

이 두 유형의 팔찌들은 마무리 과정에서도 조금씩 차이를 보입니다. 양끝을 오므린 상태로 접합하지 않아서 비어 있는 속이 다 보이는 것들이 있는가 하면 어떤 것들은 거기서 더 나아가 양끝을 잘 접합한 다음 티가 나지 않도록 다듬어 놓은 것들도 있거든요.[232]

---

230) 하마다, 제41쪽.
231) 김재열, 같은 논문, 제223쪽.
232) 김재열, 제225쪽.

황남동 120호분 유물 출토 현장(좌)에서 출토된 팔찌(우). 제작 기법이나 양식 면에서 금관총의 것과 동일한 것이다(국립경주문화유산연구소 유튜브 영상 사진).

금관총에서 수습된 것과 비슷한 양식의 팔찌는 다른 고분들에서도 발견되었는데요. 바로 옆의 서봉총은 물론이고 몇 년 전에는 황남동 120호 고분에서도 같은 유형의 팔찌들이 8점 수습되었습니다. 이 밖에도 양산·경주·나주 등 경북·경남·전남 등지의 고분 여러 군데에서 비슷한 팔찌들이 출토되었습니다. 물론, 소재가 은·금동으로 다소 차이를 보이기도 하지만요. 학계에서는 이들 지역을 가야·신라·마한 식으로 각자 정체성이 다른 것으로 보려는 경향이 있는 것 같습니다. 정치·문화적으로 서로 계통이 다르다는 거지요. 그런데 유물만 놓고 본다면 문화적·역사적으로는 서로가 닮은꼴임을 부인하기 어려울 것 같습니다.

3) 신라 남자들은 왜 팔찌를 착용했을까

그렇다면 여기서 한 가지 의문이 생깁니다. 반지의 경우와 마찬가지로, 팔찌는 일반적으로 여성의 전유물로 알려져 있습니다. 그런데 어째서 4~6세기 마립간 시기의 왕릉급 고분들에서까지 팔찌가 쏟아져 나오

쪽샘 44호분에서 출토된 팔찌들. 신라에서는 어린 아이들도 팔찌를 차고 다닌 걸까? 팔찌들 중에는 금관총의 것과 동일한 양식의 팔찌(좌)도 확인되었다.

는 걸까요? 신라에서 여왕은 몇백 년 뒤인 7세기나 되어야 등장하는데 말입니다.

사실 여자가 팔찌를 착용하는 것은 희귀한 일이 아닙니다. 세계 각국에서 볼 수 있는 보편적인 문화 현상이거든요. 문제는 신라의 경우는 남성도 팔찌를 차는 경우가 많았다는 데에 있습니다. 물론, 팔찌 문화를 소개한 기록이 문헌에 남아 있는 것은 아닙니다. 그럼에도 불구하고 역사적으로 팔찌 문화가 신라에 실제로 존재했다고 말할 수 있는 이유가 무엇이겠습니까? 지금까지 조사를 마친 4~6세기 신라 고분마다 평균 10점이 넘게 쏟아져 나온 팔찌 유물들이 그 증거들이지요. 얼마 전에 조사가 완료된 쪽샘 44호 고분만 해도 그렇습니다. 10살도 되지 않아 죽은 왕자(?)[233]가 묻힌 무덤임에도 불구하고 6점이나 되는 팔찌가 수습되었지요.

---

[233] 학계에서는 '은장도' 등의 유물을 근거로 쪽샘 44호 고분을 여자 아이, 즉 공주의 무덤으로 추정하였다. 그러나 여성이 장도를 차고 다니는 습속은 고려시대부터 관찰된다고 한다. 게다가 왕관·금동 신발·바둑알, 그리고 말다래 등 각종 마구들은 남성성

그것만 보아도 당시 신라에서는 남녀는 물론이고 노소도 가리지 않고 저마다 팔찌를 차고 다니는 문화가 존재했다는 뜻이 아니겠습니까?

금관총은 '이사지왕' 한 사람만 묻힌 무덤이었습니다. 순장을 한 흔적도 발견되지 않았지요. 그런 무덤의 관 중앙부에서 20점이 넘는 팔찌가 수습되었다는 것은 무엇을 의미할까요? 4~6세기 마립간 시기에 신라 지배층에서 팔목을 팔찌로 꾸미는 풍습이 유행하고 있었다는 뜻이겠지요.

그 이후로 조사가 이루어진 신라 고분들에서 한결같이 평균 10점이 넘는 팔찌들이 출토되었는데요. 그 증거가 황남대총(북분)과 천마총에서 출토된 팔찌들입니다. 황남대총에서는 주인공의 팔 부위에서 좌·우로 각 5점씩 10점이, 천마총에서는 좌·우 각 2점씩 4점의 금제 팔찌가 수습되었으니까요. 이 같은 사실은 적어도 4~6세기 신라 사회에서 팔찌를 착용하는 습속이 보편적이었음을 시사해 줍니다. 한 고분에서 이처럼 많은 팔찌가 수습된 사례는 세계적으로 그 유례(類例)를 찾아보기 어려울 걸요? 물론, 팔찌 수량의 경우, 좌·우로 10개·5개·2개씩으로, 고분의 주인공이 착용한 팔찌의 수량은 고분마다 편차를 보이는데요. 어쩌면 그 같은 편차는 주인공의 신라 사회에서의 지위나 개인적인 취향에 따라 생긴 것인지도 모릅니다.

신라인들은 어째서 팔마다 팔찌를 그렇게 많이 착용했던 걸까요? 종교적 신념 때문에? 주술적인 목적 때문에? 팔찌가 왕릉급 고분들에서 집중적으로 출토되는 것을 보면 아무래도 정치적인 목적이 강했던 것으로

이 강조된 유물들이다. 단순히 유물들의 성격만 놓고 본다면 이 무덤의 주인공은 사내아이, 즉 왕자였을 가능성이 더 높아 보인다는 뜻이다. 참고로 바둑알은 금관총에서도 출토되었다.

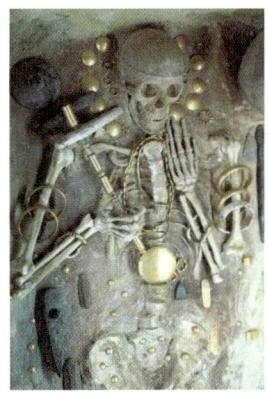  

팔찌는 선사시대부터 착용자의 부와 권력을 과시하는 위세품의 하나였다. 불가리아의 바르나(Varna) 문화 유적에서 출토된 통치자의 유골. 유럽 최초의 왕으로 보이는 이 기원전 4600~4200년 무렵의 남성은 온몸을 금으로 치장한 채 발견되었다.

보입니다. 팔찌를 부와 권력을 과시하는 일종의 오브제(objet)로 인식했을 거라는 뜻입니다. 앞서의 반지와 마찬가지로, 팔목에 찬 팔찌가 많으면 많을수록 그 당사자의 부와 권력은 더 큰 것으로 여겨졌을지도 모르지요. 부와 권력이 크면 클수록 더 많이 더 화려하게 치장했을 겁니다. 금관총에서 29점이나 수습되었다는 것은 눌지 마립간 역시 그 같은 풍습의 적극적인 동조자였음을 보여 줍니다.

신라의 화려한 팔찌 문화와 관련하여 우리의 눈길을 끄는 나라가 있습니다. 바로 인도인데요. 인도의 팔찌 문화는 신라 쪽과 비슷한 점이 많습니다. 팔찌를 부와 권력을 과시하는 도구로 활용하는 점도 그렇고, 그래서 체력이 허용하는 한 가급적 많이 차고 다니는 것도 그렇고 말입니다. 인도 사람들은 팔찌는 물론이고 발찌까지 즐겨 착용했던 것 같습니다. 물론, 지금은 팔찌나 발찌를 애용하는 쪽이 여성이지만 고대에는 남녀의 구분이 없었던 것도 똑같지요. 인도 역사극을 보면 남성도 반지와 함께 팔찌를 위·아래로 차고 다니는 장면을 흔히 볼 수 있는데요. 한 팔에도 팔찌를 몇 개씩이나 겹쳐 차는 것이 예사입니다. 신라와 비슷한 팔찌 문화를 가진 인도는 지리적으로 고대에 화려한 황금 문화가 꽃을 피웠던 그리스·박트리아지역과 가까운 곳이었지요.

또 한 군데 우리가 주목해야 할 지역이 있다면 그건 아마 남러시아 지역일 겁니다. 지금 우크라이나와 러시아가 전쟁을 벌이고 있는 바로 그 지역이지요. 지금까지 세계 각지에서 출토된 팔찌 유물들을 살펴볼 때 금관총(또는 신라)의 것들과 비슷한 양식 및 제작 기법의 팔찌들은 주로 고대 그리스나 로마지역에서 자주 확인되지요. 그래서 요시미즈 같은 학자는 남러시아 및 흑해 연안의 스키타이계 고분들에서 출토된 기원전 3세기경의 유물들을 근거로, 톱니 문양을 넣는 제작 기법을 사용한 금관총 팔찌들이 양식 면에서 남러시아 지역의 것들과 같은 유형으로 보았습니다.[234] 이 같은 유형의 팔찌는 남러시아 지역에서 10세기까지 이어졌다고 하는데요. 그 양식과 제작 기법이 그 일대에서 보편적으로 유행했다는 뜻이 아니겠습니까?

톱니 모양 팔찌가 남러시아 지역에서 많이 출토된다면 금관총(또는 신라) 팔찌의 기원을 스키타이나 사르마트에서 찾을 수도 있다고 봅니다. 스키타이는 기원전 8~7세기에 중앙아시아에서 남러시아로 진출했으며, 이란계 유목민족인 사르마트는 기원전 3세기에서 기원후 3세기까지 남러시아에서 동유럽·우크라이나를 중심으로 활동했거든요. 신라 금관과 닮은 점이 많은 틸리아 테페의 금관 등 화려한 황금 유물들도 스키타이-사르마트 문화의 산물로 알려져 있습니다.[235] 개인적으로는 신라

---

234) 요시미즈, 제125~126쪽.

남러시아(우크라이나) 르비우(Львів) 지역에서 출토된 스키타이–사르마트 양식의 청동 팔찌. 기원전 800~500년 전의 것으로, 소재는 달라도 양식이나 제작 기법에서 금관총의 것과 제법 비슷하다.

팔찌가 스키타이–사르마트 문화계통의 영향을 받았다는 보는 편이 합리적이라고 봅니다. 금관으로 보나 팔찌나 반지로 보나 말이지요. 금관총(또는 신라) 팔찌의 문화적 계보가 고대 그리스·로마지역 또는 스키타이·사르마트지역으로부터 신라까지 전해졌다는 뜻입니다.

4) 신라 팔찌의 기원에 대한 하마다의 이중적인 시각

1920년대에 금관총에서 출토된 팔찌를 직접 분석한 하마다는 이렇게 생각했습니다.

"… 이 고분에서 발견된 팔찌 대다수에서 보이는 주름 또는 톱니 같은 새김눈에 대해서이다. … 만약 이 주름처럼 생긴 새김눈이 패륜(貝輪)의 원

---

235) 김도영, 〈제작기술로 본 신라의 황금 문화〉, 《마립간과 적석목곽분》, 제361쪽, 국립경주박물관, 2021.

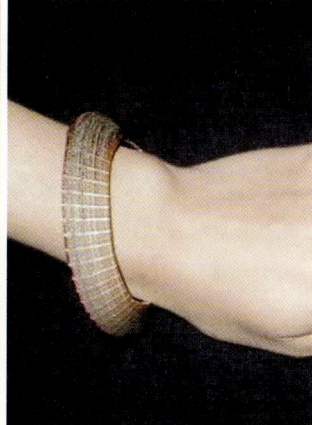

조개 패륜(좌). 조몬시대의 고대 일본인들은 패륜을 팔찌로 사용했다고 한다. 그러나 금관총 팔찌가 패륜에서 착안했다는 다카하시·하마다의 주장은 설득력이 부족해 보인다(일본 @Press, 2023.10.2. 사진).

형에서 시작되었다고 한다면, 그만큼 더 팔찌는 중국처럼 대체로 바다에서 멀리 떨어진 땅의 문화와는 관계가 적고, 조선 남부지방이나 일본 본토에서 스스로 발생했다고 보는 쪽이 타당하다고 여겨진다."236)

그는 팔찌의 톱니 문양이 조개껍데기의 줄무늬에서 착안했다는 동료 고고학자 다카하시 겐지(高橋健自, 1871~1929)의 주장을 근거로 금관총 팔찌가 한반도 남부에서 자생적으로 발생했거나 일본으로부터 영향을 받았을 수도 있다고 보았습니다. 외부의 영향을 받지 않았다고 본 셈이지요.237)

그러면서도 신라의 팔찌 문화에 관해서는 이중적인 입장을 보여 줍니

---

236) 하마다·우메하라, 국역판 제83쪽.
237) 하마다·우메하라, 국역판 제83쪽.

다. ① 《설문》에 "팔에 끼우는 고리이다(臂環也)"라고 소개되어 있는 점이나, ② 육조 이래의 문학·회화·조각 등의 예술 작품들에서 팔찌를 착용한 모습이 묘사되었다는 점 등을 들면서 ③ 중국에서 팔찌가 이미 고대부터 착용되었던 점을 은근히 강조하기까지 합니다.[238] 금관총의 팔찌가 중국의 영향을 받았음을 은연중에 암시한 거지요. 그러나 정말 그럴까요?

이웃나라인 중국에서는 고대부터 팔찌 문화가 존재했습니다. '천(釧)'·'도탈(跳脫)'·'비환(臂環)' 등이 그것인데요. 이에 관해서는 청대 학자 진원룡(陳元龍, 1652~1736)이 저술한 《격치경원(格致鏡原)》의 기사를 통해서도 알 수 있습니다.

"천
… 서거의 《사물원시》에서는 《풍속통》은 천을 비환이라고 했는데 바로 지금의 부녀자들이 팔에 차는 팔찌다'고 했다. 《사림광기》에서는 '통속적인 문체 속의 환비는 천을 말하는 것이다. 후한대에 손정 등 19명이 순제를 옹립하는 데에 공이 있어 각자에게 금으로 만든 팔찌와 반지를 내렸다고 했다. 그렇다면 천은 후한대에 비롯된 것이다'고 했다. 《남제서》에서는 '동혼후가 왕비 반씨를 위하여 호박 천을 하나 만들어 주었는데 가치가 칠십만 금이나 되었다'고 했다. …"
釧
… 徐炬事物原始, '風俗通曰, 釧, 臂環也, 卽今婦女之臂鐲'. 事林廣記,

---
[238] 하마다·우메하라, 국역판 제82쪽.

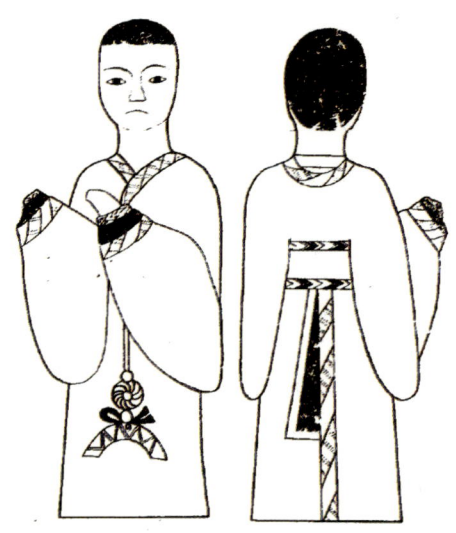

중국 하남성 신양(信陽)에서 출토된 전국시대(초)의 채색 목상. 허리춤에 옥으로 만든 고리를 차고 있다. 전한대까지만 해도 고리는 허리춤에 차는 장식품일 뿐이었다.

'通俗文云, 環臂謂之釧. 後漢孫程十九人立順帝有功, 各賜金釧指環', 則 釧起於後漢. 南齊書, '東昏侯爲潘妃作琥珀釧一隻, 直七十萬'. …

진원룡의 이 고증을 통하여 중국에서 팔목에 팔찌를 차기 시작한 것이 후한대부터임을 알 수 있습니다. 사실 전국시대는 물론이고 전한대 초기 까지만 해도 고리는 옷 위 허리춤에 차고 다니는 장식품으로 인식되어 있었습니다. 팔목에 차는 장신구가 아니었던 거지요. 그러다가 동이(東 夷)·북적(北狄)·남만(南蠻)·서융(西戎) 등 주변 민족들과 전쟁·교류하 는 과정에서 팔찌 문화가 중국으로 전래된 것입니다. 팔찌를 차는 것이 중국의 자생적인 문화는 아니었다는 뜻이겠지요. 진원룡 등 역대 중국 학자들이 팔찌가 유행하기 시작한 시점을 후한 이후로 잡고 있는 것이 그 증거입니다. 고리를 팔목에 차기 시작한 것은 북방 민족들과의 전쟁·

수나라 대업 연간(608)에 조성된 이정훈의 묘에서 출토된 금팔찌. 4개의 마디로 연결되고 착탈이 가능한 이 팔찌는 마디마다 양끝에 반구형 투명 구슬을 박고 마디에는 청록색 유리구슬을 네모나게 연결시키는 뛰어난 세공 기술을 보여 준다. 학자들은 인도 쪽에서 수입된 것으로 추정하고 있다고 한다.

교류·교역이 활발해진 남북조시대 이후부터라는 소리지요. 모르긴 몰라도 당시의 중국인들이 팔찌를 차고 다니는 이방인들을 흉내 내어 팔목에 차고 다니면서 유행하기 시작했을 겁니다.

게다가 중국에서는 팔찌를 착용하는 데에도 남녀의 구분이 있었습니다. 위에도 소개되어 있듯이, 중국에서 팔찌는 여성이 전유물로 간주되었지요. 하마다는 중국의 팔찌 문화를 소개하는 과정에서 "중국에서는 팔찌를 남녀가 모두 착용한 것으로 기록되어 있다"[239]고 말했습니다. 중국에서는 남자도 팔찌를 차고 다녔다는 거지요. 그러나 그는 중국의 고대 기록들에 자주 언급되는 '패환(佩環)'의 의미를 잘못 이해했을 가능성이 큽니다.

중국에서는 남성이 팔찌를 착용했다는 기록을 찾을 수가 없거든요. 그

---

239) 하마다·우메하라, 국역판 제82쪽.

같은 사실은 고고 유물들을 통해서도 확인할 수가 있습니다. 1968년에 발견된 한나라 무제의 배다른 형 중산정왕(中山靖王) 유승(劉勝, ?~BC113)의 만성묘(萬城墓)나, 무제의 손자 해혼후(海昏侯) 유하(劉勝, BC92~BC59)의 남창묘(南昌墓)에서는 각각 화려하고 값진 유물이 무려 1만 점 넘게 수습되었는데요. 양쪽 모두 팔찌는 단 1점도 발견되지 않았습니다. 한나라 혜제(惠帝) 때의 제후국인 장사국(長沙國)의 재상 이창(利勝, ?~BC180)의 마왕퇴 가족묘 역시 마찬가지지요. 이 고분군에서는 화려한 유물이 3천여 점이나 수습되었지만 팔찌는 단 1점도 발견되지 않았습니다. 이러한 고고학적 증거들은 중국에서는 팔찌를 부와 권력을 상징하는 위세품으로 인식하지 않았음을 우회적으로 증명해 주지요. 특별한 경우가 아니라면 남성이 팔찌를 착용하는 문화가 없었던 겁니다.

제7절
허리띠

일반적으로 허리띠(belt)는 바지가 내려가지 않도록 허리에 두르는 것이지요. 그러나 고대에는 바지가 아니라 두루마기(상의)에 두르는 것이 일반적이었습니다. 두루마기 위로 두른다는 것은 무엇을 의미하겠습니까? 두른 띠가 사람들 눈에 보인다는 뜻이겠지요? 고대에는 허리띠가 착용자의 부와 권력을 과시하는 도구로 간주된 겁니다. 그래서 금·은과 같은 화려한 귀금속이나 보석들로 허리띠를 꾸미는 경우가 많았지요. 패션 분야에서 허리띠를 의상에서 '사람들의 이목을 집중시키는 중점(point)'으로 중요시하는 것도 바로 이 같은 이유 때문입니다. 허리띠를 일종의 위세품으로 활용한 점에서는 신라 쪽도 마찬가지였지요.

1) 신라 허리띠 세트의 구성

신라의 허리띠는 크게 허리띠와 드리개(pendants)의 두 요소가 한 세트를 이루는데요. 소재는 사회적 지위에 따라 차등을 두어 금·은·금동이 사용되었습니다. 허리띠 부분의 경우, 띠 앞에 잠금쇠(prong)와 고정쇠(keeper)가 붙은 채우개(buckle)가 달려 있습니다. 그리고 띠 맨 끝에는 띠 끝 장식(end-tip)이 부착되는 것이 보통이지요. 그 사이의 띠 부분에는 금·은·금동 등으로 만들어진 몇십 개의 장식판(side plates)이 시곗줄처럼 차례로 연결되는데요. 학계에서는 이 장식판을 '과판(銙板)', 이 과

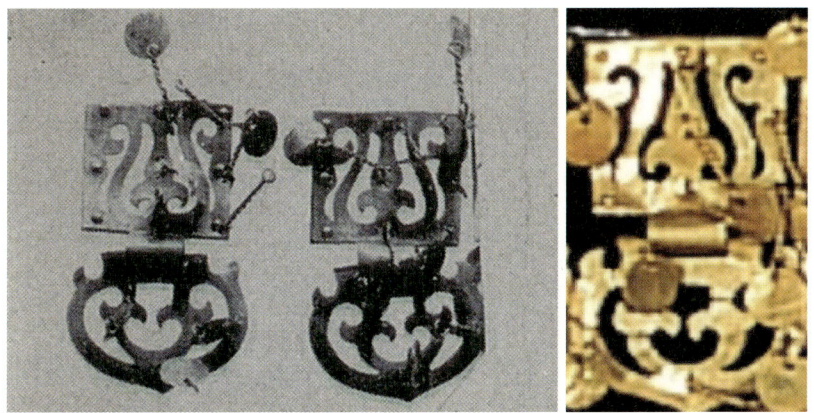

금관총 허리띠 장식판의 비조 문양. 신라에서는 허리띠에 이 문양을 사용하는 경우가 많았던 것으로 보인다. 이것과 똑같은 문양의 장식판이 공주의 송산리 4호분에서 출토되었다.

판들로 연결된 허리띠를 '과대(銙帶)'라고 부릅니다.

일반적으로 마립간 시기를 대표하는 고분인 '적석목곽분'에서 출토되는 허리띠 세트의 경우, 장식판에 공통적으로 들어가는 문양이 있는데요.[240] 학계에서 '삼엽문(三葉紋)'이라고 부르는 것이 그것입니다. 이 명칭은 금관총 유물들을 처음 연구하고 이름을 붙인 하마다가 처음 사용한 건데요. '이파리가 세 잎 달려 있는 모습을 형상화한 문양'이라는 뜻입니다. 그러나 그것이 정말 풀 이파리를 형상화한 걸까요? 자세히 보면 누구나 그것이 다른 것을 상징한다는 사실을 눈치챌 수 있을 겁니다. 새가 두 날개를 펴고 하늘을 나는 모습 말이지요. 그 모습을 투조 기법으로 표현한 겁니다. 실제로 신라 유물들의 경우, 이 허리띠의 장식판뿐만 아니라 환두대도 고리 장식이나 관모에 끼우는 새 날개 장식에서도 활개를 펴고 하늘을 하는 비조(飛鳥)의 이미지가 사용되었는데요. 그것은 마립간 시

---

240) 이한상, 같은 책, 제215 & 218쪽.

기의 신라 지배층이 새 토템을 신봉하고 있었다는 뜻으로 해석됩니다.

그동안 신라 고분에서 출토된 유물들을 살펴볼 때, 마립간 시기에 신라 지배층에서는 이 허리띠와 드리개를 성별과는 상관없이 위세품으로 활용한 것으로 보입니다.[241] 무덤의 주인공이 여성으로 추정되는 황남대총 북분 등에서도 금으로 만들어진 허리띠 세트가 출토되었거든요. 물론, 드리개의 개수나 종류에는 주인공의 사회적 신분이나 지위에 따라 조금씩 편차를 보이겠지만 말입니다.

2) 금관총 허리띠의 특징

1921년 금관총에서는 허리 부위에 해당하는 관의 중심부에서 금으로 만들어진 허리띠가 수습되었습니다. 마치 그 주인공인 '이사지왕'이 허리에 두르고 있기라도 했던 것처럼 끊어지지 않고 연결된 채로 말이지요. 그 밑에서는 다양한 드리개 장식들도 함께 발견되었는데요. 모두 금으로 만들어진 것들이었습니다.

금관총에서 출토된 허리띠 장식은 소재에 따라 크게 금으로 만든 것과 은으로 만든 것으로 구분됩니다. 그런데 은으로 된 것들은 아무래도 부식에 취약해서 대부분 삭아 없어져 버렸습니다. 제대로 남아 있는 것이 없는 거지요. 그러나 금으로 만들어진 것들은 그렇지 않습니다. 채우개부터 띠 끝 장식, 그리고 그 사이에 들어가는 40개의 장식판과 띠드리개 등이 모두 빠짐없이 출토되었거든요.

---

241) 이한상, 같은 책, 제216쪽.

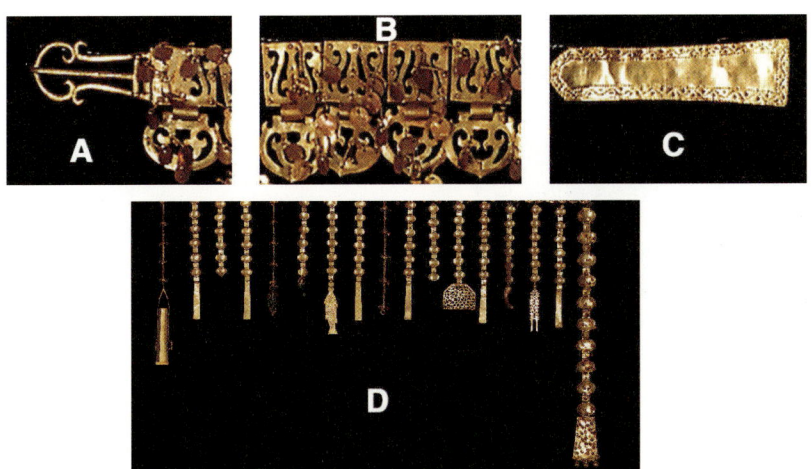

신라 허리띠의 구성. 크게 채우개(A) - 장식판(띠)(B) - 띠 끝 장식(C)의 세 요소로 구성되며 여기에 추가로 드리개(D)들을 드리우는 것이 보통이다.

① 채우개(buckle)

 금관총 허리띠의 채우개는 온전한 상태로 수습되었는데요. 타출 기법으로 가공된 이 채우개는 통상적인 형태인 D자형이 아닌 양송이(또는 열쇠구멍) 모양으로 만들어졌습니다. 채우개의 테 부분(frame)은 필기체 알파벳 x처럼 맞물리면서 멋을 내었는데요. 크기는 D자형보다 작은 편이지만 제법 우아한 모양을 갖추었습니다. 그 중심부(bar)에는 가로로 가늘고 긴 금 막대를 끼우고 그 중간에 단면이 둥글고 끝은 뾰족한 잠금쇠(prong)를 부착했는데 T자 모양을 이루고 있지요. 이 채우개는 별도의 금판을 접은 다음 뒤의 장식판과 연결되는 쪽이 못으로 고정되어 있습니다.

② 장식판(side plates)

 채우개 뒤의 장식판은 모두 40개[242]인데요. 각각의 장식판들은 투조

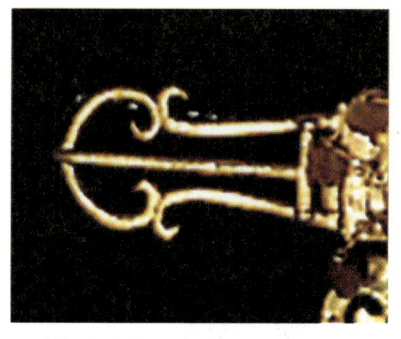 

금관총에서 출토된 허리띠의 채우개 부분(좌)과 통상적인 D자형 채우개(우)(e-뮤지엄 사진)

기법으로 만들어진 비조 문양을 기본 틀로 하면서 그 좌·우로 S형 문양을 대칭으로 배치했습니다. 얼핏 보기에는 첼로 몸통의 좌·우에 들어가 있는 문양 같군요. 장식판 아래에는 하트 모양의 장식이 추가로 부착되어 있습니다. 띠 장식판은 한 줄로 차례로 연결되어 있는데요. 이 금판 아래로는 경첩이 붙은 하트 모양의 고리가 하나씩 달려 있습니다. 금판에 대갈못이 9개가 박혀 있는 것을 보면 각각의 금판을 허리띠에 하나씩 고정시켰음을 알 수 있지요. 또, 이 금판과 하트 장식에는 군데군데 금실로 꼰 떨개를 달아 화려하게 꾸몄습니다. 황남대총 허리띠의 경우, 장식판에 같은 투조 기법이 사용되었지만 복잡한 형태의 용 문양이 표현된 것도 발견되었는데요. 문양 자체만 놓고 본다면 시기적으로 황남대총 쪽이 금관총보다 나중에 만들어졌음을 눈치챌 수 있습니다.

③ 띠 끝 장식(end-tip)

고대에는 채우개의 잠금쇠(prong)가 허리띠를 단단히 잡아 주지 못했

---

242) 2014년에 간행된 《금관총과 이사지왕》(국립중앙박물관, 제16쪽)에는 41개로 소개되어 있다.

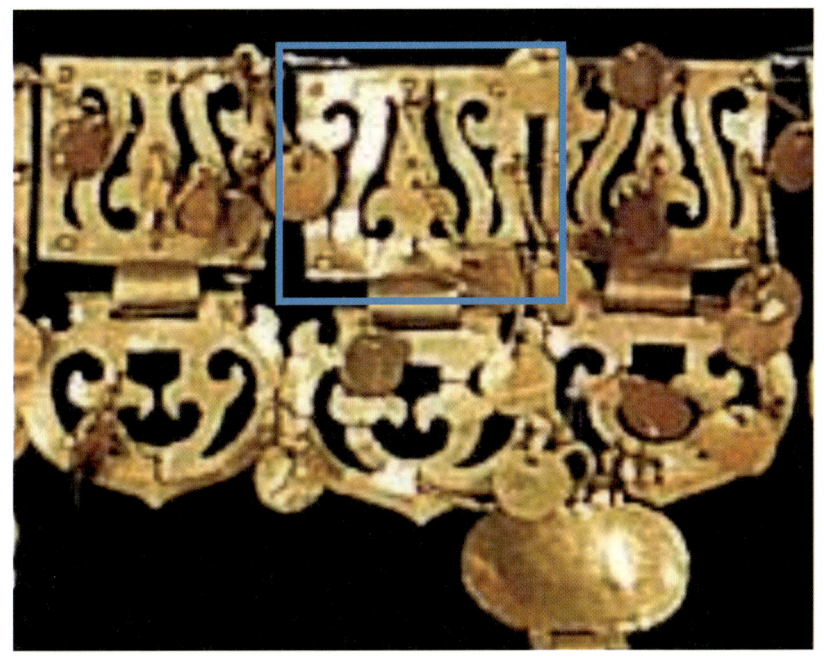

금관총 출토 허리띠 장식판의 문양(표시 부분). 투조 기법으로 비조 문양을 중심부에, S자 문양을 좌·우로 표현해 놓았다.

습니다. 길이가 긴 허리띠를 잡아 주는 띠고리(belt loop)가 존재하지 않았기 때문이지요. 채우개 곁에 간단하게 하나만 끼워 놓으면 되는데 말입니다. 그래서 허리띠를 잠금쇠에 걸어 띠 안으로 끼워 넣은 다음 남은 부분을 아래쪽으로 밀어 넣어 고정했던 것으로 보이는데요. 그래서 허리띠 뒷부분은 밖으로 드러나 있는 경우가 많았습니다. 띠 끝 장식은 그렇게 밖으로 드러나 있는 허리띠 뒷부분을 시각적으로 보기 좋게 꾸미려는 필요에 따라 고안된 거지요.

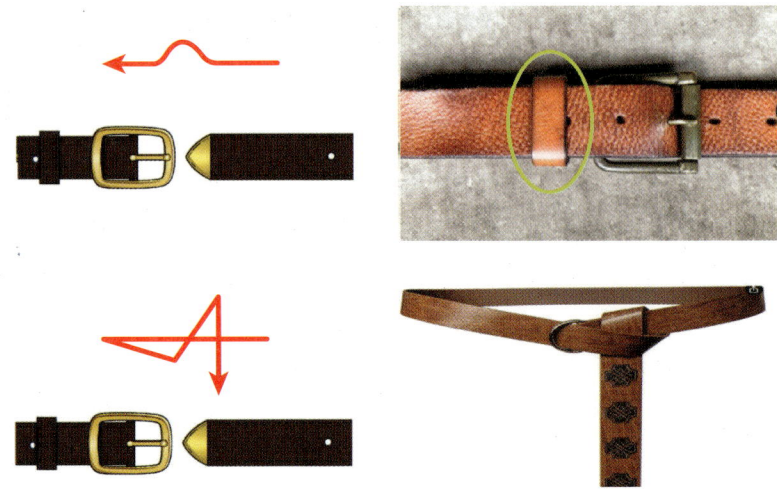

현대식 허리띠(상)에는 띠고리(노란 표시)가 붙어 있어서 남은 허리띠를 수납할 수 있으나 고대에는 그런 개념이 없었기 때문에 남은 허리띠를 한 바퀴 돌린 다음 아래쪽으로 끼워 넣었다(하). 띠 끝 장식이 생긴 것도 그 같은 이유 때문이었다.

④ 드리개(pendants)

드리개는 모두 17개 수습되었는데요. 대부분 온전하게 보존되고 있지만 쪽집개처럼 생긴 드리개는 현재는 그 소재를 알 수가 없다고 합니다.[243] 지면이 한정되어 있는 탓에 각각의 드리개들을 일일이 자세하게 다룰 수는 없기에 우리 책에서는 주요한 것들만 다루어 보도록 하지요.

3) 금관총에서 출토된 띠드리개들

고대인들은 상의든 하의든 주머니가 없었습니다. 21세기의 우리로서는 이해가 되지 않지만 그 당시 사람들은 비싼 옷감으로 지은 옷에 따로 옷감을 대고 주머니를 만든다는 개념이 아예 없었던 거지요. 조상 대대

---

243) 《경주 금관총》(유물편), 제78쪽.

다기능 군용 벨트. 고대의 신라 지배층에게 있어 허리띠드리개는 일종의 군용 벨트의 장비들과 비슷했을 것이다(Yakeda 사진).

로 받들어 온 문화 전통을 벗어날 엄두를 내지 못한 겁니다. 그런 선입견에 지배되다 보니 굳이 소품이나 도구 같은 물건을 휴대하려면 다른 해결책을 찾을 수밖에 없었을 테지요. 그 해결책들 중의 하나가 허리띠에 고리를 달아서 그것들을 차고 다니는 방법이었습니다. 쉽게 생각하면 요즘의 군용 벨트[또는 맥가이버 칼] 같은 것을 연상하면 되겠지요. 군대를 다녀온 사람들이라면 누구나 다 알겠지만, 군용 벨트는 단순히 바지를 몸에 고정시키는 데에만 사용되지 않습니다. 때로는 물통이나 탄창 집, 이런저런 장비나 소품들을 끼우고 다니기도 하거든요. 장교인 경우에는 거기에 권총집도 추가되겠지요? 1,500여 년 뒤인 현재는 허리에 차는 물건들이 많이 달라졌습니다. 그러나 언제 어디서든 간편하게 사용할 수 있는 도구들을 허리띠에 달고 다닌다는 개념만큼은 신라시대와 다를 바가 없지요.

신라에서는 띠 장식판의 하트형 고리에 긴 드리개를 달아서 화려함을 더하는 것이 보통인데요. 드리개로는 그 끝에는 상징물들이 사용되었습니다. 학계에서는 이 드리개를 허리에 찬다고 해서 '요패(腰佩)', 몸(허리)에 차는 물건이라고 해서 '패물(佩物)' 등으로 부르는데요. 황금 허리띠가 출토된 고분에서는 어김없이 드리개가 함께 수습되고 있다고 합니다. 반면에 은제 허리띠가 출토된 곳에서는 드리개가 발견되는 경우가 많은데요.[244] 드리개가 달렸느냐 아니냐는 무덤 주인공의 정치적 지위나 사회적 신분을 파악하는 데에 중요한 단서가 됩니다.

금관총에서는 허리띠 바로 밑에서 금 드리개 장식들이 수습되었는데요. 그 종류만 해도 10가지가 넘습니다.

① 살구나무잎 장식　② 세장 네모판
③ 곡옥　　　　　　　④ 투조 규
⑤ 쪽집게　　　　　　⑥ 물고기
⑦ 용무늬 투조　　　　⑧ 가지 모양 유리 공
⑨ 투조 광주리　　　　⑩ 약통

이 드리개들은 단순한 장식물이었을 가능성이 높습니다. 장례를 위하여 부장된 것들이니까요. 그러나 신라인들은 생시에도 허리에 이런 드리개들을 차고 다녔을 겁니다. 일종의 생활 도구로 말이지요. 특히 살구꽃잎·곡옥·물고기 등의 드리개는 장식용으로 달았을 것이 분명합니다. 그 옆의 쪽집개·가지·규(圭)·약통은 장식성이 상당히 강조되어 있는데요. 그중 몇 가지는 실용적인 공구나 소품으로 사용되었을 가능성도 있습니다. 요즘의 이른바 '맥가이버 칼'처럼 말이지요. 향이나 약을 담았을 것으

---

244) 이한상, 같은 책, 제217쪽.

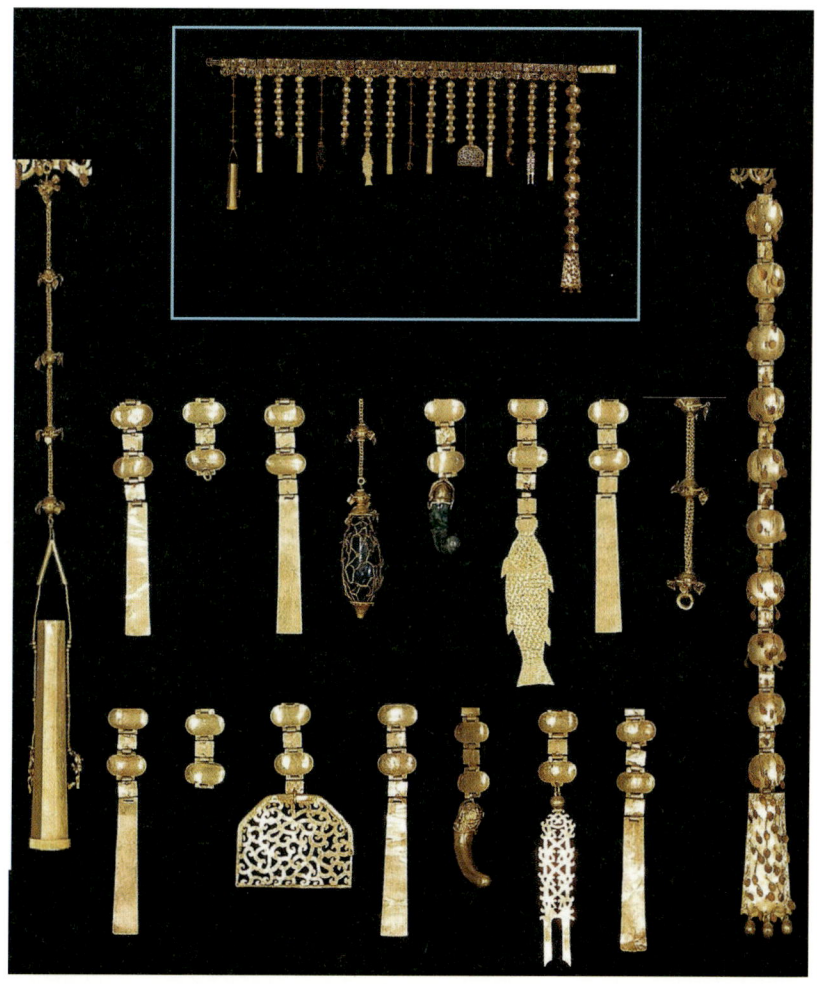

금관총 허리띠의 드리개들(상)과 확대 사진(하) 마립간 시기 신라 황금예술의 진수를 보여 준다(e-뮤지엄 사진).

로 보이는 통, 잔털이나 미세한 물건을 집는 데에 썼을 법한 쪽집게, 실 따위를 끊는 데에 썼을 주머니칼[刀子] 등이 그런 것들입니다.

  신라인들은 처음에는 일상에 유용한 도구인 쪽집게·약통 같은 것들을 드리개로 차고 다녔을 것입니다. 그러다가 장식성을 높이기 위해 곡

제7절 허리띠   437

옥·물고기·유리 공·광주리 같은 장식들을 추가했겠지요. 그리고 지금의 향수처럼 몸의 냄새를 덮기 위해 침향(沉香)이나 사향(麝香) 같은 향료를 넣은 향 통 같은 것도 새로 추가되었을 겁니다. 특이한 점은 가지 모양 공·광주리·약통 모양 드리개의 경우는 그 부분이 일률적으로 장식 구슬과 삼각고리 사슬로 강화되어 있다는 건데요. 다른 드리개들은 연결 부분에 경첩을 사용한 것을 보면 그 드리개들에 가루나 액체 같은 제3의 물질을 담았을 때 발생하는 하중을 견딜 수 있도록 보강 처리를 한 것으로 보입니다. 그동안 출토된 드리개들을 주요한 신라 고분들을 중심으로 살펴보면 다음과 같습니다.

〈표 – 주요 신라 고분의 드리개 출토 양상〉

고분명칭	드리개 종류 (★금 / ☆은 / ◎금은 / ○금동 / ◇금옥 / ◆옥)												
	살구잎	막대	곡옥	투조규	쪽집게	물고기	투조용	가지	광주리	약통	새	도자	연필
금관총	★	★	★	★	★	★	★	★	★	★	★	★	
서봉총		★	◇	★									
식리총			◆										
천마총		◎	◆		★	○			☆		◎	★	
황남대총		★	◆		◎	☆	★		☆	☆			
금령총		★	◇										★
쪽샘 44호													
달성 55호									☆				
창녕교동				☆		☆			☆				
양산부부총		☆											

5) 신라 허리띠의 문화적 계통

그렇다면 신라의 허리띠 문화는 어디에서 유래한 걸까요? 허리춤에 이것저것 차고 다니는 것은 신라에만 있는 문화전통이었을까요? 사실 허리띠에 무엇을 차고 다니는 것은 북방 기마민족들에게는 보편적인 현상이었습니다. 실제로 북송의 학자 심괄(沈括, 1031~1095)은 자신이 금나라에 사신으로 갔을 때 직접 본 여진족(女眞族)의 허리띠 문화와 관련하여 이렇게 소개했지요.

"… 좁은 소매, 진홍·녹색의 짧은 상의, 장화에 접섭이 있는 것은 모두 오랑캐의 복장이다. … 옷의 띠에 늘어뜨리는 접섭은 대개는 활·검·수건·산낭·칼·숫돌 따위를 차기 위함이다. 나중에 접섭은 [띠에서] 없애기는 했지만 그 고리들은 그대로 남겨 두었다. 그것으로 말의 재갈처럼 접섭에 물리게 되는데, 바로 지금의 대과이다. …"
中國衣冠, 自北齊以來, 乃全用胡服. … 帶衣所垂蹀躞, 蓋欲佩帶弓劍帉帨算囊刀礪之. 自後雖去蹀躞而猶存其環, 所以銜蹀躞如馬之鞦根, 即今之帶銙也.[245]

금관총 등 신라의 띠드리개들은 고대사에서 좀처럼 그 유례를 찾아보기 어렵습니다. 이 점은 유물들을 직접 연구한 하마다도 인정하는 바였지요.

"이와 같이 요패를 패용하고 있는 상태는 조선뿐만 아니라 중국 고대의

---

245) 심괄,《몽계필담(夢溪筆談)》〈고사(故事)〉.

부리야트 족 남녀의 복장과 허리띠 장식. 허리띠에 주머니칼 등의 휴대용 도구를 드리개로 차고 있다.

그림과 조각 등에도 표현된 것을 많이 보지 못했다. 하지만 희귀하게도 당대의 것이 있으니 중국 투르키스탄의 고창 무르툭(Murtuk) 부근의 유적에서 그륀베델(Grfnwedel)과 르 코크(le Coq) 두 사람이 발견한 벽화 속 위구르인의 풍속에서 확인할 수 있다. … 그런데 이 벽화 속 인물이 착용한 패물은 아무래도 금관총의 유물과 비교해서 수량과 종류 등에서 미치지 못한다."[246]

---

[246] 하마다·우메하라, 제99~102쪽. 하마다는 보고서에서 고창 무르툭 지역의 유적을 소개하면서 그 앞에 '중국' 두 글자를 붙였다. 그러나 명심해야 할 것은 그 지역은 고대에는 중국에 속해 있지 않았다는 사실이다. 역사적·문화적으로는 오히려 북방 기마민족들이 활동하는 초원 문화의 범주에 속한 지역들이었다는 뜻이다. 하마다가 처음부터 의도한 것인지는 알 수 없으나 금관총 유물, 나아가 신라의 문화를 분석하는 대목에서는 중국과 무관한 문화의 산물들에 대해서도 '중국의 것'임을 강조하는 경우를 많이 볼 수 있다. 하마다가 금관총 유물들의 문화적 계통에 관하여 선구적인 연

1921년 당시까지 세계사적으로 발견된 고분들에서 다양한 띠드리개들이 출토되었으나 그 유물의 수량이나 종류 면에서 금관총의 것을 따라올 만한 사례가 없었다는 것입니다. 실제로 그 이후로도 신라 금관의 선행 모델로 거론되는 박트리아나 스키타이 등의 왕관이 출토되어 화려한 황금 문화를 꽃피운 지역들 중에서조차 이처럼 방대한 양과 다양한 종류의 황금 유물이 출토된 적은 없었습니다. 그 자신도 인정할 수밖에 없었듯이, 당나라나 고창지역에서 출토된 드리개 유물들은 금관총 등 신라 고분들에서 쏟아져 나오는 것들에 비하면 아무것도 아니었습니다. 질적으로든 양적으로든 수적으로든, 그리고 예술적으로든 모든 면에서 신라의 것들에는 상대가 되지 않는다는 뜻이지요.

이처럼 하마다는 이러한 허리띠 장식 문화가 북방 기마민족의 문화전통에서 유래한 것임을 분명히 했습니다. 그러면서도 정작 신라 허리띠 문화를 거론할 때에는 마치 중국의 영향이 강한 것처럼 둘러대었는데요.

"과대는 하라다(요시토) 씨가 거론한 바와 같이, 중국의 문헌에 수대 천자가 9환대를 쓰고, 당대에도 역시 13환대가 있었다. 또한 문·무관 각각의 신분에 맞춰 13환 이하 9환에 이르는 제도가 당나라 상원 연간의 조칙에 보이는데, 40개라는 많은 과대를 부착해 장식한 것이 있었는지 없었는지는 알 수가 없다. 조선의 신라 과대도 확실히 그 형태는 대체로 중국의 육조로부터 전해진 것일 터이지만, 이처럼 다수의 과관을 장식한 것은 호화스러움을 좋아하는 변경지역 귀족들 사이에서 발생한 풍습으구를 한 것은 사실이지만 어떤 의미에서는 잘못된 선입견을 주입하여 신라, 나아가 삼국의 문화계통의 진면목을 파악하는 데에 장애가 되기도 한다.

欽定四庫全書
之有尸侑以君親而拜臣子悊族蟈氏之職不通行者
蓋多故漢魏承用袞冕今新禮親祭日月服五品之服
請備隋代故事諸祭皆用袞冕制曰可无忌等又曰禮
皇帝為諸臣及五服親舉哀素服今服白袷禮令乖舛
且白袷出近代不可用乃改以素服自是鷩冕以下天
子不復用而白袷廢矣其後以紫為三品之服金玉帶
銙十三緋為四品之服金帶銙十一淺緋為五品之服
金帶銙十深綠為六品之服淺綠為七品之服皆銀帶
銙九深青為八品之服淺青為九品之服皆鍮石帶銙
八黃為流外官及庶人之服銅鐵帶銙七武后擅政多
賜羣臣巾子繡袍勒以回文之銘皆無法度不足紀至
中宗又賜百官英王踣樣巾其製高而踣帝在藩時冠
也其後文官以紫黑絁為巾賜供奉官及諸司長官則
有羅巾圓頭巾子後遂不改初職事官三品以上賜金
裝刀礪石一品以下則有手巾筭袋佩刀礪石至睿宗
時罷佩刀礪石而武官五品以上佩鞊韘七事佩刀刀
欽定四庫全書 唐書 卷二十四

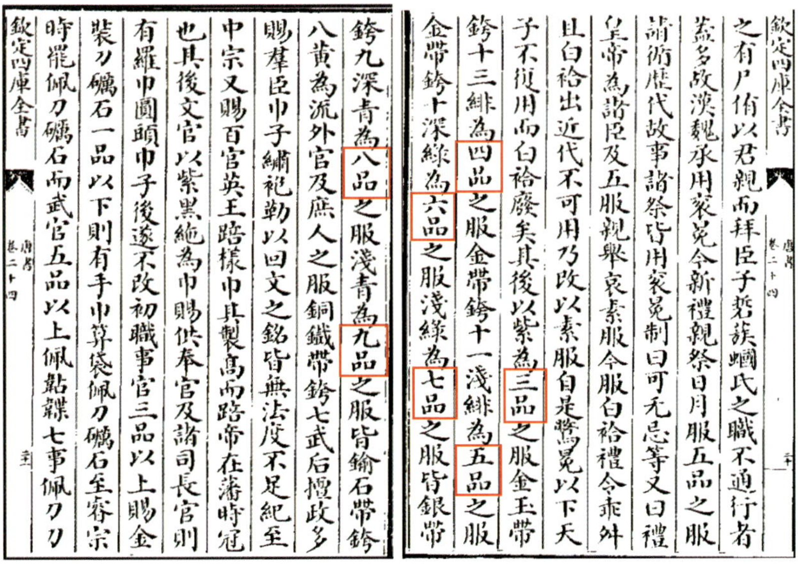

당나라에서는 허리띠의 장식판 개수로 관리의 등급을 구분하였다. 그 규정을 소개한 《신당서》 〈여복지〉의 해당 대목

로 여겨진다."[247]

하마다는 또 다른 일본인 고고학자인 하라다 요시토(原田淑人, 1885~1974)의 주장을 빌어, ① 수나라에 9환대(九鐶帶), 당나라에 13환대(十三鐶帶)가 있었다, 따라서 ② 신라의 허리띠 장식의 형태는 대체로 중국의 육조(六朝)시대에 전래된 것이라는 논리를 펼쳤습니다. 그러면서 천자의 나라인 수·당에서는 장식판이 적게는 9환에서 많아도 13환밖에 되지 않는데 왕의 나라인 소국 신라에서는 허리띠 장식판이 40개나 되는

247) 하마다·우메하라, 제88~89쪽, 1924. (국역판)

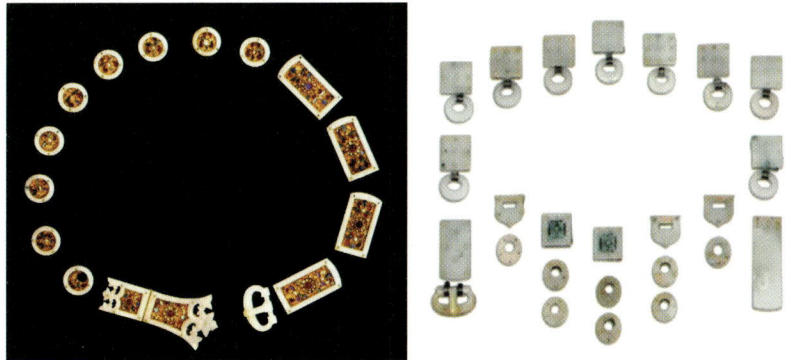

수·당대의 대신 두교의 무덤에서 출토된 허리띠 장식판들(좌)과 당대의 9환 14과 허리띠(우). 둘 다 가죽 띠 위에 10개 남짓의 옥제 장식판을 듬성듬성 붙여 만들어졌다. 신라보다 연대도 200년 이상 늦으며 귀금속으로 만든 40개 넘는 장식판과 10줄 넘는 드리개로 구성되는 신라의 것들과는 개념·양식이 상당히 다르다.

점에 대해서는 호화로움을 즐기는 변방 귀족들의 '중국 따라 하기' 정도로 궁색(窮塞)하게 둘러대었지요. 그러나 여기서 우리가 명심해야 할 점은 그의 이 같은 주장에는 중대한 맹점이 몇 가지 있다는 사실입니다.

첫째, 수·당대 중국과 신라의 허리띠는 그 소재나 구조에서 큰 차이가 있었습니다. 중국의 대표적인 검색 사이트인 빠이뚜 백과의 설명에 따르면, '과(銙)'는 가죽 띠(또는 비단 띠)에 박거나 붙이는 옥판이나 기타 소재의 장식품들을 가리키는 말입니다. 중국에서는 '과대'는 일반적으로 옥·금·은·철·뿔을 주된 소재로 만들어졌다고 하는데요. 당나라의 개국 군주인 이연(李淵, 566~635)이 황제가 된 뒤로 사용하기 시작했다고 전해집니다. 그런데 당나라가 세워진 것은 618년입니다. 중국에 과대가 등장한 것은 마립간 시기 신라보다 300년 정도 뒤의 일인 거지요. 《신당서》 〈여복지(輿服志)〉에 따르면 당대에는 허리띠를 꾸미는 장식판 '과'의 숫자에 따라 관리의 등급을 구분했다고 합니다. 여기에 등장하는 것이 '13

과대(十三銙帶)'이지요.

중국 과대의 대표적인 사례가 당나라 초기의 대신인 두교(竇皦, ?~646)의 무덤에서 출토된 '옥량금광진주 접섭대(玉梁金筐眞珠蹀躞帶)'입니다. 중국 섬서성 장안현(長安縣)에서 출토된 이 유물은 채우개·장식판·띠 끝 장식이 발견되었는데요. 허리띠 부분은 발견되지 않았습니다. 아마 소재가 썩기 쉬운 가죽이나 비단 같은 천이었을 테지요. 현재 남은 것들은 모두가 옥을 기본 소재로 삼고, 그 표면에 금박을 물려 화려하게 꾸민 것이 특징입니다. 장식판 부분은 채우개로부터 직사각형이 4개, 그 뒤로는 동그라미가 9개로 이루어져 있지요. 바로 '13과대' 또는 '13환대'인 셈입니다. 그러나 이 허리띠에는 드리개가 보이지 않습니다. 소재·제작 기법·구성 방식 등, 모든 면에서 신라와 중국은 허리띠 문화는 달랐기 때문이지요. 실제로 중국식 허리띠는 장식판을 네모·마름모·동그라미 식으로 만들어 적당한 간격을 두면서 허리띠에 듬성듬성 붙이는 경향이 강합니다. 간격을 두지 않고 장식판을 빽빽하게 연결시키는 신라의 허리띠 장식판들과는 많이 다르지요? 신라의 허리띠는 장식판이 40개가 넘는데 중국의 것들은 장식판이 아무리 많아도 13개에서 그치는 이유가 바로 이것 때문입니다.

둘째, 고고학자답지 않게 연대를 혼동하여 양국의 허리띠 문화를 이해하는 과정에서 중대한 착오를 범했습니다. 수나라와 당나라는, 그 건국 주체가 한족이 아닌 북방 민족(선비족)이라는 점을 제쳐 놓고서라도, 7세기를 전후해 세워진 왕조였습니다. 북방 민족의 복식 문화가 중국에 처음 전래된 북제(北齊)로 치더라도 마찬가지입니다. 북제는 550~577년에 존재했던 왕조인데요. 이 왕조가 멸망하고 4년이 지난 581년에 수나라가 세워지지요. 북제와 수나라는 둘 다 마립간 시기의 신라보다 적어도 200~300년 뒤에 등장한다는 뜻입니다.

　신라 유물 쪽이 시간적으로 중국보다 300년이나 빠르다면 중국의 허리띠 문화가 신라에 영향을 주는 일이 근본적으로 불가능하겠지요? 오히려 수나라나 당나라에서 신라의 허리띠 문화를 모방했다고 보는 편이 더 합리적이라고 봅니다. 드리개의 경우도 그렇습니다. 중국에서 드리개 착용을 법제화 한 것은 당나라 때부터입니다. 아무리 빨라도 당나라가 세워진 618년 이후인 거지요. 그 이전에는 그런 제도가 시행되기는커녕 아예 존재조차 하지 않았다는 뜻입니다. 그런데도 하마다는 6세기의 북제와 수나라가 4~6세기의 신라 허리띠 문화에 영향을 주었다고 주장한 겁니다. 물리적으로 말이 되지 않는다는 소리인 거지요.

　셋째, 고고학적 측면에서 따져 볼 때, 중국에서는 4~6세기 이전의 고대 고분에서 신라나 수·당대 허리띠와 유사한 유물이 출토된 사례가 거의 없습니다. 신라와 비슷한 허리띠 문화가 고대에는 중국에 존재하지 않았다는 사실은 현재까지 확인된 유물·벽화 등을 통해서도 확인할 수가 있는데요. 그 대표적인 사례가 해혼후 묘의 경우입니다. 이 고분에서는 금병(金餠)·마제금(馬蹄金) 등, 순도가 99.9%에 이르는 값진 순금 등의 황금 유물이 쏟아져 나왔지요. 금관총이 100년 전에 세운 기록을 깰 정도로 엄청난 수량이 말입니다. 그처럼 엄청난 유물들이 쏟아져 나왔음에도 불구하고 황금으로 만들어진 허리띠는 고사하고 드리개 장식조차 단 1점도 발견되지 않았습니다. 허리와 관련된 유물이라고 해 봤자 고작 전통적인 중국식 채우개인 대구(帶鉤)만 1점뿐이었지요. 그것도 금·은·금동 같은 귀금속이 아닌 옥으로 만들어진 것이었습니다. 그렇다면 이것

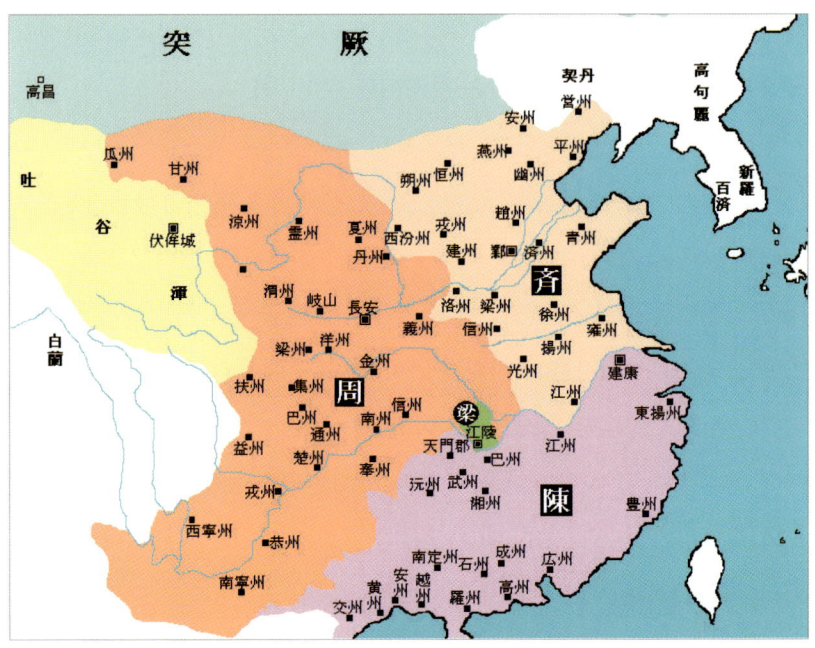

남북조시대의 신라. 6세기에 중국 북쪽에는 북제가 존재하였다(위키백과 지도).

이야말로 중국에서는 고대에 허리띠 문화가 신라처럼 화려하게 꽃을 피운 적이 없었다는 고고학적 증거가 아니겠습니까? 그 뒤에 보고된 한대 이래의 고분들도 마찬가지입니다. 드리개가 출토된 사례가 전무(全無)하다시피 하거든요.

반면에 신라 쪽은 어떻습니까? 신라의 화려한 허리띠 문화는 연대를 아무리 늦게 잡아도 5세기 중반부터입니다. 학자들의 연구 결과, 금관총 등 경주 지역의 신라 고분들이 5세기 초·중반에 조성된 것으로 알려졌지요. 5세기라면 당나라가 세워진 해보다 200년 정도 빠릅니다. 물론, 신라가 나중에 복식으로부터 각종 문물제도에 이르기까지 당나라로부터 문화적으로 적잖은 영향을 받게 되는 것은 사실입니다. 그러나 그것은 7

해혼후 묘에서 출토된 오수전(좌)과 금병(우). 금제 유물은 주로 금병·마제금의 형태로 발견되었다. 양적으로는 금관총의 기록을 깼지만 질적으로는 그 기록을 깨지 못하였다.

세기 이후의 일이지요. 4~6세기는 중국의 문물들이 본격적으로 신라에 수입되기 전입니다. 인적·물적인 교류 과정에서 중국 역시 신라로부터 이런 저런 영향을 받았을 가능성도 배제할 수 없다는 뜻이지요.

하마다가 보고서에서 소개한 무르툭(Murtuk)·베제클릭(Bezeklik)·소르쿡(Sorcuq)·쿰투라(Qumtura)·밍오이(Ming-oi) 등지의 허리띠 문화들 역시 마찬가지입니다.[248] 그 벽화들은 모두가 신라보다 한참 나중에 그려진 것들입니다. 신장 위구르 자치구의 투르판에 있는 베제클릭 유적지는 저자도 가 본 적이 있는데요. 역시 9~12세기 위구르 왕국의 것으로 알려져 있는 곳입니다. 연대가 마립간 시기 신라보다 한참 나중의, 그것

---

248) 하마다·우메하라, 제102쪽. 해당 지역의 관련 벽화들은 보고서의 제92~93쪽을 참조하기 바람.

제7절 허리띠 447

중국 위구르자치구의 투르판에 있는 베제클릭 유적지(우)와 벽화(좌). 마립간 시기보다 600여 년 뒤의 위구르 왕국 왕자들이 드리개를 차고 있다(위키미디어 사진).

도 역사적·문화적으로 중국과는 거리가 먼 곳이지요. 따라서 이처럼 허술한 증거들을 근거로 신라의 허리띠 문화가 중국의 영향을 받았다고 주장하는 것은 어불성설(語不成說)이 아닐까 싶습니다.

이처럼 신라의 허리띠 문화가 중국의 영향을 받았을 가능성은 역사적으로도, 고고학적으로도, 그리고 물리적으로도 희박해 보입니다. 아무리 생각해 보아도 하마다는 한국 고대사에 대한 이해가 없거나 중국의 역할을 지나치게 과장한 것 같군요. 끝까지 신라의 허리띠 문화가 외부 문화의 교류의 산물이라고 우길 작정이었다면 차라리 그 상대국을 다른 나라로 바꾸었어야 아귀가 맞습니다. 중국이 아닌 제3국으로 말이지요. 물론, 당시에 '제3국'이라면 고구려 정도밖에 없었을 겁니다. 고구려야말로 4~5세기에 신라가 중앙아시아 문화를 접할 수 있는 유일한 통로였으니까요.

화려한 채우개와 허리띠 장식들은 엄밀하게 따지자면, 농경민족의 문화적 산물이라고 보기 어렵습니다. 북방 기마민족의 산물로 이해해야 옳

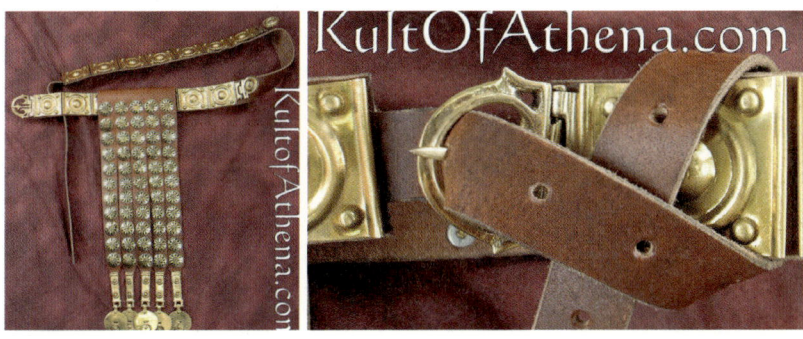

전쟁사 연구 사이트 컬트 오브 아테나(Kult of Athena)에서 재현한 로마제국의 허리띠(좌)와 착용 방법(우). 역시 띠를 수납할 띠고리가 없어서 남은 부분을 띠에 안에서 밖으로 둘러 놓았다.

다는 뜻이지요.[249] 금관총, 나아가 신라 허리띠 문화 역시 마찬가지입니다. 그 원류는 당연히 북방 초원에서 찾아야 옳습니다. 실제로 그 같은 장신구들은 하마다의 주장대로 한대보다 훨씬 이전부터 로마제국에서 이미 사용되고 있었으며, 켈트족·튜턴족 사이에서도 널리 사용되고 있었으니까요.[250]

그런 점에서 본다면 신라의 허리띠 문화는 초원 기마민족들의 문화 산물이 신라라는 고립된 '갈라파고스'에서 극단적으로 발현된 사례라고 해도 과언이 아닐 것 같습니다. 신라 허리띠 문화 속의 북방 요소들은 외부로부터 전래된 외래 문화였을까요? 아니면 마립간 시기 신라 지배 집단(김씨 왕가?)의 정체성을 보여 주는 고유한 문화 전통이었던 걸까요? 이 문제는 학자들이 앞으로 풀어야 할 숙제라고 봅니다.

---

249) 이 점에 관해서는 문성재, 《한국고대사와 한중일의 역사왜곡》의 '낙랑 버클' 관련 내용(제444~463쪽)을 참조하기 바란다.

250) 하마다·우메하라, 제89~91쪽.

6) 신라계 유물이 발견된 송산리 4호 고분의 주인공은 누구일까

　금관총 띠 장식판과 관련하여 한 가지 흥미로운 일이 있는데요. 금관총에서 출토된 것과 동일한 유형의 장식판 유물이 충청남도 공주시의 송산리 4호 고분에서도 2점이 확인되었다는 사실입니다. 은으로 만들어진 이 장식판들은 1927년 일본인들이 송산리 고분군을 발굴할 때 발견된 것인데요. 이 고분은 원래 역사적으로 웅진을 도읍으로 삼았던 웅진시기 백제에서 조성된 고분입니다. 그렇기 때문에 이 유물이 발견된 뒤로도 오랫동안 당연히 백제 유물인 것으로 여겨졌지요. 문제는 그 도안이나 세공 기법이 금관총에서 출토된 허리띠의 장식판과 완전히 일치한다는 데에 있습니다. 네모난 은판에 간단하게 묘사된 인동초(忍冬草)가 투조 기법으로 표현되어 있습니다. 그 사실은 장식판의 비조 문양만 보아도 금방 눈치를 챌 수 있지요. 비조 문양은 신라계 유물들에서 흔히 볼 수 있는 문양이거든요. 학계에서도 이 문양을 근거로 이 장식판이 5세기 말에 신라에서 백제로 전해진 것으로 결론을 내렸다고 합니다.[251]

　통치자가 서로 다른 신라와 백제 두 나라의 도읍에서 어째서 똑같은 양식과 세공 기법으로 만들어진 띠 장식판이 출토된 걸까요? 신라와 백제의 교섭사를 더듬어 보면 금방 그 답안을 얻을 수가 있습니다. 412년에 즉위한 고구려의 장수왕은 남진정책을 강력하게 밀어부칩니다. 그러자 위기감을 느낀 백제는 생존을 위해서 신라를 설득하여 433년에 공동의 이익을 위하여 동맹을 맺지요. 그 유명한 '나·제 동맹'의 시작입니다. 이때를 전후하여 두 나라는 서로 밀착되어 인적·문화적으로도 활발하게 교류하게 되는데요. 이 송산리 4호 고분의 띠 장식판도 신라와의 동맹 및

---

251) 〈금관총 금제 과대(함순섭)〉, 《한국고고학전문사전》(고분유물편), 제133~134쪽

공주 송산리 고분군(좌)과 4호분(빨간 표시). 확대 사진의 봉분이 없는 것이 4호분이다(백제세계유산센터 사진).

교류의 산물이었던 거지요.

학계에서는 이 같은 해석을 토대로 송산리 4호의 조성 연대를 5세기 4/4 분기로 추정하고 있습니다.252) 물론 이 띠 장식판이 백제의 웅진(공주)으로 건너온 시점이 5세기 후반인지 단정할 수는 없습니다. 그 사실을 언급한 역사 기록이 보이지 않으니까요. 그러나 만약에 말입니다. 장식판의 문양이 금관총의 것과 판박이처럼 똑같다는 점, 금관총이 '이사지왕' 즉 눌지 마립간의 왕릉이라는 사실(?)에 유념한다면 어떻게 될까요? 장식판이 달려 있던 은제 허리띠가 백제로 건너온 시점을 어느 정도 추정할 수 있게 됩니다. 백제가 신라에 강화를 요청한 비유왕(毗有王) 7

---

252) 〈금관총 금제 과대(함순섭)〉, 같은 쪽.

무녕왕릉에서 수습된 왕비의 귀걸이(좌)와 곡옥(우). 무녕왕 때까지는 신라와의 관계가 우호적이었고 교류가 활발하였다. 따라서 그 유물들 중 일부는 신라에서 건너왔을 가능성도 있다(e-뮤지엄 사진).

년(433), 즉 눌지 마립간 17년(433) 이후의 어느 한 시점일 가능성이 높다는 뜻이지요.

433년이라면 백제의 도읍이 한성(서울)에 있을 때입니다. 웅진으로 천도하기 무려 40년 전이지요. 그런데 어떻게 그것이 웅진에서 발견될 수 있느냐고요? 모르긴 몰라도 당초에 신라의 은제 허리띠를 우호의 기념물로 전달 받은 당사자는 원래 한성에 살다가 백제의 천도와 함께 웅진에 정착했을 겁니다. 그리고 다시 시간이 좀 더 지나 송산리에 묻혔을 테지요. 확실한 것은 역사적으로 433년부터 551년까지 두 나라가 우호관계를 이어 간 100여 년 동안 신라의 금 세공품들이 어떤 방식으로든 백제에 영향을 주었을 거라는 사실입니다. 그 증거물이 바로 이 송산리 4호 장식판인 거지요. 그렇다면 이 백제 고분의 주인공은 '이사지왕' 눌지 마립간(?~458)의 생존 시점과 맞물리면서 웅진 천도 전후까지 생존한 왕이었을 겁니다. 고구려에게 한강지역을 빼앗기고 전사한 개로왕(蓋鹵王, 455~475 재위)이거나 그 아들로 웅진으로 천도한 문주왕(文周王, 475~477 재위) 둘 중 한 사람일 가능성이 높다는 뜻이지요.

제8절

금동 신발

 금동으로 만든 신발은 신라 고분에서 출토되는 대표적인 위세품들 중의 하나이지요. 학계에서는 '장식으로 꾸민 신발'이라는 뜻에서 '식리(飾履)'라고 부르고 있습니다. 일반적으로 금관, 금제 허리띠와 짝을 이루어 함께 출토되는 것이 보통인데요. 격조 높고 화려한 이 위세품들은 그 고분들이 신라의 왕이나 왕족의 것들임을 시사해 줍니다. 갑피(upper)와 밑창(sole) 두 부분으로 구성되는 이 신발들은 고구려·백제·신라·가야의 영토에서 모두 그 유물이 확인되었습니다. 제작 기법이나 양식에서 조금씩 편차를 보이기는 하지만 말이지요. 그러나 지금까지 출토된 수량을 따져 보면 신라 지역에서 출토된 것이 가장 많습니다.

1) 신라지역의 금동 신발 출토 현황

 신라 고분에서 금동 신발이 출토된 사례는 적은 편입니다. 현재까지 23곳에서만 출토되었거든요.[253] 그리고 그중 절반 이상이 신라의 도읍이었던 경주지역의 것이지요. 대표적인 고분으로는 금관총 말고도 황남대총(남북분)·서봉총·금령총·천마총·식리총·호우총·은령총·황오동의

---

[253] 〈식리(이한상)〉, 《한국고고학전문사전》(고분유물편), 제520쪽에는 21곳으로 소개되어 있다. 이 책이 간행된 뒤로 2020년에 황남동 고분, 2024년에 쪽샘 44호분에서 각각 1켤레씩 총 2켤레의 금동 신발이 새로 출토되었다.

16호분(제1곽)·4호분·인왕동 고분 등이 있습니다. 신발이 출토된 고분들은 지리적으로 주로 봉황대 주변, 황남대총·천마총·팔우정 로터리 부근에 밀집된 양상을 보입니다.

　금동 신발이 수습되는 위치는 고분에 따라 차이를 보이는데요. 부장품을 모아 놓은 상자에서 확인되거나(황남대총 남분·금령총) 관 외부 발치 쪽(천마총)에서 발견되는 경우도 있습니다. 그러나 대부분은 관 내부의 발치 쪽에서 출토되었지요. 시신의 발에 신겨진 채로 안장되었다는 뜻입니다. 이 밖에도 의성·경산·대구·창녕·양산 등지의 고분에서도 한 켤레씩 출토되었다고 하지요.

　일반적으로 신라이든 가야이든 간에 한 무덤에서 한 켤레씩 출토되는 양상을 보이는데. 흥미로운 점은 '이사지왕' 눌지 마립간의 금관총에서는 두 켤레나 출토되었다는 사실입니다.

2) 금관총에서 수습된 신발

　신라 고분에서 출토된 금동 신발들은 겉모양에 따라 크게 두 가지 유형으로 나뉩니다. 발 크기보다 훨씬 크고 넉넉하게 만들어진 것과 발에 딱 맞게 만들어진 것이 그것인데요. 그중 대부분은 크고 넉넉하게 만들어져 있으며 발에 딱 맞게 만들어진 것은 상대적으로 적은 편입니다. 금관총에서는 이 두 유형이 동시에 수습된 거지요. 한 고분에서 금동 신발이 두 켤레나 출토된 셈입니다. 일반적으로 한 켤레만 부장하는 신라나 가야 고분의 관례를 감안해 보면 상당히 이례(異例)적인 일입니다.

① 작은 떨개가 달린 신발

　1921년 당시 금관총에서 처음으로 유물을 수습한 오사카의 진술에 따

1921년 출토 당시의 금관총 금동 신발들. 운동화처럼 발에 꼭 맞게 만들어진 것(좌)과 품이 넉넉하게 만들어진 것(우)의 두 유형이 수습되었다. 지금은 둘 다 부식이 많이 진행된 상태이다.

르면, 이 신발은 관 내부 서쪽 귀퉁이의 발치 자리에서 수습되었다고 합니다. 그러나 1,500여년이라는 긴 세월을 거치는 동안 보존 상태가 많이 나빠졌는데요. 신발의 왼짝은 발등(vamp)과 옆판(saddle)까지만 남아 있고 신발을 신은 발을 잡아 주는 설포(tongue)와 뒤축(back counter)은 삭아 없어져 버렸습니다. 오른짝은 앞코(toe cap)와 밑창 일부만 남아 있고요. 겉모양만 보면 요즘 주위에서 볼 수 있는 스파이크 육상화가 연상됩니다. 상당히 날렵하고 세련된 모습인 거지요.

크기는 왼짝이 길이 33cm, 폭 11.3cm, 오른짝이 길이 36.1cm, 폭 12cm 정도입니다.[254] 두 짝은 길이가 3cm 정도 편차를 보이는데요. 신발이 삭아 없어지면서 길이가 달라진 것으로 보입니다. 밑창은 얇은 동

---

254) 《경주 금관총》(유물편), 국립경주박물관, 제105쪽, 2016.

금관총 금동 신발(좌)의 투조. 'ㅗ' 문양으로만 제작된 백제의 것(우)과 달리 신라의 것은 테트리스 게임에서 볼 수 있듯이 'ㅗ'와 'ㅜ'가 서로 맞물려 있다.

판 1장으로 발 모양을 따라 만들어졌는데요. 원래 도금 처리되었던 것으로 보이는 갑피는 앞코 부분을 빼고는 발등부터 뒤축까지 한글 모음 'ㅗ'와 'ㅜ'가 투조(透彫, openwork) 기법으로 규칙적으로 이어지면서 밑창을 싸는 방식으로 만들어졌습니다.

신라 금동 신발의 경우, 투조로 만들어진 갑피에는 문양이 들어가는 것이 보통인데요. 금관총의 경우만 해도 그렇습니다. 한글 모음 'ㅗ'와 'ㅜ' 문양이 교대로 연결되면서 갑피를 이루고 있거든요. 반면에 백제의 것들은 갑피가 'ㅗ' 문양으로만 연결되어 있지요. 그래서 학계에서는 이 문양상의 차이를 신라와 백제의 금동 신발을 판별하는 척도로 삼기도 합니다.[255]

이 신발의 앞코와 옆판에는 직경 1.7cm 크기의 떨개가 각각 1개씩 달려 있습니다. 투조에서 제외된 앞코 부분 여러 군데에 금동 실을 꼬아 끼웠던 작은 구멍들이 2개씩 남아 있는데요. 떨개를 다는 금동 실을 꼬아

---

[255] 〈신라의 장신구(이한상)〉,《신라고고학개론(하)》, 제219쪽.

끼운 자리였던 것으로 보입니다. 아마 '이사지왕'을 안장할 당시에는 앞코와 발등 옆판에 훨씬 많은 떨개가 달려 있었겠지요. 하마다는 신발에 남겨져 있는 그 구멍들을 토대로 신발에 달렸던 떨개가 87개 정도였던 것으로 추정했습니다.[256] 지금은 푸른 녹이 슬고 금동이 삭아서 볼품없이 변해 버린 상태인데요. 그래도 군데군데 금빛으로 빛나는 것을 보면 처음에는 겉면을 도금(鍍金) 처리를 했음을 알 수 있습니다.

1921년 유물을 수습할 당시에 이 신발 밑창에는 비단과 베의 일부가 눌어붙은 유기물이 남아 있었다고 하는데요.[257] 금관총의 주인공(눌지마립간)이 안장될 때 버선과 신발에 덧대었던 베가 1,500년 동안 신발의 금동 성분과 녹이 화학반응을 일으키면서 녹아 내려 안창에 눌어붙었던 것으로 보입니다.

이와 비슷한 양식으로 제작된 신발은 양산 북정동 부부총에서도 출토되었고, 경주와 창녕의 고분에서도 출토되었다고 합니다.

② 꽃잎 모양 징을 박은 신발

이 유형의 신발은 현재까지 유일한 발견 사례입니다. 다른 고분에서는 출토된 사례가 없다는 뜻이지요. 이 신발은 앞의 유형처럼 갑피가 투조 기법으로 가공되었습니다. 금관총의 흙과 모래를 걷어 내는 과정에서 관 내부 북동쪽 모서리 60.6cm 떨어진 지점(금관 부근)에서 수습되었는데요.[258] '이사지왕'의 발에 신겨진 채 발견된 앞의 신발과는 상황이 좀 다른 셈입니다. 관 서쪽에서 수습된 귀걸이·팔찌·반지들과 마찬가지로, 여

---

256) 하마다·우메하라, 국역판 제109쪽.
257) 하마다·우메하라, 국역판 제110쪽.
258) 하마다·우메하라, 국역판 제110쪽.

《객사도》 속의 신라 사신(상)과 기마인물형 토기의 인물(하)이 신은 신발. 아마 평소에는 가죽으로 만든 신발을 신었을 것이다.

분으로 부장되었다는 뜻입니다.

　이 신발은 길이 34.5cm, 폭이 10.9cm 정도였다고 하는데요. 발등을 감싸는 갑피 부분이 높이가 3cm를 넘지 않을 정도로 부식이 심합니다. 여기서 사람들의 눈길을 끄는 부분은 밑창인데요. 땅과 맞닿는 밑창은 앞쪽이 버선코처럼 살짝 들려져 있습니다. 신라 신발의 겉모양에 관한 정보는 중국의 서안시(西安市)에서 발견된 당나라 장회태자 이현의 묘에서 확인할 수 있습니다. 이 고분 벽의 〈객사도(客使圖)〉에는 신라 사신의 모습이 그려져 있는데요. 정장을 한 그가 신은 것은 가죽신으로 보입니

제8절 금동 신발　459

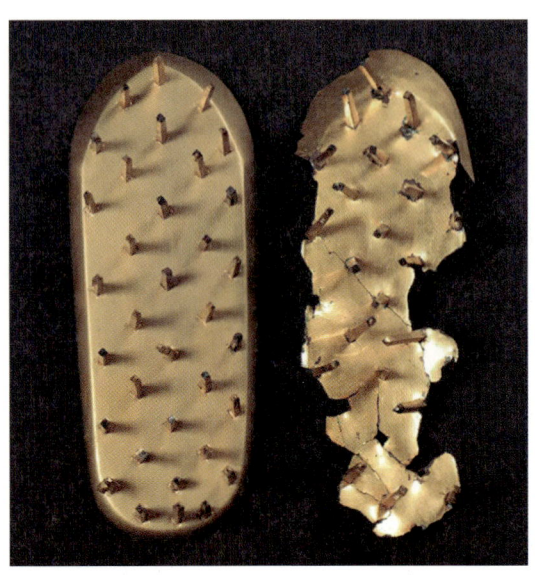

황남대총(북분)에서 출토된 금동 신발. 바닥판만 남았는데 밑창에 굵은 못이 박혀 있어서 고구려의 영향을 받은 것으로 추정하고 있다.

다. 그 가죽신은 앞코가 땅바닥에서 살짝 들려 있는데요. 이렇게 생긴 신발은 금령총 기마인물형 토기의 인물이 신은 신발과 비슷합니다. 모르긴 몰라도 이 금동 신발은 신라시대 사람들이 신고 다니던 가죽신의 겉모양을 본 떠 만들었을 가능성이 높습니다.

이 신발은 밑창의 윤곽을 살펴보면 그 모양이 다리미 바닥같이 생긴 것을 알 수가 있습니다. 사람 발에 맞추지 않고 상당히 널널하게 만들어진 셈이지요. 겨울에 신는 어그 부츠처럼 말입니다. 육상화처럼 발에 딱 붙게 제작된 앞의 유형과는 모양이 상당히 다른 거지요. 이런 모양의 금동 신발은 황남대총·경산 임당동(6A호)·의성 탑리 등에서도 출토되었다고 합니다.

이 신발의 밑창에는 꽃잎 모양의 장식이 6줄로 간격을 일정하게 두면서 엇갈리게 대갈못으로 고정되어 있는데요. 꽃잎 장식이 왼쪽에는 중심 줄에 7개, 좌·우 4줄에 각각 6개씩 총 31개가 박혀 있습니다. 오른짝은 옆판이 일부 삭아 없어졌지만 처음에는 역시 같은 숫자의 장식이 박혀 있었겠지요. 학계 일각에서는 이 신발의 밑창을 근거로 이것이 제작 기법상 고구려 양식을 따랐다고 보기도 합니다.[259]

꽃모양 징이 겉창에 박혀 있었다는 것은 무엇을 의미할까요? 아무래도 당시에 일상에서 신고 다니던 것이 아니라는 증거겠지요. 어디까지나 장례를 목적으로 만들어진 장례용품이었다는 뜻입니다.

금관총에서 출토된 이 두 짝에는 1921년 당시 안창에 목질이 거의 모두 남아 있었다고 합니다만 손상이 심한 한 짝은 안창 안쪽 금동 부분에서는 비단과 베를 이중 삼중으로 포갠 0.3cm 정도의 깔창이 깔려 있었다고 하는군요. 하마다는 이 섬유 유기물이 원래는 갑피 아래쪽에 덧대어 발등을 보호하는 용도로 사용된 것으로 보았습니다.[260]

일부 학자는 신발의 갑피와 뒤축이 없이 밑창만 발견된 점에 주목하고 밑창에 금속제 못을 박는 고구려 금동 신발의 영향을 받은 것으로 해석하기도 합니다.[261] 그러나 단순히 못이 박히거나 밑창만 발견되었다고 해서 그것을 고구려의 영향으로 단정할 수 있을지는 의문입니다.

3) 금동 신발은 평소에도 착용했을까

그러면 신라인들은 이런 금동 신발을 평소에서도 신고 다녔던 걸까요? 금동 신발의 용도에 관해서는 여러 가지 주장이 제시되고 있는데요.

---

259) 《경주 금관총》(유물편), 제226쪽.
260) 하마다·우메하라, 국역판 제110쪽.
261) 김재열, 같은 논문, 제63쪽.

평남 강계 삼실총 벽화 속의 고구려 장수가 신은 신발(좌)과 고구려 금동 신발 바닥판 (우상). 비가 와서 길이 미끄러울 때 신속하게 행동할 목적으로 바닥에 못을 박은 것으로 보인다(국립문화재연구소 사진).

일상에서 신고 다녔다고 보는 학자도 있고, 장례용품으로 끼워 넣은 것으로 보는 학자도 있습니다. 심지어 어떤 학자는 적을 공격하는 무기로 해석하기도 했지요. 고구려 삼실총(三室塚) 벽에 그려진 무사가 착용한 신발처럼 말입니다. 그러나 한 가지 분명한 것은 '그럼에도 불구하고' 일상에서는 신을 수 없는 신발이었다는 사실입니다.

이 점은 역사 기록들을 통해서도 확인이 가능한데요. 《북사(北史)》· 《구당서》·《삼국사기》 등 국내외 정사의 기록들에는 삼국시대 세 나라 사람들의 복식 문화를 소개한 대목이 보입니다. 그런데 고구려와 백제에서는 한결같이 가죽신을 신었다고 소개하고 있거든요. 신라 역시 마찬가지입니다. 이현 묘의 《객사도》 벽화를 보면 신라 사신이 가죽신을 신고 있지요.

가죽신이라면 지금의 구두나 운동화와 비슷한 착용감을 주었을 겁니다. 그러나 금속재는 그렇지 않지요. 단단하고 무거운 금속재를 소재로

일본의 금동 신발들. 후지노키 고분(좌)과 에타 후나야마 고분(우)의 유물(일본 문화유산 온라인 사진)

삼았다는 것은 무엇을 의미할까요? 신발에 금속이 들어갔다는 사실 자체만으로도 실용품으로서는 적합하지 않다고 보아야 합니다. 실제로 하마다는 1924년의 조사 보고서에서도 "당연히 의식용 신발이었다고 볼 수밖에 없다"[262]는 결론을 내렸지요. 다만, 이것이 단순한 장례의 부장 목적으로 만들어진 것인가 생전의 제사 의식도 염두에 두었던 것인가에 대해서는 다소 신중한 입장을 보였습니다.

하마다는 꽃모양 장식이 달린 신발이 제법 튼튼하게 만들어져 있다는 점에 주목하여 "단순히 장례용품만은 아니고 살아 있을 때에 의례용품으로 착용했던 것"[263]으로 추정한 바 있습니다. 생전에 의식에 사용되었다는 것은 곧 누군가가 그것을 현장에서 착용했다는 말이 됩니다. 얇은 금동판 한 장이 80kg이 넘는 육중한 성인 남성의 체중을 버텨 낼 수 있었

---

262) 하마다·우메하라, 국역판 제112쪽.
263) 하마다, 제60쪽(국역판 제91쪽).

을까요? 몸을 움직이기라도 하면 그 허술한 구조로는 도저히 운동 에너지를 감당할 수가 없습니다. 갑피가 터지고 신발이 찌그러질 것이 뻔하지요. 어디 그뿐입니까? 금속의 모서리나 떨개에 살이 긁히거나 겉창에 박은 대갈못에 발을 찔릴 우려도 높지요. 일상에서는 아무리 신고 싶어도 신을 도리가 없다는 뜻입니다. 이 사실은 유물로 출토된 기존의 국내외 금동 신발들을 비교·분석해 보면 금방 알 수 있습니다.

① 얇은 밑창, ② 외부의 떨개, ③ 무겁고 딱딱한 소재, ④ 착용 시 변형과 부상의 우려 등등의 변수들을 종합적으로 따져 보면 금동 신발은 장례용품으로 부장된 것으로 보는 편이 합리적입니다. 전반적으로 장식성은 상당히 뛰어난지 모르지만 크기가 지나치게 큰 반면 구조상으로는 너무도 허술하게 만들어져 있으니까요.[264)] 신발이 발 크기보다 크고 헐렁하다거나 갑피가 투조로 가공되어 구멍이 숭숭 나 있는 것도 그렇지요. 갑피는 원래 걸을 때 신발을 신은 발을 버텨 주는 역할을 합니다. 그런 갑피에 구멍이 많이 나 있으면 신발이 발을 잡아 줄 지지력이 약해질 수밖에 없습니다. 신발을 신고 걸을 때 그 운동 에너지를 신발이 제대로 버텨 낼 수가 없다는 뜻이지요. 몇 걸음 걷기도 전에 금방 찌그러져 버리고 말 겁니다.

앞코와 옆판에 달린 떨개들은 금동 신발이 장례용품임을 증명해 주는 결정적인 증거지요. 안장 당시에는 지금보다 훨씬 많은 떨개가 달려 있을 텐데요. 평소에 신고 다니는 신발에 떨개같이 튀어나온 장식이 여기저기에 요란하게 달려 있다고 생각해 보십시오. 아무리 조심해도 걸음마다 걸리적거려서 다니기가 불편했을 겁니다. 더욱이 거동하다가 옷자락

---

264) 〈식리(이한상)〉,《한국고고학전문사전》(고고 유물편), 제521쪽.

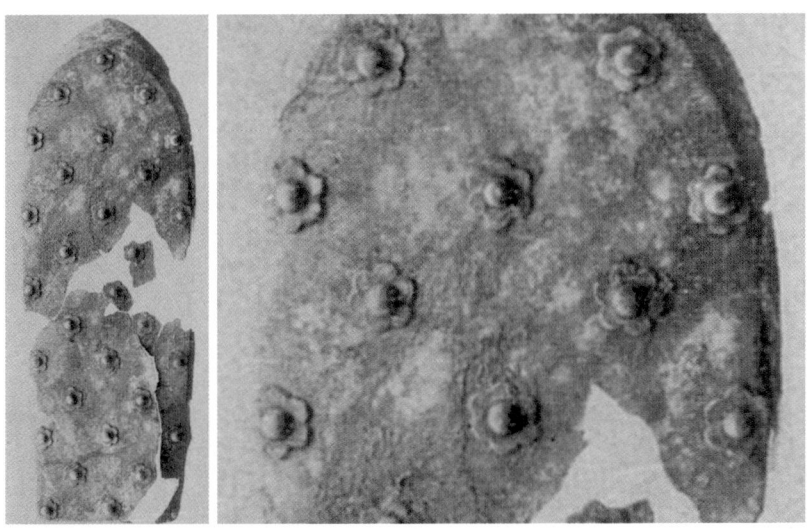

1921년 당시의 꽃잎 장식 금동 신발 밑창(좌)과 그 확대 사진(우). 꽃잎 장식이나 밑창에 닿거나 쓸린 흔적 없이 거의 새것 그대로임을 확인할 수 있다.

이 찢어지거나 자칫 발을 다칠 수도 있었겠지요.

가장 결정적인 증거는 밑창에 있습니다. 여러분이 신고 있는 신발을 벗어서 밑창을 한번 살펴보십시오. 밑창 상태가 어떻습니까? 평소에 신고 다닌 신발은 밑창이 땅바닥에 쓸리고 바닥면이 닳아 없어지기 마련입니다. 온전한 상태를 유지하기 어렵다는 뜻이지요. 그런데 금관총 등 신라 고분의 금동 신발들은 전혀 신고 다닌 흔적이 없습니다. 밑창이 어제 새로 산 것처럼 깨끗하지요. 밑창과 꽃잎 장식에 닿거나 쓸린 흔적이 전혀 없다는 뜻입니다. 정말 생전에 단 한 번이라도 집 밖에 신고 다닌 신이라면 꽃잎 장식도 밑창도 다 닳아 있어야 정상이 아니겠습니까? 금동 신발의 밑창이 화려하게 만들어진 목적은 신고 다니기에 편하기 위해서가 아니라 장례 주체가 그것을 망자의 발에 신겨서 망자와 자신의 부와 권력을 과시하는 데에 있었던 겁니다.

그 사실을 가장 극단적으로 보여 주는 증거물이 식리총 금동 신발이지요. 다음 장에서 자세하게 다루게 되겠지만 식리총의 신발 밑창은 신라 황금 예술의 장인 정신이 총동원된 최고의 걸작이라고 해도 과언이 아닙니다. 신라는 물론이고 삼국, 아니 아시아 전체를 통틀어 신발의 밑창을 이처럼 호화롭게 장식한 사례는 이 유물이 유일합니다. 그런데 이 유물에서도 단 한 군데도 쓸리거나 닳은 흔적을 찾아볼 수가 없습니다. 어제 만든 새 것처럼 반짝반짝 빛까지 날 정도이지요. 무덤의 주인공이 생전에 신고 다니던 것이 아니라 역시 장례용으로 만들어진 신발이었다는 움직일 수 없는 증거인 셈입니다.

4) 신라 이외 지역의 금동 신발 유물들

금동 신발은 그동안 역사적으로 신라·가야와는 상관이 없다고 여겨져 왔던 지역들에서도 일부 출토 사례가 확인되고 있습니다. 백제지역의 경우, 공주·서산·원주·익산·고창·고흥·나주 등지에서 현재까지 총 15건의 출토 사례가 확인되었습니다. 그중에서 절반 이상이 공주의 무녕왕릉(2)·수촌리(4)와 서산의 부장리(2) 등 '웅진' 백제의 중심인 충청지역에 집중되는 경향을 보이는데요. 제작 기법에서는 좌·우 옆창의 양끝을 신발의 앞뒤에서 접합하는 등, 신라와는 차이를 보입니다. 그러나 투조 기법과 'ㅜ'자문을 사용하는 등, 양식 면에서 비슷한 점도 보여 주고 있지요.

원주나 고창·고흥·나주 쪽에서 출토된 신발의 경우는 그 지리적인 위치를 감안할 때 제작 주체가 백제가 아니었을 가능성도 염두에 둘 필요가 있다고 봅니다. 가야(고창·고흥·나주)나 신라(원주)의 유물일 가능성 말이지요. '출토된 곳이 어느 지역인가'보다는 '어떤 집단에 의하여 제작되었는가'에 주목할 필요가 있다는 뜻입니다.

호남과 일본의 금동 신발. 전남 나주 정촌(좌)과 일본의 에타 후나야마(우)에서 출토된 이 유물들은 고대에 금동 신발을 위세품으로 사용한 집단이 한·일 양국을 무대로 활동했음을 고고학적으로 증명해 준다.

    고구려지역의 금동 신발로는 우산하(禹山下)·마선구(麻線溝)·칠성산(七星山) 등지의 고분군의 유물과 국립중앙박물관에 소장된 유물이 알려져 있는데요. 모두가 중국의 길림성(吉林省) 집안시(集安市) 일대에서 출토되었다고 합니다. 이 유물들은 '신발'이라는 이름과는 달리 모두가 밑창(바닥판)만 남은 상태인데요. 길이 30~34cm 정도의 이 밑창에는 22개에서 많게는 60개까지의 금속제 못이 박혀 있다고 합니다. 학자들 중에는 황남대총(북분) 등 신라의 일부 고분에서 출토된 금동 신발 밑창에도 못이 박혀 있는 점에 주목하면서 그 기원을 고구려에서 찾기도 하지요. 그렇다면 중국 쪽은 어떨까요?

    중국에서는 역대 왕조의 고분들이 속속 확인되고 고고조사가 이루어지고 있습니다. 그러나 금동 등 귀금속 소재의 신발은 그중 단 한 곳에서도 발견된 사례가 없습니다.[265] 앞서 금관이나 반지·귀걸이 등의 경우에서 보았듯이, 중국의 역대 왕조가 서주 천자의 복식제도를 그대로 계승했기 때문입니다. 중국 경내의 고대 고분들에서 신발이 거의 수습되지 않는 것은 그 소재가 신라 같은 금속재가 아니었기 때문이지요. 소재가

---

265) 〈식리(이한상)〉, 같은 책, 제520쪽.

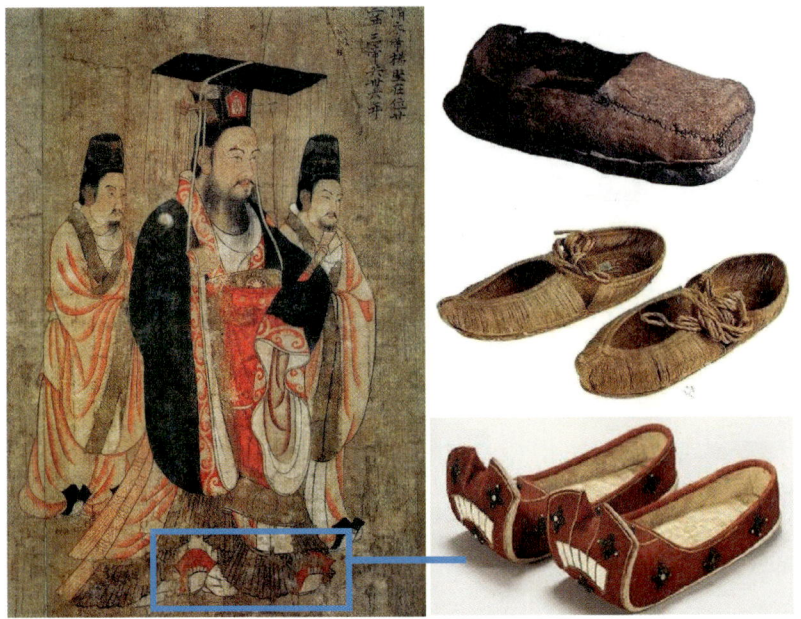

중국의 전통적인 신발 유형. 일반적으로 가죽(상)-삼(중)-비단(하) 등의 소재로 만들어 신었으며 귀금속으로 만든 사례는 보이지 않는다. 왼쪽은 황제만 착용하던 붉은 비단 신발 단석(丹舃)

가죽이나 천이었다는 뜻입니다. 그래서 2,000여 년이라는 세월을 버티지 못하고 대부분 삭아 없어져 버린 거지요.

최근에 중국 길림성 집안시에서 금동 신발의 밑창이 몇 켤레 출토되었다고 하는데요.[266] 마선구(麻線溝), 마선 저장(馬線 貯藏), 우산하(禹山下), 칠성산(七星山)에서 출토된 것들이 그것입니다. 모두가 집안시 경내에 있는 고분의 유물들이지요. 진위 여부는 둘째 치고, 만약 그것이 진품이라면 당연히 고구려의 유물로 보아야 옳습니다. 집안이라는 지역 자체가

---

266) 박수동,《경주 황남대총 북분 출토 금동못신 연구》, 울산대 석사논문, 제15~18쪽, 2012. 역시 집안에서 출토된 것으로 알려져 있는 중앙박물관 소장의 금동 신발까지 포함시키면 모두 5~6켤레에 이르는 셈이다.

역사적으로 중국의 역대 왕조와는 거리가 먼 지역이었으니까요.

지금까지 금동 신발이 출토된 곳을 나라별로 정리해 보면 다음과 같습니다.

〈표 – 경주와 기타 지역의 금동 신발〉[267)]

국명	고구려	백제	신라	와
출토 고분 (지역)	집안 우산하 고분군 집안 마선구 고분군 집안 칠성단 고분군 --- 전집안 식리* (국립박물관)	공주 무녕왕릉 공주 수촌리 1/3/4/8호 서산 부장리 6/8호 ------ 원주 법천리 1호/4호* 익산 입점리 86-1호* 고창 봉덕리 1호(제4실)* 고흥 길두리* 나주 신촌리 9호(을관)* 나주 복암리 3호*	금관총 서봉총 금령총 천마총 황남대총 남북분 식리총 호우총 은령총 황남동 고분 황오동 16호분(제1곽) 황오동 4호 인왕동 고분 쪽샘 44호분 ------ 경산 임당동 6A호 조영동 EⅡ-2호 조영동 EⅡ-3호 대구 비산동 39호(제2곽) 내당동 51호(제2곽) 내당동 55호 의성 탑리리 고분 Ⅱ곽 대리리 2호 B-1곽 북천리 부부총 창녕 교동 1호	에타후나야마 고분(히고) 가가미무라 시호즈카(히젠) 미타지리 구와야마(스오) 멘도리무라 히가시미야야마(이요) 엔야무라 치쿠야마(이즈모) 후쿠오카 나가모노가헤(호키) 나카스 우마가다케(부젠) 죠요무라 고성 고분(고즈케) 요시노무라 니혼마쓰야마(에치젠) 이즈모무라 가모이나리야마(오미) 가모이나라야마 고분 이치스카 WA1호
사례	5	15	23	10?

267) 세부 내용은 《경주 금관총》(유물편)·《신라고고학개론》(하)·《한국고고학전문사전》(고분유물편) 등을 참조하여 작성하였다.

제8절 금동 신발 469

제6장

그러면 금관총 주변 고분들은 누구의 무덤인가

경주시 중심부인 노서동은 금관총이 자리잡고 있었던 곳입니다. 일제강점기에 도로 하나를 사이에 두고 길 동쪽 구역이라는 뜻의 '노동리(路東里, 지금의 노동동)'와 길 서쪽 구역이라는 뜻의 '노서리(路西里, 지금의 노서동)'로 나뉘었지만 그 이전에는 그 사이에 길이 존재하지 않았지요. 노서동과 노동동은 사실상 한 구역 안에 있었다는 뜻입니다.

이 구역에는 금관총을 포함하여 여러 개의 신라 고분이 자리잡고 있는데요. 가장 규모가 큰 봉황대를 위시하여 서봉총·금령총·호우총·식리총·쌍상총(雙床塚)·마총(馬塚)·은령총(銀鈴塚) 등이 그것들입니다. 이 고분들은 대체로 4~6세기 마립간 시기에 조성된 것으로 추정되는데요. 아쉽게도 모두 그 주인공이 누구인지 밝혀지지 않고 있답니다. 만약 이 구역 고분군의 주인공이 한두 사람이라도 밝혀진다면 신라사는 물론이고 우리 고대사의 비밀을 푸는 데에 중요한 단서를 제공해 줄 것이 분명합니다.

구글어스 로드뷰(road-view)로 살펴본 노서동 고분군(좌)과 노동동 고분군(우). 그 사이에 나 있는 길이 봉황로, 즉 일제강점기의 혼마치 도오리이다. 두 고분군은 이 길이 생기기 전인 수백년 전만해도 사실상 한 구역에 속해 있었을 것이다. 만약 봉황로의 존재를 무시한다면 금관총의 규모는 지금 학자들이 추정하는 것보다 더 커진다.

동아시아 전근대 왕조에서 왕릉은 신성한 왕권을 정당화하고 왕실 계보의 정통성을 과시하는 상징적인 장소 중의 하나였습니다.[268] 선대 왕들의 업적을 기리는 공간이기도 하지만 그 과정에서 현재 왕좌를 지키고 있는 왕의 권력과 재부를 만인에게 과시하는 선전장이기도 했을 테니까요. 그래서 왕릉은 그 안에서 영면(永眠)하게 될 주인공이 살아 있을 때부터 축조 과정에 직접 참여하기도 합니다. 고대 이집트의 쿠푸(Khufu) 왕이나 중국 한나라의 무제(武帝)처럼 말이지요. 그러나 보통은 왕릉의 규모와 부장품을 결정하는 권한은 그 왕의 후계자가 행사하기 마련입니다.

신라 고분들 중에서 특히 마립간 시기의 왕릉들은 전형적인 적석목곽분(積石木槨墳)인데요. 그 양식은 고구려의 적석총이나 북방 시베리아의 목곽묘(木槨墓)와는 차이를 보입니다.[269] 이 왕릉들은 거대한 규모와 화려한 부장품들로 말미암아 언제나 사람들의 이목을 사로잡아 왔는데요. 그러나 정작 그것들이 정말 왕릉인가, 그리고 그 왕릉의 주인공은 누구인가 등등의 문제들은 아직도 그 답안을 얻지 못한 채 여전히 논쟁이 벌어지고 있는 것이 실정입니다.

고분의 주인공을 밝히는 작업이 만만치 않은 가장 큰 이유는 무엇보다도 관련 문헌 기록의 한계와 고고학적 자료의 부족 때문이었습니다.[270] 그렇다 보니 학자들은 마립간 시기의 신라 고분의 주인공과 연대를 추적하는 과정에서 부장품의 질과 양, 봉분의 규모, 축조 방향, 기획성 등을

---

268) 하워드 웨슬러 저, 임대희 역,《비단같고 주옥같은 정치》, 고즈윈, 2005.
269) 박광열, 〈신라 적석목곽분의 연구와 금관총〉,《고고학지》제20권, 제61쪽, 국립중앙박물관.
270) 김대환, 〈신라 마립간기 왕릉의 새로운 성과와 해석〉,《한국고대사연구》제88호, 제99쪽, 2017.12.

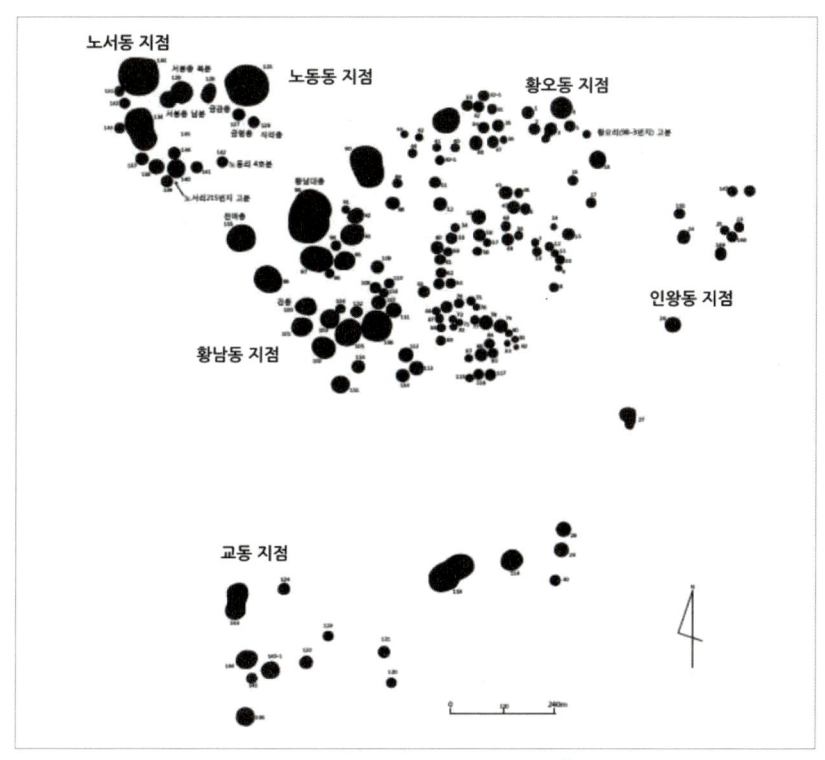

월성지구 고분군 고분 분포도[271]

절대적인 판단 기준으로 삼아 왔습니다.[272] 그러나 부장 상황이나 기획성 여부는 발굴 조사를 전제로 하지요. 그래서 어떤 고분이 왕릉이야 아니냐의 여부는 주로 겉모습, 즉 봉분의 규모를 근거로 판단하는 경향이 강했습니다. 학자들이 초대형 봉분을 가진 봉황대(125호분)·서봉황대(130호분)·황남대총(98호분) 등을 왕릉으로 판단한 것도 일단 직관적으로 볼 때 봉분의 규모가 크다는 이유 때문이었지요.[273]

---

271) 김대환, 〈신라 마립간기 왕릉의 새로운 성과와 해석〉(제101쪽)의 분포도.
272) 김대환, 같은 논문, 제103쪽.

물론, 꼭 봉분이 커야만 왕릉인가에 대해서는 아무도 장담할 수가 없습니다. 고대 고분에서 봉분의 규모는 거기에 묻히는 당사자보다는 고분을 조성하고 제사 의식을 주도하는 장례 주체(후계자)의 의지에 따라서 좌우되는 경우가 많거든요. 오랜 세월을 거치는 사이에 후대의 변형에 따라 봉분의 규모나 외형이 왜곡될 수도 있고요. 금관총의 경우처럼 말입니다. 그래서 학자들 중에는 고분 내부의 적석층이 지상에 있는가 지하에 있는가, 봉분이 어느 방향으로 축조되었는가, 배총(陪塚, 배장묘)이 딸려 있는가 없는가, 적석부는 봉토인가 제단인가 등, 다양한 접근방법을 통하여 고분 주인공들과의 소통을 시도하기도 하지요.

물론, 이 같은 접근은 본질적으로 고고학적 방법론이라고 하기 어렵습니다. 단추를 어디에 어떻게 끼우느냐에 따라서 전혀 엉뚱한 답안이 나올 수도 있지요. 자칫 본질을 흐리거나 연구자들을 오도할 수도 있다는 뜻입니다. 대표적인 사례가 금관총의 경우입니다. 일제강점기에 일본인 학자 하마다 고사쿠는 금관총이 처음에 조성된 시점을 6세기 전반으로 보았습니다. 그리고 그 주인공을 소지·지증·법흥의 세 왕 중 한 사람으로 추정한 거지요.[274] 그 뒤로 대부분의 학자들은 그 주장을 일종의 '가이드라인'으로 받아들였다고 해도 과언이 아닙니다. 문제는 일제강점기에 이루어진 발굴 조사는 그다지 치밀한 것이 아니었다는 데에 있습니다. 당시의 고고조사 수준이나 조사자의 경륜 등을 따져 볼 때 조사된 내용의 신뢰성이 낮은 경우가 많았다는 뜻입니다.[275]

우리는 문자·언어·음운·금석 등 전방위적인 언어학적 탐색을 통하여

---

273) 김대환, 제104쪽.
274) 하마다,《경주의 금관총》, 제100~101쪽.
275) 김대환, 제109쪽.

하마다 고사쿠 초상. 금관총의 절대연대를 6세기로 잡고 그 주인공으로 소지·지증·법흥 세 왕 중 한 사람으로 보았다. 그의 주장은 100여 년 동안 금관총의 연대와 주인공을 연구하는 학자들에게 일종의 '가이드라인'으로 간주되어 왔다. 그러나 '이사지왕=눌지 마립간'이라는 답안이 나온 이상 그가 추정한 연대는 재고되어야 옳다.

'이사지왕'이 바로 눌지 마립간이라는 결론에 도달했습니다. 금관총은 자비 마립간도 소지 마립간도 지증왕도 아닌 눌지 마립간의 왕릉이었던 거지요. 이렇게 금관총의 주인공이 밝혀진 이상 마립간 시기의 왕릉들과 그 주인공들에 대한 기존의 연구들도 이제는 처음부터 재검토될 수밖에 없습니다. 이제부터는 '금관총=눌지 왕릉'이라는 전제하에서 같은 구역에 자리잡고 있는 나머지 고분들의 주인공들을 찾아나가야 옳다는 뜻이지요.

나물·실성·눌지·자비·소지 등, 이른바 4~6세기에 마립간으로 일컬어진 왕들의 왕릉은 어디에 있을까요? 신라사 연구자들은 그동안 이 문제를 놓고 다양한 주장들을 개진해 왔습니다. 그동안 마립간 시기의 왕릉 비정에서 결정적인 단서로 작용한 것은 황남대총 남분의 절대연대였습니다. 황남대총 남분을 5세기 전반으로 보는 학자는 그 주인공으로 나물 이사금이나 실성 이사금을, 5세기 중엽으로 보는 학자는 눌지 마립간으로 각각 비정하고 있다고 합니다. 또, 금관총과 천마총을 왕릉으로 판단한 학자는 각각의 절대연대에 착안하여 금관총의 주인공으로 소지 마립간이나 자비 마립간을, 천마총의 주인공으로 소지 마립간이나 지증왕을 거론하고 있지요.[276] 일제강점기 이래로 학자들이 비정한 마립간 시기 왕릉의 주인공들을 고분별로 살펴보면 다음과 같습니다.

〈표 – 마립간 시기 신라 왕과 추정 고분 대조표〉[277]

왕호	재위	고분 명칭	주장 학자(최초 주장 연도)
나물 330?~402	356 ㅣ 402	황남대총 남분	이종선(1996), 이희준(1995), 최병현(1981), 김창호(2000)
		119호	김용성(1998), 박광열(2007), 박천수(2016), 함순섭(2010)
실성 350?~417	402 ㅣ 417	황남대총 남분	박광열(2007), 함순섭(2010)
		90호	이종선(1996)
		119호	최병현(1992)
		106호	김용성(1998)
눌지 393?~456	417 ㅣ 458	황남대총 남분	藤井和夫(1979), 毛利光俊彦(1983), 신경철(1985), 김용성(2003), 이주헌(2015), 박천수(2016), 김두철(2011)
		봉황대	이종선(1996), 최병현(1992)
		106호	박광열(2007)
		금관총	김창호(2000)
자비 410?~479	458 ㅣ 479	봉황대	김용성(2003), 박광열(2014), 박천수(2016)
		황남대총 북분	이주헌(2014)
		황남대총 남분	김창호(2000)
		금관총	이종선(1996)

---

276) 김대환, 제108쪽.
277) 심현철의 논문 〈신라 왕릉의 변천과 마립간릉〉《한국고고학보》제116호, 2020) 제139쪽의 표를 토대로 재구성하였다.

소지 461?~500	479 | 500	서봉황대	김용성(2003), 박광열(2014), 박천수(2016)
		금관총	濱田耕作(1932), 穴澤和光(1972), 藤井和夫(1979)
		천마총	毛利光俊彦(1983), 이종선(1997)
		134호	최병현(1992)
지증 437~514	500 | 514	134호	김용성(2003), 박광열(2014), 박천수(2016)
		천마총	藤井和夫(1979), 毛利光俊彦(1983), 최병현(2014)
		금관총	濱田耕作(1932)
		서봉황대	이종선(1997)
		서악동 고분	황종현(2018)

　우리는 앞에서 '이사지왕'이 신라 제19대 국왕이었던 눌지 마립간임을 확인했습니다. 1921년에 발굴된 금관총은 눌지 마립간의 왕릉이라는 뜻이지요. 물론, 앞으로 역사 기록이나 고고 유물과의 분석 작업이 뒤따라야 할 필요가 있습니다. 그러나 분명한 것은 앞으로 4~6세기 신라 고분들의 연대와 주인공들을 추정하는 데에 있어 금관총이 중요한 단서를 제공하게 될 거라는 사실입니다. 특히 금관총이 자리잡고 있는 노서동 고분군의 경우는 더더욱 그렇지요. 봉황로를 축으로 하나의 군집(群集)을 이루는 노동동·노서동 고분들은 금관총의 주인공인 '이사지왕' 눌지 마립간과 직접·간접적으로 관계가 있다고 보아야 옳기 때문입니다. 그 구역 전체가 동일한 왕계(王系, 나물왕계)에 속한 마립간들의 가족묘지일 가능성이 높다는 뜻이지요.

　그렇다면 금관총 주변, 즉 노서동과 노동동에 모여 있는 크고 작은 고분들은 누구의 무덤일까요? 이제부터 '금관총=눌지 왕릉'이라는 새로운

구글어스로 보는 노서동과 노동동의 고분들(아래). 옹기종기 모여 있는 이 크고 작은 고분들의 주인공들은 과연 누구일까. 길 건너 위쪽(정북)에 대릉원이 보인다.

전제를 깔고 이 구역 고분들의 연대와 주인공들을 하나씩 따져 보도록 하겠습니다.

제1절
봉황대 – 봉황이 깃든 왕릉

'봉황새가 깃든 누대(樓臺, balcony)'라는 뜻의 이름을 가진 이 고분은 현재 봉분의 높이가 21.1m, 지름(동서)이 83.9m나 됩니다. 노동동은 물론이고 길 건너편의 노서동까지 통틀어 가장 규모가 큰 고분이지요. 그 자리는 노동동 고분군에서 북쪽 끝에 해당됩니다만 그 주위로 금관총·금령총·식리총 등 크고 작은 고분들이 둘러싸고 있습니다. 마치 밤하늘의 수많은 별들이 북두성(北斗星)을 중심으로 돌고 있는 것처럼 말이지요.

이처럼 입지 환경이 특이한 데다 규모 역시 초대형이다 보니 학자들은 그동안 '그 주인공은 과연 누구인가'를 놓고 다양한 의견을 개진해 왔습니다. 토기 양식의 변화 양상이나 5세기 능원의 형성 과정[278]에 착안하거나 재위 기간의 업적이나 고분이 조성된 방향[279]에 주목하여 눌지 마립간의 왕릉으로 보기도 했습니다. 또, 어떤 학자들은 금관총·금령총·식리총을 봉황대에 대한 일종의 '배총(배장묘)'으로 보아 그 연대를 5세기 말~6세기 초로 잡고 눌지의 아들인 자비 마립간을 그 주인공으로 지목하기도 했지요.[280]

---

278) 최병현, 〈경주 월성북 고분군의 형성과정과 신라 마립간 시기 왕릉의 배치〉, 《한국고고학보》 제3집, 한국고고학회, 2014.
279) 이종선, 《고신라 왕릉 연구》, 제156쪽, 학연출판사, 2000.

조선시대 말기의 봉황대. 주민들이 당시까지도 왕릉임을 알지 못했던지 봉분 위로 오솔길이 나 있다(국립경주문화유산연구소 사진).

학자들은 저마다 나름의 근거와 논리를 가지고 있는 것 같습니다. 그러나 문제는 《삼국사기》 등 역사 기록에는 봉황대로 불리는 이 신라 고분의 내력에 관한 언급이 전혀 보이지 않는다는 데에 있습니다. 게다가 지금까지 한 번도 발굴 조사가 이루어진 적이 없었지요. 현재로서는 그것이 어느 왕의 무덤인지 확인하기 어렵다는 뜻입니다. 물론, 설사 발굴이 성사된다고 해도 그 주인공이 누구인지 알 수는 없을 겁니다. 지금까지 신라지역에서 발굴된 고분들에서는 그 주인공의 이름이나 왕호를 암시하는 유물이 수습된 일이 단 한 번도 없었기 때문이지요.

학자들은 봉황대가 '마립간 가운데 한 사람의 능'이라는 데에 대부분 동의하고 있습니다. '마립간'이라는 칭호는 역사적으로 나물 이사금 때부터 실성·눌지·자비·소지·지증까지 모두 6명의 왕에게 붙여졌지요. 물

---

280) 대표적인 학자로는 김용성(2003), 박광열(2014), 박천수(2016) 등이 있다.

론, 나물과 실성은 원래 '이사금'으로 불렸습니다. 당시까지만 해도 신라 왕위 쟁탈전에서 주도권을 쥔 것은 석씨 집단이었으니까요. 그러다가 나물 이사금의 아들 눌지가 왕좌에 오르면서 김씨 집단의 정체성에 걸맞는 칭호인 '마립간'을 정식으로 사용하기 시작한 겁니다. 《삼국사기》에 나물과 실성의 칭호가 '마립간'으로 소개된 것도 바로 이런 이유 때문이지요.

어쨌든 봉황대는 이 중의 한 사람이 잠들어 있는 왕릉임에 분명합니다. 일부 학자는 ① 금관총이 황남대총 남분보다 나중에 조성되었다는 점, ② 노동동과 노서동에서 발굴된 적석목곽분들 중에서 연대를 5세기 4/4분기 이전으로 추정할 수 있는 경우가 없었다는 점, 따라서 ③ 그 구역의 대형 고분의 주인공을 눌지 마립간보다 나중의 왕으로 보아야 한다는 점 등을 들어 그 주인공을 자비·소지·지증 이 세 마립간 중의 한 사람으로 보기도 합니다.281) 1년 전만 해도 봉황대의 주인공을 자비 마립간, 금관총의 주인공 이사지왕을 그 아들이자 소지 마립간의 동생으로 본 논문이 발표되기도 했지요.282)

그러나 이미 제3장에서 충분히 살펴보았듯이 '금관총=눌지 왕릉'이라고 전제할 때 바로 옆의 초대형 고분인 봉황대는 자연히 그보다 서열이 더 높은 인물의 무덤일 수밖에 없습니다. 바로 그의 부왕으로 사후에 '마립간'이라는 칭호를 처음으로 부여 받은 나물 이사금 말이지요. 그 자리가 '좌북향남(坐北向南)'의 제왕의 자리인 노동동 가장 북쪽 끝인 점이나 봉분의 규모를 보더라도 마립간 시기를 연 그의 위상을 대체할 만한 인물은 없어 보입니다.

---

281) 심현철, 제142쪽.
282) 이현태, 〈금령총의 주인공 비정〉, 《금령총의 주인공과 그의 시대》, 발굴 100주년 기념 학술심포지엄, 제148~149쪽, 국립경주박물관, 2024.

서봉황대 쪽에서 바라본 금관총과 봉황대. 사진의 아래쪽이 노서동, 길 건너편이 노동동이다(국립경주문화유산연구소 사진).

1) 첨성대는 선덕여왕이 세운 천문대가 아니다

일부 학자는 나물 이사금의 왕릉으로 황남대총 남분을 지목하기도 하는데요.[283] 그 근거는 《삼국유사》의 바로 이 기사입니다.

"[나물왕의] 왕릉은 점성대 서남쪽에 자리잡고 있다."
陵在占星臺西南.[284]

나물 왕릉이 점성대의 서남쪽에 있다고 한 저자 일연(一然, 1206~1289)의 발언이 그 결정적인 근거인 것 같군요. 이 점성대가 지금의 첨성대(瞻星臺)라고 판단한 학자들이 그 서남쪽에 나물 왕릉이 자리잡고 있어야 된다고 생각한 거지요. 첨성대 서남쪽에 있는 고분이라면 황남대총

---

283) 이희준(1995), 함순섭(2010).
284) 일연,《삼국유사》〈왕력편〉.

뿐이라는 겁니다. 그런데 이 같은 주장에는 몇 가지 맹점(盲點)이 존재합니다.

먼저, 방위가 틀립니다. 황남대총은 지금의 첨성대의 서북쪽에 자리잡고 있지요. 바꿔서 말하자면 첨성대가 서 있는 곳이 황남대총의 동남쪽에 해당하는 셈입니다. 만약 일연이 방향을 제대로 파악했다면 황남대총이 나물 왕릉이 아니거나 지금의 첨성대가 신라시대의 점성대가 아니거나 둘 중의 하나이겠지요.

설사 황남대총이 첨성대의 서남쪽에 있다고 치더라도 말이 되지 않기는 마찬가지입니다. 황남동 고분군에는 황남대총만 있는 것이 아니니까요. 황남대총뿐만 아니라 천마총·검총(劍塚)·미추왕릉(?) 등 규모가 큰 것만 해도 대여섯 개나 있습니다. 그것들 중에서 단순히 봉분 크기만을 기준으로 그것을 나물의 왕릉으로 단정하는 건 상당히 무모해 보이지요?

그래서 학계 일각에서는《삼국유사》의 기록을 토대로 첨성대 서남쪽에 있는 인왕동의 30호분을 나물 왕릉으로 보기도 했습니다. 이를 기정사실화해서 아예 '경주 나물 왕릉'이라는 이름을 붙이고 '사적 제188호'로 지정하기까지 했지요. 그러나 정말 그럴까요? 이 고분은 높이가 5.78m, 지름이 21.60m 정도입니다. 봉분 규모가 상당히 작은 거지요. 게다가 호석(護石)이 둘려져 있는 것은 7세기 후반에 조성된 신라 고분들의 특색입니다. 내부 구조 역시 굴방식[橫穴式] 석실 고분으로 된다고 하는군요. 그 구조나 외관에서 4~6세기 적석목곽분들과는 편차가 너무 크다는 뜻입니다.285) 무엇보다도 이 고분이 '나물 왕릉'이라는 것도《삼국사기》의 기사를 근거로 18세기 후반에 내린 결론입니다. 추정의 재추정

---

285) 〈전나물 왕릉(이근직)〉,《한국고고학전문사전》(고분편), 제1118~1119쪽.

지금의 첨성대는 황남대총의 동남쪽에 있다. 첨성대 서남쪽에 나물 왕릉이 있다는 《삼국사기》의 기록과 그 좌표가 정반대인 셈이다.

인 거지요. 그렇다 보니 진짜일 확률은 갈수록 더 낮아질 수밖에 없는 겁니다. 인왕동 30호분이든 황남대총이든 나물 왕릉과는 거리가 멀다는 뜻이지요.

여기서 한 가지 의문이 생깁니다. 《삼국유사》에 언급된 '점성대'가 과연 지금의 첨성대가 맞느냐 하는 거지요. 그동안 우리는 지금 서 있는 것이 신라시대의 천문대였다고 굳게 믿고 있었습니다. 그러나 건축학 용어에서 '대(臺)'란 높이가 높으면서도 바닥을 편평하게 다진 건축물을 말합니다. 멀리 있는 사물을 굽어볼 수 있도록 주위의 지형보다 높게 흙이나 돌로 축대를 올린 넓은 대지(臺地, platform)를 '~대'라고 하는 거지요. 실제로 후한대의 학자 고유(高誘, 2세기) 등이 붙인 주석을 읽어 보아도 그렇습니다.

"흙을 네 방향 모두 모가 나게 쌓아 높게 만든 것을 '대'라고 한다."

積土四方而高曰臺.[286]

"한 길까지 흙을 쌓은 것을 '대'라고 한다."

積土高丈.[287]

"흙을 모가 나고 높게 쌓은 것을 '대'라고 한다."

土方而高曰臺.[288]

이 점에 대해서는 그보다 나중인 동진(東晉)의 학자 곽박(郭璞, 276~324) 역시 《이아(爾雅)》〈석궁(釋宮)〉에 같은 요지의 주석을 달고 있지요.

사실 '－대'는 지금도 흔히 사용하는 표현입니다. 사열대·전망대·기상대·천문대 …. 모두 다 우리에게 익숙한 이름들이지요? 아 참, 방금 위에서 언급한 '봉황대'도 있군요! 이 모든 이름들이 한결같이 흙이나 돌을 지표면보다 높게 쌓아 올리고 바닥을 편평하게 다진 제법 넓은 면적의 건축물을 가리킵니다. '대' 한 글자만으로도 그것이 어떤 유형의 건축물인지 대충 느낌이 오지 않습니까? 쉽게 말하자면 '대'는 그 길 건너편 동궁(東宮)[289] 터에 세워져 있는 월지(月池)의 누대나 강릉 경포대(鏡浦臺)

---

[286] 유안(劉安), 《회남자(淮南子)》〈시칙편(時則篇)〉.

[287] 유안, 같은 책, 〈본경(本經)〉.

[288] 여불위(呂不韋), 《여씨춘추(呂氏春秋)》〈맹춘기(孟春紀)〉 '정월기(正月紀)'.

[289] 김부식의 《삼국사기》 '문무왕 19년(679)' 조에 따르면 "동궁을 처음으로 조성하였다. 이때 비로소 동궁 안팎 여러 대문의 이름을 정하였다(創造東宮, 始定內外諸門額號)"고 한다. '창조(創造)'는 '최초로 만들다'라는 뜻이므로, '동쪽 왕궁',

월지의 누대(좌)와 강릉의 경포대(우). 평지보다 높게, 사방을 모나게 돌이나 흙을 쌓고 그 위에 지은 누대를 가리키는 말이다.

같은 형태의 누대(balcony)를 가리키는 표현인 겁니다.

반면에, 지금의 첨성대는 어떻습니까? 그 모양 자체가 병같이 생겼습니다. '대'의 원초적인 의미처럼 평지보다 높게, 그러나 사방이 네모나게 쌓은 토대 위에 지어져 있어야 하는데 실제로는 전혀 그렇지 않지요. 어디 그뿐인가요? 구조부터가 사방으로 확 트여 있는 것이 아니라 답답하게 꽉 막혀 있습니다. 게다가 내부나 상부의 공간이 상당히 좁다 보니 오르내리기에도 여간 불편한 것이 아닙니다. 밤하늘의 별을 관측할 때는 어떻고요? 그 안에서 제대로 자세조차 잡기 힘들 정도 아닙니까?

즉 동궁은 문무왕 19년(679)에 처음 건설된 셈이다. 2025년 연초에 국가유산청에서는 신라 동궁의 진짜 위치를 찾았다는 취지의 보고를 하면서 '동궁'을 '[신라] 태자의 주거지'로 소개하였다. 태자의 처소를 전통적으로 그렇게 불러온 것은 사실이다. 그러나 여기서의 '동궁'은 원래의 왕궁(월성?)보다 동쪽에 있다고 해서 붙인 이름이므로 주의가 필요하다. 실제로 경주박물관 부지에서 8세기 초의 것으로 보이는 기와에 '남궁지인(南宮之印)' 네 글자가 적혀 있었던 것을 보면 '동궁'의 '동'이 '태자'가 아니라 단순한 방위(동쪽)를 뜻함을 알 수가 있다. 만약 '동궁'을 태자의 처소로 해석하면 그 궁궐이 '창조'된 시점이 신라 중기(679)여서 '그 이전에는 태자의 처소가 존재하지 않았는가' 하는 의문이 제기될 수밖에 없다. 경주시의 동궁은 태자의 처소도, 국왕과 태자의 주거지도 아닌 국왕만을 위한 별궁(別宮)으로 이해해야 옳다는 뜻이다.

지금 서 있는 첨성대는 황룡사 9층 목탑을 지은 선덕여왕이 세운 천문대로 보기 어렵다(경주시청 페이스북 사진).

　선덕여왕이 돌을 다듬어서 공을 들이면서 짓게 했다면 본인도 틈틈이 그곳을 방문했을 겁니다. 황룡사 9층 목탑같이 웅장하고 화려한 건축물들도 서슴없이 지은 것이 선덕여왕입니다. 그런 여장부가 세웠다면 최소한 서너 명은 운신(運身)할 수 있는 크고 화려한 천문대여야 맞지요. 게다가 고대 사회에서 천문 관측과 그 업무를 관장하는 일관(日官)은 어느 나라에서든 상당히 중요하게 여겨진 직책이었습니다. 업무는 지금의 기상청과 비슷하지만 직급이나 위상은 국정원보다 더 높고 중요한 기관이었다고 할까요? 그런 판국에 한 사람이 오르내리기도 불편하고 자칫 옷이 찢어질 수도 있을 정도로 좁고 작은 건축물을 천문대라고 세워 놓을 리가 있습니까? 규모는 둘째 치고 외관상으로 최소한 길 건너편의 월지(月池) 누대 정도는 되어야 '대'라는 이름이 어울린다는 뜻입니다.
　물론, 신라시대에 천문대가 축조된 것은 분명한 역사적 사실입니다. 우리나라의 대표적인 역사책인 《삼국사기》와 《삼국유사》에 분명하게 기록되어 있으니까요. 그러나 지금 경주 동궁(東宮) 서쪽에 서 있는 첨성대는 선덕여왕이 세운 천문대와는 거리가 먼 거지요.

그렇다면 지금의 첨성대는 도대체 정체가 무엇일까요? 어떤 학자는 천문대가 아니라 '선덕여왕의 상징물'이라고 보기도 했습니다.[290] 그러나 저자가 보기에는 지금의 첨성대는 아마 일종의 랜드마크(landmark)였을 겁니다. 신라 김씨 왕가의 능원 가운데에 누구나 멀리서 확인할 수 있도록 하기 위해서 세워 놓았을 거라는 말이지요. 그것이 아니라면 조상들의 왕릉을 돌보러 온 왕족들이 제사를 지내고 나서 제물이나 물건들을 태우는 거룩한 공간이었을 가능성도 상정할 수 있겠지요. 어쩌면 첨성대는 마립간 시기 신라의 왕릉구역(좌)과 행정구역(우), 그리고 마립간의 사적인 공간인 궁성구역(하)이 만나는 교차점에 세워진 일종의 기념물이었을지도 모릅니다.

지금 경주시 지도를 한번 펼쳐 봅시다. 첨성대가 지금은 경주시 중심부에서 남쪽 동떨어진 곳에 서 있는 것처럼 보이지요? 그러나 신라시대로 돌아가면 사정이 좀 다릅니다. 김씨 왕가의 능원은 지금보다 훨씬 넓고 컸을 겁니다. 모르긴 몰라도 근대적인 건물과 도로들이 들어서 있지만 봉황대 동쪽 팔우정(八友亭) 인근까지는 김씨 왕가의 능원이었을 가능성이 높지 않을까요? 조상들의 거룩한 공간인 능원에서 성묘를 마친 왕족들은 지금의 첨성대를 지나서 자신들이 생활하는 행정구역으로 돌아와 여가를 즐겼겠지요.

2) 봉황대는 처음부터 규모가 컸을까

어쩌면 이쯤에서 의문을 제기하는 사람도 있을 수 있을 겁니다. '김씨 집단의 왕권을 강화하고 김씨의 독주체제를 굳힌 것은 눌지 마립간인데

---

[290] 정연식, 〈선덕여왕은 왜 첨성대를 지었나〉, 《한겨레》, 2019.10.19.

어째서 왕릉 규모는 나물 이사금 쪽이 더 크냐'고 말이지요. 그 점에 대해서는 '눌지가 부모에게 효성이 지극한 효자'였다는 사실에 주목해야 한다고 봅니다. 《삼국사기》를 보면 이런 기사가 보이거든요.

"[재위 19년] 2월에 역대 왕의 능침을 수즙하였다."
二月, 修葺歷代園陵.291)

마립간이 되고 반대 세력들을 제거하고 선정을 베풀면서 어느 정도 왕권이 안정되자 19년째 되는 해(435)에 윗대의 왕릉들을 정비했던 것으로 보이는데요. 여기서 '닦을 수(修)'는 건물을 보수하고 단장하는 것을 가리킵니다. 또, '덮을 즙(葺)'은 건물에 짚을 씌우는 것을 말하지요. 무덤으로 친다면 '수즙'은 봉분을 보수하고 때를 입혀 단장한다는 두 가지 의미를 아울러 나타내는 표현인 셈입니다. 학자에 따라서는 이 기사가 기존의 묘제를 적석목곽분이라는 새로운 양식으로 변경할 것을 정식으로 선언한 것으로 해석하기도 하는데요.292) 눌지 마립간이 윗대의 왕릉들을 '수즙'했다면 그 보수의 범위는 무너진 봉토를 다시 채우고 작은 봉분은 크게 확장하고 때를 입히고 호석을 추가하는 정도에서 그쳤을 겁니다. 마립간 시기를 대표하는 신라 고분은 본질적으로 적석목곽분 아닙니까? 구조적으로 봉분 내부의 관곽이나 유물들에 대한 업그레이드는 사실상 불가능한 거지요. 더욱이 조상 대대로 이어져 내려온 전통적인 무덤 양식을 부정하고 갑자기 남의 나라 묘장제도를 도입한다는 것은 다른

---

291) 《삼국사기》〈신라본기 3〉'눌지 마립간 19년'조.
292) 신경철, 〈古式鐙子考〉, 《역사와 세계》 제9집, 제93쪽, 1985.

이발하는 미추왕릉. '수즙'은 무덤을 정비하고 단장한다는 뜻이지 다른 양식으로 변경한다는 뜻은 아니다(《경북신문》, 2024.9.9)

사람도 아닌 효성이 지극한 눌지에게는 어울리지 않는 처신입니다. 눌지 마립간 19년의 '수즙'은 새로운 묘장제도의 도입과는 무관하다는 뜻입니다.

그렇다면 이 기사에서 '역대 왕의 능침'이라면 누구의 무덤을 가리키는 걸까요? 물론, '역대'라고 했으니 당연히 눌지 마립간 이전의 여러 왕들을 염두에 둔 표현이었을 겁니다. 물론, 다른 씨족 출신 국왕들의 왕릉은 '수즙'의 대상에서 철저하게 배제시켰을 테지요.[293] 특히 경쟁 상대이던 석씨 집단은 말입니다. 만약 다른 씨족 출신 국왕들의 왕릉들까지 포함되어 있다면 굳이 재위 중반까지 기다릴 필요가 없었을 겁니다. 오롯이 김씨 출신 국왕들의 왕릉들만 그 대상으로 삼았을 거라는 뜻입니다.

신라에서 김씨 집단 출신의 국왕이라면 미추 이사금과 자신의 아버지 나물 이사금 정도가 아니겠습니까? 그렇다면 봉황대는 당연히 나물 이

---

293) 이 점에 관해서는 최병현, 〈기조강연: 신라 적석목곽분과 마립간 시기 왕릉 연구의 현황〉, 《금관총과 이사지왕》, 제27쪽을 참조하기 바란다.

사금의 왕릉일 수밖에 없지요. 금관총이 봉황대 바로 옆에 지어진 것도 눌지 마립간이 나물의 장남인 동시에 그 뒤를 이어 왕위에 올랐기 때문이었을 겁니다. 그 입지조건 자체가 정통성의 계승을 상징하는 셈이지요. 조선 태조 이성계(李成桂)와 태종 이방원(李芳遠) 같은 앙숙지간이 아닌 이상 아버지와 아들의 무덤이 나란히 조성되는 것은 인지상정이 아니겠습니까?

그런데 같은 김씨의 무덤을 정비한 거라면 봉황대는 오히려 그 시조격인 미추 이사금의 왕릉으로 보아야 맞지 않을까요? 물론, 틀린 지적은 아닙니다. 그러나 곰곰이 생각해 보면 그럴 수 없다는 것은 누구라도 눈치챌 수 있지요. 미추는 김씨이기에 앞서 석씨 집단의 사위였습니다. 석씨 집단의 후광과 지지를 업고 왕위에 오른 인물이지요. 당시까지만 해도 김씨 집단의 정치적 입지는 상당히 불안정했습니다. 김씨 집단은 경주의 토박이가 아니라 신라가 건국된 뒤에 뒤늦게 경주에 '전입(轉入)'한 씨족이었지요. 그러니 제대로 된 영향력을 행사할 수 있을 리가 없습니다. 극단적으로 말하자면 석씨의 꼭두각시와 다를 바가 없었던 거지요. 당시 석씨들이 얼마나 무소불위의 권력을 쥐고 있었는지는 미추 이사금이 세상을 떠난 뒤로 신라의 왕권이 3대 100여 년 동안 석씨 집안에 독점되었던 사실만으로도 충분히 알 수가 있습니다. 그 영향력이 나물 이사금 당시까지 남아 있었던 것은 두말할 필요도 없겠지요. 그러니 미추 이사금의 장례나 왕릉 조성 역시 석씨 집단에 의해 농단(壟斷)되었다고 보아야 옳습니다. 미추 이사금의 묫자리를 어디로 정할 것인가는 석씨 집단에 의해 결정되었을 거라는 뜻이지요. 따라서 미추 이사금의 왕릉은 봉황대와 금관총이 있는 노서동·노동동과는 다른 구역에 자리잡고 있다고 보아야 합니다.

제2절

금령총 – 요절한 신라 왕자의 무덤

1) 고고학 초보자의 발굴 연습장이었던 무덤

　봉황대 동남쪽 가까운 곳에 있는 이 고분은 1924년에 일본인 우메하라 스에지(梅原末治, 1893~1983)의 주도로 발굴되었습니다. 금관총이 그랬던 것처럼 발굴 조사가 이루어지기 전부터 이미 크게 파괴된 상태였습니다. 봉분이 남북 약 13m, 높이 3m 정도의 반달 모양으로 남아 있었거든요. 1921년 금관총 발굴 조사를 통하여 현장 경험을 쌓은 우메하라는 이번에도 금관·허리띠·귀걸이 등의 금제 위세품들을 수습하는 데에 성공합니다. 그리고 이 고분에서 금방울이 출토되었다고 해서 '금령총'이라는 이름을 붙였지요. 그러나 이 고분의 가장 대표적인 유물은 금관도 허리띠도 방울도 아닌 토기가 아닌가 싶습니다. 콧대가 서 있는 이국적인 외모에 고깔 같은 모자를 쓴 신라 무사가 말을 타고 있는 모습을 그대로 형상화한 진흙 인형이지요. 학계에서는 이 인형에 '기마인물형 토기'라는 이름을 붙였습니다만 외형적으로는 그릇이라기보다는 큰 인형 쪽에 가깝습니다.

　금관총을 조사할 때에도 그랬지만, 금령총 발굴 조사 역시 그 과정에서 문제점과 한계가 많이 드러났습니다.[294] 애초부터 고등학교를 갓 졸

---

294) 이현태, 〈금령총의 주인공 비정〉, 《금령총의 주인공과 그의 시대》, 발굴 100주년 기념 학술심포지엄, 제133쪽, 국립경주박물관, 2024.

'금령총'이라는 이름이 붙여진 계기가 된 금방울. 누금과 상감 기법을 사용하고 화려하고 아름다운 방울을 표현해 놓았다(《동아일보》 2024.2.26).

업하고 교토대 전시실을 관리하면서 하마다의 일을 돕던 우메하라가 주도한 발굴이었습니다. 문제가 없었다면 그게 더 이상한 일이지요. 게다가 당시에는 조사 자체가 주로 관곽 주변을 중심으로 이루어졌습니다.[295] 유물들이 집중되어 있는 노른자 부분만 조사한 거지요. 애초부터 학술적인 연구가 목적이라기보다는 위세품 등 값지고 화려한 유물들을 찾아내는 데에만 혈안이 되어 있었다는 뜻입니다. 그래야 금관총 대발견에 이어 자신의 명성을 더 높이 쌓을 수 있다고 생각했던 걸까요? 이 같은 경향은 금관총 이래로 일제강점기에 이루어진 대부분의 발굴 조사에

---

295) 신광철, 〈재발굴을 통해 본 금령총의 구조와 성격〉, 《한국학연구》 제77집, 제52쪽, 2021.

북쪽에서 내려다본 금령총(빨간 표시)(국립중앙박물관 사진)

서 보편적이었습니다. 이 같은 문제점과 한계를 극복하기 위하여 이루어진 것이 2018년부터 3년에 걸친 국립경주박물관의 재발굴 조사였지요. 그리고 그 사이에 학자들 간에 다양한 주장들이 제기되었습니다. 토기 등 출토 유물의 양식을 근거로 그 축조 시점을 황남대총·금관총·천마총보다 늦고 호우총·부부총(보문동)보다는 빠른 5세기 말~6세기 초로 추정한 것이 그 예지요.[296] 그러나 1924년에 최초로 발굴 조사가 이루어진 이래로 100년이 지나도록 그 주인공은 여전히 밝혀지지 않고 있습니다.

그럼에도 불구하고 우리가 금관총이 눌지 마립간의 왕릉이며 봉황대가 나물 이사금의 왕릉이라는 가정에 공감한다면 금령총 역시 그 주인공을 찾아내는 작업이 어려운 것만은 아닙니다.

---

296) 〈금령총(최병현)〉,《한국고고학전문사전》, 제144쪽.

2) 금령총의 주인공은 나물의 장남이었을까

　금령총은 발굴 조사 과정에서 금관 장식 끝에서 발치까지의 길이가 90cm 정도밖에 되지 않는다는 사실이 확인되었습니다. 게다가 금관·반지·환두대도 등의 위세품들은 성인보다는 상당히 작게 만들어져 있었지요. 주인공이 잠들어 있던 관곽부의 목관 역시 길이가 150cm, 너비가 60cm 수준이었습니다.[297] 이런 고고학적 증거들은 금령총의 주인공이 사내아이였음을 뒷받침해 줍니다. 이 아이는 과연 누구였을까요?

　금령총은 봉황대 동남쪽 가까이에 지어졌습니다. 그 위치 등 여러 가지 정황을 따져 볼 때 그 사내아이는 나물 이사금의 아들들 중 하나였던 것 같군요. 또, 황남대총이나 서봉총과는 달리 봉분이 독립되어 있는 것을 보면 나물 이사금이 생존해 있을 때에 죽은 왕자였을 가능성이 높습니다. 그가 세상을 떠났을 때에 눌지는 아직 성년이 되지 않은 상태였습니다. 어쩌면 그 주인공은 눌지의 동생들 중 하나였을 지도 모르는 거지요.

　물론, 눌지보다 먼저 태어난 아들이었을 가능성도 배제할 수 없습니다. 나물 이사금은 재위 기간만 해도 48년이나 되었거든요. 세상을 떠날 때 나이가 적어도 60대 중반을 넘긴 상태였다는 뜻입니다. 눌지가 아버지의 왕위를 계승하지 못한 것은 성년이 되지 못했다는 이유 때문이었지요. 나물 이사금이 40대 중반에 낳은 늦둥이였던 셈입니다. 만약 나물 이사금이 20살 성년이 되자마자 혼인을 했다면 눌지가 태어날 때까지 적어도 25년 정도의 공백이 생깁니다. 생물학적으로 따져 보더라도 그 사이에 눌지보다 연배가 앞서는 왕자가 적어도 두세 명은 있었다고 보아야

---

[297] 최병현, 《신라고분연구》, 제167쪽, 일지사, 1972.

모양이 펜처럼 생긴 금령총 허리띠드리개 장식(좌). 투르판의 베제클릭 벽화(우)에서도 이와 비슷한 장식이 보인다.

옳겠지요. 그 왕자가 눌지의 형이었는지 동생이었는지에 대한 답안은 출토된 유물들의 양식과 연대를 따져 보면 찾아낼 수 있지 않을까요?

여기서 우리가 주목해야 할 대목은 이 고분에서 왕관이 출토되었다는 사실입니다. 왕관은 그 주인공이 나물 이사금의 왕자인 동시에 왕위 계승 후보였음을 시사해 주는 최고의 위세품이니까요. 그뿐만 아닙니다. 금으로 만든 굵은 고리 귀걸이·옥팔찌·소형 환두대도 등, 금관총에 버금가는 수준의 최고급 위세품들이 줄줄이 쏟아져 나왔지요. 그것들은 그 무덤의 주인공을 부왕(나물 이사금?)이 무척 아꼈다는 증거인 셈입니다. 수량으로 보나 수준으로 보나 나이에 비해서는 너무도 과분한 유물들이니까요. 그랬는데 일찍 세상을 떠나자 왕위 계승자 수준으로 예의를 갖추어 장례를 치러 준 거지요. 금령총이 조성되고 나서 태어난 것이 눌지·미사흔·복호의 세 형제가 아니었을까요? 어쩌면 왕자로 책봉되기도 전에 세상을 떠났던 것인지도 모릅니다.

3) 금령총은 지표면 아래에 조성되었나

　금령총의 목곽은 지표면보다 낮은 지점에서 확인되었습니다. 학자들 중에는 이 점에 주목하는 경우도 있는데요. 그래서 목곽이 지표면보다 높은 곳에 있으면 '지상식 적석목곽분', 낮은 곳에 있으면 '지하식 적석목곽분' 식으로 부르기도 합니다. 황남대총(남북분)·금관총·서봉총(북분)·천마총·쪽샘 44호분 등이 전자이고 식리총·은령총·호우총·서봉총(남분, 데이비드 총) 등이 후자에 속한다고 하지요.[298] 그러나 이 같은 구분은 사족(蛇足)이 아닌가 싶습니다. 그렇게까지 세부적으로 구분할 필요가 없다는 뜻이지요.

　고대에는 무덤을 조성할 때에 관곽이 안치되는 자리가 지표면보다 높은가 낮은가 하는 것은 신라인들이 무덤을 짓는 과정에서 중요한 판단 기준으로 작용하지 않았을 겁니다. 고고 발굴 현장에서 조사를 진행할 때 고대의 토층(土層)과 현대의 토층은 작게는 몇 m에서 크게는 몇십 m 넘게 편차가 생기는 경우가 많거든요. 물론, 이 같은 편차는 지진 등 지질학적 요인에서 기인하는 경우가 많지요. 때로는 오랜 기간의 기후 변화로 인한 범람·침수·퇴적·매몰 등의 환경적인 요인 때문에 발생하기도 합니다. 특히 그 같은 변화들이 수백 년·수천 년 동안 이어질 경우에는 시대별 토층의 편차는 더욱 크게 벌어지겠지요. 대표적인 사례가 서울시 광화문 광장의 토층입니다. 서울시에서는 몇 년 전에 광화문광장을 재정비하는 과정에서 현재의 지표면보다 1m 아래의 지하에서 조선시대 육조(六曹)거리의 토층을 확인했는데요.[299] 이처럼 몇백 년 전의 근세

---

298) 박형열, 《고신라 고분군 연구》, 제151~154쪽, 학연출판사, 2021.
299) 〈광화문 광장 조성 공사구간서 발견된 육조거리 토층〉, 《연합뉴스》, 2008.9.18.

이순신 장군 동상 뒤편 서울 세종로 거리 지하1m 지점에서 발견된 조선시대 육조거리 토층. 1,500여 년 전의 토층은 적어도 몇 m는 파야 만날 수 있을 것이다(연합뉴스 2008.9.18).

 토층도 지금 우리가 발을 딛고 있는 지표면에서 1m 이상 파 내려가야 확인할 수 있는 겁니다. 그러니 지금으로부터 1,500여 년 전인 4~6세기의 유적이나 유물은 그보다 최소한 4~5m는 더 파 내려가야 확인할 수 있지 않겠습니까? 고분 주위에서 고대의 토층 위로 고대·중세·근세·근대의 토층이 포개지고 덮이다 보면 지상에 안치한 관곽부가 지표면 아래로 내려간 것처럼 보일 수도 있다는 뜻입니다. 신라 고분의 경우도 상황은 비슷하다는 거지요. 지금 '지하식'으로 분류되는 고분들은 기후 변화 등의 변수로 말미암아 그 주위의 지표면에 변동이 발생하고, 새로운 토층이 켜켜이 쌓이면서 발생한 일종의 착시 현상이 아닐까 싶습니다.

제3절
식리총 – 실성의 무덤인가

 이 고분은 금령총과 마찬가지로 1924년에 우메하라가 발굴 조사를 주도했는데요. '화려하게 장식된 금동 신발'이 출토되었다고 해서 일본인들이 '식리총(飾履塚)'이라는 이름을 붙였답니다.

1) 식리총의 발굴
 이 고분은 발굴 조사를 시작하기 전부터 이미 크게 훼손된 상태였습니다. 다수의 민가들이 봉분 자리를 차지하고 있었던 거지요. 당시에 봉분은 그 민가들 사이로 동북-서남 방향으로 길이 13m, 높이가 5.4m 정도만 남아 있었다고 합니다. 학자들은 이 상태를 근거로 봉분의 당초 규모를 지름이 30m, 높이가 6m 정도였던 것으로 추정했습니다.[300] 아주 작은 고분인 셈이지요.

 이 고분 중심부에서는 길이 5.25m, 너비 3.30m, 높이 1.2m의 목곽이 확인되었습니다. 주인공이 안치된 목관은 길이가 약 2.4m, 너비가 0.78m 정도였는데요. 내부는 붉게 칠해진 상태에서 금박이 붙어 있었다고 합니다. 제법 격을 갖춘 무덤이었던 셈이지요. 그 안에 안치된 주인공은 동쪽으로 머리를 두고 장신구들을 착용한 상태였는데요. 그러나 주인공의 신

---
[300] 〈식리총(최병현)〉,《한국고고학전문사전》(고분편), 제755쪽.

발굴조사 직전의 식리총. 봉분이 거의 깎여 나간 채 그 자리에 민가들이 들어차 있다 (e-뮤지엄 사진).

분을 판별할 수 있는 위세품인 금관은 발견되지 않았습니다. 그나마 모자라고 할 수 있는 관모가 하나 수습되기는 했는데요. 금이나 금동으로 만들어진 왕관이 출토되는 다른 고분들의 경우와는 달리 자작나무 껍질을 이어 붙여 만든 것이었다고 합니다. 그것조차 관 내부가 아닌 바깥쪽에서 수습되었다는군요. 주인공은 머리에 아무것도 쓰지 않은 상태로 관 속에 안치된 셈입니다. 물론, 다른 유물들은 많이 부장되어 있었지요. 관 안에서 금제 가는 고리 귀걸이(2쌍)·구슬 가슴걸이·은제 팔찌·은제 허리띠와 드리개가 놓여 있었고 드리개 사이에서는 환두대도가 수습되었거든요. 또, 목관 동쪽의 부장 공간에서는 청동으로 만든 뚜껑 달린 큰 주발, 손잡이에 용머리 장식이 있는 초두(鐎斗)는 물론이고 금동제 안장[鞍橋]·재갈 등의 마구도 출토되었지요. 앞서의 자작나무 껍질 관모 옆

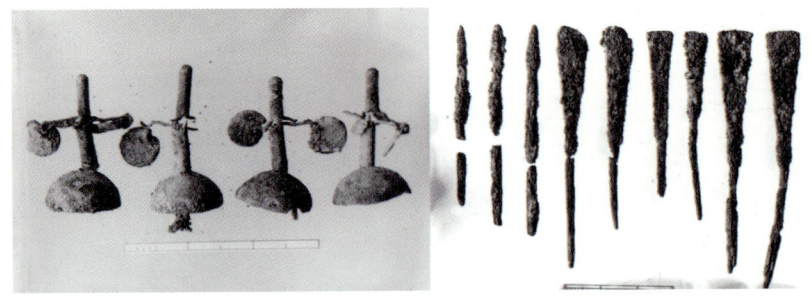

식리총에서 출토된 또 다른 유물들. 마구의 일종인 운주(雲珠, 좌)와 무기인 철촉(鐵鏃). 마구와 무기는 무덤 주인공이 남성임을 시사해 준다(e-뮤지엄 사진).

에서는 환두대도가 추가로 한 자루 더 수습되었습니다. 이 고분에서 환두대도가 두 자루나 수습되었고 마구까지 부장되었다고 하니 그 주인공은 남자가 분명하겠지요?

　이 고분에 이름을 부여한 상징적인 유물인 금동 신발은 갑피와 밑창을 각자 제작해 이어 붙인 것인데요. 그 겉면에는 새(봉황?)·인면조(人面鳥)·용·도깨비(직립괴수)·연꽃·구름·육각형 등을 형상화한 문양들이 사용된 것으로 확인되었습니다.301) 이 문양들은 한대는 물론이고 서역과 사산(Sassan) 왕조 페르시아에서 유행했던 것들까지 모두 망라하고 있어서 이채를 띠는데요.302) 흥미로운 점은 그것들이 모두 천상세계와 관련된 동식물이라는 사실입니다.303) 그래서 그 문양들을 불교적 요소로 해석하기도 하지요. 그러나 사람 얼굴을 한 인면조나 용·봉황·도깨비·구름·별 같은 문양들은 오히려 도교적 색채가 더 강하다고 보아야 합니다.

---

301) 이연재, 〈식리총 출토 금동이식의 모양 연구〉, 제133쪽, 2006.
302) 김원룡, 〈고대한국과 서역〉,《미술자료》제34호, 제15~17쪽, 국립중앙박물관, 1984.
303) 이연재, 같은 논문, 제143쪽.

식리총의 대표적인 유물 금동 신발. 연꽃(중)을 축으로 새(상)와 인면조(좌우)와 도깨비(하)가 정교하게 그려져 있다. 이 문양들에는 한대로부터 페르시아까지의 문화가 한 데에 어우러져 있는 최고의 걸작이다.

불교가 전래되기 전부터 중국 고분의 벽화나 유물에서도 흔히 볼 수 있는 문양들이니까요.

    학계 일각에서는 이 신발이 2개의 금동판을 접합해 제작된 점에 주목하여 백제의 영향을 받은 것으로 해석하기도 하는데요.[304] 거기에는 논란의 여지가 있습니다. 그 같은 특색은 시대적 추이에 따라 제작 기법이 변화한 결과일 수도 있거든요. 어쩌면 장인 집단 사이의 제작 기법상의 차이일지도 모르겠습니다.

2) 무덤의 주인공은 왜 금관을 쓰지 않았나

    이 고분에서 출토된 유물들에서 우리가 가장 주목해야 할 대목은 따로

---

304) 김재열, 같은 논문, 제63쪽.

있습니다. 바로 부장된 위세품들의 격인데 그중에서도 특히 금동 신발은 정교하고 화려함에 있어서 신라시대는 물론이고 아시아 각국과 견주어도 타의 추종을 불허할 정도로 최고의 걸작입니다. 환두대도 역시 마찬가지지요. 칼머리 장식이 두 마리의 용을 형상화 한 쌍룡형이어서 이채를 띱니다. 신라지역에서 전형적으로 볼 수 있는 삼루형이나 비조형이 아닌 거지요. 그러나 나머지 유물들은 다른 고분의 유물들과 비교하기 어려울 정도로 초라합니다. 주인공의 신분을 한껏 과시할 수 있는 대표적인 장신구부터가 '금제 허리띠와 드리개보다는 한 등급 낮은' 것들입니다. 금동 신발과 환두대도 같은 걸작이 함께 출토되었기에 다른 유물들은 더더욱 초라하게 느껴집니다. 금관총은 말할 것도 없고 바로 옆의 금령총과 비교해도 격이 낮다는 것을 금방 눈치챌 수 있을 정도지요. 양적으로는 물론이고 질적으로도 말입니다. 유물의 격만 놓고 보면 당시 신라의 왕 급에는 미치지 못한다는 뜻이지요.[305)]

납득되지 않는 점은 이것만이 다 아닙니다. 봉분의 규모 역시 마찬가지입니다. 그 크기가 옆의 금령총과 비슷한 수준이지요. 그래서 얼핏 어린 왕자의 무덤인 것처럼 보이기까지 할 정도입니다. 그런데 정작 출토된 유물들을 놓고 보면 모두가 성년을 넘긴 성인에게 맞추어 제작된 것들이거든요. 왕가의 능원에 묻히고 왕족에게나 어울릴 법한 위세품들이 부장된 것을 보아도 보통 신분은 아닌데 말입니다. 김씨 왕가의 일원인 것은 분명하다는 뜻이지요. 그런데도 이상하게도 유물의 격은 금령총보다 낮은 겁니다.

결정적으로 무덤의 주인공이 왕족임을 시각적으로 증명해 줄 만한 금

---

305) 〈식리총(최병현)〉, 《한국고고학전문사전》, 제756쪽.

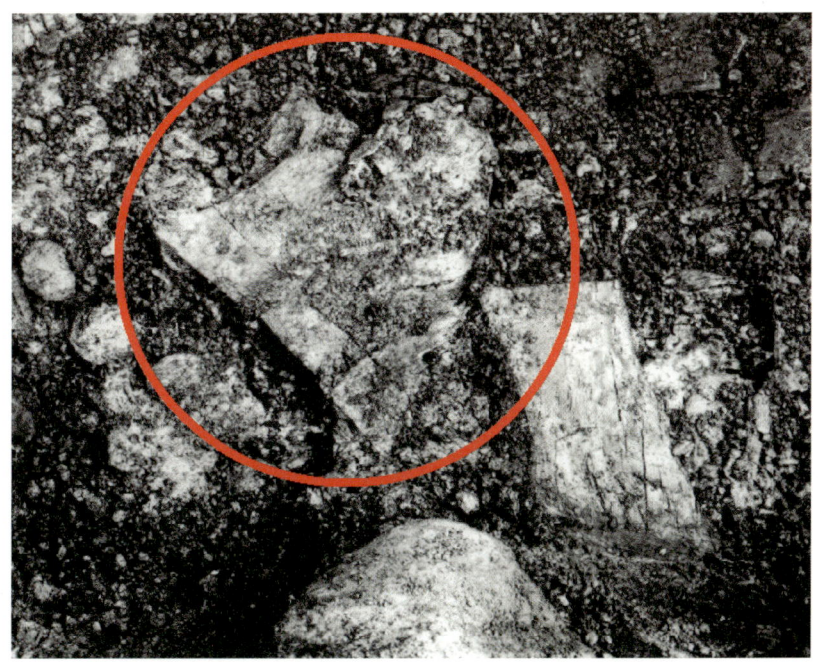
발견 당시의 식리총 관모(동그라미). 관 바깥에서 출토되었다.

관이나 금동관이 발견되지 않았다는 사실도 그렇지요. 금령총만 해도 크기가 작기는 해도 왕자임을 증명하는 금관이 출토되지 않았습니까? 그런데 이 식리총에서는 어째서 금관은커녕 금동관조차 나오지 않은 걸까요? 그나마 모자다운 것이라고는 자작나무 껍질을 이어 만든 허름한 관모뿐이었습니다. 그것조차 주인공의 머리가 아닌 관 바깥에 놓여 있었지요.

다국적의 화려한 문양들로 장식된 금동 신발이며 쌍룡 장식의 환두대도 같은 위세품들을 보면 누가 보더라도 왕자 이상의 왕족의 무덤임에 틀림이 없습니다. 학계에서도 왕관과 금동 신발은 신분적 위계의 상징물이었다는 데에 토를 달지 않습니다. 무덤에서 이 두 가지가 출토되면 왕

식리총에서 출토된 자작나무 껍질 관모. 새깃 금제 관모가 출토된 금관총·천마총 등과 비교할 때 관모가 너무 초라해 보인다. 앞쪽에 새깃 등 장식을 꽂을 수 있도록 달아 놓은 장식판(화살표)이 보인다.

족 이상의 높은 등급의 무덤으로 분류하는 것이 보통이거든요.[306] 그런데 어째서 그 주인공에게 금관을 씌워 주지 않았던 걸까요? 우메하라가 그 금관을 빼돌린 걸까요? 물론, 그랬을 리는 없을 겁니다. 발굴 조사를 지휘한 것은 그였지만 현장에는 우메하라 혼자만 있었던 것은 아니었으니까요. 처음부터 이 식리총 주인공의 머리에는 금관이 씌어 있지 않았다는 뜻입니다. 그 이유가 무엇일까요? 당시 장례를 주관한 '나랏사람들'이 그를 국왕 또는 왕자로 인정하기를 거부라도 했던 걸까요? 아니면 그

---

306) 박형열, 같은 책, 제280쪽.

의 정치적 신분과 특권을 부정하기 위해서 부장품에서 금관을 제외시킨 것이었을까요?

어쩌면 이 식리총의 주인공은 실성이었을지도 모릅니다. 눌지의 아버지 나물 이사금의 왕위를 계승했으면서도 나중에는 눌지를 살해하려다가 거꾸로 죽음을 당한 바로 그 실성 이사금 말이지요.

그 같은 추정을 뒷받침해 줄 정황 증거들은 많습니다. 일단 부장된 유물들이 대체로 5~6세기 사이에 만들어진 것으로 추정되는 것부터가 그렇습니다. 실성 이사금 재위 시기와 연대가 대체로 일치하는 셈이지요. 식리총의 위치가 눌지 왕릉인 금관총과 나물 왕릉으로 추정되는 봉황대, 그리고 나물 이사금의 아들이자 눌지 마립간의 요절한 형 또는 동생이었을 어떤 왕자의 무덤 금령총 곁에 조성되었다는 것도 간과해서는 안 될 중요한 단서라고 봅니다. 그러나 무엇보다도 결정적인 증거는 방금 위에서 언급했던 자작나무 껍질 관모입니다. 신라 황금 예술의 진수를 보여주는 화려한 금동 신발이 부장되었음에도 불구하고 거기에 걸맞은 금관이나 금동관이 부장되지 않았으니까요. 물론, 어쩌면 눌지 마립간 본인의 입장에서는 그가 나물 왕릉 바로 아래에 묻히는 것을 용납할 수 없었을지도 모릅니다. 머지않아 국왕이 될 0순위 계승 후보였던 자신을 죽이려 한 국사범이었습니다. 그 사실 하나만으로도 당장 족보에서 이름을 파내고 무덤까지 가족 묘지에서 퇴출시켜 마땅했을 테니까요. 그렇게 증오스럽고 수치스러운 인물이라면 어째서 그 묫자리를 아버지(나물)의 왕릉 곁에 허락해 준 걸까요? 물론, 그것은 어느 정도 설명이 가능합니다.

눌지 마립간에게 실성은 5촌 당숙이자 장인이었습니다. 미래에는 자신의 왕위를 잇는 아들인 자비의 외조부이기도 했지요. 개인적으로는 철천지원수였지만 그의 딸이자 자신의 왕비였던 아로부인과 아들 자비의 체면을 먼저 생각했는지도 모를 일입니다. 밉든 좋든 간에 어쨌든 한 집안의 어른이 아닙니까? 살아 있는 것도 아니고 이미 죽었는데 굳이 극단적인 보복을 해서 '만인의 어버이'로서의 자신의 이미지까지 깎아 먹을 필요는 없었겠지요. 어쩌면 그래서 그 자리에 묫자리를 쓰는 것만큼은 눈 감아 주었을지도 모릅니다.

그럼에도 불구하고 눌지로서는 자신의 형제를 해코지하고 자신까지 죽이려 했으니 그에 대한 응분의 처벌이 불가피했을 겁니다. 그래서 부장품의 격과 규모를 낮춘 거겠지요. 왕관을 씌워 주지 않은 것도 마찬가지입니다. 왕관을 씌워 준다는 것 자체가 실성이 신라 국왕으로서의 정통성을 인정해 주는 꼴이 되니까요. 어쩌면 현재의 통치자로서, 그리고 최후의 승리자로서 패배자에게 관용을 최대한 베푸는 것이 자신의 평판에도 유리했을지도 모릅니다. 그러나 만약 그의 정통성을 인정해 준다면 자칫 자신의 국왕으로서의 정통성까지 약화되고, 자신처럼 시해(弑害)를 시도하는 또 다른 반역자들이 생길지도 모를 판이었습니다. 그래서 실성에 대한 정치적 응징을 상징적으로 보여 주기 위하여 그의 머리에서 왕관을 치우고 부장품 역시 격을 왕자보다 낮추어 묻어 준 것은 아니었을까요?

제4절
서봉총 – 봉황 장식 금관이 나온 무덤

금관총의 서쪽 바로 옆에 자리잡고 있는 이 고분 역시 일제강점기인 1926년에 일본인에 의해 발굴되었습니다. 그는 고이즈미 아키오(小泉顯夫, 1897~?)라는 사람인데요. 나라(奈良) 현 출신인 그는 1917년부터 교토대에서 하마다로부터 고고학을 배우고, 졸업한 뒤에는 나라 고등사범학교에서 조수로 근무하고 있었습니다. 그러다가 1921년에 금관총에서 엄청난 유물들이 쏟아져 나오면서 신라 열풍이 불기 시작했지요. 그래서 이듬해인 1922년에 조선으로 건너와 총독부 고적조사과 촉탁으로 채용

발굴 조사 직전의 서봉총(중) 주변 상황. 묘역 여기저기에 민가가 난립해 있는 것이 보인다. 오른쪽의 2층 한옥이 시천당이며 그 너머가 금관총 터였다(나무위키 사진).

되더니 총독부 박물관 관련 업무를 담당했답니다. 이쯤 되면 그를 조선으로 이끈 인물이 누구인지 대충 감이 잡히지요? 그렇습니다. 바로 그 은사인 하마다 게이사쿠였을 가능성이 높습니다. 어쨌든 그는 총독부에서 근무하면서 1924년에 평양에서 이른바 '낙랑' 고분 조사에서 경험을 쌓습니다. 그리고 2년 뒤인 1926년에 서봉총 발굴 조사를 주도하지요. 사회 경력이 한심했던 고이즈미나 우메하라가 조선에서 승승장구한 배후에는 언제나 하마다가 있었다고 해도 과언이 아닌 셈입니다.

1) 서봉총의 발굴

발굴 조사가 이루어지기 전만 해도 서봉총 주변에는 시천당 등 민가들이 많이 들어서 있었습니다. 봉분이 크게 훼손된 상태였지요. 그래서 신라 고분의 구조를 파악한다는 명목으로 발굴 조사에 착수합니다. 이때 서봉총 북분에서는 금관·금허리띠·금팔찌 등의 금제 위세품들과 함께 각종 귀금속 제품·유리 제품·무기류 등이 출토되었는데요. 그중에서도 사람들의 이목을 끈 것은 금관이었습니다. 서봉총 금관은 신라 금관들 중에서는 유일하게 금관 꼭대기의 가지에 봉황이 표현되어 있었지요.

거기에서는 '연수 원년'이라는 명문이 새겨진 은합(銀盒)이 출토되기도 했는데요. 학자들은 이를 근거로 이 고분의 연대를 5세기 말에서 6세기 초로 추정하고 있습니다. 반면에 남분에서 금제 귀걸이(1쌍)·팔찌(2쌍)·구슬 가슴걸이·반지·철편·삼지창·철부·토기 등의 유물들이 출토되었는데요.[307] 그 부장품은 양도 적고 질도 낮은 편이었다고 합니다.[308] 그러나 현재는 귀걸이를 제외하고는 그 실물을 확인할 수 없게

---

307) 박광렬, 〈신라 서봉총과 호우총의 절대연대고〉, 《한국고고학보》 제41집, 제75쪽, 1999.

서봉총에서 출토된 은합(좌)과 과 출토 당시의 상태(우) (국립중앙박물관 사진)

되었습니다.

    고고학자들은 그동안 서봉총(북분)의 연대나 주인공이 누구인지 밝혀내기 위하여 다양한 노력을 기울여 왔습니다. 예를 들어, 최병현은 목곽의 구조를 근거로 그 축조 시점을 5세기 중기로, 이토 아키오(伊藤明夫)는 북분에서 귀걸이의 양식을 근거로 470~520년 사이로 추정했지요. 마노베 슌이치(馬目順一)는 금관 양식을 근거로 금관총을 500년 전후, 서봉총(북분)을 6세기 전반에 각각 지어진 것으로 보았습니다. 아나자와 와코(穴澤咊光) 같은 경우는 허리띠의 장식판 문양을 근거로 서봉총의 연대를 금관총보다 늦은 6세기 전반으로 보다가 최근에 5세기 말로 수정했다고 하는군요. 학자들 다수가 서봉총(북분)의 축조 연대를 금관총 이후인 5세기 말~6세기 초로 보고 있는 셈입니다. 그러나 이들은 너무 연대를 내려 잡은 것이 아닌가 싶습니다. 같은 서봉총에서 출토된 유물은 전혀 다른 답안을 제시하고 있으니까요.

---

308) 윤온식, 〈서봉총 재발굴 조사 개요〉,《고고학지》제22집, 제132쪽, 한국고고미술연구소, 2016.

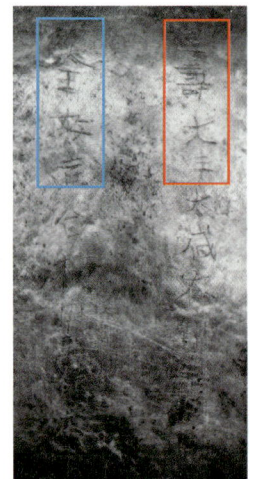

은합 뚜껑 안쪽에 새겨진 글자들. '태왕경조(太王敬造)'(좌)와 '연수원년(延壽元年)'(우)을 확인할 수 있다(국립중앙박물관 사진).

　서봉총의 주인공이 누구인가를 판정하는 데에 중요한 단서를 제공하는 것은 북분에서 출토된 은합의 명문들입니다. 은으로 만든 이 주발은 그 뚜껑 안쪽과 본체 밑바닥에 다음과 같은 글씨가 새겨져 있습니다.

a) 은합 뚜껑 내부 －　延壽元年太歲在卯三月中
　　　　　　　　　　太王敬造合杅用三斤六兩
b) 은합 본체 바닥 －　延壽元年太歲在辛三月中
　　　　　　　　　　太王敬造合杅用三斤六兩

이 명문들을 번역하면 그 내용은 이렇습니다.

a′) 은합 뚜껑 내부 － 연수 원년 때는 묘년의 3월 중반

　　　　　　　태왕께서 합우를 삼가 만드실 제 3근 6냥을 쓰다
b′) 은합 본체 바닥 – 연수 원년 때는 신년의 3월 중반
　　　　　　　태왕께서 합우를 삼가 만드실 제 3근 6냥을 쓰다

　고대에는 1근이 대체로 지금의 223g 정도였다고 합니다. 그러니 '3근 6냥'이라면 890.79g 정도 되는 셈이지요. 이 은합을 만드는 데에 890g 정도의 은이 사용된 겁니다. 그렇다면 이 주발은 누가, 왜, 누구를 위하여 만든 것일까요?

2) 은합은 언제 어디서 만들어졌나

　일본인들이 보관하고 있었던 은합은 광복 전후에 그 실물의 행방이 묘연해진 상태입니다. 그 명문의 글씨를 일본인들이 제대로 해독한 것인지 직접 확인할 길이 없다는 뜻이지요. 다만, 하마다는 나중에 〈신라의 보관(新羅の寶冠)〉이라는 논문에서 은합의 그림과 명문을 소개한 바 있는데요. 그 내용에 따르면, 은합 뚜껑 내부에는 "延壽元年太歲在卯", 본체 밑바닥에는 "延壽元年太歲在辛"이라는 문구가 들어가 있습니다. 이 명문들을 따른다면 '연수 원년'은 천간(天干)이 '신(辛)', 지지(地支)가 '묘(卯)'인 해, 즉 신묘년이었던 셈입니다. 역사적으로 신묘년이었던 해는 서기 331년·391년·451년·511년 등이었습니다. 문제는 '연수'라는 연호가 당시에 어느 나라에서 사용되었는가에 있습니다. 이 연호는 고구려는 물론이고 중국 정사에서도 보이지 않기 때문이지요. 백제, 신라 쪽이나 일본 쪽 역시 마찬가지입니다. 따라서 이 연호의 '국적'을 밝혀내는 것은 이 은합을 제작한 주체가 어느 나라의 누구인지 알아내는 데에 대단히 중요한 단서가 됩니다. 더 나아가 그 주체가 어떤 목적으로 이 은합을 만들었는

지 추정할 수 있는 단서도 확보되는 셈이지요. 단 두 글자에 불과하지만 그 속에는 엄청난 비밀이 담겨져 있는 겁니다.

3) 명문 속의 '신묘년'은 언제인가

국내외 학자들은 명문 속의 '신묘년'을 광개토대왕과 결부시키는 경우가 많습니다. 광개토대왕비문에 따르면, 신묘년은 담덕(談德)이 고구려 제19대 국왕으로 즉위한 해거든요. 게다가 명문에는 '태왕'이라는 존호가 두 번이나 등장하는데요. 학자들은 이 '태왕'을 호태왕(好太王), 즉 광개토대왕을 줄인 표현으로 보고 있습니다. 이 은합을 만든 주체는 누가보더라도 고구려 광개토대왕밖에 없는 것처럼 보이지요? 당장 광개토대왕비문에 등장하는 연도와 간지를 대조해 보아도 광개토대왕이 즉위한 해인 391년은 신묘년임에 의심의 여지가 없습니다. 그래서 명문 속의 '태왕'을 광개토대왕으로 이해하고 '연수 원년(延壽元年)'에 대해서 연수 원년에 대왕의 장수를 기원하는 의미에서 이 은합을 만들었다는 결론으로 자연스럽게 연결시키는 것이 보통이지요.[309] 제작 주체가 고구려의 어용 공방이고 '태왕'은 은합을 봉헌받은 객체라는 거지요. 그렇게 보면 이 은합은 태왕을 위해 만든 것이고, '연수'는 광개토대왕의 연호로 해석하는 것이 당연해 보입니다.

그렇다면 은합을 제작한 '태왕'은 보나 마나 광개토대왕이겠군요? 아닙니다. 유감스럽게도 그렇지 않답니다. 5세기 장수왕 때에 제작된 것으로 알려져 있는 광개토대왕비에는 그 연호가 '영락(永樂)'이었다고 밝혀

---

309) 박광렬, 제78쪽.

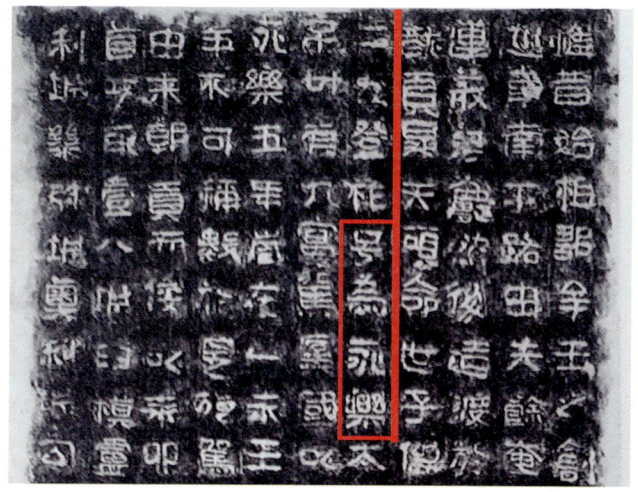 

고구려 광개토대왕비의 '영락' 대목. 29살에 왕위에 오르고 연호를 '영락'으로 일컬었다고 밝혀 놓았다. 적어도 즉위한 해에는 '영락'을 연호로 사용했음을 알 수 있었다 (한상봉 소장본).

놓았거든요. 광개토대왕비문 속의 연도와 한자들을 대조해 보면 '영락'은 광개토대왕이 왕위에 오르던 해에 정한 연호임을 알 수 있습니다. 이것이 도대체 어떻게 된 영문일까요? 그 연호가 《삼국사기》나 《삼국유사》에 소개된 것이라면야 두 사서의 편찬 시점이 광개토대왕 당시로부터 700여 년이나 지난 뒤라서 믿을 수 없다고 둘러댈 수라도 있지요. 그러나 광개토대왕비와 이 은합은 5세기 당시에 제작된 유물입니다. 빼도 박도 못할 팩트 그 자체라는 뜻이지요.

물론, 나중에 연호가 다른 것으로 바뀌었는지는 알 수 없습니다. 그러나 적어도 왕위에 오른 해로부터 재위 20년까지는 '영락'을 연호로 사용한 것이 확실하지요. 광개토대왕비가 가짜가 아닌 이상 말입니다. 그런데 간지가 똑같이 '신묘'인데 '연수'라는 또 다른 연호가 새겨져 있다? 연도가 같은데 연호가 다르다면 그 연호는 광개토대왕이 사용한 것이 아니

고창국 고성 유적

라는 뜻이지요. 거기에 등장하는 '태왕' 역시 광개토대왕이 아닌 제3의 인물일 가능성도 있습니다. 실상이 이렇다 보니 '영락'과 '연수' 사이에서 딜레마에 빠진 학자들은 그동안 여러 가지 다양한 해법을 제안해 왔습니다.

'태왕'에 무게를 두는 학자들은 신묘년을 광개토대왕이 즉위한 해 (391)로 보았습니다. '영락'이라는 연호에 주목하는 학자들은 '연수 원년'의 신묘년은 391년일 수 없다고 여겼지요. 그래서 '연수'를 97살까지 장수한 그 아들 장수왕과 결부시키기도 합니다. '연수 원년'은 장수왕의 연호이며, 은합 역시 장수왕 때에 제작되었다는 거지요. 상황 논리로 따져본다면 꽤 그럴듯해 보입니다. '연수(延壽)'라는 표현 자체가 '수명을 연장한다'는 뜻을 나타내거든요. 이런 표현을 썼다는 것 자체가 당사자('태왕')의 나이가 많다는 사실을 전제하는 것 아니겠습니까? 그러니 40살도 못되어 죽은 광개토대왕보다야 100살 가까이 살았던 장수왕 쪽이 훨씬 자연스러운 거지요. 그러나 여기서도 정답을 찾지 못한 학자들은 '신묘년'을 장수왕의 손자 문자명왕(文咨明王) 20년(511)으로 보거나, 아예 몇 대를 더 올라가 광개토대왕의 조부인 고국원왕(故國原王) 원년(331)으로 비정하기도 합니다. 어떤 경우에는 '연수'를 64살의 나이에 뒤늦게 왕위에 오른 지증왕이 사용한 신라 연호로 보고 '신묘년'을 지증왕 12년(511)으로 보기도 했지요.[310] 최근에는 '연수'를 아예 고창국(高昌國)의 연호로 보는 학자까지 나왔답니다.[311] 과연 역사적 진실은 무엇일까요? 은합의 명문에 등장하는 신묘년은 '영락' 원년이었을까요 아니면 '연수' 원년이었을까요?

4) 2개의 연호가 존재한 신묘년

일단 정답부터 말하자면 명문 속의 신묘년은 서기 391년으로 보아야 맞습니다. 그리고 이때 고구려에서 사용한 연호는 '영락'도 맞고 '연수'도 맞습니다. 이게 무슨 뚱딴지같은 소리냐고요? 무슨 근거로 그런 소리를 하느냐고요? 당연히 근거가 있지요. 그 정답은《삼국사기》를 펴 보면 금방 찾을 수가 있습니다. 〈고구려본기 6〉의 이 기사에 주목해 주십시오.

신묘년 고국양왕 9년
신라와 우호관계를 맺고 볼모를 받다.
3월 불교를 믿으라는 교지를 내리다.
3월 관련 관청에 일러 나라의 사당을 세우고 종묘를 건설하다.

---

310) 박광열,〈신라 적석목곽분의 연구와 금관총〉,《금관총과 이사지왕》(2014년 국립중앙박물관 학술심포지엄). 제64쪽, 국립중앙박물관, 2014.
311) 박선희,〈은합우 명문의 연대 재검토에 따른 서봉총 금관의 주체 해명〉,《백산학보》제74호, 제98쪽.

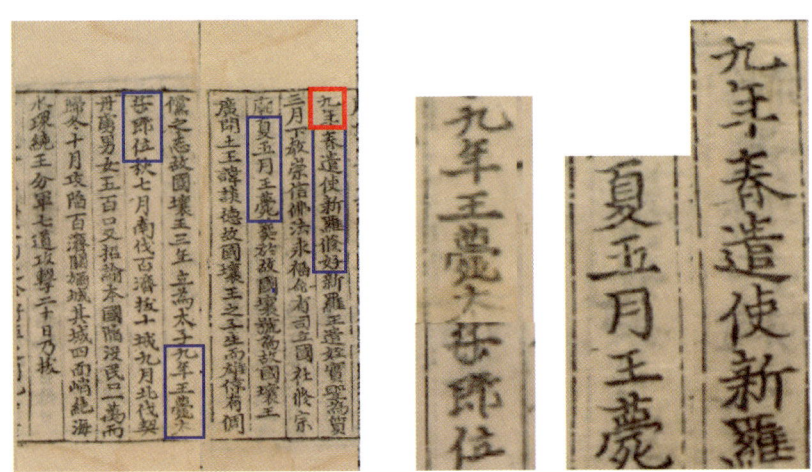

《삼국사기》의 '고국양왕 9년'조와 '광개토대왕 원년'조 기사. 신라와의 수교 – 실성의 고구려 입국 – 고국양왕의 사망 – 담덕의 왕위 계승 – 백제 정벌 이 모든 사건들이 모두 광개토대왕 원년 즉 고국양왕 9년에 발생하였다.

여름 5월 왕이 세상을 떠나다. 고국양에 장례 지내고 '고국양왕'이라는 왕호로 일컫다.

신묘년 광개토대왕 원년

[5월] 광개토대왕은 이름이 담덕으로, 고국양왕의 아들이다. … 고국양왕 3년에 태자로 책립되고 9년에 왕이 승하하자 태자가 왕위에 올랐다."

여러분 잘 보셨습니까? 이제 정답이 보이시나요? 그렇습니다. '신묘년'은 광개토대왕이 즉위한 해이기에 앞서 그 아버지 고국양왕이 세상을 떠난 해이기도 했던 겁니다. '영락'은 광개토대왕의 연호이며 '연수'는 바로 그 직전의 국왕이자 아버지인 고국양왕의 연호였다는 뜻이지요. 서기 391년 신묘년에 고국양왕이 어떤 이유로 말미암아 '연수'를 연호로 바꾸

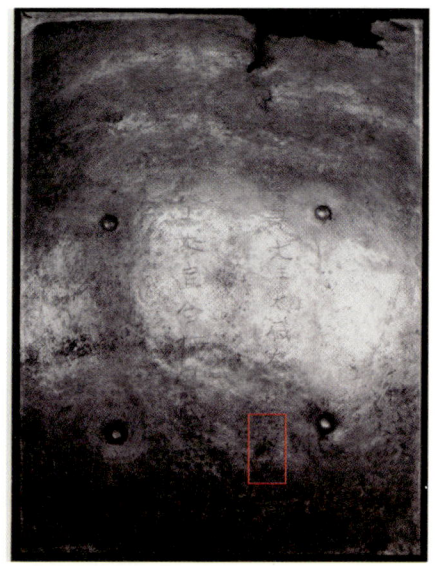 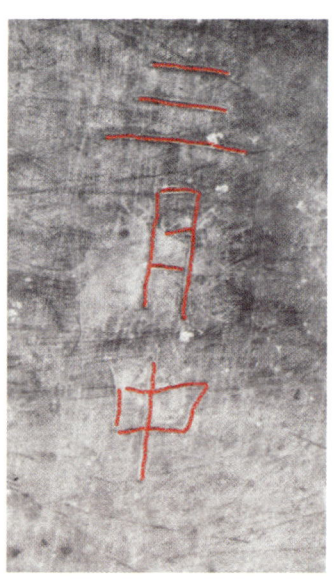

은합의 '삼월중(三月中)' 명문. 3월이라면 고국양왕이 세상을 떠나기 2달 전에 해당한다.

었는데 같은 해 여름 5월에 갑자기 세상을 떠난 거지요. 그러고 나서 왕위를 이어받은 그 아들 담덕이 5월 이후(아마도 가을쯤?)부터 고국양왕의 치세를 9년까지로 소개하고 있습니다. 한동안 그렇게 부왕의 연호를 사용하다가 자신의 즉위에 즈음하여 상서로운 의미를 담아 '영락'이라는 연호로 고친 거지요.

다만, 일연의 《삼국유사》〈왕력편〉에는 고국양왕이 "8년 동안 다스렸다(治八年)"거나 광개토대왕이 "임진년에 즉위하다(壬辰立)"라고 소개되어 있어서 1년의 편차를 보이는데요. 《삼국유사》는 5세기로부터 700여 년 뒤에 제3자(일연)에 의하여 저술된 역사책입니다. 그런데 광개토대왕이 세상을 떠난 직후에 '그 아들'이 세운 광개토대왕비에는 '신묘년'으로 되어 있거든요. 《삼국사기》에서 고국양왕의 치세를 9년까지로 소개한 것이 그 증거입니다. 그러니 '고국양왕이 죽고 광개토대왕이 즉위한 해가 신묘년'이라는 광개토대왕비와 《삼국사기》의 기록을 따르는 것이 옳겠지요. 은합 명문 맨 끝의 "3월 중(三月中)" 역시 마찬가지입니다. 연수 원년 3월로 이해할 수 있는 거지요. 그 은합은 고국양왕이 죽기 2개월 전에 제작되었다는 뜻입니다. 그리고 고국양왕이 특별히 제작해서 다른 예물들과 함께 신라로 보낸 것이 바로 서봉총에서 출토된 은합인 거지요.

지금까지 살펴본 사실들이 과연 역사적 진실에 부합되는지 어떻게 확인하느냐고요? 그건 아주 간단합니다. 그 명문의 내용을 문법관계 분석을 통하여 '검산'해 보면 되거든요.

5) 문법으로 확인하는 명문의 비밀

학계 일각에서는 이 은합을 고구려의 어용 공방에서 '태왕'에게 만들어 바친 것으로 해석하는 경향이 있는 것 같습니다. 그러나 그렇지 않습니다. 명문에는 "太王敬造合杅"라는 문구가 사용되었는데 이 부분을 문법적으로 따져 보면 「주어+관형어+동사+목적어」 구조입니다. 영어로 치면 전형적인 제3형식에 해당하겠군요? 우리말로 옮기면 '태왕께서 합우를 삼가 만드시다' 정도로 번역됩니다.

여기서 관형어로 충당된 '공손할 경(敬)'의 경우, 일부 학자는 '교지 내릴 교(教)'로 해석하기도 합니다.[312] 그러나 두 글자는 그 의미나 용법에서 상당히 다릅니다.

경

太王敬造合杅 ⇒ 태왕이 상대를 존경하는 뜻에서 은합을 제작함

---

312) 김창호, 〈고신라 서봉총 출토 은합 명문의 검토〉, 《역사교육논집》 제16집, 제44쪽. 또는 〈서봉총(함순섭)〉, 《한국고고학전문사전》, 제469쪽.

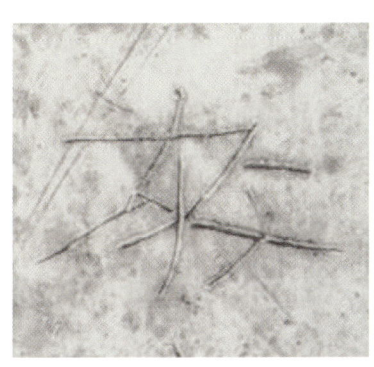
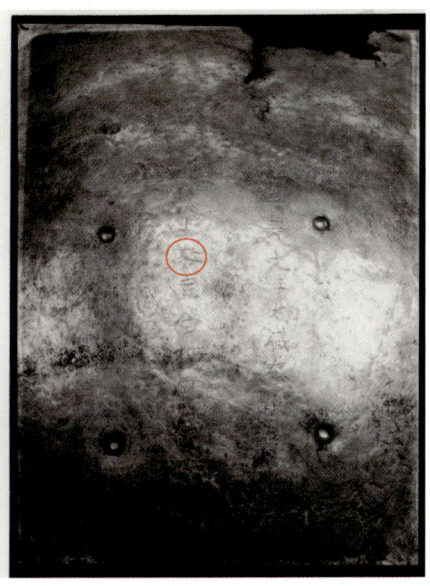

은합의 문제의 글자. 이 글자가 '경'이라면 높이는 쪽은 태왕이 아닌 신라 국왕이 된다. 만약 고구려 태왕이 고국양왕을 가리키는 표현이라면 '경'이 자연스럽다.

교

太王敎造合杅 ⇒ 태왕이 상대에게 일러 은합을 제작하게 함

문법적으로는 '지을 조(造)' 앞에 '경'을 쓰든 '교'를 쓰든 상관이 없습니다. 그러나 명문의 뉘앙스나 상대에 대한 태왕의 상·하 관계는 두 글자 중 어느 글자를 사용하느냐에 따라 크게 달라집니다. 물론, 그 글자가 '경'인지 '교'인지는 확인할 길이 없습니다. 이 은합은 우메하라의 발굴 자료에 기재되어 있기는 하지만 실물은 행방이 묘연해졌기 때문이지요. 어쩌면 광복과 함께 일본으로 반출되어 지금쯤 일본의 어딘가에 소장되어 있을지도 모릅니다.

제4절 서봉총 - 봉황 장식 금관이 나온 무덤 523

유일하게 은합의 그림과 명문을 소개해 놓은 자료는 우메하라의 직속 상사인 하마다가 발굴 조사 이후에 발표한 〈신라의 보관〉 논문뿐입니다. 하마다는 그 논문에서 이 문제의 글자와 관련하여 뚜껑의 것은 '敬(敎)', 본체 밑바닥의 것은 '敬'으로 보았습니다.313) 그의 소개대로라면 명문의 두 글자는 '교지 내릴 교'가 아니라 '공손할 경'인 셈이지요. 하마다의 판독이 정확한 것이라면 명문의 '경'이 높이고자 하는 상대는 '태왕'이 아니게 됩니다. 문법적으로는 오히려 상황이 정반대로 되지요. 그 은합을 받는 상대를 높이는 역할을 하니까요. 그렇다면 이것만으로도 은합을 제작한 주체는 '태왕'인 반면, 그 은합을 받는 쪽은 신라 국왕이 되는 셈입니다. 문제는 고구려의 국왕이 신라의 국왕에게 공손한 표현을 사용하는 것이 과연 자연스러우냐 하는 사실에 있습니다. 당시의 고구려는 누가 뭐라고 해도 동북아를 제패(制霸)하는 강대국이었습니다. 반면에 신라는 영토도 보잘것없는 약소국에 지나지 않았지요. 그 사실은 당시의 국제 정세를 비교해 보면 금방 확인할 수가 있습니다.

당시의 고구려 '태왕' 고국양왕이 특별히 제작한 은합 안팎에 '공손하게' 또는 '삼가'의 뜻을 나타내는 '공손할 경'자를 새겨 넣은 것을 보면 그 선물을 받는 쪽은 나이나 지체가 그보다 높은 사람이었다고 보아야 옳습니다. 고국양왕 당시에 신라를 다스리고 있었던 사람은 나물 이사금이었지요. 예, 바로 이 책의 주인공 '이사지왕' 눌지 마립간의 아버지 말입니다. 고국양왕의 은합은 나물 이사금을 위하여 특별히 제작된 선물이었던 거지요.

---

313) 자세한 언급은 박선희, 〈은합 명문의 연대 재검토에 따른 서봉총 금관의 주체 해명〉,《백산학보》제74호, 제84쪽.

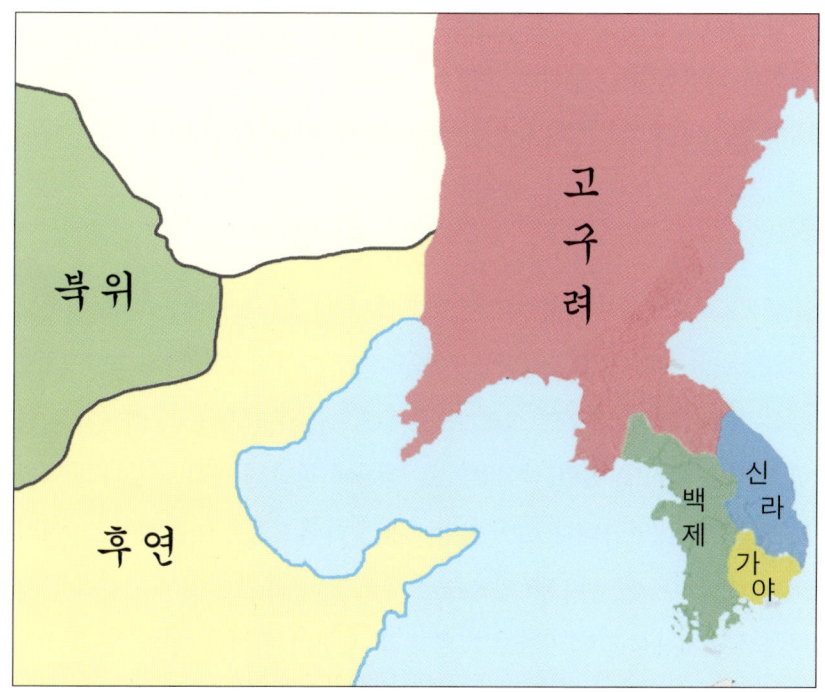

고국양왕 재위시기의 동북아 형세 추정도. 서로는 후연, 동으로는 백제를 맞아 힘겨운 전쟁을 벌이고 있던 고구려로서는 신라를 우군으로 포섭하는 일이 급선무였을 것이다.

6) 고국양왕은 왜 은합을 선물했을까

서기 391년은 고국양왕이 왕위에 오른 지 9년째 되는 해였습니다.《삼국사기》나《삼국유사》에는 고국양왕의 나이가 언급된 일이 없습니다. 그러나 이때 태자 담덕의 나이가 18살이었다고 한 것을 보면 고국양왕은 30대 후반이거나 40대 초반 쯤 되지 않았을까요? 아무리 많이 봐 주어도 중년 나이였던 셈입니다. 반면에 신라의 나물 이사금은 나이가 많았지요. 적어도 50대 중·후반이었을 것으로 추정됩니다. 391년은 그가 재위한 지 35년째 되는 해였거든요. 눌지처럼 성인이 되고 나서 왕위에 올랐다면 적어도 55살은 되어 있었을 겁니다. 생물학적인 나이나 국왕으로 재위한 기간만 놓고 본다면 나물 이사금 쪽이 고국양왕보다 적어도 10살 이상 연장자였다는 뜻이지요. 그러니 고구려가 아무리 대국이라고 해도 공식적인 외교문서에서는 예의를 갖출 수밖에 없지 않겠습니까?

물론, 고국양왕이 나물 이사금에게 예의를 갖추는 데에는 다른 이유도 있었습니다. 4세기의 고구려는 서쪽으로는 아버지 때부터의 숙적인 모용선비(慕容鮮卑)의 후연(後燕)과, 동쪽으로는 뿌리가 같은 백제와 치열한 전쟁을 벌이고 있던 참이었지요. 당시에 신라는 당시 이웃나라 백제와 앙숙지간이었습니다. 고국양왕에게는 다행스러운 일이었지요. '적의 적은 친구'라지 않습니까? 양쪽으로 적을 맞아 싸우고 있는 고구려의 입장에서는 자신들을 지지하고 지원해 줄 우군이 절실한 입장이었습니다. 아무리 작고 약한 나라일지언정 말이지요. '급하면 고양이 손도 빌린다'는 말도 있지 않습니까? 그러니 심기야 불편했을지 모르지만 천하의 고구려 '태왕'이라도 신라에 대해서 최대한 몸을 낮출 수밖에 없었을 겁니다. 그렇게 보면 은합 명문에 '존경하는'이라는 관형어를 쓸 만한 생물학적·외교적 조건이 충족되어 있었다는 뜻입니다. 모르긴 몰라도 고국양왕은 신라에 볼모를 요구하면서도 한편으로는 적극적인 인적·물적 교류로 신라의 환심을 사려고 애썼을 겁니다. 이 정도면 서봉총 은합의 제작을 명령한 '태왕'은 고구려의 고국양왕, 그 은합을 받는 쪽은 신라의 나물 이사금으로 해석하는 데에 별로 무리가 없어 보이지요?

⟨표 - 서봉총 은합 주체-객체의 적합성 대조표⟩

서기	국왕 (재위 연도)		신라왕과 연령 차이	'경'자 사용 적합성	당시의 양국 관계	은합 사여 가능성	지지 학자 (발표연도)
	고구려	신라					
331	고국원왕 1	흘해왕 22					강현숙(2012)
391	고국양왕 9 (40대?)	나물왕 35 (50살?)	-10?	○	우호	○	문성재(2025)
391	광개토왕 1 (18살)		-32	○	우호	○	古江亮仁(1989), 최병현(1992)
451	장수왕 39 (57살)	눌지왕 35 (62살?)	-4~5?	△	악화	×	손영종(1966), 坂元義種(1968), 이병도(1979), 小田富士廣(1979), 최병현(1981), 김창호(1991), 김영태(1997), 정운용(1998), 穴澤咊光(2007)
511	문자명왕 20 (79살?)	지증왕 12 (76살)	+3?	×	적대	×	浜田耕作(1929), 藤田亮策(1968), 穴澤咊光(1972), 김병모(1998), 박광열(1999)
624	국문태 2 (30대?)	진평왕 46 (60대?)	-30?	○	×	?	박선희(2006)

7) 그렇다면 서봉총은 언제 조성되었나

자아, 이 정도면 은합이 언제 누구에 의해서 제작되었으며 누구한테 왜 보내졌는지 어느 정도 해명이 된 것 같군요. 이제 마지막으로 남은 한 가지 의문을 풀 차례가 되었습니다. 그렇다면 은합이 출토된 이 서봉총은 누구의 무덤일까요?

국내외 학자들은 발굴 조사가 끝난 1929년 이래로 그 주인공과 연대에 관하여 다양한 주장들을 개진해 왔습니다. 개중에는 서봉총(북분) 토기 양식을 근거로 그 조성 연대가 금령총보다는 늦고 보문동 합장묘보다는 이르다고 보기도 하지요.[314] 그러나 마립간 시기 초기에 신라로 유입된 은합이 대대로 전해지면서 사용되다가 서봉총이 조성될 때 부장품으로 넣어 주었다고 보는 학자들도 있습니다.[315] 황남대총(남분)이 눌지왕릉이라는 전제하에서 서봉총은 6세기 1/4분기에 지어졌다는 주장도 있고요.[316] 그러나 이제 은합이 제작된 해가 고국양왕 9년, 즉 391년임이 확인된 이상 그 주인공과 축조 연대에 대한 주장들도 이제는 교통정리가 필요할 것 같습니다.

일단 서봉총의 축조 연대부터 따져 보도록 하지요. 391년에 제작된 은합이 부장된 이상 그 상한선은 391년으로 잡아야 되겠습니다. 문제는 그 하한선을 언제쯤으로 잡아야 할 것인가 하는 건데요. 그 하한선은 신라가 고구려와 완전히 결별하는 시점까지로 잡아야 한다고 봅니다. 그렇다면 눌지 마립간 39년(455) 무렵일 가능성이 높지요. 재위 38년(454) 9월에 고구려가 신라의 북쪽 지경을 침범하자 반발한 눌지 마립간이 다음해(455) 10월에 고구려와 힘겨운 싸움을 벌이고 있던 백제에 지원군을 파병하고 있으니까요. 이 두 사건을 계기로 신라와 고구려는 돌이킬 수 없는 원수지간이 되었다고 보아야 합니다. 그리고 그 이후로 김춘추(金春秋)가 연개소문(淵蓋蘇文)을 찾아갈 때까지 신라는 고구려와 거의 200여 년 동안 적대하게 됩니다. 서로 공방을 벌인 일은 중국 정사에도 자세하게 소개되어 있지요.

---

314) 김대환, 같은 논문, 제120쪽.
315) 신정훈, 〈신라 서봉총의 은합 연대와 그 축조시기에 대한 신검토-역사적 맥락과 관련하여〉, 《국학연구논총》제13집, 제15쪽, 2014.
316) 김대환, 제121쪽.

은합이 신라와 고구려의 관계가 악화되기 전의 어느 날에 부장되었다고 전제할 때 서봉총은 455년 무렵에 조성되었을 것이다. 사진은 지금의 서봉총 모습(《경북매일신문》, 2025.4.9)

이처럼 두 나라가 서로를 적으로 규정한 이상 상대국을 왕래하거나 그 물품을 소지한다는 것은 일종의 이적 행위나 반역 행위로 간주되었을 겁니다. 설사 당사자가 왕족이라고 해도 그 같은 대세를 거스르기는 어려웠을 테지요. 따라서 고국양왕 때 신라로 전달된 이 고구려 은합은 적어도 고구려와의 관계가 악화되기 전에 서봉총에 부장되었을 가능성이 높습니다. 눌지 마립간 중기 전후에 말이지요. 그렇다면 그 하한선은 눌지 마립간이 백제에 지원군을 보낸 재위 39년(455) 전후가 되겠군요.

8) 그래서 서봉총은 누구의 무덤인가

학계에서는 서봉총이 금관총보다 늦게 축조되었다고 보는 경향이 있는 것 같습니다. 그러나 명심해야 할 것은 '금관총=눌지 왕릉'이라는 대전제에 유념해야 한다는 사실이지요. 지금까지의 통설과는 반대로 서봉총은 오히려 금관총보다 일찍 축조되었을 수도 있다는 뜻이지요. 눌지 마립간이 왕위에 있는 동안 왕족 중에서 자신과 가까운 누군가가 세상을

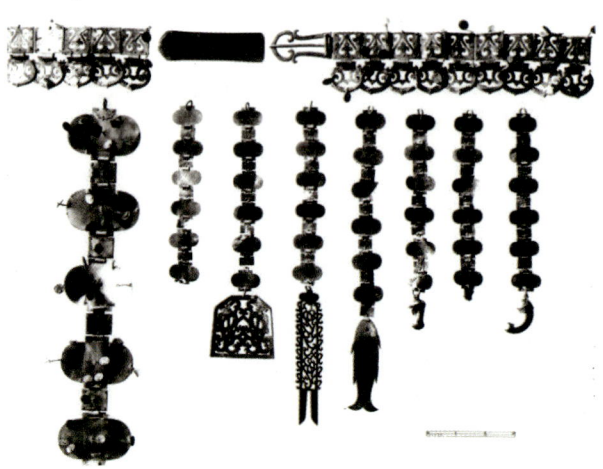

서봉총에서 출토된 허리띠 장식. 이 무덤에서 출토된 위세품들은 양적 으로나 질적으로나 최고 수준의 왕급 유물이다(e-뮤지엄 사진).

떠났다면 당연히 그 사람의 무덤을 만들어 주었을 겁니다. 그 점에 착안한다면 그 조건을 충족시켜 주는 인물이 하나 있지요. 바로 미사흔입니다. 금관총의 주인공 눌지 마립간의 동생 말이지요. 그의 무덤이 서봉총일 가능성이 높다는 뜻입니다. 증거라도 있느냐고요? 김부식의 《삼국사기》에는 이런 기사가 보입니다.

"17년 여름 5월, 미사흔이 죽다. 이에 서불한으로 추증하였다."
十七年夏五月, 未斯欣卒. 贈舒弗邯.[317]

눌지 마립간 17년이라면 서기로는 433년에 해당합니다. 433년이 서봉총이 조성된 해라는 뜻이지요. 그렇다면 은합은 당연히 바로 이해에 부

317) 《삼국사기》 〈신라본기 3〉 '눌지 마립간 17년(433)'조.

장되었다는 결론이 나옵니다.

　물론, 어떤 사람들은 서봉총에서 왕관과 왕 급의 위세품들이 쏟아져 나온 점에 주목하면서 이의를 제기할 지도 모릅니다. 사실 틀린 말은 아니지요. 미사흔은 생시에 신라 국왕으로 즉위한 적이 없으니까요. 즉위는커녕 왕위계승 후보로 이름이 거론된 적도 없습니다. 그런데 어떻게 금관총과 맞먹는 규모의 왕릉을 지어 줄 수가 있느냐고요? 그 이유는 《삼국사기》와《삼국유사》만 읽어 보아도 답을 얻을 수 있습니다. 우리 책 제4장에도 다룬 것처럼, 눌지 마립간은 복호 · 미사흔 두 동생과 우애가 아주 두터웠습니다. 왕위에 오르기가 무섭게 남의 나라에서 볼모살이를 하던 두 동생을 귀환시키기 위하여 온갖 노력을 다 기울인 일만 보아도 세 사람의 형제애가 얼마나 두터웠는지 금방 눈치챌 수가 있지요.

　눌지 마립간은 그 중에서도 미사흔을 각별히 아꼈던 것 같습니다. 눌지가 얼마나 미사흔을 아꼈는지는 죽은 그를 '서불한'으로 추증(追贈)한 사실만 보아도 알 수가 있지요. 서불한은 지금의 서울 시장에 해당하는 관직이었습니다. 신라의 17 관등 중에서 가장 높은 벼슬이었으니까요. 국왕인 마립간을 제외하고는 가장 서열이 높은 자리라는 뜻입니다. 물론, 사후에 격을 높여 내린 것이기는 하지만 말이지요. 어디 그 뿐인가요? 눌지의 아들 자비 마립간은 아버지의 왕위를 계승한 뒤에 미사흔 즉 자신의 숙부의 딸을 왕비로 맞아들이기까지 합니다. 미사흔에 대한 눌지와 그 일족의 애정과 관계가 얼마나 두터웠는지 잘 알 수 있는 대목이지요.

　미사흔이 세 사람 중에서 나이가 가장 어린 막내이기 때문이었을까요? 똑똑하다든지 유능하다든지 뭐 다른 이유도 있을 수 있을 겁니다. 그러나 현재로서는 막내 동생이어서 각별히 아끼고 각별히 가깝게 지냈던 것이 아닐까 싶군요. 그렇게 아끼고 가깝게 지내던 막내 동생이 형인 자신보다 앞서 세상을 떠난 겁니다. 눌지는 '나이가 어리다'는 이유로 당숙이던 실성에게 왕위를 빼앗겼다가 16년만에 왕위를 되찾았지요. 그러니 즉위 원년에 눌지의 나이는 30대 초반이었을 겁니다. 그런데 50줄에 들어서는 재위 17년 되던 해에 미사흔이 죽은 거지요.

미사흔은 삼형제 중에서 막동이였으니 그때 나이가 40대 초·중반이었을 가능성이 높습니다. 그야말로 한창 의욕적으로 뛰어다닐 중·장년의 나이에 세상을 떠난 셈이지요. 그러니 그런 동생의 죽음이 얼마나 아깝고 슬펐겠습니까? 눌지가 아무리 일국의 지존(至尊)이라고 해도 이미 숨이 져 버린 동생을 되살릴 방법은 없었을 겁니다. 그러니 맏형으로서 막내가 저승길을 보란 듯이 떠날 수 있게 장례라도 후하게 지내 주자는 생각을 했겠지요. 그래서 마립간에 준하는 격을 갖추어 부장품을 성대하게 넣어 주고 무덤을 크게 지어 주었을 겁니다. 그 결과물이 서봉총과 그 속의 화려한 유물들이라는 뜻이지요.

그런 점들을 염두에 둔다면 서봉총의 주인공이 누구인가에 대한 답안은 이미 나와 있는 셈입니다. 정식으로 왕으로 즉위하지는 않았지만 왕급으로 신분이 격상된 인물. 그렇습니다. 바로 눌지 마립간의 막내 동생 미사흔의 무덤인 거지요. 그렇게 본다면 신라 금관들 중에서 유독 서봉총 금관만 상부에 봉황으로 장식하여 이채(異彩)를 띠는 것도 어느 정도 해명이 되는 셈입니다.

그렇다면 서봉총의 주인공이 미사흔이 아닌 둘째 복호였을 가능성은 없을까요? 나이도 미사흔보다 많고 야사(野史)이기는 하지만 《삼국유사》에는 복호 역시 '갈문왕'에 봉해졌다고 기록되어 있으니 말입니다. 물

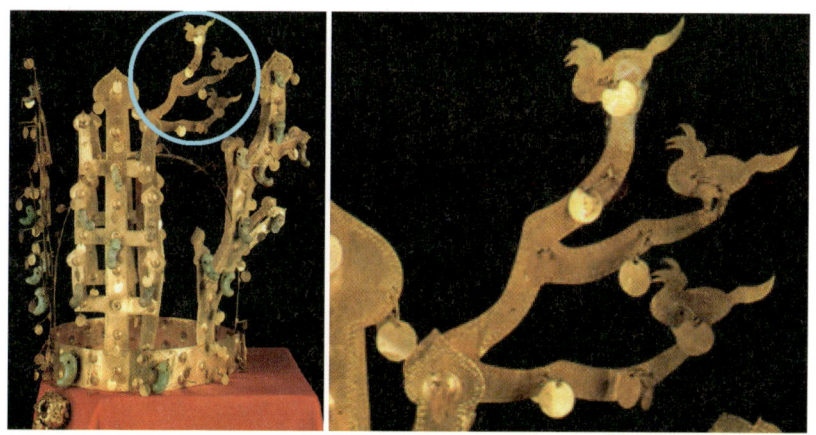

서봉총 금관(좌). 신라 금관들 중에서는 유일하게 나뭇가지 위에 앉은 봉황이 세 마리 장식되어 있다(우).

론, 그 가능성도 없지는 않습니다. 연배로 보거나 지체로 보거나 복호 역시 그 무덤의 주인공으로서 자격이 충분하거든요. '갈문왕'으로 봉해진 순서도 복호 쪽이 미사흔보다 훨씬 빠릅니다. 《삼국사기》〈신라본기 3〉 '자비 마립간'조에 그 증거가 있지요.

"4년 봄 2월, 왕이 서불한 미사흔의 딸을 맞아들여 왕비로 삼았다."
四年春二月, 王納舒弗邯未斯欣女爲妃.

미사흔이 '갈문왕'으로 봉해진 시점은 자비가 아버지 눌지 마립간의 왕위를 이어 받은지 4년째 되는 해(461)였다고 기록되어 있지요? 반면에 복호는 동생 미사흔이 죽은 뒤와 자비가 마립간이 되기 전의 어느 한 시점에 눌지 마립간에 의하여 '갈문왕'으로 봉해졌을 가능성이 높습니다.

'갈문왕'이라는 칭호는 주로 왕의 형제나 친척들에게 내려졌지만 지증왕의 경우처럼 당사자가 살아 있을 때에도 부여되었으니까요. 복호가 '갈문왕'으로 봉해졌다는 《삼국유사》의 기사가 역사적 사실이라고 전제할 때 그 역시 서봉총의 주인공일 객관적인 자격은 충분하다는 뜻입니다. 다만, 서봉총에서 출토된 은합에 새겨진 "연수 원년" 즉 광개토대왕 영락 원년(491)과의 상관관계를 염두에 둔다면 눌지 마립간 17년에 죽은 것으로 기록되어 있는 미사흔 쪽이 좀 더 가능성이 높지 않을까 싶습니다.

9) 주머니칼은 여성의 전유물인가

서봉총 발굴 당시에 유물을 직접 분석한 고이즈미 아키오는 서봉총(북분)의 주인공을 여성으로 추정했습니다. 그런 결론을 내리게 된 결정적인 근거는 서봉총에서 출토된 작은 칼이었는데요. 그것을 여성의 전유물인 '장도(粧刀)'로 해석하고 서봉총의 주인공을 여성으로 단정한 겁니다. 그의 주장은 일부 학자들의 지지를 받기도 했는데요. 예를 들어 같은 일본인 학자인 아나자와 와코는 지금도 그 주인공을 소지 마립간의 왕비인 선혜부인(善兮夫人)으로 보고 있다고 하는군요. 물론, 그 같은 주장들은 우리의 역사와 문화를 제대로 이해하지 못한 데서 빚어진 오해입니다.

사실 우리나라에서 작은 칼을 여성이 차고 다니기 시작한 것은 조선시대부터입니다. 그러다가 유교문화가 지배하던 조선 중기부터 《동국신속삼강행실도(東國新續三綱行實圖)》 등의 영향으로 부녀자들이 자신을 지키거나 자결하는 도구로 인식되기 시작했지요.[318] 작은 칼이 여성의 전

---

318) 〈장도(粧刀)〉, 《한국민족문화대백과》(온라인판).

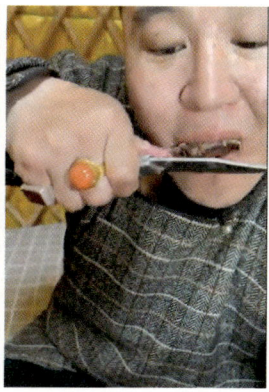

주머니칼로 양고기를 썰어 먹는 몽골인 가족의 모습. 고대사회에서 작은 칼은 호신용 뿐만 아니라 일상생활에서도 널리 사용되었다. 그 존재가 남녀를 구분하는 단서가 되지 못한다는 뜻이다(차바치 유튜브 채널).

유물이라는 인식이 1,000년이나 지난 후대에 와서 확고하게 자리잡은 셈이지요. 그러나 신라시대에는 상황이 정반대였습니다. 서봉총의 작은 칼은 그보다 1,000여 년 전인 4~6세기 신라시대의 유물입니다. 유교 문화가 전파되기도 한참 전의 일인 거지요. 그때 신라인들은 노골적인 성행위 장면을 형상화한 흙인형(토우)을 만들 정도로 개방된 성 문화를 가지고 있었습니다. 그런 상황에서 여성의 정절을 강조하거나 자결을 강요하는 작은 칼이 존재했을 리가 있겠습니까?

신라시대에 작은 칼은 많은 경우 천을 베거나 끈을 자르는 등, 일상생활에서의 특별한 상황에 대비하여 남자들이 차고 다닌 것이었을 가능성이 높습니다. 마치 지금의 주머니 칼(속칭 '맥가이버 칼')처럼 말이지요. 실제로 유목생활을 하는 거란·몽골 등 북방 민족들의 경우에는 남자가 작은 칼을 차고 있는 모습을 문헌 기록이나 그림들을 통해서도 쉽게 확

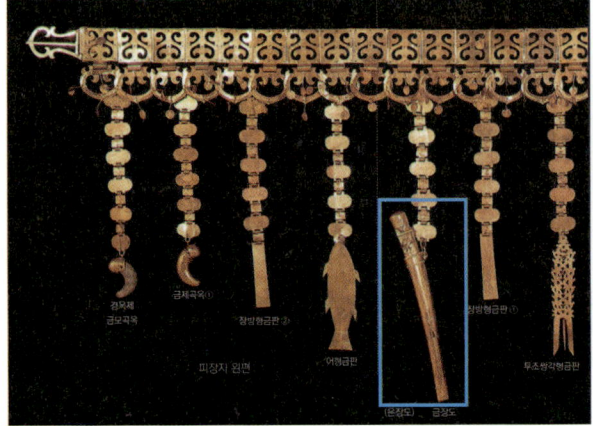
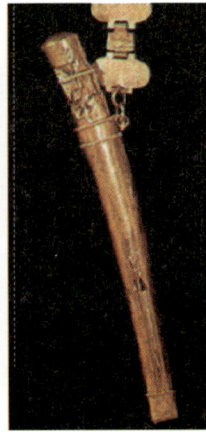

황남대총(북분)에서 출토된 허리띠에 달린 금제 주머니칼(네모). 주머니칼·반지·팔찌·가슴걸이 같은 유물은 그 주인공의 성별을 판정하는 근거로 활용하기 어렵다(국립경주문화유산연구소 사진).

인할 수가 있습니다. 몽골에서는 지금도 양을 잡거나 고기를 썰거나 일상에서 주머니칼을 사용하는 경우가 많지요. 고대에는 작은 칼이 여성 젠더를 상징하는 물건('장도')이 아니었으며, 정반대로 남성의 전유물이었을 가능성이 훨씬 높은 거지요. 고대에는 여성은 가사 때문에 집안에 머물렀지만 남성은 사냥·야영 등 외부에서 활동하는 경우가 많았으니까요. 그것을 소지한 것이 여성이라는 주장은 근거가 없다는 뜻입니다. 조선시대에서나 있을 법한 사회 현상을 근거로 작은 칼을 여성의 전유물로 규정하고 그보다 1,000여 년 전의 신라 고분에서 출토된 작은 칼을 근거로 그 주인공을 여성으로 단정하는 것은 논리적으로 무리가 아닐까요?

몇 년 전에 발굴 조사가 끝난 쪽샘 44호분에서도 작은 칼이 출토되었는데요. 발굴 조사를 진행한 조사팀은 그 칼을 근거로 무덤의 주인공을 공주로 단정했습니다.[319] 그러나 쪽샘 44호분에서는 작은 칼 말고도 행

바둑알 역시 성별과는 무관한 유물이다. 금관총(좌)·천마총 등 그 주인공이 남성인 것으로 확인된 고분들에서도 출토되고 있기 때문이다. 오른쪽은 바둑알이 수습된 쪽샘 44호의 최근 발굴 현장(국립경주문화유산연구소 사진)

렬도 선각문 장경호·바둑알·비단벌레 장식 말다래 등의 유물들도 함께 수습되었습니다. 그 유물들은 남성성을 강조한 것들로 주인공이 남성(왕자)임을 시사해 주는 유력한 증거물들입니다. 그러니 서봉총(북분)·쪽샘 44호분 등 신라 고분에서 작은 칼이 출토되었다고 해서 그 주인공을 여성으로 단정하는 것은 경솔한 판단이 아닐까 싶군요. 신라 고분에서 가슴걸이·반지·팔찌가 출토되었다고 해서 그 주인공을 여성이라고 주장하는 것과 다를 바가 없으니까요.

---

319) 《경주 쪽샘 44호분 발굴 조사 성과 시사회》(Youtube), 국가유산청, 2023.7.4.

제5절

에필로그 – 노동·노서동 고분군은
나물계 마립간의 가족묘지일까

　지금까지 우리는 금관총의 주인공 '이사지왕'이 눌지 마립간이라는 전제하에서 '노동동 및 노서동 고분군[320)]의 주인공들이 누구일까'에 관하여 이야기를 나누어 보았습니다. 그 결과 ① 봉분 규모가 가장 큰 봉황대의 주인공은 눌지의 아버지이자 김씨 왕권을 강화시킨 나물 이사금의 왕릉일 가능성이 높다는 사실을 확인했습니다. 그리고 ② 그 아래쪽의 금령총은 그의 요절한 아들이자 눌지의 형(또는 동생?)이었을 어떤 왕자의 무덤으로 보이며, ③ 그 왼쪽의 식리총은 유물의 격이 상대적으로 낮은 데다 무엇보다도 금관(또는 금동관)이 출토되지 않은 것을 볼 때 정치적으로 실각한 마립간, 즉 실성 이사금의 무덤일 가능성이 높음을 확인했습니다. 노서동 쪽도 마찬가지입니다. ④ 금관총 서쪽의 서봉총(북분)은 '이사지왕' 눌지 마립간이 몹시 아꼈던 동생이자 나중에 그 아들 자비의 장인이 되는 '갈문왕' 미사흔의 왕릉으로 보는 것이 합리적이지 않을까 싶군요.
　그렇다면 서봉총 서쪽에 자리잡고 있으면서 노서동 고분군에서 봉분

---

320) 이 두 고분군 사이에는 도로(봉황로)가 나 있지만 사실상 동일한 왕계의 마립간들의 가족묘지로 보아야 옳다. 그렇다면 그 명칭도 차라리 두 구역을 한 구역으로 묶어 '봉황로 고분군'으로 부르는 것이 합리적이지 않을까 싶다.

이 가장 큰 서봉황대는 누구의 무덤일까요? 현재까지 어떠한 문헌적·고고적 증거도 확인된 바가 없습니다. 게다가 아직 발굴 조사가 정식으로 이루어진 적도 없어서 현재로서는 그 실체를 확인하기 어렵습니다. 그러나 개인적으로는 금관총의 주인공과 서봉총의 주인공 모두와 관계가 있는 사람의 무덤일 개연성이 높다고 봅니다. 단순히 '동 ⇒ 서'의 배치 순서만 놓고 본다면 어쩌면 눌지 마립간의 아들이면서 '갈문왕' 미사흔의 조카이자 사위였던 신라 제20대 국왕 자비 마립간의 왕릉일지도 모르지요. 그렇게 본다면 그 바로 아래쪽에 있는 표주박 모양 고분[瓢形墳]의 주인공도 대충 추정이 가능해집니다. 자비의 아들인 소지 마립간일지도 모르지요.

이 같은 추정에 일리(一理)가 있다면 노동동·노서동 고분군은 연대상으로 노동동의 봉황대(나물 이사금?)를 시작으로 봉황대 ⇒ 금관총(눌지 마립간) ⇒ 서봉총(미사흔?) ⇒ 표형분(瓢形墳, 소지 마립간?) 식으로, 동북쪽으로부터 서남쪽으로 시계 반대 방향으로 차례로 조성된 것은 아닐까요? 이 고분군의 무덤들이 동쪽에서 서쪽으로의 뚜렷한 지향성을 보여 준다는 점에 대해서는 신라 고고학의 권위자 최병현도 지적한 바 있습니다.[321]

서봉황대와 표형분의 경우, 2025년 현재까지 발굴 조사가 정식으로 이루어지지 않고 있습니다. 그 내부나 주인공을 알 길이 없는 상황이라는 뜻이지요. 그런 상황에서 저자는 무슨 근거로 봉황대·금령총·식리총과 서봉총·서봉황대·표형분의 주인공들을 각각 나물 이사금·눌지 마립

---

321) 최병현, 〈경주월성북 고분군의 형성과정과 신라 마립간 시기 왕릉의 배치〉, 《한국고고학보》, 2014. 박형열, 같은 책, 제237쪽에서 재인용.

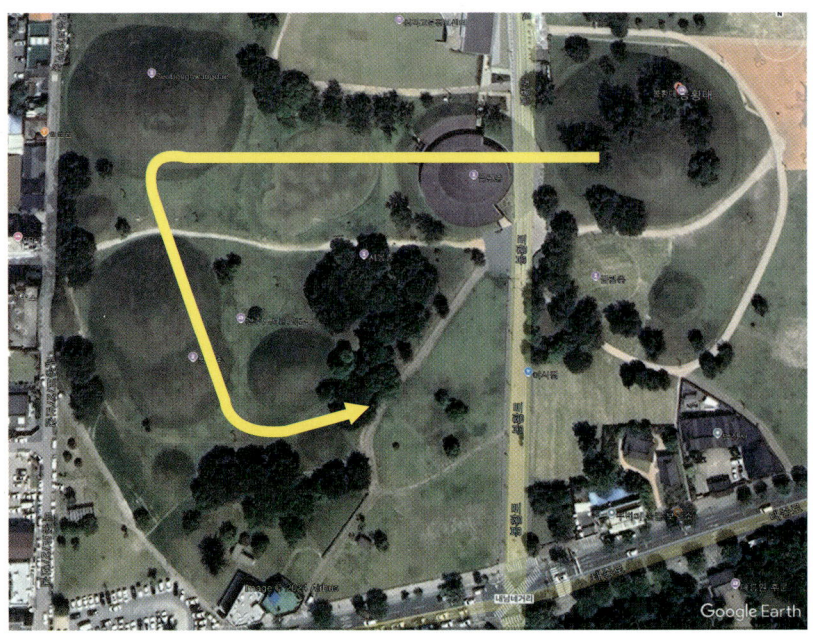

구글어스로 내려다본 노서동·노동동 고분군. 두 고분군은 그 조성 연대에서 '동 ⇒ 서'로의 지향성을 가지고 있는 것으로 보인다.

간·실성 이사금·미사흔 갈문왕·자비 마립간·소지 마립간으로 단정하는 걸까요?

그 근거는 바로 고분의 분포 양상입니다. 노동동과 노서동 두 고분군은 봉황로를 사이에 두고 두 구역으로 나뉘어 있습니다. 그러나 이 두 구역은 사실은 근대에 도시계획에 따라 인위적으로 나뉘었지요. 원래는 단일한 구역이었던 것으로 이해해야 옳다는 뜻입니다. 노동동과 노서동은 서로 독립된 고분군이 아니라 동일한 왕계의 왕릉들로 연결되어 있는 것은 아닐까요?[322] 나물 이사금의 직계 자손 출신 마립간들의 가족묘지라

---

322) 박형열, 같은 책, 제238쪽.

노서동·노동동 고분군(노랑)과 황남동 고분군과 쪽샘 지구(빨강) 지도. 왕계가 다른 신라 왕들의 가족묘지이다. 전자는 나물계, 후자는 지증계일까?

는 뜻입니다. 고대 사회에서 같은 조상의 후손들의 무덤들은 한 구역에서 군집을 이루어 분포하는 경우가 많으니까요. 우리가 '이사지왕=눌지 마립간'이라는 대전제에 동의한다면 그가 잠들었던 금관총이 포함되어 있는 노동동·노서동(봉황로) 고분군은 4~6세기 김씨 왕가를 건설했던 나물계 마립간들의 가족묘지로 보는 것이 자연스럽지 않을까 싶습니다. 혈통적으로는 말할 것도 없고 근친혼과 골품제도를 무기로 삼아 통치 이념상으로도 일관성을 지니는 마립간들의 묘역 말입니다. 실제로 역사적으로 나물 이사금은 김씨 왕권을 강화시켰고 눌지 마립간은 신라 왕권 경쟁에서 김씨 독주체제를 확립시켰지요. 나물로부터 소지까지는 그야말로 '황금 가계'를 자랑하는 마립간들이었던 겁니다. 그러니 그런 마립간들의 왕릉들이 한 구역(봉황로)에서 군집을 이루고 있는 것은 어쩌면 너무도 자연스러운 일일지도 모르지요.

그렇다면 지증왕(智證王)의 왕릉은 어디에 있는 걸까요? 신라 제22대 국왕인 지증왕은 마립간 시기를 마감한 마지막 마립간이었습니다. 그리고 마립간이라는 전통적인 칭호를 버리고 처음으로 중국식 칭호인 '왕(王)'으로 일컬은 인물이지요. 그렇다면 그의 왕릉은 어쩌면 다른 데에 있는지도 모릅니다. 그거야 당연히 지증왕계의 신라 국왕들이 안장된 가족묘지에서 찾아야 되겠지요. 아시다시피 지증왕은 나물 이사금의 직계 자손이 아니었습니다. 그래서 64살이 될 때까지도 자신이 왕위를 이을 거라고는 상상조차 하지 못했을 테지요. 그가 같은 집안이 아닌 다른 씨족 집단(박씨)에서 아내를 맞아들인 것도 자신은 왕위 계승과는 인연이 없다고 여겼기 때문이었을지도 모릅니다. 나물계 직계 자손들 사이에서는 김씨 집단 내부에서의 근친혼이야말로 신라의 왕위를 이어받을 수 있는 '황금 가계'의 특권이었으니까요.

나물계 마립간들과는 달리, 지증왕을 위시한 지증계 왕들은 상대적으로 근친혼에 집착하지 않았습니다. 지증왕으로부터 법흥왕·진흥왕까지 이른바 '지증계'의 주요한 왕들은 모두 자신의 왕비를 김씨가 아닌 박씨 집단에서 맞아들인 것이 그 증거지요. 그 이유는 이때에 이르러 김씨 집단의 왕권이 신라 사회에서 확고하게 자리잡았기 때문이기도 하지만, 무엇보다도 그 직계 선조인 지증왕이 박씨 집단과 돈독한 관계를 유지하고 있었기 때문일 가능성이 높습니다. 이런 점에서 보더라도 지증계는 나물계와는 확연히 다른 색깔을 지니고 있었던 셈입니다. 그러니 지증왕의 왕릉은 당연히 나물계 마립간들의 가족묘지에서 '분가'해 나갈 수밖에 없었을 겁니다. 마립간 시기의 '마지막 마립간'이 아니라 신라의 '첫 번째

황남대총을 바라보는 길손. 황남동 '대릉원'은 지증계 왕들의 가족묘지일까?

왕'이 되기로 결심했다면 말이지요. 후계자가 없이 죽은 소지 마립간의 왕통을 이은 지증이 왕위에 오른 뒤에 왕을 일컫는 호칭을 '마립간'에서 중국식인 '왕'으로 변경한 데에는 이 같은 내막이 있었을 겁니다. 따라서 신라가 본격적으로 국왕 중심의 법령국가로 진입하는 지증왕의 직계 자손들, 즉 법흥왕 · 진흥왕 · 진지왕 · 진평왕 등의 왕릉은 노서동 · 노동동 고분군과는 지리적으로 일정한 거리를 두고 조성될 수밖에 없었을 테지요. 그렇다면 거기가 어디이겠습니까? 그렇지요. 바로 그 동남쪽에 또 다른 고분들이 군집을 이루고 있는 황남동입니다! 우리에게는 '대릉원'으로 더 잘 알려져 있는 바로 그 구역이지요.

학자들은 그동안 황남동 고분군에서 가장 큰 황남대총(남북분)의 주인공으로 나물 이사금(이종선, 1972; 이희준, 1997) · 눌지 마립간(김용성, 1996)으로 비정해 왔지요. 특히 남분의 경우 나물 이사금이나 눌지 마립간으로 보다가 2010년대부터는 실성 이사금(함문섭, 2010; 박형열, 2022)이라는 주장도 개진되었습니다. 그러나 지증왕은 물론 그 아들 법흥왕과

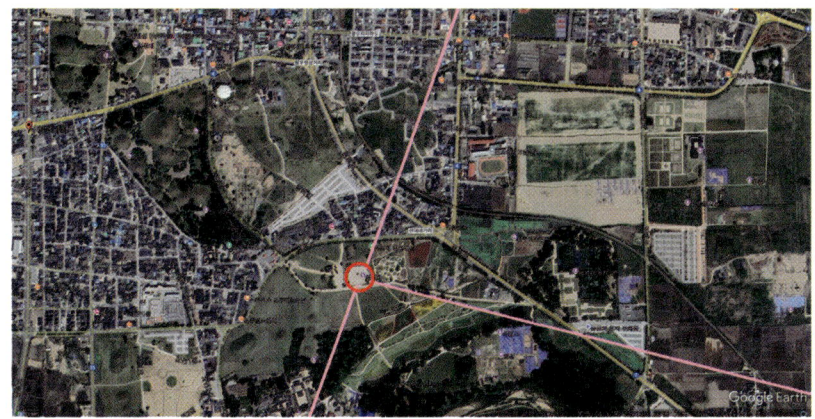

신라시대의 도읍 금성은 첨성대(동그라미)를 축으로 서쪽이 왕릉구역, 동쪽이 생활구역, 남쪽이 궁성구역으로 구획되어 있었을 것으로 추정된다. 물론 첨성대는 이 세 구역의 교차점에 세워진 기념물이었을 것이다.

손자 진흥왕, 그 증손 진지왕과 고손 진평왕의 왕릉은 황남대총·천마총·검총(劍塚)·미추왕릉(?) 사이에 있을 가능성이 높지요.

학계에서는 경주시내에서 아직 발굴 조사가 이루어지지 않은 고분이 많은 까닭에 그동안 노서동·노동동 고분군과 황남동(대릉원) 고분군의 성격을 규정하는 과정에서 대단히 신중하게 접근해 왔는데요. 그러나 저자의 언어적 접근을 통하여 금관총은 다름 아닌 '이사지왕' 눌지 마립간의 왕릉일 가능성이 높다는 결론이 도출되었습니다. 눌지 왕릉의 좌표가 확정된 이상 이제는 노서동·노동동 고분군과 황남동 고분군의 성격 역시 보다 명확해지게 되었지요. 마찬가지로 노서동·노동동 고분군과 황남동 고분군이 어째서 지리적으로 서로 그렇게 멀게 떨어져 조성되었는지에 대한 답안도 이제는 찾을 수 있지 않을까 싶군요.

참고 문헌

단행본

《경주 금관총》(유구편)(일제강점기 자료조사보고 22집), 국립중앙박물관, 2016.

《경주 금관총》(유물편)(일제강점기 자료조사보고 23집), 국립경주박물관, 2016.

《慶州金冠塚と其遺寶(경주 금관총과 그 남겨진 보물들)》(고적조사 특별보고 제3집), 濱田耕作 · 梅原末治, 조선총독부, 1924.

《경주 금관총 발굴조사보고서》(국역판), 국립경주문화재연구소, 2011.

《慶州の金冠塚(경주의 금관총)》, 濱田靑陵, 岡書院, 1924.

《경주 쪽샘 44호분》(2023 발굴조사 자료집), 국립경주문화재연구소, 2023.

《경주지역 적석목곽묘》(DB 자료집), 국립경주문화재연구소, 2022.

《고구려 고고학》, 강현숙 · 양시은 · 최종택, 진인진, 2022.

《고대 동아시아의 금동신발과 금동관》, 국립나주문화재연구소, 2019.

《Alttürkische Grammatik(고대 튀르크어 문법)》, Annemarie von Gabain 저, Harrassowitz Verlag, 1950.

《고대한국어 논고》, 남풍현, 태학사, 2014.

《고대 한국어 음운체계 연구 - 전승 한자음을 대상으로》, 魏國奉 저, 태학사, 2017.

《고신라 고분군 연구》, 박형열 저, 학연문화사, 2021.

《금공품으로 본 고대 동아시아 세계》, 대한문화재연구원 엮음, 진인진, 2022.

《금관총과 이사지왕》(국립중앙박물관 학술 심포지엄), 국립중앙박물관, 2014.

《금관총과 이사지왕》(국립중앙박물관 테마전), 국립중앙박물관, 2014.

《금령 - 어린 영혼의 길동무》, 국립경주박물관, 2022.

《금령총의 주인과 그의 시대》(발굴 100주년 기념 학술 심포지엄), 국립경주박물관, 2024.

《南ロシア騎馬民族の遺宝展-ヘレニズム文明との出會い(남러시아 기마민족 보물전 - 헬레니즘 문명과의 만남)》, 고대 오리엔트 박물관 편, 아사히 신문사, 1991.

《內蒙古文物考古文集(내몽고 문물고고문집)》(1~2), 中國大百科全書出版社, 1997.

《동아시아 대형고분의 출현과 사회변동》, 국립문화재연구소, 2002.

《洛陽古代墓葬文化硏究(낙양 고대묘장문화연구)》, 洛陽大學, 2005.

《로마문화왕국, 신라》, 요시미즈 츠네오 저, 오근영 역, 씨앗을뿌리는사람, 2002.

《6세기 금석문과 신라 사회》, 주보돈 등, 국립경주문화재연구소, 2018.

《마립간과 적석목곽분》(신라학강좌 총서), 국립경주박물관, 2021.

《北方民族語言變遷硏究(북방민족 언어변천연구)》, 朝克-曹道巴特爾·陳宗振 저, 中國社會科學出版社, 2012.

《세계문화유산 고구려 고분벽화》, ICOMOS 한국위원회·문화재청,

《세계 주요 언어》, 변광수 편저, 역락, 2003.

《신라가 꽃피운 로마문화》, 요시미즈 츠네오 저, 이영식 역, 미세움, 2019.

《신라고고학개론》(하), 중앙문화재연구원 엮음, 진인진, 2017.

《신라 사람들은 왜 금관을 만들었을까》, 이한상, 국립중앙박물관, 2013.

《신라 왕위계승 원리 연구》, 선석열, 혜안, 2015.

《新撰姓氏錄(신찬 성씨록)》(상중하), 1668.

《실크로드 문명교류사 서설 1》(초원로), 박천수, 진인진, 2021.

《실크로드 문명교류사 서설 2》(사막로), 박천수, 진인진, 2021.

《실크로드 미술사전》(동부: 중국 신장), 국립문화재연구소, 2019.

《실크로드 미술사전》(서부: 중앙아시아 서투르키스탄), 국립문화재연구소, 2021.

《阿爾泰語系語言文化比較硏究(알타이어계 언어문화 비교연구)》, 哈斯巴特爾, 民族出版社, 2006.

《오구라 컬렉션 한국 문화재》(일본 도쿄국립박물관 소장), 국립문화재연구소, 2007(2쇄).

《魏晉北朝墓葬的考古學硏究(위진북조 고분의 고고학연구)》, 李梅田, 商務印書館, 2009.

《日本書紀(일본서기)》(가나 필사본), 1718.

《日本書紀(일본서기)》(한자 필사본), 1610.

《日本書紀曆考(일본서기 역고)》(필사본), 야스이 산테츠(保井春海), 1692.

《日本書紀通證(일본서기 통증)》, 타니가와 고토스가(谷川士淸), 1762.

《일제강점기 신라고분 발굴조사 관련자료집》, 국립경주문화재연구소, 2011.

《정역 중국정사 조선·동이전》(1~4), 문성재 역, 우리역사연구재단, 2021~23.

《中國墓葬歷史圖鑒(중국고분역사도감)》(상중하), 葉驍軍, 甘肅文化出版社, 1994.

《중국어역사음운학》, 潘悟雲 저, 권혁준 역, 학고방, 2014.

《진시황은 몽골어를 하는 여진족이었다》, 朱學淵 저, 문성재 역, 우리역사연구재단, 2008.

《천마총: 발굴조사의 기록》, 국립경주문화재연구소, 2019.

《한국고고학 전문사전》(고분유물편), 국립문화재연구소, 2015.

《한국고고학 전문사전》(고분편), 국립문화재연구소, 2009.

《한국 고대의 금속공예》, 이난영, 서울대학교 출판문화원, 2012.

《한국 금속문명사: 주먹도끼에서 금관까지》, 김종일·성정용·성춘택·이한상, 들녘, 2019.

《漢代郡國分治的考古學觀察 - 以關東地區漢代墓葬爲中心(한대 군국분치의 고고학적 관찰-관동지역 한대 고분들을 중심으로)》, 宋蓉, 上海古籍出版社, 2016.

《漢字古音手冊(한자고대음 노트)》, 郭錫亮, 北京大學, 1982.

《향문천의 한국어 비사 - 천 년간 풀지 못한 한국어의 수수께끼》, 향문천, 김영사, 1924.

《황남대총 남분: 발굴조사의 기록》, 국립경주문화유산연구소, 2024.

《황남대총 북분: 발굴조사의 기록》, 국립경주문화재연구소, 2021.

《흉노: 몽골의 첫 번째 유목제국 흉노의 문화유산》, 에렉젠·양시은, 진인진, 2017.

《흉노고고학개론》, 윤형원 저, 중앙문화재연구원 편, 진인진, 2018.

《匈奴文化與諾彦烏拉巨塚(흉노문화와 노용 올 거대 고분)》, С.И.루덴코 저, 孫危 역, 中華書局, 2012.

논문

〈경주 황남대총의 曆年代와 신라 陵園의 형성과정〉, 박천수,《신라문화》제47집, 2016.

〈고구려 고분과 신라 적석목곽분 交叉編年에서의 몇가지 논의〉, 강현숙,《한국상고사학보》제78호, 2012.

〈고분 출토 甲冑와 마구로 본 4,5세기의 신라·가야와 고구려〉, 강현숙,《신라문화》제32집, 2008.

〈古式 등자고〉, 신경철,《역사와 세계》제9집, 1985.

〈고신라 금속공예의 鏤金세공기법 연구〉, 이영희, 이화여대 미술사학과 박사논문, 1997.

〈古新羅 서봉총 출토 은합 명문의 검토〉, 김창호,《역사교육논집》제18집, 1991.

〈關中漢墓隨葬短環首刀硏究(관중지역 한대 고분 환두소도 연구)〉, 王會雲,《文博》, 2024. 제4기.

〈국어 사이시옷의 문헌적 연구〉, 이덕흥, 단국대학교 국문학과 박사논문, 1991.

〈近年來內蒙古地區的匈奴考古(근래 내몽고지역의 흉노고고)〉, 田廣金,《考古學報》,

1983. 제1기.

〈금관총 출토 명문 속의 '이사지왕'에 대한 검토〉, 최철영, 부경대학교 사학과 석사논문, 2017.

〈금관총의 규모와 입지에 관한 고찰〉, 심현철,《신라사학보》제49집, 2020.

〈금관총 출토 '이사지왕'銘 대도와 피장자〉, 김재홍,《한국상고사학보》제86호, 2014.

〈금관총 출토 대도의 '이사지왕' 명문 검토〉, 최철영,《역사와 세계》제55집, 2019.

〈금관총 출토 명문 환두대도의 木質部 제작기법 연구〉, 박수진·권윤미,《박물관 보존과학》제17집, 2016.

〈금관총 출토 '이사지왕'銘 대도의 보존처리와 제작기법〉, 권윤미,《금관총과 이사지왕》, 국립중앙박물관, 2014.

〈금관총 피장자의 성격 재고〉, 윤상덕,《고고학지》제22집, 한국고고미술연구소, 2016.

〈「이사지왕」의 仮名〉, 이지수,《일본어학연구》제53집, 2017.

〈論漢代的環首刀(한대의 환두대도를 논함)〉, 陸錫興,《東方文物》, 2013. 제4기.

〈6~7세기 고구려 왕릉과 백제·신라 왕릉의 구조 비교〉, 문은순,《고구려발해연구》제30집, 2008.

〈몽골 출토 흉노시대 금속공예품 연구〉, 주경미,《신라문화》제37집, 2011.

〈백제와 신라의 국가적 미술교류〉, 진정환,《신라사학보》제42집, 2018.

〈비단벌레 날개를 중심으로 본 금관총 출토 비단벌레 장식 마구류의 제작기법 연구〉, 이승렬·정국희·신용비,《박물관 보존과학》제18집, 2017.

〈4~6세기 신라 고분 출토 유물에 나타난 北方要素〉, 홍승희, 숙명여대 사학과 석사논문, 1999.

〈4~6세기 신라 귀금속 장신구 연구〉, 김재열, 영남대 문화인류학과 박사논문, 2024.

〈4~6세기 신라 중심고분군 연구〉, 박형열, 경북대 고고인류학과 박사논문, 2020.

〈사이시옷 연구〉, 안배근, 전주대학교 국문학과 박사논문, 1997.

〈사이시옷 표기의 변천〉, 우형식,《외대어문논집》제9집, 1993.

〈『三国史記』記載の新羅の地名·人名等より見た 古代新羅語(『삼국사기』에 기재된 신라의 지명·인명 등을 통해 본 고대 신라어)〉, 마부치 카즈오(馬淵和夫) 등,《文藝言語研究》제3호, 1981.

〈삼국시대 과대에 관한 연구 - 과대의 발생과 요패장식을 중심으로〉, 문영희, 숙명여대 응용미술학과 석사논문, 1980.

〈삼국시대 금동신발 연구〉, 우화정, 영남대학교 미학미술사학과 석사논문, 2003.

〈서봉총 출토 은합의 성격 재검토〉, 장창은,《한국학논총》제43집, 2014.

〈細金細工に就いて(정교한 금 세공에 관하여)〉, 濱田耕作,《東亞考古學硏究》, 岡書院, 1930.

〈紹介:「慶州金冠塚と其遺寶 古蹟調査特別報告」(소개:「경주 금관총과 그 남겨진 보물들 고적조사 특별보고」)〉,《士林》제9권 제4호, 京都大學史學會, 1924.

〈試論中國境內東漢時期匈奴墓葬及相關問題(중국 경내의 후한시기 흉노 고분 및 관련 문제 시론)〉, 張海斌,《內蒙古文物考古》, 2000. 제1기.

〈神功·應神期の実年代について(신공·응신 시기의 실제 연대에 관하여)〉, 오쿠다 히사시(奧田尙),《東洋文化學科年報》제1권, 追手門學院大學文學部 東洋文化學科, 1986.

〈신라 고분출토 공예품에 보이는 외래요소의 淵源 - 식리총 금동식리를 중심으로〉, 이송란,《미술사학연구》제203호, 한국미술사학회, 1994.

〈신라고분 편년의 제문제 - 경주·월성로·복천동·대성동 고분의 상대편년을 중심으로〉, 최병현,《한국고고학보》제30집, 1993.

〈신라 금관총의 '이사지왕'과 적석목곽묘의 편년〉, 김창호,《신라사학보》제32집, 2014.

〈신라 금석문을 통해 본 갈문왕〉, 선석열,《신라문화제 학술논문집》제23호, 2002.

〈신라 마립간기 왕릉의 새로운 성과와 해석〉, 김대환,《한국고대사연구》제88집, 2017.

〈신라 마립간 시기 왕위계승과 적석목곽묘의 조성원리〉, 김재홍,《한국상고사학보》제117호, 2022.

〈신라·백제의 문화적 특성과 융합〉, 서현주,《신라사학보》제42집, 2018.

〈신라 서봉총과 호우총의 絶對年代考〉, 박광열,《한국고고학보》제41집, 1999.

〈신라 서봉총의 은합 연대와 그 축조시기에 대한 신검토 - 역사적 맥락과 관련하여〉, 신정훈,《국학연구논총》제13집, 택민국학연구원, 2014.

〈신라 왕릉의 변천과 마립간릉〉, 심현철,《한국고고학보》제116호, 2020.

〈신라 적석목곽분과 마립간 시기 왕릉 연구의 現況〉, 최병현,《금관총과 이사지왕》(2014년 국립중앙박물관 학술심포지엄), 국립중앙박물관, 2014.

〈신라 적석목곽분의 연구와 금관총〉, 박광열,《금관총과 이사지왕》, 국립중앙박물관, 2014.

〈신라 적석목곽묘의 연구 성과와 과제〉, 김창호,《신라문화》제23집, 2004.

〈日韓歷史共同硏究報告書: 5世紀の日韓關係 - 倭の五王と高句麗·百濟(일한역사공동연구보고서: 5세기의 일한관계-왜의 5왕과 고구려·백제)〉, 이시이 마사토시(石井正敏),《第一期日韓歷史共同硏究》, 일본 외무성, 2015.

〈5세기초 고구려의 대신라정책과 신라의 정국동향 - 실성왕~눌지왕의 즉위과정을 중심으로〉, 문준호,《군사연구》제143집, 2017.

《완당선생전집》(상하), 김정희 저, 김익환 편, 홍명희 교, 영생당, 1934.

〈'이사지왕'銘 대도와 금관총의 주인공〉, 김재홍,《금관총과 이사지왕》, 국립중앙박물관, 2014.

〈'이사지왕'銘 대도와 신라 문자자료〉, 이용현,《금관총과 이사지왕》, 국립중앙박물관, 2014.

〈1922년 발행 고등보통학교 교과서를 통해 본 경주 금관총 발견에 따른 일본의 반응 - 경주의 신발굴품(하마다 코사쿠)〉, 유우식,《문화재》제55호, 2022.

〈일제강점기 금관총의 조사와 의의〉, 김대환,《금관총과 이사지왕》, 국립중앙박물관, 2014.

〈일제식민시기 금관총 출토유물을 둘러싼 多層的 競合〉, 아라키 준,《한국사연구》제174집, 2016.

〈「任那日本府」とは何か~朝鮮半島における倭人の勢力(「임나일본부」란 무엇인가~한반도에서의 와인 세력)〉, 이타 마코토(飯田眞理),《古代史ネット》제8호.

〈재발굴을 통해 본 금령총의 구조와 성격〉, 신광철,《한국학연구》제77집, 고려대 한국학연구소, 2021.

〈쪽샘유적 신라고분 분포양상과 목곽묘의 성격〉, 윤형준,《문화재》제50집, 2017.

〈中国境内匈奴墓葬研究初探(중국 경내에서의 흉노 고분 연구 초고)〉, 干振瑜,《赤峰學院學報》제3권 제2기, 2015..

〈中國北方地區漢墓研究(중국 북방지역 한대 고분 연구)〉, 蔣璐,《吉林大學 考古學博物館學系 박사논문》, 2008.

〈중세국어에 나타난 '사이시옷'의 기능〉, 안배근,《전주대논총》제8집, 1997.

〈中原地區漢代刀具研究(중원지역 한대 도검 연구)〉, 師何哲, 河南師範大學 歷史學系 석사논문, 2022.

〈지명어 음운론〉, 도수희,《지명학》제13집, 2007.

〈漢唐時期環首刀研究(한당대 환두대도 연구)〉, 盧文宇, 西北師範大學 博物館學系 석사논문, 2020.

〈한자어의 사이시옷에 대한 연구〉, 정연표, 울산대학교 국문학과 석사논문, 2010.

〈匈奴墓葬研究(흉노 고분 연구)〉, 單月英,《考古學報》, 2009. 제1기.

찾아보기

ㄱ

가나 135, 145
가는 고리 385, 395, 503
가락지 397
가슴걸이 537
가야 98, 147, 159, 224, 245, 249, 250, 287, 303, 307, 318, 354, 359, 362, 364, 417, 454, 466
가한 177
-간 124
간 174, 175, 177, 206, 248, 271
간지 118, 174, 184, 248
갈라파고스 449
갈문왕 117, 181, 182, 183, 249, 271, 280, 533, 534
개로왕 453
개 뼈 104
개음절 191
《객사도(客使圖)》 343, 346, 347, 352, 459, 462
거칠부 305
건길지 174
《격치경원(格致鏡原)》 424
경구개음 185, 197
경주 나물 왕릉 485
경주 남산산성비2 162
경주왕 50
《경주읍내전도(慶州邑內全圖)》 30
경포대 487
고구려 104, 131, 147, 173, 174, 224, 232, 236, 244, 255, 275, 285, 290, 343, 348, 349, 364, 380, 397, 448, 461, 515, 524, 528

고국양왕 224, 232, 519, 521, 524, 526
고국원왕 519
고리 장식 354, 357, 362, 363, 364, 365, 375, 429
고이즈미 511, 512, 534
고정쇠 428
고창 441
고창국 519
《고훈회찬》 128, 141
곡옥 34, 315, 316, 317, 318, 321, 326, 436
골품 182, 188, 211, 222, 339, 541
과대 429, 441, 443
과판 428
곽석량 134
관곽 93, 95, 98, 99, 100, 496, 500
관모 338, 343, 348, 349, 352, 429, 503
관식 350
관 테 315, 316, 321, 322, 323, 326, 328, 334, 335
광개토대왕 224, 232, 245, 284, 516, 517, 520, 521
구두벌 가한 177
구례이사지 136
구스타프 48
구옥 317
구천의 양날 검 371
9환대 441, 442
《국사(國史)》 305, 306
국성 280
국성(國姓) 252
군주 118, 185

찾아보기 551

굵은 고리　385, 393, 395
귀걸이　379, 384, 385, 387, 394, 467
귀고리　379
귓고리　385
그레코-박트리아　325, 326, 396
그리스·로마　328, 329, 330, 331, 386, 402
근구수왕　299
근초고왕　299
근친혼　212, 214, 222, 278, 541
금관　441, 467, 498, 503, 508, 509, 512, 538
금관총　25, 29, 31, 41, 42, 51, 57, 61, 62, 76, 82, 87, 88, 92, 98, 102, 111, 114, 130, 179, 183, 187, 188, 190, 200, 201, 312, 314, 339, 341, 354, 356, 359, 363, 368, 376, 386, 394, 395, 398, 407, 413, 419, 423, 432, 441, 445, 446, 449, 450, 454, 455, 457, 461, 465, 473, 476, 477, 494, 506, 513, 529
금관총 관모　341, 345
금관총 귀걸이　387
금관총 금관　315, 335, 337
금관총 반지　401
금관총 팔찌　416
금관총 환두대도　357, 358, 365, 370
금동 신발　454, 457, 464, 466, 502, 504, 506, 507, 509
금령총　345, 402, 454, 495, 499, 506, 509, 528, 538
금령총 금관　318
금병　445, 447
급벌간　124
기마인물형 토기　344, 347, 459, 495
기병　274
길호랑도　105
김대문　150, 205

김부식　208
김씨 집단　188, 212, 221, 222, 227, 270, 278, 281, 364, 483, 491, 493, 542
김유신과 김춘추　306
김정희　30, 61
김 제상　251
깍지　407
꽃봉오리　317, 319, 326

ㄴ

나랏사람들　226, 508
나물　191, 207, 208, 211, 218, 222, 226, 282
나물계 마립간들　541
나물 이사금　117, 215, 270, 477, 482, 492, 493, 497, 498, 499, 509, 524, 526, 538, 540, 543
나밀　191
나·제 동맹　450
나카　298
낙랑　407
남가라　303
남궁지인　488
남러시아　402, 421
내간　271
내지　190, 196, 197, 199, 211
내지왕　119, 196, 211
냉수리 고분　402
냉수리비　118
냉수리 신라비　119, 179, 196, 211
너사지　122
너사지왕　120, 122
노사+지　127
노사지　125, 154
노사화　125
노용 올　71, 104
노질지　154

누금　328, 329, 330, 384, 385, 386, 402, 403, 496
누대　489
누한　206, 207
눌지　192, 195, 196, 197, 198, 199, 205, 207, 208, 211, 215, 218, 233, 236, 238, 239, 240, 243, 285, 290, 292, 498
눌지 마립간　148, 200, 241, 245, 246, 266, 273, 298, 306, 312, 341, 355, 356, 368, 387, 392, 399, 414, 420, 451, 458, 477, 479, 491, 493, 528, 531, 533, 538, 543, 544
니디　190, 195, 196, 197
니혜　138
닛디　190, 195

ㄷ

다카하시　423
단축　87
대(臺)　486
대가야　99
대구　445
대나무 올　79
《대당서역기》　138
대릉원　89, 543
대표부　303, 307
덧대기　345, 415
데니소바　412
도서인　369
독수리 금관　333
동궁　104, 487
된소리　152, 153
두교　444
드리개　428, 430, 434, 436, 438, 445
떨개　57, 115, 281, 316, 317, 320, 321, 334, 335, 350, 351, 353, 388, 389, 390, 391, 432, 457, 458, 464

띠고리　433, 434
띠 관　327
띠 끝 장식　428, 430, 444
띠드리개　430, 441

ㄹ

라마동　363
랜드마크　491
로쿠사노호코(六叉の鉾)　302
르비우　422

ㅁ

마구　98, 503
마립　205
마립간　117, 205, 208, 312, 315, 405, 482, 483, 531, 538, 540, 542
마립간 시기　285, 306, 312, 326, 347, 404, 417, 429, 437, 447, 473, 477, 528, 542
마선구　364, 467
마왕퇴　409, 427
마운령비　122
마제금　445
마한　417
막리지　174
막하 하라지　173
만성묘　427
매금왕　117
면류관　331
명대 성벽　67
명도전　373
모로가　35, 50, 53, 54, 57, 95
모마리질지　295, 305, 307
모말　295
모용·선비　232, 334, 526
목곽묘　474
목조 가설물　73, 76, 79

목질(타르) 77
몽골어 170, 171, 177, 248
무녕왕릉 284, 380, 397, 466
무르툭 440, 447
무제 474
묵호자 273, 286
문법 표지 152
문자명왕 519
문장(紋章) 363
문주왕 275, 453
미사흔 148, 190, 215, 229, 230, 252, 258, 530, 531, 532, 538
미야케 34
미주한인회 304
미질기[지] 148
미질허[지] 148
미질허지 295, 305, 307
미질희 148, 259
미추 221, 222, 279
미추 이사금 212, 493, 494
미토희 259
미해 148, 156, 266
미흔 148, 156

ㅂ

바둑알 419, 537
바르나 420
박문홍 52, 54
박문환 34, 57
박제상 241, 248, 249, 253, 258, 261, 263, 266, 280, 293, 295, 296, 298, 299, 300
〈박제상전〉 242
박트리아 441
반지 396, 398, 400, 404, 410, 411, 467, 498, 537
배총 476, 481

백제 104, 116, 131, 147, 173, 232, 245, 262, 275, 282, 291, 302, 306, 356, 362, 380, 397, 450, 466, 505, 526, 529
백제 3사(百濟三史) 305
버팀대 319
벌한 295
벌한(伐旱) 295
법흥왕 543
베제클릭 447, 448, 499
보(步) 269
보동구 374, 375
보문동 합장묘 528
보요 281, 335, 337
복호 215, 232, 233, 240, 244, 247, 256, 532
봉덕사 종 87
봉황대 25, 29, 31, 61, 81, 87, 481, 482, 498
봉황로 84, 85, 89, 90, 91, 473, 479, 540
부곽 94
부리야트 440
부비등 305
부장 공간 94, 97, 98, 99, 503
북방 기마민족 324, 325, 333, 439, 441
북제 444
북표시 335, 336, 363
북해 253
비대칭 배치 97
비유왕 356, 451
《비잔티움의 역사》 106
비조 290, 360, 429, 432, 450
비조형 361, 362, 364, 506
비처 167, 168, 169
뼈대 335

ㅅ

《사기》 100
사라 143
사로 143
사르마트 421
사르마트 금관 329
사르마트의 금관 327
사복문 416
사산(Sassan) 왕조 504
사슴뿔 317, 319, 325, 334
사이시옷 151, 153, 154, 189, 190
사인 친왕 293
사잇소리 150, 151, 153, 154, 189
사지왕 130
《삼국사기》 148, 198, 199, 215, 216, 234, 305, 312, 483, 519
《삼국유사》 148, 196, 200, 235, 240, 484, 534
《삼국지(三國志)》 145, 311
삼루형 363, 506
삼루환형 358, 360
삼루환형(삼계환형) 357
삼실총 벽화 462
《삼여췌필(三餘贅筆)》 410
삼엽문 429
삼엽형 357, 358, 360
3.1 만세운동 52
3자형 장식 390, 391
삼직 275, 288
삼한 311
삽량주 249
상감 384, 386, 402, 496
새끼칼 355
새 날개 장식 350, 352
새 토테미즘 352
서나 143

서라벌 143
서봉총 48, 56, 386, 401, 454, 498, 512, 513, 522, 526, 527, 532, 534, 538
서봉총 금관 319, 320, 326
서봉황대 539
서불한 271, 531
서역 286, 330, 504
서하자교장 334, 335
선덕여왕 489
선우 333
선혜부인 534
《설문》 424
《설문(說文)》 126
성골 211, 212
세움 장식 315, 321, 323, 328, 334
세키노 38, 40, 46
소지 167, 168, 169, 193; 207
소지 마립간 116, 166, 477, 483, 539, 543
소지왕 114, 119, 130
속격 조사 152, 153, 154, 155, 189, 190
《손자(孫子)》 273
송산리 4호 고분 450
송산리 4호분 115, 356
수니홀 139, 140
《수렵도(狩獵圖)》 348
수목형 금관 326, 334
수즙 492
술이홀 139, 140
스키타이 72, 324, 326, 421, 441
스키타이-사르마트 325, 330, 402, 421, 422
시라 145
시라기 145
시제(矢堤) 269
시천당 81, 83, 90, 92, 512
식리 454

찾아보기 555

식리총   454, 502, 508, 538
식리총 금동 신발   466
신공황후   298, 299, 300, 302, 306
《신당서》〈여복지(輿服志)〉   443
신라   143, 306
신라 귀걸이   382, 384, 386
신라 정벌   301
신묘년(辛卯年)조   285
신열   138
신이현   137
신추   409, 411
실성   192, 218, 221, 222, 232, 233, 234, 236, 237, 532
실성 이사금   231, 238, 239, 245, 282, 477, 509, 538, 543
실직   288
심괄   439
십(十)   365
13과대   443
13환대   441, 442
쓰다   300

ㅇ

아로부인   510
아로시등   333
아시아의 투탄카멘 묘   313
아틸라   106
안라   307
안라(아라)   304
안라일본부   304, 307
알렉산더 대왕   330
알지   221, 270
알탕 우락   210
야마토 정권   306
양나라   273
에보시   343
에타 후나야마   467

엘리자베스 2세   213
여왕   418
여진족   439
연대 착란   298, 305
연수   518, 520
연수 원년   512, 515, 518
열혜   138
영락(瓔珞)   57, 245, 516, 520
오가와   37, 46, 53, 83, 92
오구라   55, 56
오례사벌   141
오르도스   331, 333, 375
오사카   36, 51, 455
오수전   447
오타   85
옥   331, 410, 412, 425, 444
옥량금광진주 접섭대   444
와국(倭國)   222, 229, 249, 261, 297, 303
완충재   344
왕관   507
왕력   136
《왕회도(王會圖)》   380
왜관   303, 307
요시미즈   324, 337, 405, 421
용봉형   361
우메하라   40, 43, 53, 61, 62, 495, 502, 508, 512, 523
우산하   467
웅진   116, 451, 452
월지   326
위구르 왕국   447
위세품   41, 312, 315, 354, 420, 428, 454, 495, 499, 506, 507, 512
유(幼)   217
유교사상   331
유기물   458, 461

〈유주마객음가사(幽州馬客吟歌辭)〉 408
유효 응력 74
육조거리 토층 501
은장도 418
은제 허리띠 451, 452
은합 512, 515, 516, 522, 524, 526, 527
음차 133, 134, 147, 148, 169, 200, 207
의존명사 170
이(尒) 365
이당(耳) 394
이마니시 38
이사금 149, 150, 190, 208
이사부 117, 179, 185, 186, 187, 188, 190, 280
이+사+지 127
이사+지 124
이사지 117, 122, 134, 185, 186, 189, 190, 197, 198, 199, 366
이+사지왕 115
이사지왕 99, 113, 116, 121, 126, 156, 179, 185, 186, 188, 189, 195, 198, 205, 320, 323, 355, 356, 365, 367, 413, 419, 458, 477, 538
이사지왕(尒斯智王) 111, 365
이사지왕도(尒斯智王刀) 99, 111, 365, 367
이소노카미 신궁 302
이와미 34
이정훈 426
2주갑 인상 298, 302
이질금 149
이창 409, 427
인도의 팔찌 420
인면조 504
인왕동 30호분 486
일계현 138
일관 489

1관 1곽 93, 95
1년의 편차 521
《일본서기》 117, 135, 136, 145, 149, 185, 194, 263, 293, 296, 299, 304, 305
일연 484
《일체경음의(一切經音義)》 57
임나일본부 303
잇금 150, 153

ㅈ

자비 193, 510
자비 마립간 187, 271, 477, 481, 483, 531, 539
자비왕 126, 259
잠금쇠 428, 431, 433
장수왕 236, 237, 243, 245, 254, 283, 285, 287, 290, 450, 518
장식판 116, 428, 429, 432, 436, 442, 444, 450
장축 87
장회태자 346, 459
재일거류민단 304
적석목곽묘 395
적석목곽분 38, 42, 65, 413, 429, 474, 485, 492
적석총 474
《전운옥편(全韻玉篇)》 142
전진 285
절풍 349
점선조 350
점성대 484, 486
접착제 67, 69, 70
정치적 응징 510
제사 102
제우스 352
조익형 관식 350
족내혼 212

존칭 접미사　163
주 간　251
주곽　94
주머니 칼　535
중간 부분　385, 388
중대형황자　306
중산정왕　427
중성리 신라비　120, 162
중신겸족　306
지　166, 168, 169, 171, 173
지(智)　159
지(之)　172
지(支)　172
지도로 갈문왕　179, 180
지상식 적석목곽분　500
지증　193, 194
지증계 왕들　542
지증왕　120, 181, 187, 199, 477, 519, 534, 542
지지　301, 303, 515
지하식 적석목곽분　500
진지　207
진지[왕]　169
진지왕　544
진평왕　544
진흥왕　219, 543
집안시　363, 467, 468
쪽샘 44호분　76, 88, 103, 318, 319, 404, 418, 500, 536, 537

ㅊ

차단재　98
차칠왕등　116, 179, 181, 183
찬　175
창조　487
채우개　428, 430, 431, 433, 444, 445, 448

천(釧)　424
천간　301, 303, 515
천마총　68, 351, 386, 401, 419, 454, 477, 497
천마총 관모　339, 346
천신　352
첨성대　484, 486, 491
초라성　297
촉탁　35, 511
추모　257
치조음　163, 185, 197
칠성산　467
칠지도　302
칭기스 하앙　210

ㅋ

카몬(家紋)　363
카안(Kağan)　176, 248
카터　45, 47, 313
칸(khan)　176
케유라　57
켈트　449
쿠르간　72, 79
쿠푸　474

ㅌ

타출　315, 317, 329, 338, 350, 384, 386, 431
탁기탄　303
태왕　117, 516, 518, 522
《태평어람(太平御覽)》　206
《통전(通典)》　206
투조　338, 341, 350, 385, 429, 436, 450, 457, 464, 466
투탄카멘　44, 47, 313
튀르키예어　170, 171, 177, 248
튜턴　449

틸리아 테페 325, 328, 329, 334, 421
틸리아 테페 금관 326

ㅍ

파이니 137
파호 240
팔(八) 365
팔 가리개 276
팔우정 491
팔찌 399, 408, 412, 413, 417, 418, 424, 425, 537
패륜 423
패환 426
폐음절 191, 192
표형분 539
풍소불 335
프리스쿠스 106
피라미드 67

ㅎ

하라다 441, 442
하마다 32, 40, 43, 46, 52, 61, 62, 81, 83, 85, 95, 330, 337, 359, 387, 391, 403, 406, 407, 422, 429, 439, 441, 445, 447, 448, 449, 458, 463, 476, 511, 515, 524
하슬라 288
한 175, 271
한대 검 371, 372
한성 452
《한자고음수책》 141, 185, 191, 194
함조 205
합천 361
항(хан) 176, 248
해혼후 408, 427
해혼후 묘 376, 409, 445, 447
허리띠 428, 430, 433, 436, 439, 442, 444, 445, 448, 454

혜공왕 219
호루스 352, 353
호석 72, 86, 103, 485, 492
호우총 285, 454
호흐라치 327, 329
혼마치 도오리 83, 84, 473
화백 277
환(鐶) 408
환두대도 111, 114, 115, 130, 352, 354, 355, 361, 364, 368, 370, 372, 373, 375, 376, 378, 394, 498, 503, 506
황금 가계 210, 212, 215, 222, 541
황남대총 64, 69, 70, 96, 102, 105, 238, 339, 359, 376, 386, 401, 419, 432, 454, 460, 467, 497, 498, 528, 543
황남대총 남분 477, 484
황남대총 북분 430
황남동 120호분 417
황남동 고분군 543, 544
황룡사 9층 목탑 489
황초령비 122
후지노키(藤ノ木) 고분 68
훈족 106
흉노 333, 373, 374, 377, 378